21 世纪高等职业技术教育规划教材——道路与桥梁工程类

公路工程施工监理

主编　邵胜子

主审　李　睿

编者（按姓氏笔画排列）

卜岸辉　李　玮

陈晓民　邵胜子

西南交通大学出版社

·成　都·

内容提要

本书结合 FIDIC（国际咨询工程师联合会）合同条件、《公路工程国内招标文件范本》（中华人民共和国交通部交公路发［2003］94 号发布）、《公路工程施工监理规范》（JTG G10—2006）等，系统地介绍了公路工程施工监理的相关知识。全书共分十章，第一章为绪论；第二章介绍了公路工程施工监理的基本知识；第三章至第九章分别介绍了公路工程的质量、进度、费用、安全、环境保护监理，公路工程合同管理、信息管理及组织协调工作；第十章介绍了公路机电工程监理。全书贯彻了国家、交通部颁布的最新法规、标准、条例、办法和管理制度，保证了时效性；书中列举了大量实例，突出了针对性和实用性，以使教学能与实践紧密结合。

本书可作为高等职业院校工程监理、公路与桥梁、公路工程管理类等专业的教材，也可作为从事公路工程监理和施工工作的技术人员的参考用书。

图书在版编目（CIP）数据

公路工程施工监理 / 邵胜子主编. 一成都：西南交通大学出版社，2007.7（2012.7 重印）

21 世纪高等职业技术教育规划教材. 道路与桥梁工程类

ISBN 978-7-81104-606-9

Ⅰ. 公… Ⅱ. 邵… Ⅲ. 道路工程－工程施工－监督管理－高等学校：技术学校－教材 Ⅳ. U415.1

中国版本图书馆 CIP 数据核字（2007）第 109417 号

21 世纪高等职业技术教育规划教材——道路与桥梁工程类

公路工程施工监理

主编 邵胜子

*

责任编辑 孟苏成

封面设计 本格设计

西南交通大学出版社出版发行

(成都二环路北一段 111 号 邮政编码：610031 发行部电话：028-87600564)

http: //press.swjtu.edu.cn

四川锦祝印务有限公司印刷

*

成品尺寸：185 mm×260 mm 印张：16.75

字数：420 千字

2007 年 7 月第 1 版 2012 年 7 月第 3 次印刷

ISBN 978-7-81104-606-9

定价：26.00 元

前　言

在工程建设领域推行施工监理制度，是我国深化基本建设管理体制改革的一项重要举措。目前，我国的公路工程建设监理事业正迅速、健康地发展，在提高工程质量、保证施工安全、加快工程进度、控制建设投资、提高工程建设管理水平等方面发挥了重要的作用。今后，我国的公路工程监理将以市场需求为导向，向全方位、全过程发展，逐步与国际惯例接轨，最终走向世界。

公路建设监理事业的发展，迫切需要大量的高素质、多层次的专业监理人才，作为培养应用型专业技术人才的高等职业院校，都把培养学生的职业技能作为首要目标。各交通职业技术学院公路与桥梁系基本都开设了工程监理专业，或把“公路工程施工监理”课作为与公路、桥梁有关专业的必修课。

本书编写时突出了高等职业教育的特点，结合 FIDIC 合同条件、《公路工程国内招标文件范本》、《公路工程施工监理规范》等相关内容，加强了针对性和实用性，强化了实践教学，以重点培养学生的动手能力和思维方式。全书贯彻了国家、交通部颁布的最新规范、规程、标准、条例、办法和管理制度，保证了时效性，以使教学能与实践紧密结合。

本书共包括十章，全面系统地介绍了公路工程施工监理的基本知识，质量、安全、环境保护、进度、费用、公路机电工程监理，合同管理、信息管理和组织协调工作。本课程教学总时数推荐为 76 学时，具体分配建议如下表：

章	教学内容	实训	讲授	小计
第一章	绪论		3	3
第二章	公路工程施工监理的基本知识		12	12
第三章	公路工程质量监理	4	14	18
第四章	公路工程进度监理	2	6	8
第五章	公路工程施工费用监理	4	10	14
第六章	公路工程合同管理	2	8	10
第七章	监理信息管理及组织协调		3	3
第八章	公路工程施工安全监理		3	3
第九章	公路工程环境保护监理		3	3
第十章	公路机电工程监理		2	2
总计		12	64	76

本书由甘肃交通职业技术学院副院长邵胜子（高级工程师、交通部监理工程师、甲级造价工程师）担任主编并统稿。其中第一章、第二章、第五章、第八章、第九章、第十章由邵胜子编写；第三章由湖南交通职业技术学院卜岸辉编写；第四章、第七章由江西交通职业技术学院李玮编写；第六章由天津铁路职业技术学院陈晓民编写。本书在编写过程中得到了上述职业技术学院的关心和大力支持，在此深表感谢！

本书由甘肃省交通厅总工程师李睿（教授级高工）担任主审，他对书稿提出了许多宝贵意见，在此深表感谢！

本书编写中参考了书后所附参考文献，在此向文献作者致以衷心感谢！

由于作者水平有限，加之时间仓促，书中疏漏和错误之处在所难免，恳请广大读者批评指正。

作　者

2007 年 5 月于兰州

目 录

第一章　绪　论

📖 学习目标

1. 了解建设工程监理的发展、现状及其趋势。
2. 熟悉建设工程监理的概念、特点及其范围。
3. 掌握实施建设工程监理制度的必要性及其作用。
4. 明确本课程的学习目标及方法。

一、工程监理的基本概念

“监理”（Supervision）一词是外来语，具有监督、管理、引导等含义。“监”，一般是监视、督察的意思，是一项目标性很明确的具体行为，进一步延伸，它有视察、检查、评价、控制等从旁纠偏、督促实现目标的意思；“理”，通常一是指条理、准则，二是管理、整理。因此“监理”的含义可表述为：以某些条理或准则为依据，对某一行为进行监视、督察、控制和评价，并采取组织、协调、控制等管理措施，以实现预期目标。

工程监理，即是对工程项目建设有关活动实施的监督和管理，它不同于一般性质的监督管理，而是一个以严密的制度构成为显著特征的综合管理行为。它通过对工程建设参与者的行为进行监控、督导和评价，并从组织、技术、合同和经济等角度采取相应的管理措施，保证工程建设行为符合国家法律、法规和有关政策，制止建设行为的随意性和盲目性，促使工程建设的质量、进度、费用等目标按合同实现，确保工程建设行为的合法性、科学性、合理性和经济性。

二、建设工程监理制度的产生与发展

（一）国外建设工程监理制度的产生与发展

建设工程监理制度在国际上已有较长的发展历史，美、日及欧洲的一些工业发达国家已经形成了一套比较完善的建设工程监理体系和运行机制，建设工程监理目前已经成为建设领域中的一项国际惯例，世界银行、亚洲开发银行等国际金融机构和发达国家政府贷款的工程建设项目，都把建设工程监理作为贷款的条件之一。

国外建设工程监理制度的发展共经历了六个阶段：

第一阶段（16世纪以前）：16世纪以前的欧洲，建筑师就是营造师，受雇或从属于业主，负责设计、购买材料、雇用工匠，并负责组织和管理工程施工。

第二阶段（16世纪初至18世纪60年代）：16世纪初，随着社会对建筑技术要求的不断提高，传统的建筑行业出现了专业分工，设计、施工与咨询逐渐分离，各自成为独立的专业，建筑师队伍也出现了相应的专业分工，除大部分建筑师转到设计和施工专业外，其中一部分建筑师转向社会传授技艺，为业主提供技术咨询、测估工程造价、解答疑难问题或受聘从事建筑施工的监督和管理，建设工程监理制度出现了萌芽。

第三阶段（18世纪60年代至18世纪末）：18世纪60年代的英国产业革命，大大促进了整个欧洲大陆城市化和工业化的发展进程，社会上大兴土木，建筑业空前发展，业主越来越觉得，单靠自己进行工程建设活动的监督管理来实现建设工程高质量的要求是很困难的，专职的建设工程监理的必要性逐渐被人们认识，监理制度进一步得到肯定。

第四阶段（19世纪初至20世纪50年代）：19世纪初，随着建设领域商品经济的日趋复杂，为了维护各方经济利益并加快工程进度，明确业主、设计者、施工者之间的责任界限，要求每个建设项目由一个承包商进行总承包。总承包制的实行，导致了招标交易方式的出现，也促进了工程咨询监理制度的发展。工程监理业务也进一步扩充，其主要任务是帮助业主计算标底，协助招标，控制投资、进度和质量，进行合同管理以及进行项目的组织和协调等。

第五阶段（20世纪50年代至20世纪80年代）：第二次世界大战以后，欧美各国在恢复建设中加快了现代化的进程，20世纪50年代末和60年代初，随着科学技术的发展，工业和国防建设以及人民生活水平不断提高，需要建设许多大型、巨型工程，如水利工程、核电站、航天工程、大型钢铁企业、石油化工企业和新型城市开发等。这些工程投资大、风险大，规模大、技术复杂，无论投资者还是承建者都难以承担由于投资不当或项目组织管理的失误而造成的损失。竞争激烈的社会环境，迫使业主更加重视项目建设的科学管理，可行性研究得到了广泛应用，这也进一步拓宽了咨询监理的业务范围，使其由项目实施阶段的工程监理向前延伸到决策阶段的咨询服务。业主在工程建设的实施阶段，更需要对建设项目进行全面监理。于是，工程监理和咨询服务就逐步贯穿于建设活动的全过程。

第六阶段（20世纪80年代以后）：20世纪80年代以来，监理制度在国际上得到了很大的发展，西方发达国家的监理制度正向科学化、法制化、程序化发展，有关的法律、法规都对监理的内容、方法以及从事监理的社会组织做了详尽的规定。咨询监理制度逐步成为工程建设组织体系的一个重要部分，工程建设活动中形成了业主、承包商和监理工程师三足鼎立，三方相互制约，以监理为核心的基本格局。一些发展中国家，也开始采用发达国家的这种做法，并结合本国的实际，在工程建设中引进了监理制度，对工程建设实行监理。

综上所述，建设工程监理的产生和发展是市场经济发展的必然结果，是与专业化分工、社会化生产密切联系的，是建设领域的生产关系适应生产力发展的具体体现。监理制度产生的根本原因是：对建设活动进行管理是一项专业性很强的工作，应当有专门从事这项工作的队伍，对于不是以建设管理为日常性工作的建设单位，不可能拥有这样一支高水平的专业队伍。因此，建设单位必须委托专业咨询监理公司对建设活动进行监督与管理。

（二）我国建设工程监理制度的产生和发展

我国的建设工程监理制度是参照国际惯例并结合我国国情而建立起来的。我国建设工程监理的发展主要经历了以下四个阶段：

第一阶段：建设工程监理的前期阶段（1982—1988年）。我国的建设工程监理是通过世界银行贷款项目的实施引入的。位于云南省罗平县与贵州省义县交界处的布鲁革水电站引水系统，是利用世界银行贷款的工程项目，1982年国际上共有8家大承包商进行投标，最后日本大成公司以低于标底43%的价格中标。该项工程于1984年开工，1986年7月竣工。项目实施中，按照国际惯例和贷款要求，布鲁革工程管理局划出一个专司建设监理职能的“工程师机构”，按国际合同管理方式对该合同工程进行现场综合监督管理。此项工程创造了著名的“布鲁革效应”，对我国传统的政府专业监督体制造成了很大的冲击，引起了国务院的高度重视。1985 年 12 月，我国召开了基本建设管理体制改革会议，这次会议对我国传统的工程建设管理体制作了深刻的分析与总结，指出了我国传统的工程建设管理体制的弊端，肯定了必须对其进行改革的思路，并指明了改革的方向与目标，为实行建设工程监理制度奠定了思想基础。

第二阶段：建设工程监理的试点阶段（1988—1992 年）。1988 年 7 月，建设部在征求有关部门和专家意见的基础上，发布了《关于开展建设监理工作的通知》，接着在 1988 年 8 月和 10 月，又分别在北京和上海召开了第一、第二次建设监理工作会议，确定在北京、上海、天津、南京、宁波、沈阳、哈尔滨、深圳八市和交通部、能源部的公路和水电系统进行监理试点。1988 年底，监理试点工作同时在“八市二部”展开。国家颁布了一系列有关建设工程监理的法规，使建设工程监理制度在我国建设领域得到了迅速发展。在国务院提出在土木建筑行业实施工程监理制度之前，交通部也在利用世界银行贷款建设的西安—三原一级公路和京津塘高速公路上实施了工程监理，并在总结全国各地的经验和教训的基础上，于 1989 年 4 月提出了《公路工程施工监理办法》，在 1992 年 5 月正式制定了《公路工程施工监理办法》。

第三阶段：建设工程监理的稳步发展阶段（1993—1995 年）。通过几年的建设监理试点工作，建设部于 1993 年在天津召开了第五次全国建设监理工作会议，决定在全国结束试点工作，交通部也于 1995 年 4 月颁布了《公路工程施工监理规范》（JTJ077—1995），从而使我国的建设监理制度进入稳步发展阶段。

第四阶段：建设工程监理的全面推行阶段（1996 年至今）。1997 年《中华人民共和国建筑法》以法律制度的形式作出规定，明确了建设工程监理的法律地位，2000 年国务院通过了《建设工程质量管理条例》，2001 年建设部制定了《建设工程监理范围和规模标准规定》，要求在规定的范围内必须强制性地实行建设工程监理。1996 年《公路建设市场管理办法》，1997 年《中华人民共和国公路法》等均以法律形式明确了公路建设工程监理的法律地位，从而使我国公路工程施工监理制度进入全面推行的新阶段。此后，结合工程建设管理中总结的经验，对相关规范和管理办法进行了修订、补充和完善，从而使监理制度不断完善、创新和发展。

三、我国实行建设工程监理制度的必要性

1. 传统的工程建设管理体制已经不能适应我国经济发展的需求

长期以来，我国一直沿用建设单位自筹自建自管和工程指挥部负责的工程建设管理模式。前者是一种典型的一家一户、封闭式的小生产管理模式；后者不符合政企分开的要求，不符合项目管理的原则，是高度集中的计划经济的产物。经过对新中国成立以来工程建设领域经验教训的总结，发现正是由于传统的工程建设项目建设管理水平得不到应有的提高，才使得工程建设项目投资、进度、质量失控的现象长期存在，因此，改变这种传统的工程建设管理模式势在必行。

2. 工程建设领域深化体制改革的需要

随着市场经济等一系列改革措施的出台，工程建设项目建设单位、施工单位、设计单位都获得一定的相对独立的自主权。在经济利益的驱动下，各个单位积极性大大提高。但与此同时，不顾国家利益和他人利益的倾向也在增加。这些问题的出现，都说明在引入激励机制

的同时，还必须建立相应的协调约束机制。其次，工程建设项目法人责任制的实施，能够充分调动投资者的积极性，但相应地必须解决协助项目法人承担投资风险的问题，这就需要建立一支社会化、专业化的高智能技术服务队伍来提供相应的技术咨询服务。

3. 工程建设项目科学管理的需要

工程建设项目的建设管理由过去的工程建设项目建设单位和施工单位的双方管理体制，转变为由工程建设单位、施工单位和监理单位组成的三方管理体制。工程建设项目建设的投资使用及重大问题，实行项目法人责任制；市场的竞争和建设任务的取得，采用招标投标制；工程建设的监督管理实行建设监理制以及合同管理制。这项制度是按照社会主义市场经济原则和现代企业制度进行工程管理而设立的综合配套制度。

4. 对外开放合作及与国际惯例接轨的需要

对外开放是我国的一项基本国策，而建设工程监理制度在建设领域是一项重要的国际惯例。我国只有实行工程监理制度，才能为国外投资者建立一个良好的投资环境，吸引更多的外资。改革开放以后，我国不少工程施工单位逐步进入国际建筑市场，这就需要尽快与国际惯例接轨。所以，只有熟悉、适应建设工程监理制度，才能提高我国的建设水平，才能参与国际工程承包市场的竞争，才能获得更大的经济效益。

四、实施建设工程监理制度的作用

我国实施建设工程监理制度的时间虽然不长，但已经发挥出明显作用，为政府和社会所承认。建设工程监理的作用主要表现在以下几个方面：

1. 有利于提高工程建设项目管理水平

监理工程师一般都是由专业技术水平较高、知识面广、实践经验丰富且具有一定管理水平的人员担任，这样就能保证整个工程的管理在高水平上进行。这种专业的监理队伍可以不断总结经验，克服过去临时组建指挥部，项目结束后指挥部又解散的弊端，从而可不断提高公路工程项目的管理水平。

2. 可以有效地控制总投资

监理工程师有计量支付权，可以严格地按合同规定，根据承包人每月完成的实际工程量进行计量支付，对于招标文件和合同图纸中的某些不合理部分可以及时纠正，对项目实施过程中的工程变更可以按程序严格审核，工程结束后按实际完成的工程量和合同要求进行最后结算，这样就可以有效地控制项目总投资，防止投资失控现象。

3. 可以保证工程质量、安全

监理工程师有质量否决权和工作指令权，可以根据合同条件的规定和相关要求，检查审核承包人的人员、机械设备和原材料，审批承包人的施工组织设计，检查签认每一道工序，对隐蔽工程、重点工程和重要部位实施旁站，对整个工程实施全过程、全环节、全天候的监理，对质量不合格的工程有权责令返工处理，对施工中存在的安全隐患可以及时要求施工单位整改或者暂时停止施工。所有这些都约束和规范了承包人的施工行为，在项目建设的全过程充分发挥了其监督管理的作用，从而有力地保证了工程质量和施工安全。

4. 可以有效地控制工期

合同中对部分工程和整个工程的工期有明确的要求，监理工程师可以通过对承包人施工进度计划的审批，对进度计划实施中的检查与调整等方法督促承包人加快施工进度。另外，监理工程师可以有效地协调、解决影响工程进度的问题，使工程得以顺利实施。在整个项目实施中，监理工程师可以采取组织、技术、合同、经济、信息管理等措施对工程进度实施全面监控，从而保证建设项目按合同要求工期完成。

5. 便于协调解决建设各方的矛盾，公正地维护双方的权益

在项目实施中，由于各自的利益不同，业主、承包人、分包人等之间不可避免地会出现很多矛盾，作为监理工程师，可以站在客观公正的立场上公平合理地解决建设各方之间的矛盾，既保证业主的投资利益，又公正地维护承包人等各方的合法权益，从而保证工程项目的顺利实施。

五、现阶段我国建设工程监理的特点

目前，我国推行的建设工程监理制度在工作性质、工作内容上与发达国家的为业主提供的项目管理咨询服务有很大区别。发达国家项目管理咨询服务的内容包括建设全过程，而我国的工程监理主要是施工阶段的监理，与国际公认的项目管理咨询服务有较大的差距。现阶段我国建设工程监理的特点主要表现为:

1. 服务对象具有单一性

在国际上，建设项目管理按服务对象主要分为：为建设单位服务的项目管理和为承建单位服务的项目管理。而我国的建设监理制度规定，工程监理企业只接受建设单位的委托，为建设单位服务，而不能接受承建单位委托为其提供管理服务。从这个意义讲，可以认为我国的建设工程监理就是为建设单位服务的项目管理。

2. 具有强制性

我国的建设工程监理制度是作为建设工程管理体制改革的一项新制度提出来的，也是依靠行政手段和法律手段在全国推行的。我国的建设工程“四项制度”管理中明确规定，在工程建设中，必须实行“项目法人责任制、工程招标投标制、建设工程监理制和合同管理制”，并明确规定了必须实行建设工程监理的工程范围。

3. 具有监督管理功能

我国的工程监理单位与建设单位构成委托与被委托的关系，与承建单位构成监理与被监理的关系。根据建设单位的授权，工程监理单位有权对承建单位的建设行为进行监督管理，对承建单位的施工过程、施工工序和工程项目进行监督、检查、纠偏和验收评价，从而起到了监督管理的双重功能。

4. 市场准入双重控制

在建设项目管理方面，一些发达国家只对专业人士的执业资格提出要求，而没有对企业的资质管理作出规定。而我国对建设工程监理的市场准入采取了企业资质和人员资格的双重控制，这种市场准入的双重控制对于保证我国建设工程监理队伍的基本素质，规范我国建设工程监理市场起到了积极作用。

六、我国建设工程监理的发展趋势

为了使我国的建设工程监理达到预期效果，在工程建设领域发挥更大的作用，应做好以下工作：

1. 加强法制建设，走法制化的道路

目前，我国颁布的法律法规中有关建设工程监理的条款不少，部门规章和地方性法规的数量更多，这充分反映了建设工程监理的法律地位。但从国际化的角度来看，我国建设工程监理的法制建设还比较薄弱，突出表现在市场规则和市场机制方面。市场规则特别是市场竞争规则和市场交易规则还不健全；市场机制，包括信用机制、价格形成机制、风险防范机制、仲裁机制等尚未完全形成。应当在总结经验的基础上，借鉴国际上通行的做法，逐步建立和健全。只有这样，才能使我国的建设工程监理走上有法可依、有法必依的轨道。

2. 以市场需求为导向，向全方位、全过程监理发展

我国实行建设工程监理只有十几年的时间，目前仍然以施工阶段监理为主。造成这种状况既有认识上的原因，也有建设单位需求和监理企业素质及能力等原因。但是应当看到，随着项目法人责任制的不断完善，以及民营企业和私人投资项目的大量增加，建设单位对工程投资效益愈加重视，工程前期决策阶段的监理将日益增多。从发展趋势看，代表建设单位进行全方位、全过程的工程项目管理，将是我国建设工程监理行业发展的方向。当前，应当按照市场需求多样化的规律，积极扩展监理服务内容。要从现阶段以施工阶段为主，向决策阶段和设计阶段等全过程、全方位监理发展，只有实施全方位、全过程监理，才能更好地发挥建设工程监理的作用。

3. 适应市场需求，优化建设工程监理企业结构

在市场经济条件下，任何企业的发展都必须与市场需求相适应，建设工程监理企业的发展也不例外。建设单位对建设工程监理的需求是多种多样的，建设工程监理企业所能提供的监理服务也应当是多种多样的。因此，应当通过市场机制和必要的行业政策引导，在建设工程监理行业逐步建立起综合性监理企业与专业性监理企业相结合，大、中、小型监理企业相结合的合理的企业结构。

4. 加强培训工作，不断提高从业人员素质

从全方位、全过程监理的要求来看，我国建设工程监理从业人员的素质还不能与之相适应，迫切需要提高。另外，工程建设领域的新技术、新工艺、新材料层出不穷，工程技术标准、规范、规程也时有更新，信息技术日新月异，都要求建设工程监理从业人员与时俱进，不断提高自身的业务素质和职业道德素质，这样才能为建设单位提供优质服务。从业人员的素质是整个建设工程监理行业发展的基础，只有培养和造就出大批高素质的监理人员，才可能形成相当数量的高水平的建设工程监理企业，才能形成一批公信力强、有品牌效应的建设工程监理企业，才能提高我国建设工程监理的总体水平，才能推动建设工程监理事业更好更快地发展。

5. 与国际惯例接轨，走向世界

我国的建设工程监理虽然形成了一定的特点，但在某些方面与国际惯例还有差异。我国已加入 WTO，如果不尽快改变这种状况，将不利于我国建设工程监理事业的发展。为此，我国的建设工程监理人员应当认真学习和研究国际上被普遍接受的规则，为我所用。与国际惯例接轨可使我国的建设工程监理企业与国外同行按照同一规则同台竞争，这既可能表现在国外项目管理公司进入我国后与我国建设工程监理企业之间的竞争，也可能表现在我国建设工程监理企业走向世界，与国外同类企业之间的竞争。要在竞争中取胜，除有实力、业绩、信誉之外，不掌握国际上通行的规则也是不行的。我国的监理工程师和建设工程监理企业应当

做好充分准备，不仅要迎接国外同行进入我国后的竞争挑战，而且也要把握进入国际市场的机遇，敢于到国际市场与国外同行竞争。

七、建设工程监理的范围

为了有效地发挥建设工程监理的作用，加大推行建设工程监理的力度，建设部在《建设工程监理范围和规模标准》中，对实行强制性监理的工程范围作了具体规定。下列建设工程必须实行监理：

(1) 国家重点建设工程。依据《国家重点建设项目管理办法》(1996 年由国家计划委员会发布) 所确定的对国民经济和社会发展有重大影响的骨干项目。

(2) 大中型公用事业工程。项目总投资在 3 000 万元以上的供水、供电、供气、供热等市政工程项目；科技、教育、文化等项目；体育、旅游、商业等项目；卫生、社会福利等项目；其他公用事业项目。

(3) 成片开发建设的住宅小区工程。建筑面积在 5 万 m^2 以上的住宅建设工程。

(4) 利用外国政府或者国际组织贷款、援助资金的工程。包括使用世界银行、亚洲开发银行等国际组织贷款资金的项目；使用外国政府及其机构贷款资金的项目；使用国际组织或者国外政府援助资金的项目。

(5) 国家规定必须实行监理的其他工程。项目总投资在 3 000 万元以上，关系社会公共利益、公众安全的交通运输、水利建设、城市基础设施、生态环境保护、信息产业、能源等基础设施项目等。

八、本课程的特点及学习方法

本课程是为了适应我国公路建设管理体制的改革和与国际惯例接轨而新开设的一门专业课。它是在学习了基础课、专业基础课和其他相关专业课的基础上，结合公路工程项目的施工实践，专门研究公路工程施工监理的新学科。

本课程主要介绍公路工程施工监理的基本概念，以及如何通过组织、技术、经济、合同四大措施来实施对公路工程项目质量、安全、环境保护、进度、费用五大目标的控制。针对高等职业技术教育的特点，本书重点讲授了施工监理的依据、组织、原则、程序与方法等，着重阐述了质量、安全、环境保护、进度、费用监理及合同管理、信息管理、组织协调等相关内容，突出了质量监理和安全监理的地位，并注重基层监理人员实际上岗操作能力的培养和训练。

鉴于公路工程监理课程的实践性很强，各地区施工环境差异很大，教学中应尽可能组织学生到施工工地参观、实习，开展联系工程实际的现场教学，采用直观性较强的多媒体教学等手段，以取得良好的教学效果。同时，监理作为一门新兴学科，其体系、内容的范围和深度尚在探讨之中，而高职高专工程监理专业学生的培养目标，在于培养能从事施工现场监理工作的基层监理人员。所以，本书突出了实用性和可操作性，如加强了实际运作方法和案例介绍，而对较深的理论知识，则仅作简要介绍。

九、与本课程相关的学科

建设工程监理是一种高智能的技术服务活动，对从事这项工作的监理人员，不仅要求具备深厚的专业技术知识，还要求具有一定的经济、法律和管理知识。因此，监理工程师的培养应先进行专业技术知识的教育，然后进行相关学科的学习。相关学科有技术、经济、管理、法律、外语等，其主要内容见表 1.1。

表 1.1 与“公路工程施工监理”课程相关的学科

学科类别	主要课程
技术	与公路工程相关的专业课程，现行的施工技术规范、规程、标准等
经济	政治经济学、投资学、工程经济学，可行性研究和技术方案比较，工程概预算编制与审核等
管理	工程建设项目监理学、组织论、建设项目投资控制、建设项目进度控制、管理信息系统建立与使用、计算机辅助管理等
法律	与工程建设密切相关的法律、法规，如《合同法》、《建筑法》、《公路法》、《招标投标法》、《建设市场管理条例》等
合同条例	公路工程国内（国际）招标文件范本、FIDIC 土木工程合同条件、建设单位与设计单位合同条例、建设单位与咨询单位合同条例等
外语	英语等

复习思考题

1. 简述工程监理的概念。
2. 我国为什么要实行工程监理制度？
3. 简述实施工程监理的作用。
4. 现阶段我国工程监理有何特点？
5. 高职高专学生如何学好“公路工程施工监理”这门课？

第二章　公路工程施工监理的基本知识

📖 学习目标

1. 了解公路工程施工监理的概念，监理企业资质等级条件，监理工程师执业资格考试，监理单位的选择方式，监理计划与监理细则等相关内容。
2. 熟悉公路工程施工监理中主要行为主体及各方关系，监理的阶段划分及其主要工作内容，监理机构的设置及职责划分，监理文件与资料管理等相关内容。
3. 掌握公路工程施工监理的性质、依据和主要任务，监理企业资质等级划分及其从业范围，监理人员的素质、配备及其资格要求，第一次工地会议等主要内容。

第一节　概　述

一、公路工程施工监理的概念

根据2006年交通部颁布的《公路工程施工监理规范》(JTG G10—2006) 及国家有关规定，公路工程施工监理可定义为：具有公路工程监理资格的监理单位受项目法人委托，派驻能代表监理单位履行监理合同的现场监理组织，根据合同文件及监理服务合同的要求，在施工准备阶段、施工阶段及缺陷责任期阶段，对施工承包合同的执行、工程质量、安全、环保、费用、进度等方面进行监督与管理。其目的是通过对工程质量、安全、环保、进度、费用实施全面监理，并严格地进行合同管理，使工程建设的五大目标最合理地实现，以提高投资效益及工程管理水平，使施工管理工作法制化、标准化、规范化、程序化。

二、公路工程施工监理的性质

公路工程施工监理是对公路建设所实施的监督管理活动，是一种高智能有偿技术服务，公路工程施工监理工作具有以下性质：

1. 服务性

监理单位是智力密集型的组织，它既不同于业主的直接投资活动，也不同于承包商的直接生产活动，其本身不是建设产品的直接生产者和经营者，也不承包工程造价，不参与工程承包的盈利分配。它只是在工程项目建设中，利用自己在工程建设方面的知识、技能、经验、信息以及必要的试验检测手段等，为工程项目业主提供高智能的监督管理服务，以满足业主对工程建设监督管理的需要。

2. 公正性

公正性是监理行业的必然要求，它是社会公认的职业准则，也是监理单位和监理工程师的基本职业道德准则。监理的公正性，是指在建设工程监理活动中，监理工程师应该遵守国家的法律、法规，严格按照程序及合同办事，以事实为依据，客观公正地解决和处理问题，而不应偏袒任何一方。所以，监理单位在根据监理委托合同，为业主提供建设工程监理服务、维护业主利益的同时，也要维护承包商的合法权益，制止业主损害承包商利益的不合法和不规范的行为。

3. 独立性

独立性是监理单位顺利实施监理职能的重要条件，因为监理单位在工程监理中具有组织各方协作配合以及调解各方利益的职权，所以必须要求监理单位坚持公正，而公正性又以独立性为前提，因此，监理单位首先必须保持自己的独立性。监理单位在人事、业务、经济关系上必须独立，不得同参与工程建设的各方发生利益关系。《建设工程质量管理条例》（中华人民共和国国务院令第279号）第三十五条规定："工程监理单位与被监理工程的施工承包单位以及建筑材料、建筑构配件和设备供应单位有隶属关系或者其他利害关系的，不得承担该项建设工程的监理业务。"在实施监理的过程中，监理单位虽然受雇于业主，但有替政府把关的职能，监理单位既不能以建设单位"代表"的角色行使职权，更不得参与承包单位承包利益的分配。当然，在委托监理合同确定后，建设单位也不得干涉监理单位的正常工作，监理单位应依法独立地开展工作，独立行使工程承包合同和监理服务合同中所确认的职权，并承担相应的职业道德责任和法律责任。

4. 科学性

监理单位区别于其他一般服务性组织的重要特征是：监理单位必须具有能发现与解决承建单位所存在的技术和管理方面问题的能力，能够提供高水平的专业服务，这是科学性原则。监理人员的高素质是监理单位科学性的前提条件。监理工程师必须具有相应的执业资格，并有长期从事工程建设工作的丰富的实践经验，精通技术与管理，通晓经济与法律，只有这样才能为项目法人提供高水平的技术服务，才能在建设市场的竞争中生存与发展。

三、公路工程施工监理的依据

公路工程施工监理的依据主要包括以下七个方面：

（1）国家和地方法律、法规；

（2）国家和行业、地方有关标准，规范，规程；

（3）建设单位和监理单位签订的监理合同；

（4）建设单位和施工单位签订的施工合同；

（5）工程前期有关文件；

（6）工程设计文件和图纸；

（7）工程实施过程中有关的函件。

四、公路工程施工监理的任务

公路工程施工监理主要是按合同的要求，从组织、技术、合同和经济的角度采取措施，控制工程的质量、安全、环境保护、工期和费用，并协调各方关系，以保证工程建设目标的实现。其具体任务主要包括以下八个方面，可概括为"五监控两管理一协调"：

1. 质量监理

质量是工程建设的生命，质量责任重于泰山。影响公路工程质量的因素很多，波动性大，且工程质量具有变异性大、隐蔽性强和终检局限性大等特性，监理工程师应按合同要求，对影响工程质量的各个因素从原材料、施工工艺到成品，都要进行监理。任一环节出现疏忽，包括施工时施工监理人员自身的疏忽、大意和放松质量检查，都会给工程质量带来严重损害。因此，监理工程师必须对整个工程实行全过程、全方位、全天候的全面质量监理。

2. 安全监理

安全监理是建设监理工作的重要组成部分，是对公路工程施工过程中安全生产状况所实施的监督与管理，是建设工程领域中的重要任务和内容。实施安全监理对促进工程施工安全管理水平的提高，控制和减少安全事故的发生，保护职工在施工中的安全和健康，保证工程质量，加快工程进度，提高投资效益等方面都有非常重要的意义。

3. 环境保护监理

环境保护监理也是建设监理工作的重要组成部分。要根据合同和设计文件要求，认真贯彻“以防为主、防治结合、综合治理”的公路项目环境保护原则，对公路建设中的各类污染源、生态环境及环境工程进行现场监理，确保项目的环保设施得到落实，从而实现公路项目经济效益、社会效益和环境效益的有机统一。

4. 进度监理

一个工程项目，一般在合同文件中对工期都作了明确规定。承包商应根据合同规定的工期进行计划安排，制定出切实可行的工程总进度计划，提交监理工程师审查批准，监理工程师应按照此计划对其进行监理。当出现导致工程延误的关键因素时，监理工程师应及时要求承包商采取加强计划管理和技术管理等措施并调整计划，增加施工机械或人力，以保证在合同规定的工期内完成工程。

5. 费用监理

监理工程师应在质量符合标准、工期遵照合同要求、保证施工安全的基础上对工程费用进行监理。工程费用包括合同文件中工程量清单内所列的，以及因承包商索赔或业主未履行义务而涉及的一切费用。监理工程师应尽可能合理地减少工程量清单中所列费用以外的附加费用支出，达到控制费用的最佳效果。

6. 合同管理

工程建设的五大目标反映在工程参与者之间签订的合同之中，监理工程师应依照合同约定对工程质量、安全、环保、进度和费用实施监督管理，并及时按工程管理程序处理各种问题。其主要内容包括工程分包、工程变更、工程延期、费用索赔、工程计量与支付、工程保险、业主违约、承包商违约等。

7. 信息管理

工程实施过程中，会产生形式多样的反映工程建设五大目标实施状况及参与者之间往来关系的信息，这些信息是监理工程师处理问题、进行决策的基础。因此，在工程建设的全过程中，必须准确、及时、完整地收集各类信息，并在此基础上去伪存真，抓住主要矛盾。信息的收集、整理、归档使用等都是信息管理的内容。

8. 组织协调

社会监理单位虽受雇于业主，为业主服务，但还有替政府把关的职能，处于工程建设过程中实施监督和管理的核心地位，因而，还应具有组织协调工程建设参与各方的能力。

五、公路工程施工监理中主要行为主体及各方关系

（一）公路工程施工监理中的主要行为主体

公路工程建设具有周期长、涉及面广的特点，在工程建设过程中，往往有多个不同的市场主体为之服务。根据《公路建设市场管理办法》（中华人民共和国交通部令 1996 年第 4 号）规定，公路建设市场主体是指公路建设的从业单位和从业人员。从业单位是指从事公路建设的项目法人，项目建设管理单位，咨询、勘察、设计、施工、监理、试验检测单位，提供相关服务的社会中介机构以及设备和材料的供应单位。从业人员是指从事公路建设活动的人员。通常将项目实施中的建设、施工、监理、设计四个行为主体简称为项目建设中的“一路四方”，分述如下。

1. 公路建设项目法人

公路建设项目法人是指依法组建，享有公路项目建设管理权利，承担相应义务和责任的法人。公路建设项目法人对某个工程项目的策划、资金筹措、建设实施、生产经营、债务偿还、资产的增值保值全过程负责，在工程建设的前期及实施阶段对工程建设费用、进度、质量、标准等重大问题具有决策权。公路建设项目法人又称建设单位或业主（FIDIC 条款中称雇主），在工程招标阶段，一般又称为“招标单位”或“招标人”。公路建设项目法人分为经营性公路建设项目法人和公益性公路建设项目法人，公路建设项目法人可以自行管理工程项目，也可委托具有法人资格的项目建设管理单位管理工程项目。

2. 施工单位

施工单位又称承包单位（FIDIC 条款中称承包商），在招标阶段称“投标单位”或“投标人”，中标后称为“中标单位”，合同签订后作为“施工单位”。施工单位通常是指一个法人或几个法人的联合体，通过投标或议标方式取得某项工程的施工权，材料、设备的制造及供应权，并且承担工程建设项目的安全、质量、进度、费用等方面的责任。

3. 监理单位

监理单位是指具有法人资格并取得交通主管部门颁发的公路工程施工监理资质证书的企业，是受项目法人委托对工程项目的施工进行监督管理的合同法人。我国的《公路工程国内招标文件范本》（交公路发［2003］94 号）中的监理工程师就是指监理单位，在 FIDIC 条款中又称工程师。通常一个项目中，监理单位将根据监理任务的大小，设置总监理工程师、驻地监理工程师、专业监理工程师、监理员等岗位。总监理工程师是具有交通部公路工程监理工程师资格，经项目建设单位同意，在监理机构中负责项目工程全部监理工作的负责人（简称“总监”），其他人员都必须在总监理工程师的领导下从事各专项监理工作。

4. 勘察、设计单位

勘察、设计单位是指受公路主管部门或建设单位的委托，负责完成项目建议书、可行性研究、工程地质勘察、初步设计及施工图设计等技术服务的合法法人。设计单位所承担的设计任务通常由项目法人委托或通过投标承揽。

（二）工程项目实施中各方的关系

1. 项目法人和监理单位

项目法人和监理单位签订监理委托服务合同，两者之间是委托与被委托、授权与被授权的合同关系。监理工程师的权力是由项目法人通过监理委托合同授予的，监理工程师代表项目法人的利益工作，但监理工程师不是项目法人的代理人或“代表”，两者是主体地位完全平等的合同关系，双方应做到各负其责、独立工作、相互尊重、密切合作。监理单位在监理过程中具有独立性，项目法人不得随意干涉监理工作，否则为侵权违约。监理工程师必须保持公正，不得和施工单位有经济联系，更不得串通施工单位侵犯项目法人利益，否则项目法人将运用合同或法律手段来维护自身的权益。

2. 项目法人和施工单位

项目法人和施工单位是通过施工承包合同确定的经济法律关系，即合同关系。项目法人将工程发包给施工单位，施工单位则按照合同要求为项目法人建造工程并获取相应报酬。双方必须严格按合同条件履行所有的承诺，若违约则向对方赔偿损失。

3. 项目法人与设计单位

项目法人与设计单位是委托服务关系。设计单位受项目法人委托，完成某项目的设计服务并在施工阶段提供售后服务。

4. 监理单位和施工单位

监理单位和施工单位是监理与被监理的关系。施工单位在履行施工承包合同时，必须接受监理单位的监理，并为监理工作的开展提供合作与方便，这是在项目法人与施工单位签订的工程建设合同中明确的，两者的共同目标都是按照合同要求搞好工程建设，使项目法人满意。在工程监理实施过程中，监理工程师代表项目法人的利益工作，但也要维护施工单位的合法利益，独立、公正而合理地处理好工程变更、索赔和款项支付，若监理工程师的行为不公正，施工单位有权向有关部门投诉。

5. 监理单位与设计单位

监理单位与设计单位也是监理与被监理的关系。在设计阶段，监理工程师代表业主，对设计单位的设计进行监理；在施工阶段，监理工程师代表业主，对设计单位的售后服务进行监督和指导。在现阶段，我国公路工程监理主要是施工阶段的监理，在咨询、勘察、设计阶段还未全面推广。

六、公路工程施工监理的阶段划分及其主要工作内容

公路工程施工监理是对施工全过程的监理，一般将施工监理划分为三个阶段：施工准备阶段的监理、施工阶段的监理、交工验收及缺陷责任期阶段的监理。

（一）施工准备阶段的监理

监理合同签订之日至合同工程开工令确定的开工之日为施工准备阶段。施工准备阶段是施工监理的重要工作阶段，是事先监理、主动监理，是为施工阶段奠定良好基础的阶段。这一阶段监理的工作内容主要包括两个方面，即监理机构自身的准备工作和对施工单位开工前施工准备活动的监理工作。

1. 监理机构自身的准备工作

(1) 配备试验室设备。总监理工程师办公室（简称总监办）中心试验室应按监理合同要求配备常规的试验检测设备；驻地监理工程师办公室（简称驻地办）试验室应按监理合同要求配备现场抽查常用的试验检测设备。

(2) 熟悉合同文件。监理机构应组织监理人员熟悉监理规范中规定的有关法律、法规文件，当发现有关文件不一致或有错误时，应及时书面报告建设单位。

(3) 调查施工环境条件。监理工程师应对施工合同约定的施工条件进行调查，掌握有关情况。

(4) 编制监理计划。总监理工程师应在合同规定的期限内主持编制监理计划，按合同规定报批后执行。监理计划应明确监理目标、依据、范围和内容，监理机构各部门及岗位职责，监理人员和设备的配备及进退场计划，监理方案、监理制度、监理程序及表格，监理设施等。

(5) 编制监理细则。驻地监理工程师应根据监理计划，在相应工程开工前主持编制监理实施细则，明确监理的重点、难点、具体措施及方法步骤，经总监理工程师批准后实施。

2. 监理工作内容

(1) 参加设计交底。监理工程师应参加设计交底，掌握本工程的设计意图、设计标准和要点；熟悉对材料与工艺的要求，施工中应特别注意的事项，以及对施工安全、环保工作的要求等；澄清有关问题，收集资料并记录。

(2) 审批施工组织设计。总监理工程师应在合同规定的期限内及时审批施工单位提交的施工组织设计，重点包括：

① 施工组织设计的审批手续是否齐全有效；

② 施工质量、安全、环保、进度、费用目标是否与合同一致；

③ 质量、安全和环保等保证体系是否健全有效；

④ 安全技术措施、施工现场临时用电方案及工程项目应急救援抢险方案是否符合要求；

⑤ 施工总体部署与施工方案和安全、环保等应急预案是否合理可行。

技术复杂或采用新技术、新工艺，或在特殊季节施工的分项、分部工程和危险性较大的分部工程，应要求施工单位编制专项施工方案，并由驻地监理工程师审核，总监理工程师批准后实施。

(3) 检查保证体系。监理工程师应检查施工单位质量、安全和环保等保证体系是否落实，重点检查项目经理、技术负责人、工地试验室负责人的资格及质量、安全、环保人员的履约情况。

(4) 审核工地试验室。监理工程师应审核施工单位工地试验室的人员、设备和试验检测能力是否满足合同要求，管理制度是否健全。

(5) 审批复测结果。监理工程师应对施工单位提交的原始基准点、基准线和基准高程的复测结果进行审核和平行复测。当双方复测结果一致并满足规范要求时，监理工程师应在合同规定的期限内批复。

(6) 验收地面线。监理工程师应监督施工单位在原始地面线未被扰动前测定地面线，并对测定结果进行抽测。抽测频率应能判定施工单位测定结果是否真实可靠，且不低于施工单位测点的30%。监理工程师应对施工单位提交的土石方工程量计算资料进行审核。

(7) 审批工程划分。总监理工程师应于总体工程开工前对施工单位提交的分项、分部、单位工程划分予以批复并报建设单位备案。

(8) 确认场地占用计划。监理工程师应对施工单位提交的场地占用计划及临时增减的用地计划予以确认，并及时提交建设单位。

(9) 核算工程量清单。监理工程师应对工程量清单复核结果进行核算。

(10) 签发开工预付款支付证书。总监理工程师应在施工单位提交了开工预付款担保后，按合同规定的金额签发开工预付款支付证书，报建设单位审批。

(11)召开监理交底会。总监理工程师应在合同工程开工前主持召开由施工单位项目经理、技术负责人及相关人员参加的监理交底会，介绍监理计划的相关内容。

(12) 召开第一次工地会议。总监理工程师应主持召开第一次工地会议。会议的组织和要求应符合监理规范相关规定。

(13) 签发合同工程开工令。监理工程师收到施工单位提交的合同工程开工申请后，应对合同工程的开工条件进行核查。具备开工条件的，由总监理工程师签发合同工程开工令，并报建设单位备案。

对上述各项内容，原则上如果没有达到有关规定的要求，则通知承包人进行补充和修正，直到符合要求为止。但当某项条件因客观原因未完成，且对开工后的工程正常进行无明显影响时，经建设单位同意后，也可签发合同工程开工令。

（二）施工阶段监理

合同工程开工之日至合同工程交工验收申请受理之日为施工阶段。施工阶段是工程主体的实施阶段，也是监理工作的重心。这一阶段监理的主要工作内容为“五监控两管理一协调”。监理工程师利用业主授予的权力，从组织、技术、合同和经济的角度采取措施，以“审核—检查—纠偏—调整—验收—认可”为主线开展工作，督促承包人按照合同规定的目标进行施工与管理，对工程质量、进度、费用、安全、环保实施全面监理，并严格地进行合同管理，高效有序地进行信息管理，独立公正地协调建设各方的关系，以使建设工程的质量、进度、费用、安全、环保五大目标最合理地实现。

该阶段的详细监理工作内容将在以后各章节中详述。

（三）交工验收与缺陷责任期阶段监理

合同工程交工验收申请受理之日至缺陷责任终止证书签发之日为交工验收与缺陷责任期阶段。这一阶段监理的主要工作内容为:

(1) 审查交工验收申请。监理工程师应按合同及有关规定要求，审查施工单位提交的合同工程交工验收申请。重点检查:合同约定的各项内容的完成情况，施工自检结果，各项资料的完整性，工程数量核对情况，工程现场清理情况等。

(2) 评定工程质量与编制监理工作报告。监理工程师应及时汇总、整理监理资料，对工程的质量等级进行评定，按有关规定编制监理工作报告，并提交建设单位。

(3) 参加交工验收。监理工程师应参加建设单位组织的合同工程交工验收，接受对监理独立抽检资料、监理工作报告及质量评定资料的检查，协助建设单位检查施工单位的合同执行情况，核对工程数量，评定各合同段的工程质量。

(4) 签认交工结账证书。合同工程交工验收证书签发后，监理工程师应认真审核施工单位提交的合同工程交工结账单，并在规定期限内签认合同工程交工结账证书，报建设单位审批。

(5) 缺陷责任期的监理。在合同工程的缺陷责任期内，监理单位应检查施工单位剩余工程的实施情况；巡视检查已完工程；记录发生的工程缺陷，指示施工单位进行修复，并对工程缺陷发生的原因、责任及修复费用进行调查、确认；督促施工单位按合同规定完成竣工资料。

(6) 签发缺陷责任终止证书。在合同工程缺陷责任期结束，收到施工单位向建设单位提交的终止缺陷责任的申请后，监理工程师应进行检查。符合条件时，经建设单位同意，监理工程师应在合同规定的时间内签发合同工程缺陷责任终止证书，并按规定向建设单位提交缺陷责任期监理工作总结。

(7) 签认最后支付证书。监理工程师收到施工单位提交的最后结账单及所附资料后应进行审核。审核后的最后结账单经施工单位认可后，由总监理工程师签认并报建设单位审批。

(8) 参加工程竣工验收。监理单位应参加工程竣工验收工作，负责提交监理工作报告，提供工程监理资料，配合竣工验收检查工作。

第二节 监理单位与监理工程师

一、监理单位

监理单位是指具有法人资格并取得交通主管部门颁发的公路工程施工监理资质证书的企业。

工程监理单位是建筑市场的主体之一，建设工程监理是一种高智能的有偿技术服务，它受业主的委托，可以对工程建设的全过程实施监理，也可以对工程建设的某一阶段或某一部分工程实施监理。

(一)公路工程监理企业资质等级划分

交通部 2004 年第 5 号令发布并于 2004 年 10 月 1 日起施行的《公路、水运工程监理企业资质管理规定》中规定：公路工程专业监理资质分为甲级、乙级、丙级三个等级和特殊独立大桥专项、特殊独立隧道专项、公路机电工程专项。

(二)公路工程监理企业的从业范围

公路工程监理企业应当按照其获得的资质等级和业务范围开展监理业务。

(1) 获得公路工程专业甲级监理资质，可在全国范围内从事一、二、三类公路工程、桥梁工程、隧道工程项目的监理业务；

(2) 获得公路工程专业乙级监理资质，可在全国范围内从事二、三类公路工程、桥梁工程、隧道工程项目的监理业务；

(3) 获得公路工程专业丙级监理资质，可在企业所在地的省级行政区域内从事三类公路工程、桥梁工程、隧道工程项目的监理业务；

(4) 获得公路工程专业特殊独立大桥专项监理资质，可在全国范围内从事特殊独立大桥项目的监理业务；

(5) 获得公路工程专业特殊独立隧道专项监理资质，可在全国范围内从事特殊独立隧道项目的监理业务；

(6) 获得公路工程专业公路机电工程专项监理资质，可在全国范围内从事各等级公路、桥梁、隧道工程通讯、监控、收费等机电工程项目的监理业务。

(三)公路工程监理项目分级标准

公路工程监理项目分级见表 2.1。

表 2.1　公路工程监理项目分级标准

项目＼类别	一类	二类	三类
公路工程	高速公路	高速公路路基工程及一级公路	一级公路路基工程及二级以下各级公路
桥梁工程	特大桥	大桥、中桥	小桥、涵洞
隧道工程	特长隧道、长隧道	中隧道	短隧道
特殊独立大桥	主跨 250 m 以上钢筋混凝土拱桥、单跨 250 m 以上预应力混凝土连续结构、400 m 以上斜拉桥、800 m 以上悬索桥等结构复杂的独立特大桥项目		
特殊独立隧道	大于 3 000 m 的独立特长隧道项目		
公路机电工程	通讯、监控、收费等机电工程		

注：① 使用术语含义与交通部《公路工程技术标准》(JTG B01—2003)规定一致；
② 一、二、三类分级标准中含配套的交通安全设施、环保工程和沿线附属设施，不含各专项内容。

(四)公路工程监理企业资质等级条件

1. 甲级监理资质条件

(1) 人员、业绩和人员结构条件。企业负责人和技术负责人中至少有 2 人具有公路或者相关专业高级技术职称，10 年以上从事公路、桥梁、隧道工程工作经历，5 年以上监理或者建设管理工作经历，已取得监理工程师资格。

企业拥有中级职称以上各类专业技术人员不少于 50 人。其中，持监理工程师资格证书的人数不少于 30 人，工程系列高级专业技术人员不少于 10 人，高、中级经济师或者高、中级会计师不少于 3 人。上述各类人员中，与企业签订 3 年以上劳动合同的人数不低于 70%。

持监理工程师证书的人员中，不少于 15 人具有 2 项一类工程监理业绩，不少于 5 人具有高级驻地监理工程师经历；上述人员与企业签订的劳动合同不少于 3 年。不具备本条前述条件，但具备以下条件者视为符合本条条件：监理企业具备不少于 5 项二类以上工程业绩（以《项目监理评定书》为准）。

企业各类专业技术人员结构合理。主要包括路基路面、桥隧结构、试验检测、工程地质、工程经济、合同管理等专业人员。

(2) 企业拥有材料、路基路面等工程试验检测设备和测量放样等仪器，具备建立工地试验室条件。

(3) 企业注册资金不少于 400 万元。

(4) 企业具有完善的规章制度和组织体系。

(5) 企业作为工程质量事件当事人，已经有关主管部门认定无责任，或者虽受到有关主管部门的行政处罚但处罚期实施已满 1 年。

2. 乙级监理资质条件

(1) 人员、业绩和人员结构条件。企业负责人和技术负责人中至少有 2 人具有公路或者相关专业中级技术职称，8 年以上从事公路、桥梁、隧道工程工作经历，3 年以上监理或者建设管理工作经历，已取得监理工程师资格。

企业拥有中级职称以上各类专业技术人员不少于 30 人。其中，持监理工程师资格证书的人数不少于 18 人，工程系列高级专业技术人员不少于 5 人，经济师、会计师不少于 2 人。上述各类人员中，与企业签订 3 年以上劳动合同的人数不低于 70%。

持监理工程师证书的人员中，不少于 9 人具有 2 项二类及以上工程监理业绩，不少于 3 人具有高级驻地监理工程师经历；上述人员与企业签订的劳动合同不少于 3 年。不具备本条前述条件，但具备以下条件者视为符合本条条件：监理企业具备不少于 5 项三类以上工程业绩（以《项目监理评定书》为准）。

各类专业技术人员结构合理。主要包括路基路面、桥隧结构、试验检测、工程地质、工程经济、合同管理等专业人员。

(2) 企业拥有材料、路基路面等工程试验检测设备和测量放样等仪器，具有建立工地试验室的条件。

(3) 企业注册资金不少于 200 万元。

(4) 企业具有完善的规章制度和组织体系。

(5) 企业作为工程质量事件当事人，已经有关主管部门认定无责任，或者虽受到有关主管部门的行政处罚但处罚期实施已满 1 年。

3. 丙级监理资质条件

(1) 人员、业绩和人员结构条件。企业负责人和技术负责人中至少有 2 人具有公路或者相关专业中级技术职称，5 年以上从事公路、桥梁、隧道工程工作经历，2 年以上监理或者建设管理工作经历，已取得监理工程师资格。

企业拥有中级职称以上各类专业技术人员不少于 20 人。其中，持监理工程师资格证书的人数不少于 8 人，工程系列高级技术职称人数不少于 3 人，经济师、会计师不少于 1 人。上述各类人员中，与企业签订 3 年以上劳动合同的人数不低于 70%。

持监理工程师证书的人员中，不少于 3 人具有 2 项三类及以上工程监理业绩，上述人员与企业签订的劳动合同不少于 3 年。

各类专业技术人员结构合理。主要包括路基路面、桥隧结构、试验检测、工程地质、工程经济、合同管理等专业人员。

(2) 企业拥有必要的试验检测设备和测量放样仪器。

(3) 企业注册资金不少于 50 万元。

(4) 企业拥有完善的规章制度和组织体系。

(5) 企业作为工程质量事件当事人，已经有关主管部门认定无责任，或者虽受到有关主管部门的行政处罚但处罚期实施已满 1 年。

4. 特殊独立大桥专项监理资质条件

(1) 已取得公路工程甲级监理资质。

(2) 持监理工程师证书的人员中，有不少于 20 人具有特大桥监理业绩，上述人员与企业签订的劳动合同不少于 3 年。不具备本条前述条件，但具备以下条件者视为符合本条条件：监理企业具有 4 项以上特大桥监理业绩。

5. 特殊独立隧道专项监理资质条件

(1) 已取得公路工程甲级监理资质。

（2）持监理工程师证书的人员中，有不少于 20 人具有特长隧道监理经历，有不少于 10 人是隧道专业监理工程师，上述人员与企业签订的劳动合同不少于 3 年。不具备本条前述条件，但具备以下条件者视为符合本条条件：监理企业具有 2 项以上特长隧道监理业绩。

6. 公路机电工程专项监理资质条件

（1）人员、业绩和人员结构条件。企业负责人和技术负责人中至少 2 人以上具有机电专业高级技术职称，8 年以上从事相关专业工作经历，5 年以上监理或者建设管理工作经历，已取得公路机电专业监理工程师资格。

企业拥有中级职称以上各类专业技术人员不少于 30 人。其中，持公路机电专业监理工程师资格证书的人数不少于 15 人，高级专业技术人员不少于 10 人，经济师、会计师不少于 2 人。上述各类人员中，与企业签订 3 年以上劳动合同的人数不低于 70%。

持监理工程师证书的人员中，不少于 8 人具有公路机电工程监理业绩，以上人员与企业签订的劳动合同不少于 3 年。

（2）企业拥有公路机电工程所需的常用试验检测设备。

（3）企业注册资金不少于 200 万元。

（4）企业具有完善的规章制度和组织体系。

（5）企业作为工程质量事件当事人，已经有关主管部门认定无责任，或者虽受到有关主管部门的行政处罚但处罚期实施已满 1 年。

（五）监理企业自律公约

为规范交通建设监理执业和经营行为，维护交通建设监理市场的正常秩序及监理行业的声誉，保障监理企业的合法权益，促进交通建设监理事业的健康发展，依据国家和交通部的有关法律、法规及中国交通建设监理协会章程，中国交通建设监理协会制定并于第一届理事会第三次会议通过了《交通建设监理行业从业自律公约（试行）》，于 2004 年 5 月 1 日起试行。该公约对监理企业的自律作了如下规定：

（1）监理企业从事交通建设监理活动，应遵循“严格监理，优质服务，公正科学，廉洁自律”的职业准则，切实执行国家和交通部有关工程监理的法律、法规，守法经营，诚信敬业，认真履行监理合同规定的义务，承担约定的责任，树立良好的企业形象。

（2）不得在申请企业资质等级时隐瞒真实情况，弄虚作假，未经批准不得擅自从事有关监理业务。

（3）必须严格按照核准的监理资质等级和业务范围承接监理业务，不越级监理，不违规挂靠承接业务。

（4）在工程监理招投标活动中，坚持公平竞争、诚实信用原则，自觉遵守国家和交通部有关施工监理招标投标管理规定。不得弄虚作假、串通作弊、行贿、回扣、围标、竞相压价、超低价抢标以及在招投标活动中互相诋毁。

（5）严格按合同约定配置项目监理人员，不挂名虚设或将监理人员在多个项目同时挂名，不随意更换项目骨干监理人员，不使用无资格或未经监理业务培训的人员从事监理工作。

（6）规范监理行为，完善内部管理机制，努力提高监理质量和工作效率，不无理拒绝或拖延处理业主和施工企业的合理意见和要求，确保监理项目工作到位、设施到位、责任到位，避免监理工作的重大失误。

(7) 严格按照《中华人民共和国劳动法》及相关规定聘用监理人员，依法维护监理从业人员的合法权益，按合同或协议规定准时发放工资，提供劳动保护，并进行业务培训。

(8) 不得损害业主和施工企业的合法利益，不泄露受监工程需要保密的事项；因工作失误造成重大事故应按法律、法规和合同约定给予赔偿。

二、监理工程师

监理工程师是监理机构中具有交通部核准的公路工程监理工程师或专业监理工程师资格人员的统称。监理工程师实行执业资格制，2004 年后，公路工程监理工程师执业资格通过交通部监理工程师执业资格统一考试获得。

(一) 监理工程师执业资格及其从业范围

1996 年交通部发布并实施了《公路、水运工程监理工程师资质管理办法》，该办法规定，监理工程师实行执业资格制，监理工程师执业资格分监理工程师和专业监理工程师两级，其中专业监理工程师按分级管理原则又分为交通部批准的专业监理工程师资格和各地区、部门交通行政主管部门批准的专业监理工程师资格。交通部成立监理工程师评审委员会，负责监理工程师的资格审定工作。监理工程师取得相应的资格证书后，应按核定的监理业务范围从事监理工作。监理业务范围是指监理工程师经批准可从事的监理行业和监理专业。监理行业划分为公路工程和水运工程两类。公路工程监理行业包括：道路与桥梁工程、隧道工程、交通工程、试验检测等工程系列监理专业和工程经济与合同管理等经济系列监理专业。

具有监理工程师资格者，经聘任可在交通基本建设项目中担任总监理工程师、总监理工程师代表、高级驻地监理工程师、驻地监理工程师、专业监理工程师等岗位职务；具有交通部批准的专业监理工程师资格者，经聘任可在交通基本建设项目中担任专业监理工程师岗位职务；具有各地区交通行政主管部门批准的专业监理工程师资格者，经聘任可在本地区二级公路以下（含二级公路）基本建设项目中担任专业监理工程师岗位职务。

(二) 监理工程师执业资格考试

2004 年交通部质监总站发布了《公路、水运工程监理工程师执业资格考试管理暂行办法》，该办法规定监理工程师执业资格通过考试获得。交通部成立了监理工程师执业资格考试工作领导小组，全面负责全国公路、水运工程监理工程师执业资格考试管理工作。

1. 考试内容

公路工程监理工程师执业资格考试的内容包括监理知识、专业知识和综合能力三个部分，具体内容详见表 2.2。

表 2.2 考试内容及科目设置

内容 行业	监理知识	专业知识		综合能力
		经济系列	工程系列	
公路工程	1. 监理理论 2. 合同管理	3. 公路工程经济	4. 道路与桥梁 5. 隧道工程 6. 公路机电工程	7. 综合考试

注：公路机电工程为公路交通工程中的通信、监控、收费系统等。

2. 资格确认

应考者报考的监理知识、经济和工程系列专业知识、综合能力等各科目成绩均合格的，确认其监理工程师资格；应考者报考的监理知识科目均合格，经济或工程系列专业知识合格的，按其合格的专业知识科目确认其专业监理工程师资格。

3. 报考条件

报考者须在个人所在单位或户籍（以身份证上标明的住址为准）所在地报考。报考者须同时满足下列报考条件：

(1) 遵守国家法律、法规，职业道德和工作业绩良好，热爱监理工作。

(2) 取得工程类或经济类中级以上专业技术职务任职资格。

(3) 年龄 65 周岁以下，身体健康，能胜任现场监理工作。

(4) 报考监理工程师资格须具有公路工程或相关专业大专以上学历，从事公路工程及相关专业技术工作累计 5 年以上；报考专业监理工程师资格须具有公路工程或相关专业中专以上学历，从事公路工程及相关专业技术工作累计 3 年以上。

（三）监理工程师的素质

监理工作是一项综合性很强的工作，需要有一专多能的复合型人才来承担，监理工程师必须具有深厚的专业技术知识和丰富的工程建设实践经验，能够发现和解决工程设计、施工单位不易发现和解决的复杂的技术问题；监理工程师还必须具备较好的组织、协调能力，能够组织、协调工程建设有关各方共同完成工程建设任务。因此，监理工程师应具备以下素质：

1. 具有较高的理论水平和复合型的知识结构

监理工作涉及技术、经济、法律、组织管理等多方面的知识，监理工作要求监理工程师具有较高的理论水平和复合型的知识结构。监理工程师只有掌握了一定的技术、经济、法律、组织管理等多方面的知识，才能对建设活动进行有效的监控，才能按照合同要求和国家法律、法规、技术规范的要求，科学、合理、公平、公正地协调有关工作，处理好有关各方的关系，保证建设目标的实现。

2. 具有良好的沟通、表达和组织协调等综合管理能力

监理工程师经常要组织各种会议、协调有关单位的矛盾、进行费用或工期方面的索赔处理等工作，完成这些工作，都要求监理工程师具备较强的沟通、表达和组织协调能力。另外，监理工程师要具有一定的抓主要矛盾的能力和工程预见能力，只有这种能力才能使监理工程师从繁杂的日常事务中解脱出来，抓住重点，主动地去处理关键工作。

3. 具有丰富的工程实践经验

公路工程建设活动是一项实践活动，施工过程不但受到施工队伍自身技术水平、人员素质、设备状况等的影响，还受到地形、地质、气候、周边环境等的影响，这将导致施工活动不能完全按照书本里的知识、方法进行，往往要根据实际情况进行变更修改。这就要求监理工程师不仅具有扎实的理论知识，而且必须具有丰富的工程实践经验，只有这样，才能及时处理施工活动中的各种情况，才能避免和减少监理工作的失误。

4. 具有较高的政治素质和高尚的职业道德品质

监理工程师拥有质量否决权、计量支付权等权力，必须站在独立、公正的立场上协调处理建设各方的利益关系。因此，要求监理工程师必须热爱祖国、热爱人民、热爱本职工作，

具有科学的工作态度和忘我的敬业精神，具有廉洁奉公、秉公办事的高尚情操，善于听取不同的意见，有良好的包容性。

5. 具有健康的体魄和充沛的精力

监理工作尽管是一项高智能的技术服务，以脑力劳动为主，但工程建设是露天作业，工作条件艰苦，工作时间无规律。因此，要求监理工程师必须具有健康的体魄和充沛的精力，否则难以胜任监理工作。我国对监理工程师的考试、注册年龄都有限制，主要是考虑这一点。

（四）监理人员自律公约

交通建设监理是交通建设领域里一项高尚的工作。为了确保交通建设监理事业的健康发展，对参与交通建设监理工作的监理人员的职业道德有严格的要求，《交通建设监理行业从业自律公约（试 行）》里对此作了具体的规定。

(1) 监理从业人员必须遵纪守法，自觉履行职业道德准则，行为规范，尽职尽责，坚持工作的服务性、公正性、科学性，严格按合同约定，为工程提供优质的监理服务。

(2) 不能以个人名义承揽监理业务，不在施工企业或材料、设备生产供应等单位兼职；不为所监理的项目指定施工队伍和材料、设备、构配件供应商；不向施工企业索取钱物，不收受施工企业的任何礼金和礼品，不参与、不干预施工企业正常的用人安排。

(3) 不得转借、出卖、伪造、涂改监理资格证书以及其他相关资信证明。

(4) 坚持原则，公正、客观、实事求是地处理施工质量问题。评定工程质量及统计工程数量，要以准确的测试数据和资料为依据，并对自己签认的各种证据负责。

(5) 遵守公共关系准则，同行间相互尊重、相互支持、友好合作。不损害同行的声誉，不妨害同行的工作。

(6) 按照聘用合同的规定在聘用单位从事监理工作，不擅自离聘，对因个人擅离职守给工程和聘用单位造成的损失承担经济责任。

(7) 积极参加监理技术业务培训和职业道德教育，不断学习、掌握新知识、新技术、新法规，努力提高技术、业务能力和职业道德水平，增强法律意识、合同意识、质量意识和服务意识。

第三节　项目监理机构及人员配备

一、监理单位的选择

监理单位的选择方式有两种基本类型：一种是建设单位通过竞争性招标的方式选择监理单位；另一种是由建设单位直接委托。招标选择监理单位是主要方式，广泛使用于公路项目的监理工作，而直接委托则主要使用于一些不适合竞争的工程项目。

1. 竞争性招标方式

根据有关规定，公路建设项目除涉及国家安全、国家机密、抢险救灾等不适宜招标的项目外，建设项目总投资额在 3 000 万元人民币以上或监理服务的单项合同估算价达到 50 万元人民币以上的必须进行招标。

交通部2006年第5号令发布并于2006年7月1日起实施新的《公路工程施工监理招标投标管理办法》。该办法规定，公路工程施工监理招标分为公开招标和邀请招标。公路工程施工监理应当公开招标，但符合下列条件之一的项目，经有审批权的部门批准后，可以进行邀请招标：

(1) 技术复杂或者有特殊要求的；

(2) 符合条件的潜在投标人数量有限的；

(3) 受自然地域环境限制的；

(4) 公开招标的费用与工程监理费用相比，所占比例过大的；

(5) 法律、法规规定不宜公开招标的。

公路监理单位通过投标参与竞争，只有中标才能承揽监理业务。投标时监理单位应当按照招标文件的要求编制投标文件，并对招标文件提出的实质性要求和条件做出响应。当采用《公路工程施工监理招标投标管理办法》规定的技术评分合理标价法和综合评标法时，投标文件由商务文件、技术建议书、财务建议书组成。商务文件和技术建议书应当密封于一个信封中，财务建议书密封于另一个信封中。上述两个信封应当再密封于同一信封内，成为一份投标文件。

当采用《公路工程施工监理招标投标管理办法》规定的固定标价评分法时，投标文件由商务文件、技术建议书组成。商务文件和技术建议书应当密封于一个信封中，成为一份投标文件。

投标文件及任何说明函件应当经投标人盖章，投标文件内的任何有文字页须经其法定代表人或者其授权的代理人签字。

招标人确定中标人后，应当及时向中标人发出中标通知书，并同时将中标结果告知所有的投标人。招标人和中标人应当自中标通知书发出之日起30日内订立书面合同。招标人和中标人均不得提出招标文件和投标文件之外的任何其他条件。

国际金融组织或者外国政府贷款、援助资金的公路工程项目，贷款方或者资金提供方对施工监理招标投标的具体条件和程序有不同规定的，可以适用其规定，但不得违背中华人民共和国的社会公众利益。

公路工程施工监理招标投标的详细内容可参阅《公路工程施工监理招标投标管理办法》。

2. 直接委托方式

这种方式是非竞争性的指定委托，只有国家规定不需进行招标的项目才允许采用这种方式。它是考虑到监理单位的声誉和根据业主以往和他们合作的经验等因素决定的，这样，业主就不必和更多的参与竞争的监理单位打交道，这对双方在经济和时间上都是有利的。

二、监理机构设置

监理单位承担监理任务后应组建现场监理机构。监理机构可根据不同的公路等级、工程规模、难易程度、地理条件、合同工期、现场条件及合同段大小按一级或二级设置。一级监理机构设置总监办；二级监理机构设置总监办和驻地办。

高速及一级公路可设置二级监理机构，即总监办和驻地办；开工里程在20 km以下的，宜设置一级监理机构，即总监办。

二级及二级以下公路和养护工程可根据工程规模、难易程度、合同工期安排、现场条件等因素设置一级或二级监理机构。

公路机电工程可设置一级监理机构。

凡是应该招标的监理项目，总监办应由中标的监理单位组建；可以不招标的项目，总监办可由建设单位委托的监理单位组建。建设单位不得使用总监办的名义，侵占监理单位的权利和费用。监理项目无论大小，均应设置总监办统一组织管理监理工作。

三、监理职责划分

监理职责的划分原则上应通过总监理工程师的授权进行。当设置一级监理机构时，其职责是总监办和驻地办的全部职责。当采用二级监理机构和监理总承包时，应由中标的监理单位划分各级监理机构及监理人员的职责和权限，避免交叉管理和出现管理漏洞；当对监理机构分别招标时，应由建设单位划分确定各级监理机构各自的职责和权限，但不得将监理规范中明确规定的总监办的权利或职责授予或转嫁给驻地办。监理机构和监理人员应根据监理规范的规定，严格按监理合同约定的职责和权限开展工作。

（一）总监办（总监理工程师）的职责

总监办（总监理工程师）应主要负责：

(1) 主持编制监理计划；

(2) 主持召开监理交底会、第一次工地会议；

(3) 按合同要求建立中心试验室；

(4) 审批施工组织设计及总体进度计划、重要工程材料及混合料配合比；

(5) 签发支付证书、合同工程开工令、单位或合同工程的暂停令和复工令；

(6) 审核变更单价和总额以及延期和费用索赔；

(7) 协助建设单位审查交工验收申请，评定工程质量；

(8) 组织编写监理月报、编制监理竣工文件、编写监理工作报告。

（二）驻地办（驻地监理工程师）的职责

驻地办（驻地监理工程师）应主要负责：

(1) 主持编制监理细则；

(2) 主持召开工地会议；

(3) 按合同要求建立驻地试验室；

(4) 审批一般工程原材料和混合料配合比、施工单位的机械设备、施工方案；

(5) 审批施工单位测量基准点的复测、原地面线测量及施工放线成果；

(6) 审批分项工程开工申请，签发分项和分部工程暂停令和复工令；

(7) 日常巡视、旁站、抽检，并做好记录；

(8) 核算工程量清单，负责对已完工程进行计量；

(9) 组织分项和分部工程中间验收和质量评定，签发中间交工证书；

(10) 审批月进度计划，编写合同段监理工作报告。

当只设总监办时，驻地办工作由总监办负责。

（三）专业监理工程师的职责

专业监理工程师应履行以下职责：

(1) 负责编制本专业的监理细则；

(2) 负责本专业监理工作的具体实施；

(3) 组织、指导、检查和监督本专业监理员的工作，当人员需要调整时，向总监理工程师或驻地监理工程师提出建议；

(4) 审查承包单位提交的涉及本专业的计划、方案、申请、变更，并向总监理工程师或驻地监理工程师提出报告；

(5) 负责本专业分项工程验收及隐蔽工程验收；

(6) 定期向总监理工程师或驻地监理工程师提交本专业监理工作实施情况报告，对重大问题及时向总监理工程师或驻地监理工程师汇报和请示；

(7) 根据本专业监理工作实施情况做好监理日记；

(8) 负责本专业监理资料的收集、汇总及整理，参与编写监理月报；

(9) 核查进场材料、设备、构配件的原始凭证、检测报告等质量证明文件及其质量情况，根据实际情况认为有必要时对进场材料、设备、构配件进行平行检验，合格时予以签认；

(10) 负责本专业的工程计量工作，审核工程计量的数据和原始凭证。

（四）监理员的职责

监理员应履行以下职责：

(1) 在专业监理工程师的指导下开展现场监理工作；

(2) 检查承包单位投入工程项目的人力、材料、主要设备及其使用、运行状况，并做好检查记录；

(3) 复核或从施工现场直接获取工程计量的有关数据并签署原始凭证；

(4) 按合同图纸及有关规范、标准，对承包单位的工艺过程或施工工序进行检查和记录，对加工制作及工序施工质量检查结果进行记录；

(5) 担任旁站工作，发现问题及时指出并向专业监理工程师报告；

(6) 做好监理日记和有关的监理记录。

四、监理人员配备

监理人员是从事工程监理工作的各个岗位人员的统称。监理人员包括总监理工程师（简称总监）、驻地监理工程师、专业监理工程师（以上统称为监理工程师）；测量、试验和现场旁站人员（以上统称监理员）；必要的文秘（包括翻译）、行政事务人员等。总监理工程师及驻地监理工程师等各类高级监理人员，一般应占监理总人数的 10% 以上；各类专业监理工程师等中级专业监理人员，一般应占监理总人数的 40%；各类测量、试验和现场旁站等初级监理人员，一般应占监理总人数 40%；行政及事务人员一般应控制在监理总人数的 10% 以内。

在工程监理过程中，实行总监理工程师负责制，即总监理工程师是在监理机构中负责项目工程全部监理工作的总负责人。各岗位的监理人员均需在总监理工程师的统一领导下分工负责，相互配合，共同完成监理任务。

监理机构中监理人员的数量和结构，应根据监理内容、工程规模、合同工期、工程条件和施工阶段等因素，按保证对工程实施有效监理的原则确定。高速公路、一级公路工程每年每 5 000 万元建安费宜配备交通部核准资格的监理工程师 1 名；独立大桥、特长隧道工程每年每 3 000 万元建安费宜配备交通部核准资格的监理工程师 1 名。根据工程特点和实际需要，上述配置可在 0.8～1.2 的系数范围内调整。

高速公路机电工程，每 50 km 每系统宜配备交通部核准资格的监理工程师 1 名。根据工程情况，如系统复杂或隧道机电工程内容较多，可适当增加监理工程师人数。

如遇重大工程变更等情况，上述人员配备应根据需要进行调整，并就工程内容的变化、人员的调整事宜签订补充合同。

总监办应配备 1 名总监理工程师和若干名专业监理工程师。总监理工程师应具有交通部公路工程监理工程师资格、相应专业的高级技术职称、五年以上的现场工程监理经历、担任过两项以上同类工程的驻地监理工程师或总监理工程师职务。

驻地办应根据工程复杂程度配备 1~2 名驻地监理工程师和若干名专业监理工程师。驻地监理工程师应具有交通部公路工程监理工程师资格、相应专业的中级或高级技术职称、同类工程三年以上监理经历。

其他监理人员的数量可根据工程具体情况适当配备。

第四节　监理计划与监理细则

一、监理计划

监理计划是监理单位接受建设单位委托并签订委托监理合同之后，在项目总监理工程师的主持下，根据委托监理合同，在投标阶段监理技术建议书的基础上，结合工程实际，广泛收集工程信息和资料而编制的，在监理合同期内用来指导项目监理机构全面开展监理工作的指导性文件。

（一）监理计划的作用

（1）指导项目监理机构全面开展监理工作。监理计划需要对项目监理机构开展的各项监理工作做出全面系统的组织和安排。它包括确定监理工作目标，制定监理工作程序，确定目标控制、合同管理、信息管理、组织协调等各项措施，确定各项工作的方法和手段。

（2）监理计划是建设监理主管机构对监理单位进行监督的依据。监理计划是建设监理主管机构监督、管理和指导监理单位开展监理活动的主要依据。

（3）监理计划是业主确认监理单位履行合同的主要依据。监理计划是业主了解和确认监理单位是否履行监理合同的主要说明文件。监理计划应当能够全面详细地为业主监督监理合同的履行提供依据。

（4）监理计划是监理单位内部考核的依据和主要的存档资料。监理计划的内容随着工程的进展应逐步调整、补充和完善，它在一定程度上真实地反映了一个工程项目监理的全貌，是最好的监理过程记录，是监理单位重要的存档资料。

(二) 监理计划的编制

(1) 监理计划的编制应针对项目的实际情况，明确项目监理机构的工作目标，确定具体的监理工作制度、程序、方法和措施，并应具有可操作性。

(2) 监理计划编制的程序与依据应符合下列规定:

① 监理计划应在签订委托监理合同及收到设计文件后开始编制，并应在召开第一次工地会议前报送建设单位;

② 监理计划应由总监理工程师主持、专业监理工程师参加编制;

③ 编制监理计划的依据主要有: 建设工程的相关法律、法规及项目审批文件; 与建设工程项目有关的标准、规范、设计文件、技术资料; 投标阶段监理技术建议书、委托监理合同文件以及与建设工程项目相关的合同文件。

(三) 监理计划的内容

监理计划应包括以下主要内容:

(1) 工程项目概况;

(2) 监理工作范围;

(3) 监理工作内容;

(4) 监理工作目标;

(5) 监理工作依据;

(6) 项目监理机构的组织形式;

(7) 项目监理机构的人员配备计划;

(8) 项目监理机构的人员岗位职责;

(9) 监理工作程序;

(10) 监理工作方法及措施;

(11) 监理工作制度;

(12) 监理设施。

在监理工作实施过程中，如实际情况或条件发生重大变化而需要调整监理计划时，应由总监理工程师组织专业监理工程师研究修改，按原报审程序经过批准后报建设单位。

二、监理细则

监理细则是根据监理计划，针对技术复杂、专业性强的分项和分部工程或监理工作的某一方面，由驻地监理工程师主持编写、经总监理工程师批准实施的操作性文件。

(一) 监理细则的编制

(1) 对中型及以上或专业性较强的工程项目，项目监理机构应编制监理细则。监理细则应符合监理计划的要求，并应结合工程项目的专业特点，做到详细具体、具有可操作性。

(2) 监理细则的编制程序与依据应符合下列规定:

① 监理细则应在相应工程施工开始前编制完成，并必须经总监理工程师批准；

② 监理细则应由驻地监理工程师主持，专业监理工程师编制；

③ 编制监理细则的依据主要有：已批准的监理计划；与专业工程相关的标准、规范、设计文件和技术资料；施工组织设计。

（二）监理细则的内容

监理细则应包括下列主要内容：

(1) 专业工程的特点；

(2) 监理工作的流程；

(3) 监理工作的控制要点及目标值；

(4) 监理工作的方法及措施。

在监理工作实施过程中，监理细则应根据实际情况进行补充、修改和完善。

第五节 监理工地会议制度

工地会议是目前公路施工监理形成的工作制度，是工程建设三方的工作协调会议，通过会议检查合同执行情况与存在的问题，研究下一阶段的工作，并对工程中重点、难点问题进行专题研讨。

一、工地会议的形式及记录

1. 工地会议形式

工地会议按召开的时间、内容及参加人员的不同，分为第一次工地会议、工地例会、专题工地会议三种形式。

2. 工地会议记录

工地会议应由主持单位做好记录，会议形成的纪要应由参加单位确认，并可作为合同文件的一部分。会议中决定执行的有关事项，仍应按规定的监理程序办理。

二、第一次工地会议

1. 会议组织

第一次工地会议应在工程正式开工前召开。总监办应事先将会议议程及有关事项通知建设单位、施工单位及其他有关单位并做好会议准备。会议应由总监理工程师主持，建设单位、施工单位法定代表人或授权代表必须出席。各方在工程项目中担任主要职务的人员及分包单位负责人也应参加会议。第一次工地会议应邀请质量监督部门参加。

2. 会议内容

(1) 第一次工地会议上，各方应介绍各自的人员、组织机构、职责范围及联系方式。建设单位应宣布对监理工程师的授权；总监理工程师应宣布对驻地监理工程师的授权；施工单位应书面提交工地代表（项目经理）的授权书。

(2) 施工单位应陈述开工的各项准备情况；监理工程师应就施工准备以及安全、环保等予以评述。

(3) 建设单位应就工程占地、临时用地、临时道路、拆迁、工程支付担保情况以及其他与开工条件有关的内容及事项进行说明。

(4) 监理单位应就监理工作准备情况以及有关事项作出说明。

(5) 监理工程师应就主要监理程序、质量和安全事故报告程序、报表格式、函件往来程序、工地例会等进行说明。

(6) 总监理工程师应进行会议小结，明确施工准备工作还存在的主要问题及解决措施。

会议通过对开工准备情况的通报、检查、落实，认为开工条件已具备时，在会议结束前由总监理工程师下达开工令。不具备开工条件时，应对存在的问题提出解决的具体意见，特别是对准备开工的日期要提出要求，并统一各方认识。

三、工地例会

1. 会议组织

工地例会应由总监理工程师或驻地监理工程师主持，宜每月召开一次，建设单位代表和施工单位现场主要负责人（项目经理、总工程师）及三方有关人员必须参加。

2. 会议内容

会议应检查上次会议议定事项的落实情况，并就工程质量、安全、环保、费用、进度及合同其他事项等进行讨论，提出解决问题的措施并确定下一步工作的具体安排和要求。

四、专题工地会议

1. 会议组织

专题工地会议由监理工程师主持，根据工程需要及时召开，建设单位代表和施工单位代表及其他有关人员参加，必要时应邀请有关专家及设计代表参加。

2. 会议内容

会议对施工期内工程出现的工程质量、安全、环保、费用、进度及合同管理等方面的重点、难点和需要协调的问题进行研讨，并提出明确的解决方案和落实措施。但对涉及合同管理和变更设计等内容，仍应按合同文件要求与有关监理程序办理。

第六节　监理文件与资料管理

文件与资料管理是监理工作的重要内容，监理的质量、安全、环保、费用、进度、合同管理以及工程各方的往来函件及重要工程活动，全部要通过监理文件与资料系统完整地反映，监理机构应完善资料管理制度并运用计算机管理软件，设专人负责文件资料的管理工作。

一、监理文件与资料内容

监理文件与资料包括监理管理文件、质量监理文件、施工安全监理与环保监理文件、费用监理文件、进度监理文件、合同管理文件以及工程监理月报、监理工作报告、监理日志、会议纪要、巡视记录、旁站记录、监理工作指令、工程变更令、工程分项开工的申请批复、试验抽检的原始记录等。监理日志、监理指令单样表见表2.3、表2.4，其他样表见第三章有关内容。

表2.3 监理日志（样表）

______________工程项目

监 理 日 志

编号：________

监理机构		合同号	
记录人		日 期	
审核人		日 期	
天 气			
合同段主要施工项目简述			
监理机构主要工作简述（审批、验收、旁站、指令、会议等）			
有关问题与建设单位、施工单位等进行澄清或处理的情况简述			

表 2.4　监理指令单（样表）

____________________工程项目

监 理 指 令 单

编号：________

<table>
<tr><td>施工单位</td><td></td><td>合同号</td><td colspan="2"></td></tr>
<tr><td>监理单位</td><td></td><td>监理机构</td><td colspan="2"></td></tr>
<tr><td>签发人</td><td></td><td>日　期</td><td colspan="2"></td></tr>
<tr><td colspan="5">致________
（阐述指令依据、施工单位不符合规定的事实及整改要求等）

请于________年________月________日前回复
抄报（送）：</td></tr>
<tr><td colspan="2">签收人</td><td>日　期</td><td colspan="2"></td></tr>
</table>

（1）监理管理文件与资料。监理管理文件与资料包括监理计划、监理细则等。

（2）质量监理文件与资料。质量监理文件与资料包括质量监理措施、规定及往来文件、试验检测资料；监理抽检资料、交工验收工程质量评定资料。

（3）施工安全监理与环保监理文件。施工安全监理与环保监理文件应包括安全管理的规章制度、措施、会议记录、检查结果、安全事故的有关文件以及施工环境保护规划、环境保护措施、环境保护检查等。

（4）费用监理文件与资料。费用监理文件与资料应包括各类工程支付文件、工程变更有关费用审核文件、工程竣工决算审核意见书等。

（5）进度监理文件与资料。工程进度监理文件与资料应包括工程进度计划审批、检查、调整的有关文件；工程开工、复工令及工程暂停令等。

（6）合同管理文件与资料。合同管理文件与资料包括施工单位办理保险的有关文件、延期索赔申请、分包资质资料、延期和索赔的批准文件、价格调整申请及批准的文件等。

（7）工程监理月报。监理工程师每月应向建设单位及上级监理机构报送工程监理月报，其内容包括：本月工程概述，工程质量、进度、安全、环保、支付、合同管理的其他事项，合同执行情况，存在的问题，本月监理工作小结等。

（8）监理工作报告。工程结束时，监理工程师应提交监理工作报告，其内容包括：工程基本情况，监理机构及工作起止时间，投入的监理人员、设备和设施。关于工程质量、进度、安全、环保、费用监理及合同管理执行情况，分项、分部、单位工程质量评估，工程费用分析，工程建设中存在问题的处理意见和建议。

二、监理文件与资料管理

（1）监理机构应建立健全监理文件与资料管理制度，并应根据工程建设需要建立文件资料的计算机管理系统，设专人对文件资料进行有效管理。

（2）监理工程师应建立材料、试验、测量、计量支付、工程变更、安全、环保等各项台账。建立台账是文件与资料管理的一种重要管理手段，它可以简明地了解资料简况，便于检索与检查。

（3）监理文件与资料应及时整理，分类有序，系统完整，妥善存放和保管。目前，文件、资料尚无明确的定义与规范性的解释，如《建设工程文件归档整理规范》（GB/T 50328—2001）中称“监理归档文件”，而交通部 2004 年颁发的《关于贯彻执行公路工程竣工交工验收办法有关事宜的通知》附件二——“公路工程竣工档案目录”第三部分称“监理资料”。在日常监理工作中，应注意对须归档文件与资料的积累与整理，避免竣工时再补资料。

（4）监理资料应内容完整、填写认真、审批意见与签认齐全。

三、监理文件与资料归档

（1）监理归档文件必须完整、准确、系统地反映工程监理活动的全过程。监理单位应建立文件资料管理制度，根据项目管理要求将文件与资料分类管理，特别是需要归档的文件从工作开始就需要系统、完整地收集和整理。归档的监理文件仅是监理文件与资料中的一部分，但必须能完整、准确、系统地反映工程监理活动的全过程。

(2) 监理文件归档与保存应符合国家及部、省主管部门的有关规定。按照《建设工程文件归档整理规范》规定，归档文件分为长期保存与短期保存两类。监理归档文件中短期保存的文件包括监理计划、监理细则、专题总结、监理月报等。列入长期保存的文件包括监理月报中有关质量问题、监理会议纪要中的有关质量问题、开工/复工审批表、开工/复工令及暂停令、质量和安全事故报告及处理意见等。有关质量、安全、环保、费用、进度监理的通知与指令，工程变更、延期与索赔的报告与批复，合同争端、违约报告及处理意见，监理工作总结等也应长期保存。

(3) 列入归档文件的仅是监理单位的部分文件与资料，对不能列入的各类文件与资料，监理单位也应分类整理，竣工后上述资料应交建设单位保管，建设单位可以制订管理办法，确定必要的保存年限。

复习思考题

1. 什么是公路工程施工监理？其目的是什么？
2. 简述公路工程施工监理的性质、依据与任务。
3. 在公路工程施工阶段，工程建设的主要行为主体有哪些？简述各方关系。
4. 公路工程施工监理可划分为哪几个阶段？简述监理工程师在各阶段的主要工作。
5. 监理企业资质等级如何划分？简述各自的从业范围。
6. 监理工程师应具备哪些基本素质？
7. 公路工程监理中，监理人员有哪些？对其资格有什么要求？
8. 如何设立现场监理机构？
9. 在工程监理中，总监理工程师有哪些职责？
10. 简述监理计划的作用。
11. 怎样组织召开第一次工地会议？其主要内容有哪些？
12. 监理文件与资料主要包括哪些？

第三章　公路工程质量监理

📖 学习目标

1. 了解工程质量的概念及公路交通安全设施的施工监理。
2. 熟悉公路工程质量保证体系，公路工程质量等级评定，工程质量事故处理，公路工程竣（交）工验收及质量监理试验室的相关内容。
3. 掌握工程质量监理的依据，质量监理的内容与程序，公路路基、路面、桥涵、隧道工程的施工质量监理。

第一节　概　述

在公路工程建设中，质量是工程建设的关键，任何一个环节、任何一个部位出现质量问题，都会给工程整体质量带来严重的后果，直接影响到公路的使用效益，甚至返工重建，造成巨大的经济损失。因此，工程质量是公路工程建设的生命，质量监理是施工监理的核心。

一、工程质量与质量管理

1. 质　量

根据我国质量管理与质量保证国家标准（GB/T 19000—2000 族标准）和国际质量管理与质量保证标准（ISO 9000：2000 族标准），质量的定义是：反映产品或服务满足明确或隐含需要能力的特征和特性的总和。这里的“明确需要”一般是指在合同环境中，用户明确提出的要求或需要，通常是通过合同及标准、规范、图纸、技术文件作出明文规定，由供方保证实现；这里的“隐含需要”一般是指在非合同环境中，用户虽未明确提出，但社会公众对产品有一种不言而喻的需要，如公路产品起码要满足车辆安全通行的需要；这里的“特征和特性”是“需要”的定性与定量的表现，因而也是用户评价产品或服务满足需要程度的参数与指标，如规范、标准等。

2. 产品（工程）质量

根据 GB/T 19000—2000 族标准和 ISO 9000：2000 族标准，产品质量是指一组固有特性满足要求的程度，其含义是指产品所具有的功能和使用价值满足顾客要求的程度。对于工程项目这样一种大而复杂的产品而言，其质量的含义应更为广泛，通常应从系统的角度来看待其功能和使用价值所构成的项目质量特性，一般应包含适用性、可靠性、经济性、美观性和环境协调性，如表 3.1 所示。另一方面，从对产品质量管理的角度来看，产品的功能和使用价值质量特性必须用一系列的技术标准来衡量，以便对产品质量进行检验、认证。因此，从这个意义上讲，产品质量是指与特定的技术标准或合同约定要求相符合的程度。例如，工程项目质量是按照工程质量验收标准来评定的，符合验收标准即为合格产品。

表 3.1 建设项目功能与使用价值质量特性系统

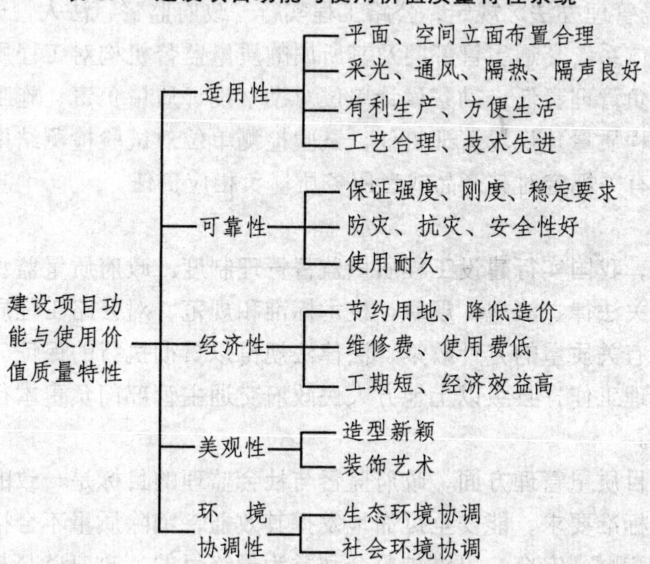

公路工程质量即公路产品的质量，是指有关公路工程建设的法律、法规、规章、技术标准以及批准的设计文件和工程合同，对建设公路工程的安全、适用、经济、美观等特性的综合要求。它包括公路工程实体和服务这两类特殊产品的质量。“工程实体”作为一种综合加工的产品，其质量是指公路工程产品适合于某种规定的用途，满足人们要求所具备的质量特性的程度；“服务”是一种无形的产品，服务质量是指设计、施工、监理等企业在完成业主委托的任务过程中或售后服务过程中满足业主要求的程度，一般包括服务时间、服务能力和服务态度等。

3. 工作质量

工作质量是指参与工程的建设者，为了保证工程质量所从事工作的水平和完善程度。工作质量包括社会工作质量、生产过程工作质量等。工程质量的好坏是建筑工程形成过程的各个方面、各个环节工作质量的综合反映，工程质量不是靠质量检验检查出来的，要保证工程质量就要求所有参与部门和人员精心工作，对决定和影响工程质量的所有因素严加控制，即通过工作质量来保证工程质量。

随着科学技术的发展，对产品质量的要求越来越高，市场竞争的激烈也使企业视产品质量为企业的生命。全面质量管理思想的形成，使人们对质量的认识深化和提高了一大步，认识到产品质量、工序质量、企业工作质量的内在联系，即必须以抓工序质量来保证产品质量，而工序质量好坏与工作质量密切相关。工程项目的质量要靠参与建设的单位所建立的质量体系来保证。

4. 质量管理

所谓质量管理，广义地说，是为了最经济地生产出适合使用者要求的高质量产品所采用的各种方法的体系。其目的是通过管理工作，使建设项目科学决策、精心设计、精心施工，建设质量合格的工程项目，保证投资目标的实现。随着科学技术的发展和市场竞争的需要，质量管理已越来越为人们所重视，并逐步发展为一门新兴的学科。

二、公路工程质量保证体系

《公路建设市场管理办法》规定，公路工程实行“政府监督、法人管理、社会监理、企业自检”的质量保证体系。交通主管部门及其所属的质量监督机构对工程质量负监督责任；项目法人对工程质量负管理责任；勘察设计单位对勘察设计质量负责；施工单位对施工质量负责；监理单位对工程质量负现场管理责任；试验检测单位对试验检测结果负责；其他从业单位和从业人员按照有关规定对其产品或者服务质量负相应责任。

1. 政府监督

根据国家规定，我国实行建设工程质量监督管理制度。政府质量监督是政府的执法监督行为，是指依据有关法律、法规、规章、技术标准和规范，对公路工程质量进行监督的行政行为，是确保国家有关质量的方针政策、法律法规得以贯彻执行的保证。交通部主管全国公路工程质量监督管理工作，县级以上地方人民政府交通主管部门负责本行政区域内公路工程质量监督管理工作。

在工程建设项目质量管理方面，政府监督与社会监理的目标是一致的，都是为了使工程建设项目符合质量标准要求，能安全可靠地发挥其效益，消除质量不合格、不安全的建设工程，确保人民生命和财产安全，以维护公众利益为最终目的。政府监督与社会监理是我国工程建设质量保证体系中的质量监督体系和质量检查体系的两个不同的层次，是相辅相成的、不可替代的两个方面，只是两者的工作深度不同。

政府监督具有以下特性：

(1) 强制性。政府监督体现了政府的管理职能，而国家机构的管理职能是通过授权于法，由工程质量监督机构依法管理，是执法行为，这对于被管理者来说，只能是强制性的，必须接受的，是管理与被管理的关系。政府监督的强制性还体现在管辖范围内的所有建设工程，无论其投资主体如何，都必须无条件地接受政府监督机关的监督和管理。而社会监理则是监理单位受项目法人的委托，根据合同授权而进行的具体的工程建设管理，体现的是项目法人对建设项目的管理职能。

(2) 执法性。受政府委托的工程质量监督机构主要是依据国家法律、法规、方针、政策和交通部颁布的技术规范、标准进行监督，它带有明显的执法性，其行为显著区别于通常的行政领导和行政指挥等一般性的行政管理行为。社会监理除依据上述法律、法规进行监理活动外，更主要的是依据监理委托合同、工程建设合同而进行合同管理，控制工程质量。

(3) 全面性。政府监督是针对项目的工程建设活动，其管理空间覆盖了全社会。对一个具体项目的建设过程来说，贯穿于工程建设的全过程，其监督对象是所有参与工程建设的责任主体及其行为。

(4) 宏观性。政府监督侧重于宏观的社会效益，其着眼点主要是保证建设行为的规范性，维护国家和社会公众利益，以及工程建设各参与者的合法权益。对一个具体项目来说，政府质量监督是通过对工程关键部位严格的现场检查，采取检查工程质量原始记录和现场抽查、抽检相结合的方式，监督、检查、核实有关单位的质量控制工作，从而间接地控制整个工程的施工质量。而监理单位是直接面对施工单位，对施工中的每一个单元、每一道工序的质量进行检查、控制、评定，是具体而细微的社会服务性现场工程质量管理与控制工作，其跟踪监控是全过程的。

公路工程质量监督主要包括以下内容：

(1) 工程质量管理的法律、法规、规章、技术标准和规范的执行情况；

(2) 从业单位的质量保证体系及其运行情况；

(3) 勘察、设计质量情况，工程质量情况，使用的材料、设备质量情况；

(4) 工程试验检测工作情况；

(5) 工程质量资料的真实性、完整性、规范性、合法性情况；

(6) 从业单位在工程实施过程中的质量行为。

交通主管部门对公路工程质量监督的职责主要是：

(1) 监督检查从业单位是否具有依法取得的相应等级的资质证书，从业人员是否按照国家规定经考试合格，取得上岗资格；

(2) 监督检查建设、勘察、设计、施工和监理单位质量保证体系的针对性、严密性和运行的有效性，以及各单位质量保证体系之间的协调性和一致性；

(3) 监督检查勘察、设计文件是否符合国家规定的技术标准和规范要求，设计文件是否达到国家规定的编制要求；

(4) 监督检查施工、监理和设备、材料供应单位是否严格按照有关质量标准和技术规范进行施工、监理和供应设备、材料；

(5) 监督检查监理单位的质量管理和现场质量控制情况，以及对公路工程关键部位和隐蔽工程的旁站情况，对各施工工序的质量检查情况；

(6) 监督检查试验检测设备是否合格，试验方法是否规范，试验数据是否准确，试验检测频率是否符合有关规定；

(7) 监督检查材料采购、进场和使用等环节的质量情况，并公布抽查样品的质量检测结果，检查关键设备的性能情况；

(8) 对公路工程质量情况进行抽检，分析主要质量指标的变化情况，评估总体质量状况和存在的主要问题，提出加强质量管理的政策措施和指导性意见，定期发布质量动态信息；

(9) 对完工项目进行质量检测和质量鉴定。

交通部、省级人民政府交通主管部门、有条件的设区的市级地方人民政府交通主管部门，委托所属的质量监督机构（以下简称“质监机构”）具体实施公路工程质量监督工作。县级人民政府交通主管部门和未设置专职质监机构的设区的市级人民政府交通主管部门应有专职或者兼职质量监督人员，并接受上一级质监机构的业务指导。质监机构应当在交通主管部门委托事项的范围内，按照《公路工程质量监督规定》（中华人民共和国交通部令 2005 年第 4 号）实施公路工程质量监督工作。工程质量监督机构对质量管理的主要职责是：

(1) 质监机构必须建立健全质量监督工作机制，完善监督手段，增强质量监督的公正性、权威性和有效性。

(2) 质监机构负责检查监督建设、设计、施工、监理单位建立健全质量保证体系；负责对建设项目的招投标活动进行监督检查；负责监督设计、施工和监理单位在资质允许范围内从事的公路工程建设的质量工作；负责对施工现场影响工程质量的行为进行监督检查。

(3) 质监机构实施以抽查为主的监督方式。并运用法律和行政手段，制止和纠正影响公路工程质量的建设行为。公路工程交、竣工验收，质监机构应按公路工程检验评定标准对工程质量等级进行鉴定。未经鉴定或鉴定不合格的工程，不得组织验收和交付使用。

(4) 质监机构应具有相应的监督、检测条件和能力。根据需要，可以委托具备相应资质的试验检测单位，对公路工程项目进行检测。对国家重大公路工程建设项目质量鉴定中的检测工作，交通部可以委托质监机构跨地区选择试验检测机构进行。试验检测单位对所检测的数据负责。

2. 法人管理

项目法人作为工程建设项目财产的合法享有者，应对项目建设的全过程负责，更应对项目工程质量全面负责。只有通过项目法人的正确决策和科学全面的管理，才能保证项目目标的最终实现，取得预期效益。

项目法人（建设单位）对质量管理的主要职责是：

(1) 建设单位应根据国家和交通主管部门有关规定设立，并应当按照国家规定建立健全质量保证体系，建立质量管理制度，落实质量岗位责任制。

(2) 建设单位应严格履行基本建设程序，根据公路工程特点和技术要求，确定合理标段、合理工期、合理造价，并按国务院交通主管部门规定，通过项目招投标选择具有相应资格的勘测设计、施工和监理单位，并应分别签订合同，实行合同管理。公路工程的合同文件，必须有工程质量条款，明确各项工程和材料的质量标准和合同双方的质量责任。

(3) 承担工程项目同一合同段的施工和监理单位不得隶属于同一管理单位，设计单位不得承担本单位设计工程项目的监理任务，招标代理机构不得参加工程投标。

(4) 建设单位应主动接受质监机构对其质量保证体系的监督检查。工程开工前，应按规定向质监机构办理工程质量监督手续；工程施工过程中，应主动接受质监机构对工程质量的监督检查；工程完工后，应由质监机构对工程质量进行鉴定。

(5) 建设单位应依照有关公路工程建设的法律、法规、规章、技术标准、规范和合同文件，组织进行设计、施工和监理。开工前应组织施工图设计审查和设计交底；施工中应对工程质量进行检查；工程完工后应及时组织交工验收，并做好竣工验收的准备工作。

(6) 建设单位应加强档案管理，所有建设项目都要按照《中华人民共和国档案法》的有关规定，建立健全项目档案。从项目筹划到工程竣工验收各环节的文件资料，都要严格按照规定收集、整理、归档。

3. 社会监理

社会监理就是指具有法人资格的社会监理单位对工程项目实施的监理。社会化、专业化的社会监理单位依据合同及项目法人授予的权力，利用自己的经验与技术，采用旁站、巡视、平行检验、发布指令、技术文件审批等方法，对工程实施不间断的、全过程的、全方位的监理，从而对工程项目质量进行全面控制。

监理单位对质量管理的主要职责是：

(1) 监理单位必须是经工商注册并持有交通主管部门核发的资质证书或资信登记的专职监理企业，依照核定的监理业务范围，承担相应公路工程的监理业务。监理单位必须接受质监机构对其监理资格、监理质量控制体系、监理工作质量的监督检查。

(2) 监理单位必须严格执行有关公路工程建设的法律、法规、规章、技术标准和规范，严格履行监理合同，监督工程施工承包合同的实施。

(3) 监理单位应根据所承担监理任务和监理合同的要求，向工程施工现场派驻相应的监理机构、人员和设备。

(4) 监理工程师上岗必须持有交通主管部门核发的监理工程师证书，其他监理人员上岗，必须经过岗前培训，具有公正、有效开展监理业务的能力和责任。

(5) 监理单位应认真审查施工组织设计和技术措施；审查试验工程施工工艺；批准特殊技术措施和特殊工艺；监督合同中有关质量标准、要求的实施；纠正不符合工程设计要求、施工技术标准和承包合同的工程和施工行为；提出或审查设计变更；进行工程质量检测评定；参加工程质量事故处理和工程验收。

4. 企业自检

企业自检是指施工单位按照与建设单位签订的合同文件要求，为保证工程质量所必须建立的内部施工质量保证体系。施工单位作为公路产品的直接生产者，其人员素质、管理水平无疑将决定该企业的工作质量，从而也就决定了工程质量。因此，在质量保证体系中，施工企业占有特别重要的地位。如果施工企业的人员素质、管理水平低，不管政府监督多么有力，制定的有关法规多么健全，工程监理多么标准、规范，监理工程师的工作多么认真细致，都无法保证工程建设质量目标的实现。因此，实行施工企业自检是实现工程建设质量目标的必要条件，施工企业建立的自检系统是形成公路质量保证体系的前提条件。

施工单位对质量管理的主要职责是：

(1) 施工单位必须按资质、资信等级确定的业务范围参加投标，承揽工程施工任务，并接受质监机构对其资质和质量保证体系的监督检查。

(2) 施工单位必须依据有关公路工程建设的法律、法规、规章、技术标准和规范的规定，按照设计文件、施工合同和施工工艺要求组织施工，并对其施工的工程质量负责。

(3) 施工单位必须建立施工质量保证体系，推行全面质量管理，制定和完善岗位质量规范、质量责任及考核办法。建立工地试验室，加强施工过程中的自检、互检和交接检工作。对交付监理签认的工程，要落实质量责任制。

(4) 工程发生质量事故，施工单位必须按规定向监理单位、建设单位及有关部门报告，并保护现场接受调查，认真进行事故处理。

(5) 竣工的公路工程项目必须符合有关公路工程标准及设计文件要求，并按规定向建设单位提交完整的技术档案、试验成果及有关资料。

三、质量监理的依据

公路工程质量监理的依据是：合同条件、合同图纸、技术规范和质量标准。

(1) 合同条件。即公路建设项目各项工程质量的保障责任、处理程序、费用支付等均应符合合同条件的规定。

(2) 合同图纸。施建的全部工程应与合同图纸相符合，并符合监理工程师批准的变更与修改要求。

(3) 技术规范。所有用于工程的材料、设施、设备及施工工艺，均应符合合同文件所列的技术规范和监理工程师同意使用的其他技术规范及监理工程师批准的工程技术要求。

(4) 质量标准。所有工程质量均应符合合同文件中所列明的质量标准或监理工程师同意使用的其他标准。

四、质量监理的内容与程序

施工准备阶段质量监理的内容见第二章第一节的相关内容；施工阶段质量监理的内容如图 3.1 所示：

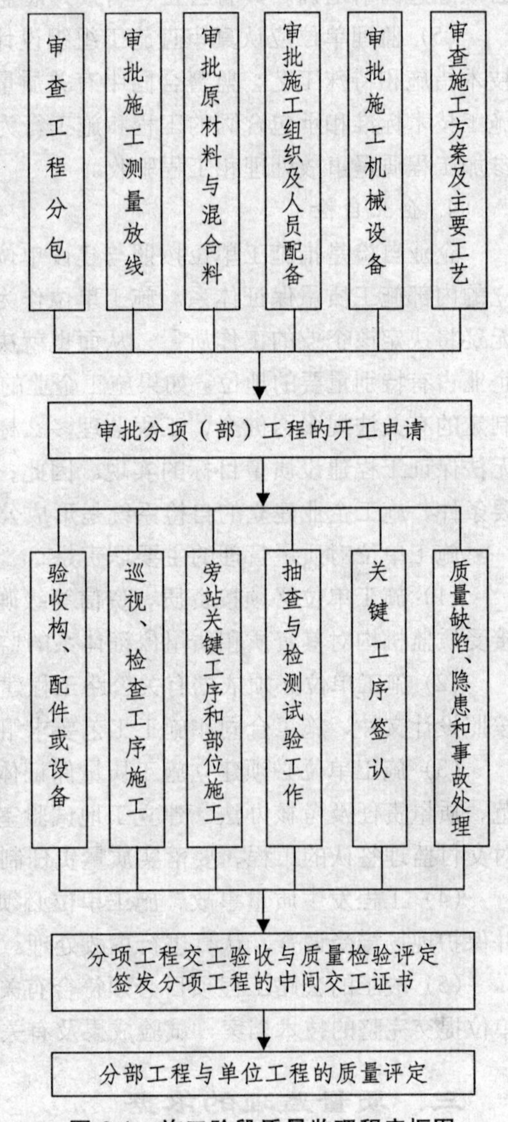

图 3.1 施工阶段质量监理程序框图

1. 审查工程分包

监理工程师应按《公路工程施工监理规范》中的相关规定对工程分包进行审查。

2. 审批施工测量放线

监理工程师应检查施工单位使用的测量仪器是否按规定进行了校准，审查其提交的施工测量放线数据、图表及放线成果并予以批复。监理工程师应对从基准点引出的工程控制桩进行复测，对施工放线的重点桩位 100% 复测，其他桩位不低于 30% 抽测。“施工放线的重点桩位”是指道路工程的路线平面控制点（直线转角点，圆曲线、缓和曲线起讫点、中点）和各种结构物定位的轴线控制桩位等，以及各高程控制点。

3. 审批工程原材料与混合料

监理工程师应审查施工单位申报的原材料、混合料试验资料，对原材料应独立取样进行平行试验；对混合料可在施工单位标准试验的基础上进行试验验证，监理工程师对施工单位申请使用的配合比设计和标准试验结果进行复核性试验后，证明施工单位所作的配合比设计不能满足合同要求时，一般应要求施工单位重新进行配合比设计和试验，并指派监理工程师和试验检测人员旁站施工单位的设计和试验过程。如结果仍无改进时，可由监理试验室做平行的标准试验。监理工程师应在合同规定的期限内予以批复。

监理工程师应对施工单位申请使用的商品混凝土或商品混合料配合比进行审查，一般只对其具有出厂合格证的商品混合料进行复核性试验，不再对其原材料进行检查和试验。如对一些直接影响混合料质量的主要原材料有疑问时，可对该原材料进行抽查检验。

4. 审查施工组织及人员配备

分项工程开工前，监理工程师应审查该分项工程的施工组织，包括项目负责人、技术负责人及质量、安全、环保等施工管理、自检人员和主要施工操作人员的配备是否符合合同要求并满足施工需要。

5. 审查施工机械设备

监理工程师应审查施工单位进场的施工机械设备是否满足合同要求，重点审查机械设备是否满足施工质量、安全、环保、进度等要求。施工单位如使用合同约定外的施工机械设备，监理工程师应要求施工单位另行提出使用申请，解释变动原因，对拟使用的机械设备作充分说明。监理工程师认为可行的应及时批准，否则应提出否决意见批复施工单位。对施工单位拟使用替代的施工机械设备，监理工程师既无充分依据批准使用，又无充分理由拒绝使用时，可通过试验工程的试验结果来决定是否批准使用。

6. 审查施工方案及主要工艺

监理工程师应审查施工单位提交的分项、分部工程的施工方案及主要工艺，对技术复杂或采用新技术、新工艺、新材料、新设备的工程，应根据试验工程结果进行审批。得到监理工程师批准的试验工程总结即为该分项工程合格的施工方案和工艺。

7. 审批分项、分部工程的开工申请

监理工程师应要求施工单位提交分项、分部工程的开工申请，在合同规定的时间内重点按上述1～6条规定审查其是否具备开工条件，以确定是否批复其开工申请，均合格的可批准分项（部）工程开工。

监理工程师要求施工单位提交的分项工程开工申请，内容应包括分项工程的概况，施工方案及主要工艺，质量保证、安全技术和环境保护措施，进度计划，质量控制指标及试验检测项目、频率和方法，施工组织、管理人员及施工人员的配备，人员、材料、机械设备等进场情况，测量放线成果等。

对分项工程的开工申请的批准，不仅仅是对某一特定分项工程的审批，也包括在同一合同工程中所有相同单位工程、分部工程中相同分项工程的审批，但分项工程开工条件有变化的除外。因为施工阶段的质量控制是以分项工程的施工全过程为单位进行的，所以开工申请也应尽量以分项工程为主。但分部工程与分项工程内容相同时也可按分部工程报批。

8. 验收构、配件或设备

对施工单位外购或订做用于永久工程的构、配件或设备，监理工程师应要求施工单位提交产品合格证和自检报告。可采用常规仪器设备进行检测的，监理工程师应按不低于施工单位自检频率的20%进行抽检，合格后方可准予使用。

9. 巡 视

监理人员应重点巡视正在施工的分项、分部工程是否已批准开工；质量检测、安全管理人员是否按规定到岗；特种作业人员是否持证上岗；现场使用的原材料或混合料、外购产品、施工机械设备及采用的施工方法与工艺是否与批准的一致；质量、安全及环保措施是否实施到位；试验检测仪器、设备是否按规定进行了校准；是否按规定进行了施工自检和工序交接。监理人员每天对每道工序的巡视应不少于1次，并按表3.2的格式详细做好巡视记录。监理人员每次（天）巡视后，应将巡视的主要内容、现场施工概况、发现的问题、处理意见和处理结果等如实记录在巡视记录上。当天问题未及时处理的，应在处理完成之日及时补记。

表 3.2 监理巡视记录样表

____________________工程项目

巡 视 记 录

编号：__________

施工单位		合同号	
巡视监理		日　期	
起始时间		终止时间	
巡视范围、主要部位、工序			
施工单位主要施工项目、人员到位、工艺合规性简述			
巡视人主要巡检记录			
巡视人发现的问题及处理情况简述			

10. 旁　站

监理人员应对试验工程、重要隐蔽工程和完工后无法检测其质量或返工会造成较大损失的工程进行旁站，监理机构在编制监理计划时应依据表 3.3《公路工程监理旁站工序/部位一览表》确定本合同旁站的项目，制订旁站计划并认真实施。

表 3.3 公路工程监理旁站工序/部位一览表

单位工程	分部工程	分项工程	旁站工序或部位
路基工程	路基土石方工程	软土地基处治（碎石桩、塑排板、粉喷桩等）	试验工程
		土工合成材料处治层	试验工程
	大型挡土墙	基础	混凝土浇筑
路面工程	路面工程	底基层、基层、垫层、联结层	试验工程
		沥青面层	试验工程
		水泥混凝土面层	试验工程、摊铺
桥梁工程	基础及下部构造	桩基	试桩、钢筋笼安放、混凝土浇筑
		地下连续墙	混凝土浇筑
		沉井浇筑顶板混凝土	定位、下沉、浇筑封底混凝土
		桩的制作、墩台帽、组合桥台	张拉、压浆
	上部构造预制和安装	预应力筋的加工和张拉	张拉、压浆
		转体施工拱	桥体预制、接头混凝土浇筑
		吊杆制作和安装	穿吊杆、预应力束张拉、压浆
	上部构造现场浇筑	预应力筋的加工和张拉	张拉、压浆
		主要构件浇筑、悬臂浇筑	主梁段混凝土浇筑、压浆
		劲性骨架混凝土拱、钢管混凝土拱	混凝土浇筑
	总体、桥面系和附属工程	桥面铺装	试验工程
		钢桥面板上沥青混凝土面层	试验工程、面层铺筑
		伸缩缝安装，大型伸缩缝安装	首件安装
隧道工程	洞身衬砌	初期支护	试验工程
		混凝土衬砌	试验工程
	隧道路面	基层、面层等	同路面工程基层、面层
	辅助施工措施	小导管周壁预注浆、深孔预注浆	注浆
交通安全设施	防护栏	混凝土护栏	首段混凝土浇筑

旁站监理人员应重点对旁站项目的工艺过程进行监督，并对第 9 条（巡视）规定的内容进行检查，对发现的问题应责令立即改正。当可能危及工程质量、安全或环境时，应予制止并及时向驻地监理工程师或总监理工程师报告。旁站监理人员应按表 3.4 的格式如实、准确、详细地做好旁站记录。旁站的工序完工后，监理工程师应进行检查验收。未经施工单位自检合格和监理工程师验收认可的，不得转入下道工序施工。

11. 抽　检

监理工程师应按规定重点对施工过程中使用的水泥、钢材、沥青、石灰、粉煤灰、砂砾、碎石等主要原材料及各种混合料进行抽检，抽检频率应不低于施工单位自检频率的 20%，其余材料应不低于 10%；对已完工程实体质量的抽检频率应不低于施工单位自检频率的 20%。

表 3.4 监理旁站记录样表

______________________工程项目

旁 站 记 录

编号：__________

施工单位		合同号	
旁站监理		日 期	
到场时间		离场时间	
质检人员		部位或桩号	
天 气			
旁站工序或主要工作内容			
施工过程简述			
监理工作简述			
主要数据记录			
发现问题及处理结果			

监理工程师对材料或工程的质量有怀疑时应进行进一步的判定。这里所指“抽检”，是指在施工过程中，监理人员对已批准使用的原材料、混合料和已完工的工程实体质量进行的抽查检测、测量和取样试验。“抽检频率”是指监理抽检次数相对于施工单位根据合同、相关施工技术规范或《公路工程质量检验评定标准》（JTG F80/1—2004）的规定进行施工自检的次数的比例（%）。该“抽检频率”仅适于每个检测项目的检测、测量和取样试验的次数，而对各种原材料、混合料和每个单位、分部、分项工程及所有规定的检测项目要全部抽检。

12. 关键工序签认

关键工序是指在分项工程中与《公路工程质量检验评定标准》中涉及结构安全和使用功能的关键实测项目（即在标准中标有△的实测项目）相关的施工工序。对工程完工后无法再进行检验的关键工序，在施工单位自检合格后监理工程师应进行检查验收，并留存相应的图像资料，检查验收合格后予以签认，未经签认不得进行下道工序施工。

13. 质量事故处理

根据交通部《公路工程质量管理办法》（中华人民共和国交通部交公路发［1999］90号发布）中建立的“公路工程质量事故等级划分和报告制度”，公路工程质量事故分为“质量问题、一般质量事故及重大质量事故”三类。重大质量事故由国务院交通主管部门会同省级交通主管部门负责调查处理；一般质量事故由省级交通主管部门负责调查处理；质量问题（质量缺陷、质量隐患）原则上由建设单位或企业负责调查处理。

当发生可由监理机构处理的质量问题（质量缺陷、质量隐患）时，监理工程师应立即向施工单位发出工程暂时停工指令，并要求其立即书面报告质量缺陷、质量隐患的发生时间、部位、原因及已采取的措施和进一步处理方案；监理工程师应对处理方案进行审核后报建设单位批准，对处理方案的实施进行监理并予以验收，处理合格、隐患消除的可发出复工指令。

当发生不属于监理机构处理的质量事故时，监理工程师应要求施工单位按规定速报有关部门。监理机构应和施工等单位一起保护事故现场，抢救人员和财产，防止事故扩大，积极配合调查。对加固、返工或重建的工程，除特殊规定外，应视同正常施工工程进行监理。

总监办应建立专门台账，记录质量事故发生、处理和返工验收的过程和结果。

14. 中间交工验收

监理工程师收到分项工程中间交工申请后，应检查各道工序的施工自检记录、交接单及监理工程师签认的关键工序的交验单；检查分项工程的质量自检和质量等级评定资料；检查质量保证资料的完整性。驻地办应按合同规定对交工的分项工程进行质量等级评定并签发《中间交工证书》，如表3.5所示。

15. 质量评定

监理工程师应在合同工程交工之前，随着施工的进展，按《公路工程质量检验评定标准》中“分部工程和单位工程质量评分”的规定，陆续完成对各分部工程与单位工程的质量等级评定，为合同工程的交工验收做准备。

表 3.5 中间交工证书样表

________________工程项目

中 间 交 工 证 书

编号：________

施工单位		合同号	
监理单位		监理机构	
中间交工内容（桩号、项目划分、工程项目、工程数量）			
施工单位签字		申请日期	
监理接收人		接收日期	
监理机构对施工单位中间交工申请的评述意见及结论			
监理机构签字		日　期	
施工单位签字		日　期	

第二节　公路工程质量等级评定

一、工程建设项目的划分

根据建设任务、施工管理和质量检验评定的需要，可将工程建设项目划分为合同段、单位工程、分部工程和分项工程。施工单位、工程监理单位和建设单位应按相同的工程项目划分进行工程质量的监控和管理。

(1) 单位工程：在建设项目中，根据签订的合同，具有独立施工条件的工程。

(2) 分部工程：在单位工程中，应按结构部位、路段长度及施工特点或施工任务划分为若干个分部工程。

(3) 分项工程：在分部工程中，应按不同的施工方法、材料、工序及路段长度等划分为若干个分项工程。

具体划分详见表 3.6。

表 3.6　一般公路工程建设项目的工程划分

单位工程	分部工程	分项工程
路基工程（每10 km 或每标段）	路基土石方工程*①（1～3 km 路段）②	土方路基*,石方路基*，软土地基*，土工合成材料处治层*等
	排水工程（1～3 km 路段）	管节预制、管道基础及管节安装*、检查（雨水）井砌筑*、土沟、浆砌排水沟*、盲沟、跌水、急流槽*、水簸箕、排水泵站等
	小桥及符合小桥标准的通道*,人行天桥、渡槽（每座）	基础及下部构造*，上部构造预制、安装或浇筑*，桥面*，栏杆，人行道等
	涵洞、通道（1～3 km 路段）	基础及下部构造*，主要构件预制、安装或浇筑*，填土，总体等
	砌筑防护工程（1～3 km 路段）	挡土墙*，墙背填土，抗滑桩*，锚喷防护*，锥、护坡，导流工程，石笼防护等
	大型挡土墙*、组合式挡土墙*（每处）	基础*、墙身*、墙背填土、构件预制*、构件安装*、筋带、锚杆、拉杆、总体*等
路面工程（每10 km 或每标段）	路面工程（1～3 km 路段）*	底基层、基层*、面层*、垫层、联结层、路缘石、人行道、路肩、路面边缘排水系统等
桥梁工程③（特大、大、中桥）	基础及下部构造*（每桥或每墩、台）	扩大基础、桩基*、地下连续墙*、承台、沉井*，桩的制作*、钢筋加工及安装，墩台身（砌体）浇筑*、墩台身安装，墩台帽*，组合桥台*，台背填土，支座垫石和挡块等
	上部构造预制和安装*	主要构件预制*、其他构件预制、钢筋加工及安装，预应力筋的加工和张拉*，梁板安装、悬臂安装*、顶推施工梁*、拱圈节段预制，拱的安装、转体施工拱*、劲性骨架拱肋安装*，钢管拱肋制作*，钢管拱肋安装*，吊杆制作和安装*、钢梁制作*、钢梁安装，钢梁防护*等

续表 3.6

单位工程	分部工程	分项工程
桥梁工程③（特大、大、中桥）	上部构造现场浇筑*	钢筋加工及安装、预应力筋的加工和张拉*，主要构件浇筑*、其他构件浇筑、悬臂浇筑*，劲性骨架混凝土拱*、钢管混凝土拱*等
	总体、桥面系和附属工程	桥梁总体*、钢筋加工及安装、桥面防水层施工，钢桥面铺装*、支座安装，搭板、伸缩缝安装、大型伸缩缝安装*、栏杆安装，混凝土护栏、人行道铺设、灯柱安装等
	防护工程	护坡、护岸*④、导流工程*、石笼防护、砌石工程等
	引道工程	路基*、路面*、挡土墙*、小桥*、涵洞*，护栏等
互通立交工程	桥梁工程*（每座）	桥梁总体，基础及下部构造*，上部构造预制、安装或浇筑*，支座安装，支座垫石，桥面铺装*，护栏，人行道等
	主线路基路面工程*（1～3 km 路段）	见路基、路面等分项工程
	匝道工程（每条）	路基*、路面*、通道*、护坡，挡土墙*，护栏等
隧道工程	总体	隧道总体等
	明洞	明洞浇筑、明洞防水层、明洞回填*等
	洞口工程	洞口开挖、洞口边仰坡防护、洞门和翼墙的浇（砌）筑，截水沟、洞口排水沟等
	洞身开挖*	洞身开挖*（分段）等
	洞身衬砌*	（钢纤维）喷射混凝土支护、锚杆支护、钢筋网支护，仰拱，混凝土衬砌*、钢支撑、衬砌钢筋等
	防排水	防水层、止水带、排水沟等
	隧道路面	基层*、面层*等
	装饰	装饰工程
	辅助施工措施	超前锚杆、超前钢管等
环保工程	声屏障（每处）	声屏障
	绿化工程（1～3 km 路段或每处）	中央分隔带绿化，路侧绿化，互通立交绿化，服务区绿化，取、弃土场绿化等
交通安全设施（每 20 km 或每标段）	标志*（5～10 km 路段）	标志*
	标线*、突起路标（5～10 km 路段）	标线、突起路标等
	护栏*、轮廓标（5～10 km 路段）	波形梁护栏*、缆索护栏*、混凝土护栏*、轮廓标等
	防眩设施（5～10 km 路段）	防眩板、网等
	隔离栅、防落网（5～10 km 路段）	隔离栅、防落网等
机电工程	监控设施	车辆检测器，气象检测器，闭路电视监视系统，可变标志，光、电缆线路，监控（分）中心设备安装及软件调测，大屏幕投影系统，地图板，计算机监控软件与网络等

续表　3.6

单位工程	分部工程	分项工程
机电工程	通信设施	通信管道与光电缆线路，光纤数字传输系统，数字程控交换系统，紧急电话系统，无线移动通信系统，通信电源等
	收费设施	出、入口车道设备，收费站设备及软件，收费中心设备及软件，IC卡及发卡编码系统，闭路电视监视系统，内部有线对讲及紧急报警系统，收费站内光、电缆及塑料管道，收费系统计算机网络等
	低压配电设施	中心（站）内低压配电设备，外场设备电力电缆线路等
	照明设施	照明设施
	隧道机电设施	车辆检测器，气象检测器，闭路电视监视系统，紧急电话系统，环境检测设备，报警与诱导设施，可变标志，通风设施，照明设施，消防设施，本地控制器，隧道监控中心计算机控制系统，隧道监控中心计算机网络，低压供配电等
房屋建筑工程	按其专业工程质量检验评定标准评定	

注：① 表内标注*号者为主要工程，评分时给以2的权值；不带*号者为一般工程，权值为1。

② 按路段长度划分的分部工程，高速公路、一级公路宜取低值，二级及二级以下公路可取高值。

③ 斜拉桥和悬索桥可参考相关资料进行划分。

④ 护岸参照挡土墙。

二、工程质量的等级评定

（一）一般规定

(1) 工程质量检验评分以分项工程为单元，采用100分制进行。在分项工程评分的基础上，逐级计算各相应分部工程、单位工程、合同段和建设项目评分值。

(2) 工程质量评定等级分为合格与不合格，应按分项、分部、单位工程、合同段和建设项目逐级评定。

(3) 施工单位应对各分项工程按《公路工程质量检验评定标准》所列基本要求、实测项目和外观鉴定进行自检，按《公路工程质量检验评定标准》附录J中“分项工程质量检验评定表”及相关施工技术规范提交真实、完整的自检资料，对工程质量进行自我评定。

工程监理单位应按规定要求对工程质量进行独立抽检，对施工单位检评资料进行签认，对工程质量进行评定。

建设单位根据对工程质量的检查及平时掌握的情况，对工程监理单位所做的工程质量评分及等级进行审定。

质量监督部门、质量检测机构可依据《公路工程质量检验评定标准》对公路工程质量进行检测、鉴定。

（二）工程质量评分

1. 分项工程质量评分

分项工程质量检验内容包括基本要求、实测项目、外观鉴定和质量保证资料 4 个部分。只有在其使用的原材料、半成品、成品及施工工艺符合基本要求的规定，且无严重外观缺陷和质量保证资料真实并基本齐全时，才能对分项工程质量进行检验评定。

涉及结构安全和使用功能的重要实测项目为关键项目（在《公路工程质量检验评定标准》中以“△”标志），其合格率不得低于 90%（属于工厂加工制造的桥梁金属构件不低于 95%，机电工程为 100%），且检测值不得超过规定极值，否则必须进行返工处理。

实测项目的规定极值是指任一单个检测值都不能突破的极限值，不符合要求时该实测项目为不合格。采用《公路工程质量检验评定标准》附录 B 至附录 I 所列方法进行评定的关键项目，不符合要求时则该分项工程评为不合格。

分项工程的评分值满分为 100 分，按实测项目采用加权平均法计算。存在外观缺陷或资料不全时，应予减分。

$$分项工程得分=\frac{\sum(检查项目得分\times权值)}{\sum 检查项目权值}$$

$$分项工程评分值=分项工程得分-外观缺陷减分-资料不全减分$$

（1）基本要求检查。分项工程所列基本要求，对施工质量优劣具有关键作用，应按基本要求对工程进行认真检查。经检查不符合基本要求规定时，不得进行工程质量的检验和评定。

（2）实测项目记分。对规定检查项目采用现场抽样方法，按照规定频率和下列计分方法对分项工程的施工质量直接进行检测计分。

检查项目除按数理统计方法评定的项目以外，均应按单点（组）测定值是否符合标准要求进行评定，并按合格率计分。

$$检查项目合格率=\frac{检查合格的点（组）数}{该检查项目的全部检查点（组）数}\times100\%$$

$$检查项目得分=检查项目合格率\times100$$

（3）外观缺陷减分。对工程外表状况应逐项进行全面检查，如发现外观缺陷，应进行减分。对于较严重的外观缺陷，施工单位须采取措施进行整修处理。

（4）资料不全减分。分项工程的施工资料和图表残缺，缺乏最基本的数据，或有伪造涂改者，不予检验和评定。资料不全者应予减分，减分幅度可按《公路工程质量检验评定标准》3.2.4 条所列各款逐款检查，视资料不全情况，每款减 1～3 分。

2. 分部工程和单位工程质量评分

《公路工程质量检验评定标准》附录 A 所列分项工程和分部工程区分为一般工程和主要（主体）工程，分别给以 1 和 2 的权值。进行分部工程和单位工程评分时，采用加权平均值计算法确定相应的评分值。

$$分部（单位）工程评分值=\frac{\sum[分项（分部）工程评分值\times相应权值]}{\sum分项（分部）工程权值}$$

3. 合同段和建设项目工程质量评分

合同段和建设项目工程质量评分值按《公路工程竣（交）工验收办法》（中华人民共和国交通部令 2004 年第 3 号）中规定计算。

$$合同工程质量评分值=\frac{\sum[单位工程质量评分值\times单位工程投资额]}{合同总投资额}$$

$$建设项目质量评分值=\frac{\sum[合同工程质量评分值\times合同工程投资额]}{建设项目总投资额}$$

4. 质量保证资料

施工单位应有完整的施工原始记录、试验数据、分项工程自查数据等质量保证资料，并进行整理分析，负责提交齐全、真实和系统的施工资料和图表。工程监理单位负责提交齐全、真实和系统的监理资料。质量保证资料应包括以下 6 个方面：

（1）所用原材料、半成品和成品质量检验结果；

（2）材料配比、拌和加工控制检验和试验数据；

（3）地基处理、隐蔽工程施工记录和大桥、隧道施工监控资料；

（4）各项质量控制指标的试验记录和质量检验汇总图表；

（5）施工过程中遇到的非正常情况记录及其对工程质量的影响分析；

（6）施工过程中如发生质量事故，经处理补救后，达到设计要求的认可证明文件。

（三）工程质量等级评定

1. 分项工程质量等级评定

分项工程评分值不小于 75 分者为合格，小于 75 分者为不合格；机电工程、属于工厂加工制造的桥梁金属构件不小于 90 分者为合格，小于 90 分者为不合格。

评定为不合格的分项工程，经加固、补强或返工、调测，满足设计要求后，可以重新评定其质量等级，但计算分部工程评分值时按其复评分值的 90% 计算。

2. 分部工程质量等级评定

所属各分项工程全部合格，则该分部工程评为合格；所属任一分项工程不合格，则该分部工程为不合格。

3. 单位工程质量等级评定

所属各分部工程全部合格，则该单位工程评为合格；所属任一分部工程不合格，则该单位工程为不合格。

4. 合同段和建设项目质量等级评定

合同段和建设项目所含单位工程全部合格，其工程质量等级为合格；所属任一单位工程不合格，则合同段和建设项目为不合格。《公路工程质量检验评定标准》附录中给出了各种工程质量检验评定用表，样表见表 3.7～3.10。

表 3.7 分项工程质量检验评定表（样表）

分项工程名称: 所属分部工程名称: 所属建设项目:

工程部位: 施工单位: 监理单位:

（桩号、墩台号、孔号）

<table>
<tr><td>基 本
要 求</td><td colspan="18"></td></tr>
<tr><td rowspan="9">实
测
项
目</td><td rowspan="2">项次</td><td rowspan="2">检查
项目</td><td rowspan="2">规定值或
允许偏差</td><td colspan="10">实测值或实测偏差值</td><td colspan="4">质 量 评 定</td></tr>
<tr><td>1</td><td>2</td><td>3</td><td>4</td><td>5</td><td>6</td><td>7</td><td>8</td><td>9</td><td>10</td><td>平均值、
代表值</td><td>合格率
（%）</td><td>权值</td><td>得分</td></tr>
<tr><td></td><td></td><td></td><td></td><td></td><td></td><td></td><td></td><td></td><td></td><td></td><td></td><td></td><td></td><td></td><td></td><td></td></tr>
<tr><td></td><td></td><td></td><td></td><td></td><td></td><td></td><td></td><td></td><td></td><td></td><td></td><td></td><td></td><td></td><td></td><td></td></tr>
<tr><td></td><td></td><td></td><td></td><td></td><td></td><td></td><td></td><td></td><td></td><td></td><td></td><td></td><td></td><td></td><td></td><td></td></tr>
<tr><td></td><td></td><td></td><td></td><td></td><td></td><td></td><td></td><td></td><td></td><td></td><td></td><td></td><td></td><td></td><td></td><td></td></tr>
<tr><td></td><td></td><td></td><td></td><td></td><td></td><td></td><td></td><td></td><td></td><td></td><td></td><td></td><td></td><td></td><td></td><td></td></tr>
<tr><td></td><td></td><td></td><td></td><td></td><td></td><td></td><td></td><td></td><td></td><td></td><td></td><td></td><td></td><td></td><td></td><td></td></tr>
<tr><td colspan="3">合 计</td><td colspan="12"></td><td></td><td></td></tr>
<tr><td colspan="3">外观鉴定</td><td colspan="6"></td><td>减分</td><td colspan="2"></td><td colspan="2" rowspan="2">监理
意见</td><td colspan="4" rowspan="2"></td></tr>
<tr><td colspan="3">质量保证资料</td><td colspan="6"></td><td>减分</td><td colspan="2"></td></tr>
<tr><td colspan="3">工程质量
等级评定</td><td colspan="16">评分: 质量等级:</td></tr>
</table>

检验负责人: 检测: 记录: 复核: 年 月 日

注：机电工程的功能试验检查项目，规定值或允许值是指功能或试验要求；实测值或实测偏差值是指检查结果，即“通过”或“不通过”。

表 3.8 分部工程质量检验评定表（样表）

分部工程名称: 所属单位工程:

所属建设项目: 工程部位（桩号、墩台号、孔号）:

施工单位: 监理单位:

<table>
<tr><td rowspan="3">施工单位</td><td colspan="5">分 项 工 程</td><td rowspan="3">备 注</td></tr>
<tr><td rowspan="2">工程名称</td><td colspan="4">质 量 评 定</td></tr>
<tr><td>实得分</td><td>权值</td><td>加权得分</td><td>等级</td></tr>
<tr><td rowspan="7"></td><td></td><td></td><td></td><td></td><td></td><td></td></tr>
<tr><td></td><td></td><td></td><td></td><td></td><td></td></tr>
<tr><td></td><td></td><td></td><td></td><td></td><td></td></tr>
<tr><td></td><td></td><td></td><td></td><td></td><td></td></tr>
<tr><td></td><td></td><td></td><td></td><td></td><td></td></tr>
<tr><td></td><td></td><td></td><td></td><td></td><td></td></tr>
<tr><td colspan="2">合 计</td><td></td><td></td><td></td><td></td></tr>
<tr><td>质量等级</td><td colspan="3"></td><td colspan="3">加权平均</td></tr>
<tr><td>评定意见</td><td colspan="6"></td></tr>
</table>

检验负责人: 计算: 复核: 年 月 日

表 3.9　单位工程质量检验评定表（样表）

单位工程名称:　　　　　　　　　　所属建设项目:

路线名称:　　　　　　　　　　　　工程地点、桩号:

施工单位:　　　　　　　　　　　　监理单位:

施工单位	分 部 工 程					备注
	工程名称	质 量 评 定				
		实得分	权值	加权得分	等级	
	合　　计					
质量等级			加权平均			
评定意见						

检验负责人:　　　　　　　计算:　　　　　　复核:　　　　　年　　月　　日

表 3.10　建设项目（合同段）质量检验评定表（样表）

项目名称:　　　　　　　　　　　　路线名称:

起讫桩号:　　　　　　　　　　　　完工日期:

施工单位	单 位 工 程			备 注
	工程名称	实得分	投资额	
质量等级		加权平均分		
评定意见				

检验负责人:　　　　　　　计算:　　　　　　复核:　　　　　年　　月　　日

第三节　公路工程质量事故

一、工程质量事故的概念

工程质量事故，系指由于勘测、设计、施工、监理、试验检测等责任过失而使工程在下述时限内遭受损毁或产生不可弥补的本质缺陷，因构造物倒塌造成人身伤亡或财产损失以及需加固、补强、返工处理的事故。

(1) 道路工程：现场监理签认至工程项目通车后两年内；

(2) 结构工程：施工过程中和设计使用年限内。

二、工程质量事故的成因

造成工程质量事故的原因很多，主要可归纳为以下几类：

1. 违背建设程序

建设程序是工程项目建设过程及其主客观规律的反映，不按建设程序办事，例如，未搞清地质情况就仓促开工，边设计、边施工，无图纸施工，不经交工验收就交付使用等，常是导致工程质量事故的重要原因。

2. 违反法规的行为

违反建设法规的行为在工程建设中时有发生，例如，无证设计、无证施工，越级设计、越级施工；工程招投标中的不公平竞争，超常的低价中标；非法分包、转包、挂靠；擅自修改设计等行为。这些都是导致工程质量事故的主要原因。

3. 地质勘察失真

未认真进行地质勘察或勘探时钻孔深度、间距、范围不符合规定要求，地质报告不详细、不准确、不能全面反映实际的地基情况等，从而使地下情况不清，或对基岩起伏、土层分布误判，或未查清地下软土层、墓穴、孔洞等，它们均会导致采用不恰当或错误的基础方案，造成地基不均匀沉降、失稳，上部结构或墙体开裂、破坏或引发建筑物倾斜、倒塌等质量事故。

4. 设计差错

主要是盲目套用图纸，采用不正确的结构方案，计算简图与实际受力情况不符，荷载取值过小，内力分析有误，沉降缝或变形缝设置不当，悬挑结构未进行抗倾覆验算，以及计算错误等。

5. 施工与管理及监理不到位

不按图纸施工或未经设计部门同意擅自修改设计；未按有关的施工规范和操作规程施工，浇筑混凝土时振捣不良，造成薄弱部位；施工组织管理混乱，施工方案考虑不周，施工顺序颠倒；图纸未经会审，仓促施工，不熟悉图纸，盲目施工，技术交底不清，违章作业；疏于检查、验收等均可能导致质量事故。施工前未经监理工程师审核施工技术方案和施工组织设计或监理人员现场监管不严等也都可能导致质量事故。

6. 使用不合格的原材料、制品及设备

(1) 建筑材料及制品不合格。诸如，钢筋物理力学性能不良会导致钢筋混凝土结构产生裂缝；水泥安定性不合格会造成混凝土裂缝；过火石灰使路基开裂等。此外，预制构件截面尺寸不足，支撑锚固长度不足，未可靠地建立预应力值，漏放或少放钢筋，板面开裂等均可

能出现断裂、坍塌事故。

(2) 建筑设备不合格。如运输、吊装设备不合格，均可导致工程质量事故。

7. 自然环境因素

空气温度、湿度，暴雨、大风、洪水、环境水污染、日晒和浪潮等均可能成为质量事故的诱因。

8. 使用不当

对建筑物或设施使用不当也易造成质量事故，如共振、超载等。

三、工程质量事故分类及其分级标准

公路工程质量事故分质量问题、一般质量事故及重大质量事故三类。

（一）质量问题

质量较差、造成直接经济损失（包括修复费用）在 20 万元以下的。

（二）一般质量事故

质量低劣或达不到合格标准，需加固补强，直接经济损失（包括修复费用）在 20～300 万元之间的事故。一般质量事故分三个等级：

(1) 一级一般质量事故：直接经济损失在 150～300 万元之间；

(2) 二级一般质量事故：直接经济损失在 50～150 万元之间；

(3) 三级一般质量事故：直接经济损失在 20～50 万元之间。

（三）重大质量事故

由于责任过失造成工程倒塌、报废和人身伤亡或者重大经济损失的事故。重大质量事故分为三个等级：

(1) 具备下列条件之一者为一级重大质量事故：

① 死亡 30 人以上；

② 直接经济损失 1 000 万元以上；

③ 特大型桥梁主体结构垮塌。

(2) 具备下列条件之一者为二级重大质量事故：

① 死亡 10 人以上，29 人以下；

② 直接经济损失 500 万元以上，不满 1 000 万元；

③ 大型桥梁主体结构垮塌。

(3) 具备下列条件之一者为三级重大质量事故：

① 死亡 1 人以上，9 人以下；

② 直接经济损失 300 万元以上，不满 500 万元；

③ 中小型桥梁主体结构垮塌。

四、工程质量事故的报告与管理

国务院交通主管部门归口管理全国公路工程质量事故，省级交通主管部门归口管理本辖区内的公路工程质量事故。质量事故的调查实行统一领导、分级负责的原则。重大质量事故由国务院交通主管部门会同省级交通主管部门负责调查处理；一般质量事故由省级交通主管部门负责调查处理；质量问题原则上由建设单位或企业负责调查处理。

(1) 质量事故发生后，事故发生单位和该工程的建设、施工、监理等单位，应严格保护事故现场，采取有效措施抢救人员和财产，防止事故扩大。因抢救人员、疏导交通等原因，需要移动现场物件时，应当作出标志，绘制现场简图并作出书面记录，妥善保存现场重要痕迹、物证，并应采取拍照或录像等直录方式反映现场原状。

(2) 任何单位和个人均有权利和义务将工程质量事故的情况及时报告有关部门。公路工程在建项目，施工单位为事故报告单位；交付使用的工程，接养单位为事故报告单位。事故发生单位必须以最快的方式，将事故的简要情况同时向建设单位、监理单位、质量监督站报告。在质量监督站初步确定质量事故的类别性质后，再按下述要求进行报告：

① 质量问题：问题发生单位应在2天内书面上报建设单位、监理单位、质量监督站。

② 一般质量事故：事故发生单位应在3天内书面上报质量监督站，同时报企业上级主管部门、建设单位、监理单位和省级质量监督站。

③ 重大质量事故：事故发生单位应在2 h内速报省级交通主管部门和国务院交通部门，同时报告省级质量监督站和部质监总站，并在12 h报出《公路工程重大质量事故快报》。

(3) 质量事故书面报告应包括下列内容：

① 工程项目名称，事故发生的时间、地点，建设、设计、施工、监理等单位名称。

② 事故发生的简要经过、造成工程损毁状况、伤亡人数和直接经济损失的初步估计。

③ 事故发生原因的初步判断。

④ 事故发生后采取的措施及事故控制情况。

⑤ 事故报告单位。

(4) 质量事故处理实行“三不放过”原则：事故原因不清不放过；事故责任者和群众没有受到教育不放过；没有防范措施不放过。

(5) 公路工程质量事故建立定期报告制度。各级质量监督站每季末将《公路工程质量事故情况季报》报上一级交通主管部门和质量监督站。

(6) 质量事故发生后事故发生单位隐瞒不报、谎报、故意拖延报告期限的，故意破坏现场的，阻碍调查工作正常进行的，拒绝提供有关情况、资料的，提供伪证的，由上级主管部门按有关规定给予行政处分。构成犯罪的，由司法机关依法追究刑事责任。

第四节 质量监理试验室

公路工程施工监理的中心任务是工程质量控制。监理工程师对施工质量的判断是以检测和试验数据为依据的，质量合格与否要用数据说话，而数据主要来源于承包商的自检报告。但从承包商的自检结果中往往会发现一些不可信的数据，为此，监理工程师必须设立自己的监理试验室。监理试验室按照不同的监理层次分工负责，按照讲求实效、节约资源的原则进行设置。总监办中心试验室以试验为主，驻地试验室以现场抽查检测和试件的制备为主来配备试验检测设备，具体的试验检测设备应按当地质量监督机构以及监理合同的要求来配备。

原则上总监办中心试验室应按《公路、水运工程监理企业资质管理规定》附件二——“公路水运工程监理企业基本试验检测能力或仪器设备配备标准”中对公路工程甲级监理企业的要求配备试验检测设备；驻地试验室应按公路工程丙级监理企业的要求配备试验检测设备。

一、监理单位试验室

在签订监理合同后，工程正式开工前这段时间内，为了保证对施工全过程实行质量监督，必须建立一套科学的、行之有效的质量检测系统，必须具有必要的试验、测量设备。试验室所有仪器须由计量部门标定，再由所在的省（自治区、直辖市）交通基本建设工程质量监督站对其进行技术资质审查合格并确定其试验范围后方可进行试验检测工作。

（一）监理试验室的职责

试验监督检查的任务是对各个工程项目的材料、配合比和强度等进行试验检测，以确保各项工程的物理、化学性能达到规定要求。试验的监督检查工作应由试验监理工程师及其领导下的监理中心试验室专门负责，并按以下要求进行工作：

(1) 监理中心试验室应当是对整个工程项目进行数据控制和检测测定的中心。试验室的规模、试验设备的种类及数量应能满足施工过程中各项试验的要求，应有各项专业试验工程师及经过专门培训的试验人员及各种健全的规章制度，并实行明确的责任分工。

(2) 监理中心试验室除应承担独立进行的试验检测项目外，还应对施工单位的工地试验室和流动试验室的设备功能、人员资质、操作方法、资料管理等项工作进行有效的监督、检查和指导。

(3) 监理中心试验室及施工单位工地试验室（流动试验室）的各种试验操作，均应统一按合同列明的或正式颁布的国家标准及部级行业标准进行，对经监理工程师审查并经建设单位批准，施工单位采用新材料、新技术或新工艺的特殊项目，当合同未曾列明或无现成标准可循时，试验监理工程师应要求施工单位提供相关的科技资料及鉴定报告，拟定出符合工程实际的暂行标准或规程，经审查批准后实行。

(4) 监理试验工程师应定期或不定期地对施工单位的试验仪器进行检验，并监督施工单位定期交由政府监督部门对仪器进行标定。

(5) 当监理试验室试验结果与施工单位的试验结果出现允许误差以外的差异时，一般应以监理试验室的试验结果为准。如果施工单位拒绝接纳监理试验室的结果时，试验监理工程师可与施工单位在有资格的政府监督部门的试验室进行校核试验，并应依此作为批准或认定的依据，其试验费用按合同条款规定处理。

(6) 各种试验均应采用统一的表格进行记录、报告，并采用统一的方法进行整理、保存。

（二）监理试验室的工作内容

根据监理试验室的职责，其工作范围应包括：

1. 验证试验

验证试验是对材料或商品构件进行预先鉴定，以决定是否可以用于工程的试验检测工作。验证试验应按以下要求进行：

(1) 在材料或商品构件订货之前，应要求施工单位提供生产厂家的产品合格证书及试验报告。必要时监理人员还应对生产厂家生产设备、工艺及产品的合格率进行现场调查了解，或应由施工单位提供样品进行试验，以决定同意采购与否。

(2) 材料或商品构件运入现场后，应按规定的批量和频率进行抽样试验，不合格的材料或商品构件不准用于工程，并应由施工单位运出场外。

(3) 在施工进行中，应随机对用于工程的材料或商品构件进行符合性的抽样试验检查。

(4) 随时监督检查各种材料的储存、堆放、保管及防护措施。

2. 标准试验

标准试验是对各项工程的内在品质进行施工前的数据采集，是控制和指导施工的科学依据，包括各种标准击实试验、集料的级配试验、混合料的配合比试验、结构的强度试验等，并应按以下要求进行：

(1) 在各项工程开工前合同规定或合理的时间内，应由施工单位先完成标准试验，并将试验报告及试验材料提交监理试验室审查批准。监理试验工程师应派出试验监理人员参加施工单位试验的全过程，并进行有效的现场监督检查。

(2) 监理试验室应对施工单位提供标准试验的试验数据、资料等进行认真审核，必要时应在其同时或以后，平行进行复核（对比）试验，以肯定、否定或调整施工单位标准试验的参数或指标。

3. 工艺试验

工艺试验是依据技术规范的规定，在动工之前对路基、路面及其他需要通过预先试验方能正式施工的分项工程预先进行的试验。工艺试验的结果应能全面指导施工，工艺试验应按下列要求进行：

(1) 监理工程师应要求施工单位提出工艺试验的施工方案和实施细则并予以审查批准。

(2) 工艺试验的机械组合、人员配额、材料、施工程序、预埋观测以及操作方法等应有两组以上方案，以便通过试验作出选定。

(3) 监理工程师应对施工单位的工艺试验进行全过程的旁站监理，并应作出详细记录。

(4) 试验结束后由施工单位提出试验报告，并经监理工程师审查批准。

4. 抽样试验

抽样试验是对各项工程实施中的实际内在品质进行符合性的检查，内容包括各种材料的物理性能、土方及其他填筑施工的密实度、混凝土及沥青混凝土的强度等的测定和试验。抽样试验应按以下要求进行：

(1) 监理工程师应随时派出试验监理人员，对施工单位的各种检测试验频率、取样方法及试验过程进行检查。

(2) 在施工单位的工地试验室（流动试验室）按技术规范的规定进行全频率抽样试验的基础上，监理工程师中心试验室应按 10%～20% 的频率独立进行抽样试验，以鉴定施工单位的抽样试验结果是否真实可靠。

(3) 当施工现场的旁站监理人员对施工质量或材料产生疑问并提出要求时，监理中心试验室应随时进行抽样试验，必要时还应要求施工单位增加抽样频率。

5. 验收试验

验收试验是对各项已完成工程的实际内在品质作出评定的试验。应按以下要求进行：

(1) 监理工程师应派出试验监理人员，对施工单位进行的钻芯抽样试验的频率、抽样方法和试验过程进行有效的监督。

(2) 监理工程师应对施工单位按技术规范要求进行的加载试验或其他试验检测项目的试验方案、设备及方法进行审批；对试验的实施进行现场检查监督；对试验结果进行评定。

（三）监理试验室的设置

监理试验室根据工程类型、规模、标准、复杂程度及监理服务合同规定组建。一般情况组建总监办试验室或驻地办试验室。

1. 监理试验室面积

监理试验室面积应根据工程实际情况确定。一般 20～30 km 的高速公路（含路基、路面、桥涵及其他工程）项目应不小于 150 m^2。

2. 监理试验室人员

监理试验室人员应根据工程项目及监理服务合同确定，一般 20～30 km 的高速公路（含路基、路面、桥涵及其他工程）项目应不少于 6 人，约为监理人员总数的 1/4 左右。公路工程总监办和驻地办试验室的试验监理工程师，应有交通主管部门颁发的试验监理工程师证书，试验监理员应有交通主管部门颁发的上岗证，所有人员均应经过专业试验培训和考核，有适应监理试验室工作的专业理论知识和能力。

3. 监理试验室仪器

仪器配置应根据工程类型、工程规模需要和监理服务合同规定配置。一般 20～30 km 的公路工程（含路基、路面、桥涵及其他工程），应配备土工类试验、水泥类试验、砂石集料类试验、钢材类力学试验、水泥混凝土试验、沥青及沥青混合料类试验仪器，并能满足对整个施工过程进行数据采集和控制的需要。

4. 监理试验室的资质

监理试验室组建完毕后（人员到位、仪器设备安装调试鉴定完毕），应向交通厅（局）质量监督部门申请临时资质，经验收合格，颁发临时资质证书后开展正常试验工作。

5. 监理试验室交通设备

监理试验室应根据工程需要和监理服务合同的规定，配备载质量不少于 1.5～2.5 t 的两用汽车一辆。

6. 监理试验室规章制度

监理试验室应建立健全各种规章制度，加强工作管理。主要规章制度有：

(1) 监理试验室人员岗位职责；

(2) 监理试验室仪器使用制度；

(3) 监理试验室仪器操作规程；

(4) 监理试验室资料管理办法；

(5) 监理试验室仪器维修保养制度；

(6) 监理试验室水、电、暖及核辐射仪器安全管理制度等。

7. 监理试验室资料

监理试验室资料的分类、整理、归档，应根据国家档案管理的有关规定、《公路工程施工监理规范》、《公路工程质量检验评定标准》及各项目编制的《竣工资料编制要求》进行管理。监理试验室资料一般分为行政文件、挂图（表）、技术文件三大类。

二、施工单位试验室

监理工程师应监督、检查和批准施工单位装备自己的工地试验室和流动试验室，其建筑面积、试验设备及人员配备应能满足本工程各项试验的需要。

（一）工地试验室的功能及要求

(1) 进行各工程项目开工前的标准试验和预先试验，并将试验结果提交监理中心试验室进行复验和批准。

(2) 承担进口材料及流动试验室没有条件完成的当地材料的鉴定试验，并将试验结果提交监理中心试验室进行复验和批准。

(3) 工地试验室应对各流动试验室的试验项目进行抽检试验，并将抽检试验的结果报监理中心试验室备案。

(4) 统一协调和管理各流动试验室的试验业务。

(5) 对全部工程项目的各种试验结果进行数理统计和分析整理，建立全部工程的试验资料档案，为工程竣工提供翔实的试验资料。

(6) 施工单位的工地试验室自身不能承担的试验检测项目工作，如钢绞线等材料的化学分析等主要原材料试验、较复杂的试验及标准试验，可委托具有相应的资质等级的并经监理工程师批准的试验室进行，费用由施工单位自负。

（二）流动试验室的功能及要求

(1) 对工程所用的当地材料进行鉴定试验，并将试验结果提交监理中心试验室进行复检和批准。

(2) 配合施工，提供和采集为控制施工质量所需要的各种参数。

(3) 根据规范规定的抽样频率、时间和方法，进行施工过程中的抽样试验和工序或分项工程完工后的检查试验，并向监理工程师提交试验结果。

（三）监理工程师对施工单位的试验管理

监理工程师中心试验室应派出人员对施工单位的工地试验室和流动试验室进行全面的监督和管理。所有试验仪器都须事前标定并按期进行鉴定；所有试验人员必须持有相应的试验检测资格证书，并持有经过业务培训和考核的上岗证书，必须严格执行试验规范和操作规程，重要试验应有监理人员在场监督。

第五节　路基工程施工质量监理

一、工序质量控制的监理程序

路基工程的分项工程在每道工序完工后，施工单位的自检人员应按照专业监理工程师批准的工艺流程和提出的工序检查程序进行自检，自检合格后，填写《路基现场质量检验报告单》，报送专业监理工程师进行检查认可。

专业监理工程师应紧接施工单位的自检或在施工单位自检的同时，对每道完工的工序进行检查验收、签认，对不合格的工序应指令施工单位进行缺陷修补或返工。前道工序未经检查认可，后道工序不得进行开工。

工序质量检查验收程序如图 3.2 所示。

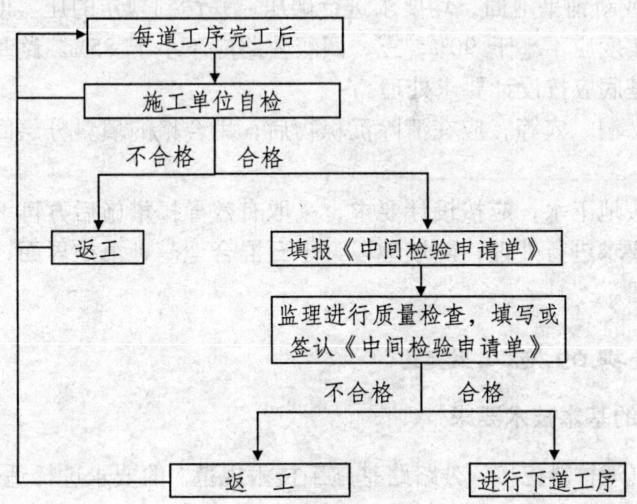

图 3.2　路基工序质量检查验收程序图

二、表土的清理与压实的监理

路基工程施工前，必须对原地面的表土进行清理与压实，原地面表土清理与压实的监理工作项目与工序流程如图 3.3 所示。

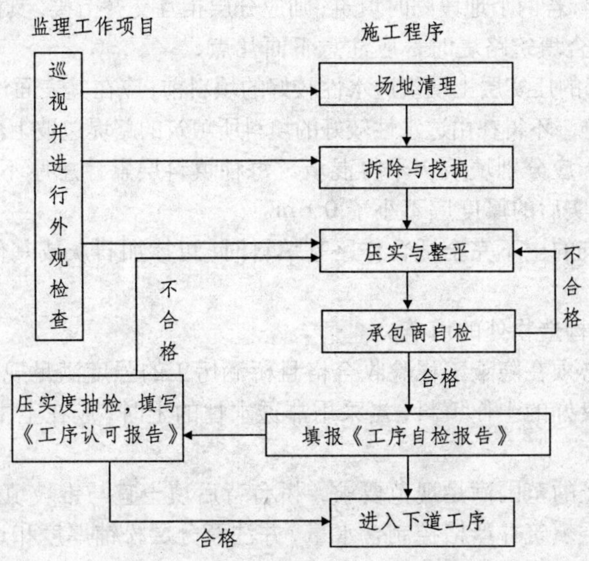

图 3.3　表土清理与压实工序流程图

监理工程师在监控中应注意以下要点：

(1) 在路基施工范围，对树根或有树根的表层土必须挖除，挖除深度由监理工程师现场确定，并将挖出的不带树根的表土搬运到由施工单位提供且监理工程师同意的储料堆。

(2) 对含有地表水、淤泥、杂草、垃圾、腐殖土等的地基，应进行排除清理，对软土地基，则要进行特殊处理。

(3) 为使路基土均匀压实，要求使用平地机或推土机将地面推平，平整度误差不超过 5 cm。旧路基平整或新铺平地面，均要求进行碾压，并达到规定的压实度。二级及二级以上公路路堤基底的压实度应不小于 90%；三、四级公路应不小于 85%。路基填土高度小于路面和路床总厚度时，基底应按设计要求处理。

(4) 原地面坑、洞、穴等，应在清除沉积物后，用合格的填料分层回填分层压实，压实度符合上条规定。

(5) 泉眼或露头地下水，应按设计要求，采取有效导排措施后方可填筑路基；地下水位较高时，应按设计要求进行处理；陡坡地段、土石混合地基、填挖界面、高填方地基等都应按设计要求进行处理。

三、填方路堤的施工监理

(一) 监理工作的基本技术要求

(1) 土方路堤填筑材料应按《公路路基施工技术规范》的要求选择适合路基填筑的材料，其含水量偏差应控制在最佳含水量的 ±2% 之内。

(2) 土方路堤填筑时，必须根据设计断面，由最低处起分层填筑、逐层压实。分层压实的方向一般宜采用水平分层填筑法施工，当原地面纵坡大于 12% 或横坡陡于 1∶5 时，应按设计要求挖台阶，或设置坡度向内并大于 4%、宽度大于 2 m 的台阶。

(3) 分层的最大松铺厚度应通过试验确定；每一填筑层压实后的宽度不得小于设计宽度。

(4) 若填方分几个作业段施工，两段交接处不在同一时间填筑，则先填交接地段，并应按 1∶1 坡度分层留台阶。若两个地段同时填筑，则应分层相互交叠衔接，其搭接长度不得小于 2 m。

(5) 不同土质混合填筑路堤时，应注意下面几点：

① 在透水性不好的压实层上填筑透水性较好的填料前，应在其表面设 2%～4% 的双向横坡，并采取相应的防水措施。不得在由透水性较好的填料所填筑的路堤边坡上覆盖透水性不好的填料。

② 不同性质的土应分别填筑，不得混填。每种填料层累计总厚不宜小于 0.5 m，填筑路床顶最后一层时，压实后的厚度应不小于 0.1 m。

③ 当现场取土坑的土不完全适合作路基填料时，可掺加石灰或其他材料进行改良后再用作填料。

(6) 桥涵及其他构造物处的填筑。

① 回填土工作必须在隐蔽工程验收合格且桥涵圬工的强度满足规范要求后进行。

② 选择透水性良好的土作填料，当采用非透水性的土时，应在土中增加外掺剂，如石灰、水泥等。

③ 注意桥涵填土的范围满足规范要求，桥台背后填土宜与锥坡填土同时进行。

④ 回填土应分层填筑并严格控制含水量，并注意分层松铺厚度和适当的压实方法满足规范要求。

(7) 填石路堤。

① 填石路堤的基底处理同填土路堤，但承载力应满足设计要求。

② 填石路堤的石料强度应满足设计要求，路堤填料粒径应不大于 500 mm，并不宜超过

层厚的 2/3,不均匀系数宜为 15～20。路床底面以下 400 mm 范围内,填料粒径应小于 150 mm。填石路堤的压实质量标准应符合规范规定的要求。

③ 二级及二级以上公路的填石路堤应分层填筑压实。二级以下砂石路面公路在陡峻山坡地段施工特别困难时，可采用倾填的方式将石料填筑于路堤下部，但在路床底面以下不小于 1.0 m 范围内仍应分层填筑压实。

④ 当石块级配较差、粒径较大、填层较厚、石块间的空隙较大时，可于每层表面的空隙里扫入石碴，石屑，中、粗砂，再以压力水将砂冲入下部，反复数次，使空隙填满。

⑤ 填石路堤的填料如其岩性相差较大，则应将不同岩性的填料分层或分段填筑。

⑥ 用强风化石料或软质岩石填筑路堤时，应按土质路堤施工规定先检验其 CBR 值是否符合要求，CBR 值不符合要求时不得使用，符合使用要求时应按土质路堤的技术要求施工。

⑦ 压实机械宜选用自重不小于 18 t 的振动压路机。

(8) 土石路堤。

① 土石路堤的基底处理同填石路堤。

② 天然土石混合材料中所含石料强度大于 20 MPa 时，石块的最大粒度不得超过压实层厚的 2/3，超过的应清除。当所含石料为软质岩（强度小于 15 MPa）时，石料最大粒径不得超过压实层厚，超过的应打碎。

③ 土石路堤不得采用倾填方法，均应分层填筑，分层压实。每层铺填厚度应根据压实机械类型和规格（压实机械宜选用自重不小于 18 t 的振动压路机）通过试验确定。

④ 压实后渗水性差异较大的土石混合填料应分层或分段填筑，不宜纵向分幅填筑。

⑤ 当土石混合填料来自不同路段,其岩性或土石混合比相差较大时,应分层或分段填筑。

⑥ 土石混合填料时，应根据石料含量注意铺筑顺序。

⑦ 高速公路及一级公路土石路堤的路床顶面以下 30～50 cm 范围内应填筑符合路床要求的土并分层压实，填料最大粒径不大于 10 cm。其他公路填筑砂类土厚度应为 30 cm，最大粒径不大于 15 cm。

（二）路基压实质量监理

监理工程师对路基的压实质量监控要点:

1. 路基压实标准

衡量路基压实的程度，常用压实度表示，即工地实际达到的干密度与室内标准击实试验所得的最大干密度的百分比。由于路基所受的荷载应力随深度迅速减少，因此，路基的压实度应严格执行表 3.11 的规定。

表 3.11 路基压实度标准

填挖类型		路面底面计起的深度范围（cm）	压实度（%），≥		
			高速、一级公路	二级公路	三、四级公路
路堤	上路床	0～30	96	95	94
	下路床	30～80	96	95	94
	上路堤	80～150	94	94	93
	下路堤	>150	92	92	90
零填及挖方路基		0～30	96	95	94
		30～80	96	95	—

2. 压实质量的控制与检查

为了控制好路基的压实质量，首先要充分考虑影响压实的各种因素，然后根据现场实际情况采取各种技术措施，充分发挥现场压实机械的工作效率，使所施工的路基达到压实标准的要求。在路基施工过程中进行压实质量监理时，应注意以下几点：

(1) 对确定不同种类填土的最大干密度和最佳含水量的试验结果进行检校。在路基填筑施工之前，必须对主要取土场采取代表性土样，进行土工试验，用规定方法求得各个取土场土样的最大干密度和最佳含水量，以便指导路基土的压实工作。一般规定每一料源试验 1 次，施工中每 3 000 m³ 试验 1 次。另外，发现土质变化，随时试验。

(2) 检查控制填土含水量。由于含水量是影响路基土压实效果的主要因素，故须经常检测欲填入路基中土的含水量 ω_1。当 ω_1 接近于最佳含水量 ω_0 时，填筑碾压的质量才有保证；填土含水量过大时，应将土摊开晾晒至需要的含水量时再碾压。

(3) 分层填筑、分层碾压情况检查。每层填土厚度大小，也是影响压实效果的重要因素，填土层厚度大时，其深部不能获得要求的密实度。一般认为，对于细粒土，用 12～15 t 振动压路机（包括激振力）碾压，压实厚度不超过 20 cm。用 22～25 t 振动压路机（包括激振力）碾压，压实厚度不超过 50 cm，一般每层填土的厚度应依据试验路段的结果确定。

(4) 全宽填筑、全宽碾压。填筑路基时，应从基底开始在路基全宽范围分层向上填土和碾压，尤其应注意路堤边坡部分，必须从下至上予以充分的压实，碾压时应采用“先轻后重，先边后中，先慢后快”的原则，且轮迹搭接的宽度应符合要求，确保压实均匀密实。

(5) 加强压实度检验。填筑路基时，应分层碾压、分层检查压实度，并要求每一土层压实度达到要求后方能允许填筑上一层填土。只有分层控制填土的压实度，才能保证全深度范围的路基压实质量。

(6) 现场压实质量的评定。路基压实度以 1～3 km 长的路段为检验评定单元，现场压实度检验，以一个工班完成的路段压实层为一个检验单元，双车道公路每一检查段内每 200 m 每压实层至少检测 4 处，多车道公路必须按车道数与双车道之比，相应增加检查数量。

细粒土现场压实度检查可以采用灌砂法或环刀法，粗粒土和路面结构层压实度检查可以采用灌砂法、水袋法或钻孔取样蜡封法。应用核子密度仪时，须经对比试验检验，确认其可靠性。

检验评定段的压实度代表值 K（算术平均值的下置信界限）为：

$$K=\overline{K}-\frac{t_\alpha}{\sqrt{n}}S\geqslant K_0$$

式中 $\overline{K}$——检验评定段内各测点压实度的平均值；

t_α——t 分布表中随测点数和保证率（或置信度 α）而变的系数，t_α 值见表 3.12。

（采用的保证率：

高速公路、一级公路：基层、底基层为 99%；路基、路面面层为 95%；

其他公路：基层、底基层为 95%；路基、路面面层为 90%。）

S——检测值的标准差；

n——检测点数；

K_0——压实度标准值。

路基、基层和底基层：$K\geqslant K_0$，且单点压实度 K_i 全部大于等于规定值减 2 个百分点时，评定路段的压实度合格率为 100%；当 $K\geqslant K_0$，且单点压实度全部大于等于规定极值时，按测定值不低于规定值减 2 个百分点的测点数计算合格率。

$K< K_0$ 或某一单点压实度 K_i 小于规定极值时，该评定路段压实度为不合格，相应分项工程评为不合格。

表 3.12　$t_\alpha/\sqrt{n}$ 值

保证率 / n	99%	95%	90%	保证率 / n	99%	95%	90%
2	22.501	4.465	2.176	21	0.552	0.376	0.289
3	4.021	1.686	1.089	22	0.537	0.367	0.282
4	2.270	1.177	0.819	23	0.523	0.358	0.275
5	1.676	0.953	0.686	24	0.510	0.350	0.269
6	1.374	0.823	0.603	25	0.498	0.342	0.264
7	1.188	0.734	0.544	26	0.487	0.335	0.258
8	1.060	0.670	0.500	27	0.477	0.328	0.253
9	0.966	0.620	0.466	28	0.467	0.322	0.248
10	0.892	0.580	0.437	29	0.458	0.316	0.244
11	0.833	0.546	0.414	30	0.449	0.310	0.239
12	0.785	0.518	0.393	40	0.383	0.266	0.206
13	0.744	0.494	0.376	50	0.340	0.237	0.184
14	0.708	0.473	0.361	60	0.308	0.216	0.167
15	0.678	0.455	0.347	70	0.285	0.199	0.155
16	0.651	0.438	0.335	80	0.266	0.186	0.145
17	0.626	0.423	0.324	90	0.249	0.175	0.136
18	0.605	0.410	0.314	100	0.236	0.166	0.129
19	0.586	0.398	0.305	>100	$\frac{2.3265}{\sqrt{n}}$	$\frac{1.6449}{\sqrt{n}}$	$\frac{1.2815}{\sqrt{n}}$
20	0.568	0.387	0.297				

路堤施工段较短时，分层压实度应点点符合要求，且样本数不少于 6 个。

【例 3.1】某高速公路中心试验室，对某段路堤的路基施工压实度质量进行检测评定，检测压实层距设计路床高 1.2 m，抽样检测结果为：90%、92%、91.5%、96%、98%、97%、99%、98.5%、98%、97.5%、99%、96.5%，试对该段路基压实度进行评定。

解：（1）查《公路工程质量检验评定标准》（JTG F80/1—2004）得：$K_0 \geqslant 94\%$。

因为 $K_i>K_0-5\%$，所以要比较 K 与 K_0 大小。

（2）$\overline{K}=\dfrac{90+92+91.5+96+98+97+99+98.5+98+97.5+99+96.5}{12}\times 100\%=96.08\%$

（3）高速公路路基，其保证率为 95%，查《公路工程质量检验评定标准》附录表 B 得：

$$\frac{t_\alpha}{\sqrt{n}}=0.518$$

（4）$S=\sqrt{\dfrac{\sum(K_i-\overline{K})^2}{n-1}}\%=\sqrt{\dfrac{107.92}{11}}\%=3.132\%$

（5）$K=\overline{K}-\dfrac{t_\alpha}{\sqrt{n}}S=$（$96.08-0.518\times 3.132$）$\%=94.46\%$，$K_0=94\%$

（6）因为，$K>K_0$，$K_i>K_0-5\%$，所以，该段路基压实度合格，其合格率为：

$$10\div 12\times 100\%=83.3\%$$

（三）填方路基的施工工序流程及监理工作项目

填方路基的监理工作项目较多，主要有：填方材料物理指标试验复核、填方材料含水量检测旁站及审查、每层的松铺厚度检查、压实度的抽查等，如图 3.4 所示。

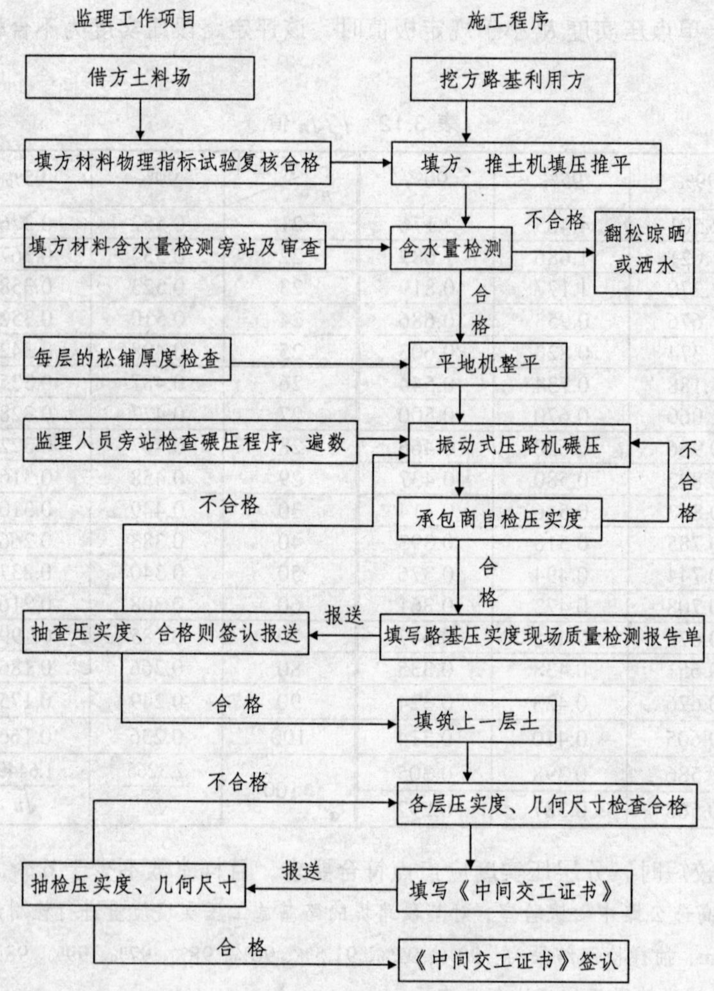

图 3.4 填方铺筑压实工序流程示意图

四、挖方路基的施工监理

1. 挖方路基施工质量监理程序

挖方路基施工的工序流程及监理工作内容如图 3.5 所示。

2. 监理工作的基本规定和要求

(1) 挖方路基施工前应复查施工组织设计，核实（或编制）调整土方调运图表，并检查施工现场是否按规范要求进行清理。

(2) 开挖前应对沿线土质进行土工检测试验。

(3) 检查路堑的排水设施。

① 在路堑开挖前做好截水沟，并视土质情况做好防渗工作。土方工程施工期间应修建临时排水设施。

② 临时排水设施应与永久性排水设施相结合，流水不得排入农田、耕地，不得污染自然水源，也不得引起淤积和冲刷。

(4) 根据施工组织设计，检查各种必要的施工机械到位情况。

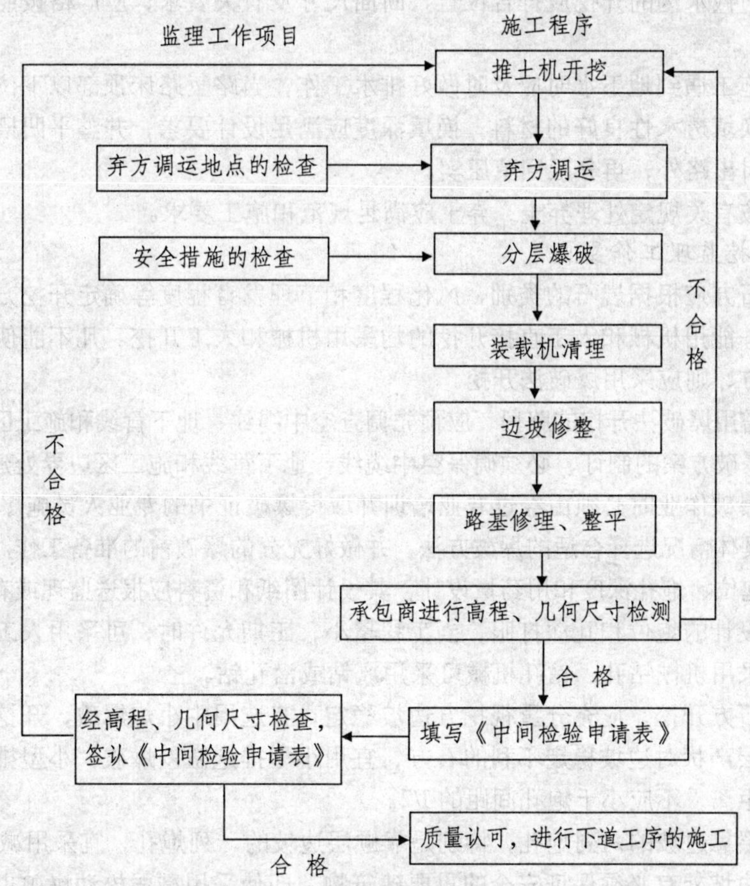

图 3.5 挖方路基施工工序流程示意图

3. 土方开挖监理工作要点

(1) 土方开挖应遵照下列要求：

① 已开挖的适用于种植草皮和其他用途的表土，应储存于指定地点。

② 根据土工试验结果，对开挖出的适用材料，应用于路基填筑，各类材料不应混杂。不适用的材料应按弃土的有关规定办理。

③ 土方开挖不论开挖工程量和开挖深度大小，均应自上而下进行，不得乱挖超挖，严禁掏洞取土。在不影响边坡稳定的情况下采用爆破施工时，应经过设计审批。

④ 路堑开挖中，如遇土质变化需修改施工方案及边坡坡度时，应及时报批。

(2) 因受冬季或雨季影响，使挖出的土方不能及时用于填筑路堤时，应按季节性施工的有关规定办理。

(3) 路堑路床的表层下为有机土、难以晾干压实的土、CBR 值小于规范规定的土或不宜做路床的土，均应清除换填符合要求的土。

(4) 路基开挖如遇特殊土质时，应按特殊地区施工的有关规定办理。

(5) 挖方路基施工高程，应考虑压实的下沉量，其值应由试验确定。

(6) 土方路堑开挖，根据路堑深度和纵向长度，可采用横挖法、纵挖法或混合式开挖法。

(7) 边沟与截水沟的开挖应符合位置、断面尺寸及有关要求，应严格按照设计图纸的规定进行施工。

(8) 路堑施工遇到地下水时应及时做好排水工作，当路堑路床顶部以下位于含水量较多的土层时，应换填透水性良好的材料，换填深度应满足设计要求，并整平凹槽底面，设置渗沟，将地下水引出路外，再分层回填压实。

(9) 及时按有关规定处理弃土，弃土应满足规范和施工要求。

4. *石方开挖监理工作要点*

(1) 开挖石方应根据岩石的类别、风化程度和节理发育程度等确定开挖方式。对于软石和强风化岩石，能用机械和人工直接开挖的均采用机械和人工开挖。凡不能使用机械或人工直接开挖的石方，则应采用爆破法开挖。

(2) 石方需用爆破法开挖的路段，应预先调查空中缆线、地下管线和施工区边界处建筑物的情况。任何爆破方案的制订，必须确保空中缆线、地下管线和施工区边界处建筑物的安全。

(3) 石方爆破作业时必须由经过专业培训并取得爆破证书的专业人员施爆。

(4) 根据具体情况选择合适的爆破方法，并做好充分的爆破前的准备工作。根据确定的爆破方案，进行炮位、炮孔深度和用药量设计，其设计图纸和资料应报送监理或有关部门审批。

(5) 根据设计的炮位和孔深打眼，当工程量小，工期允许时，可采用人工打眼；当工程量较大时，应采用机械钻孔。钻孔机械可采用风钻或潜孔钻。

(6) 公路石方开挖，应充分重视挖方边坡稳定，宜选用中小炮爆破；开挖风化较严重、节理发育或岩层产状对边坡稳定不利的石方，宜用小型排炮微差爆破。小型排炮药室距设计边坡线的水平距离，不应小于炮孔间距的1/2。

(7) 开挖层靠边坡的两列炮孔，特别是靠顺层边坡的一列炮孔，宜采用减弱松动爆破。

(8) 开挖边坡外有必须保证安全的重要建筑物，即使采用减弱松动爆破也无法保证建筑物安全时，可采用人工开凿、化学爆破或控制爆破。

(9) 在石方开挖区应注意施工排水，在纵向和横向形成坡面开挖面，其坡度应满足排水要求，以确保爆破出的石料不受积水浸泡。

(10) 要特别重视安全防护措施。

五、路基排水工程的施工监理

1. *监理工作的基本规定和要求*

(1) 路基施工中应保证路基经常处于干燥、坚固和稳定状态。

(2) 监理进场后应校核全线排水系统的设计是否完备和妥善，必要时由施工单位申报或设计变更，予以补充和修改，使全线的沟渠、管道、桥涵等构成完整的排水体系。

(3) 路基施工中，必须按设计要求首先做好排水工程以及施工场地附近的临时排水设施，然后再做主体工程。在无条件时，排水工程可与路基同步施工，并使其随施工进度逐步成型。临时性排水设施应尽量与永久性排水设施结合起来。

(4) 排水设施的进出水口，应视当地土质、水文、地形条件及筑路材料等情况，适当加固。

(5) 各类排水设施的位置、断面、尺寸、坡度、高程及使用材料应符合设计图纸要求。

(6) 路基排水设施的施工质量应符合规范要求。施工时及时维修和清理各类排水设施，使其保持完好状态及水流畅通，不产生冲刷和淤塞。

2. 地面排水的监理要点

(1) 边沟施工应注意边沟的纵坡应平顺，坡度不宜太小或太大，深度适当。另外，根据施工现场情况对边沟进行加固。

(2) 截水沟的施工应注意截水沟的位置符合规范要求，截水沟的出水口必须与其他排水设施平顺衔接。为防止水流下渗和冲刷，截水沟应进行严密的防渗和加固处理。

(3) 排水沟应注意线形平顺并尽可能采用直线形。转弯处曲线半径不宜小于 10 m，长度根据实际需要而定，通常不宜超过 500 m。排水沟应离路基尽可能远一些，距路基坡脚不宜小于 3～4 m。

(4) 跌水与急流槽必须用浆砌圬工结构施工。跌水的台阶高度可根据地形、地质等条件决定；急流槽的纵坡不宜超过 1∶1.5，同时应与天然地面坡度相配合；当急流槽很长时，应分段砌筑，每段不宜超过 10 m，接头用防水材料填塞，密实无空隙。

3. 地下排水的监理要点

(1) 排水沟可兼排地表水，在寒冷地区不宜用于排除地下水。

(2) 排水沟和暗沟沟底应根据地下水位的高低布置；排水沟或暗沟采用混凝土浇筑或浆砌片石砌筑时，应设置渗水孔、伸缩缝或沉降缝，其施工应符合规范要求。

(3) 渗沟有填石渗沟、管式渗沟和洞式渗沟三种形式，三种渗沟均应设置排水层（或管、洞)、反滤层和封闭层。

(4) 当路基附近的地面水或浅层地下水无法排除，影响路基稳定时，可设置渗井，将地面水或地下水经渗井通过不透水层中的钻孔流入下层透水层中排除。

(5) 渗池与暗管适用于一般寒冷地区和严寒地区，应埋设于当地冰冻线以下的土层中。

(6) 在承压地下水或地下水很多的地方修筑路基时，可用土工织物在原地面与路基交界处设排水隔离层，也可以在路基内部设排水隔离层，把地下水引入边沟，把从路面浸透来的水隔离。土工织物的抗拉强度、厚度等应符合规范要求。

(7) 特殊气候地区积聚水的排除应符合下列规定：

① 埋深较浅的积聚水，可采用渗沟、排水渗井及砂桩等方法排除。对于深层积聚水，如对路基造成危害可采用深埋（深度大于 60 m）渗沟法排除。

② 砂桩由钻孔填砂而成，其直径一般为 15～20 cm，砂桩的深度必须穿过不透水层而深达透水层。在寒冷冰冻地区，砂桩底部应在冰冻线以下 30 cm，砂桩平面应按梅花形布置，其间距为 0.5～2.0 m。

4. 路基其他排水形式监理要点

(1) 中央分隔带排水：高速公路和一级公路路面汇水面积大，特别是在弯道段，降雨时中央分隔带附近聚水较多，路基施工应严格按设计要求，认真做好这一部分临时或永久性的排水沟渠管线，确保水流迅速排出路基以外。

(2) 立交区和下穿通道桥的排水：立交区和下穿通道是雨季容易积水成塘和冬季容易形成冰湖的两个区域，对路基的强度和稳定性影响较大，排除地面水和地下水的各种设施要严格按设计位置、高程和断面尺寸认真施工，同时应按设计规定设置集水井，在雨季宜采用集中抽水的措施。

(3) 高速公路和一级公路宜在紧贴硬路肩部分设立拦水缘石，在适当长度内设置簸箕，配合急流槽将路表水排于路基之外。当边坡有加固设施或者该地区年降雨量小且无暴雨径流产生时，在确保边坡稳定的情况下，也可以让路面水散排于路基之外。

(4) 高速公路、一级公路的填方路基坡脚处，宜设置坡脚排水沟，排水沟距路基坡脚不宜小于 2 m。

(5) 要特别注意填挖交界处排水设施的衔接,要将挖方路段排水边沟引离填方路基坡脚外,防止对填方路基的破坏。

六、路基支挡及防护构造物的质量监理

1. 支挡及防护构造物监理流程

路基支挡及防护构造物是指：挡土墙、护墙、护坡、护面墙等。其施工程序流程及监理工作项目框图如图 3.6 所示。

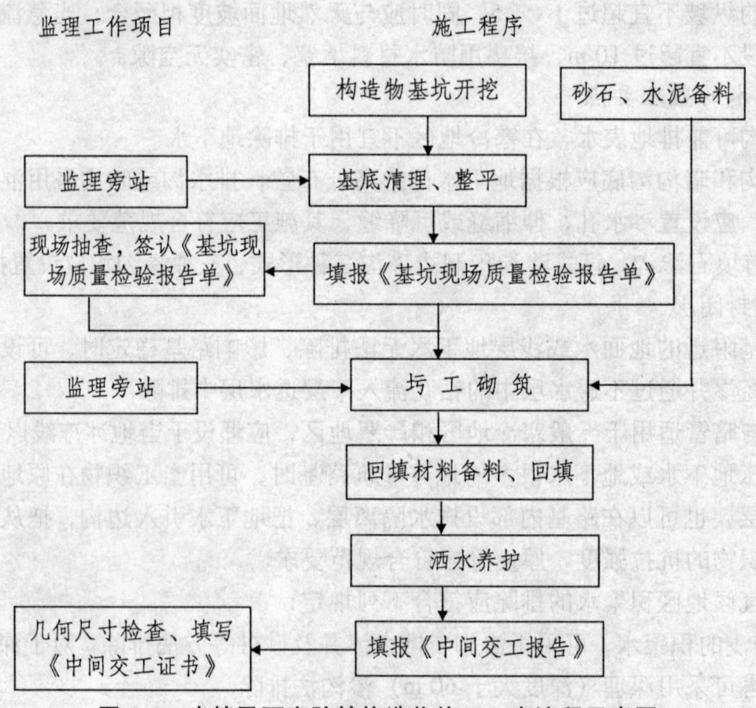

图 3.6 支挡及石砌防护构造物施工工序流程示意图

2. 支挡及防护构造物质量监理要点

(1) 材料要求。用于支挡及防护构造物的块、片石、砂浆、砂砾垫层材料、反滤层材料等应符合合同条件及技术规范的要求。

(2) 基础开挖。在进行结构物基础开挖之前，承包人应制订开挖方法和支护方案报送监理工程师，待批准后方能施工，但这种批准并不免除承包人应负的责任。结构物的基坑和涵管沟槽，应按设计图所示的高程和尺寸进行开挖，且不得超挖，若超挖，承包人应自费使用与结构物基础相同等级的混凝土与基础整体浇筑。但监理工程师可根据实际情况，经业主同意后，决定基础的开挖深度和宽度，承包人据此施工而增加的费用，由业主负担。基础在开挖期间，承包人必须采取措施避免基坑或沟槽内积水，以保持施工在干燥状态下进行。如开挖工作和基础工程必须在已知地下水位以下作业时，为排降渗水和积水，承包人应提供良好的排水系统，施工现场要配置足够的水泵（含 1/3 的备用泵），并且有每天 24 h 工作的排水能力。因此，承包人应提交关于保证整个工程能在干燥条件下施工的建议措施报告，经监理工

程师审批后方能施工。已提供的排水系统，未经监理工程师批准，亦不得拆除。

(3) 基底处理与检查。结构物基坑底应分别按岩层（未风化、风化、泥岩等）、土层（碎石类、砂类、黏性土、不均匀土层等）及土质不良需换填等不同情况，分别加以处理。监理工程师应根据现场实际，对基底平面位置、尺寸大小、基底高程等按规范要求检验。

在进行基础圬工施工前，监理工程师必须对基坑底土质及地质情况进行检验，确认符合设计要求并签证认可后，承包人方能进行施工。

第六节　路面工程施工质量监理

一、路面底基层和基层施工质量监理

路面基层和底基层选用材料主要有无机结合料稳定类和粒料类两大类。其中，无机结合料稳定类，根据其使用材料可分为石灰稳定类、水泥稳定类和石灰工业废渣稳定类；粒料类，按其强度构成原则可分为嵌锁型和级配型。它们有着不同的物理和力学性质，因此，要根据实际情况分别选用和施工。路面基层和底基层监理在质量监控中应重点控制原材料的质量、混合料配合比和摊铺碾压等施工工序的质量及初期养护质量。

（一）质量监理工作流程

路面基层和底基层施工程序及监理工作内容如图 3.7 所示。

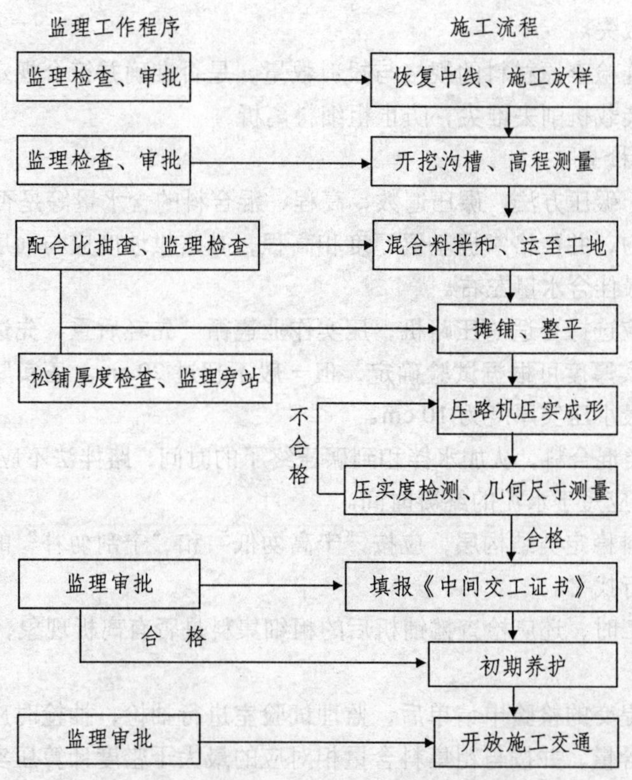

图 3.7　底基层、基层施工质量控制流程图

（二）施工准备阶段的监理工作内容

(1) 熟悉设计文件和施工合同文本。

(2) 按规定检查下承层。在正式开工前，监理工程师应对下承层作一次全面检查，内容包括高程、中线偏位、宽度、厚度、横坡度、平整度和压实度、沉降速率等。下承层表面应平整、坚实，具有规定的路拱，主要检测压实度、平整度和弯沉。在槽式断面的路段，两侧路肩上每隔一定距离交错开挖排水沟槽。凡不符合要求的路段，均应采取措施，认真处理，达到规定的标准。

(3) 对施工单位的标准报审试验（如原材料的质量检测、混合料的组成设计及相关试验等）进行验证试验。

（三）施工阶段监理工作内容

基层和底基层施工监理内容包括：几何尺寸的施工放样，混合料的拌和，摊铺碾压成型，初期养护，开放交通。监理工作要点如下：

1. 检查拌和厂的混合料

石块应尽可能粉碎，土块最大尺寸不应大于 15 mm；配料必须准确；水泥、石灰必须摊铺均匀；洒水、拌和必须均匀；严禁在拌和层底部留有“素土”夹层。

矿料的规格和级配必须符合要求；混合料的配料必须准确；拌和必须均匀，无粗细料离析的现象，塑性指数必须符合规定要求。

当拌和场远离铺筑地点时，应采取措施保证混合料在运送过程中均匀一致，并在料车上加盖以防水分蒸发散失。

在运输带上取样检查原材料的规格与投料数量，是否准确并符合规定的施工配合比；成品料堆是否随时用装载机削去堆尖，防止粗细料离析。

2. 摊铺现场的检查

检查松铺厚度、碾压方法、碾压遍数、高程、混合料的含水量等是否符合要求。

(1) 摊铺要均匀，并严格掌握基层厚度和高程，其路拱坡度应与面层一致。摊铺时的混合料含水量，应在最佳含水量左右。

(2) 碾压时，应选择合适的压路机，压实作业遵循“先轻后重、先边后中、先慢后快”的原则，每层的压实厚度可根据试验确定，但一般不超过 20 cm。压实厚度超出规定时，应分层铺筑，每层的最小压实厚度为 10 cm。

(3) 水泥稳定类混合料，从加水拌和到碾压终了的时间，路拌法不应超过 3 h，集中厂拌法不应超过 2 h，并应短于水泥的终凝时间。

(4) 无机结合料稳定类结构层，应按“宁高勿低”和“宁刮勿补”的原则施工，严禁用薄层贴补的办法进行找平。

(5) 路拌法施工时，还应检查摊铺机后的粗细集料是否有离析现象，如有应及时处理。

3. 质量检验

收到施工单位提交的检验申请单后，监理试验室进行抽检，抽检时应同时钻取混合料试样，测定粗集料的含量，并按与粗集料含量相对应的最大干密度计算压实度，抽检时应同时检测基层层厚。

4. 养生检查

压实度检验合格后，督促施工单位转入养生阶段，要求基层表面始终保持湿润状态，养生期内，禁止料车在其上行驶。

无机结合料稳定类结构，应保湿养生，不使稳定土层表面干燥，也不应忽干忽湿。养生期不宜少于 7 天，养生期结束，应立即铺筑面层。稳定土基层上未铺封层或面层时，不应开放交通。

施工过程中应注意：无机结合料稳定土结构层应在春末和夏季组织施工。施工期的最低气温应在 5℃ 以上，并应在第 1 次重冰冻（－3℃～－5℃）到来之前一定时间完成（水泥稳定土为半个月至一个月，石灰稳定土为一个月至一个半月）。多雨地区，应避免在雨季进行石灰稳定土结构的施工。

（四）质量检验项目与评定

在基层或底基层施工过程中，监理工程师应检查施工单位是否按规范要求项目、频率进行质量检测。各类基层和底基层质量检测项目、频率与质量标准见《公路路面基层施工技术规范》(JTJ 034—2000）相应的要求。

基层或底基层施工质量评定内容及方法见《公路工程质量检验评定标准》。

二、沥青路面施工质量监理

沥青面层是位于路面基层上最重要的结构层，它直接承受车轮荷载和大气自然因素的作用，因此，必须具备平整、坚实、耐久及抗车辙、抗裂、抗滑、抗水害等多方面的综合性能。沥青路面施工难度大，技术含量高，路面面层施工技术方案复杂，因而在面层施工中必须严格要求，层层把关，对施工工艺进一步优化，将沥青路面面层施工质量提高到新水平。

（一）施工准备阶段监理工作内容

(1) 检查沥青面层所用原材料是否符合规范要求。

① 沥青材料。沥青材料的质量指标一般以针入度、延度和软化点三项为主。必要时，还应进行含蜡量、闪点、脆点、密度、溶解度和沥青薄膜加热试验。

② 矿料。矿料包括碎石、砂、矿粉等。粗集料的主要质量技术指标是集料级配、压碎值、针片状颗粒含量、含泥量、洛杉矶磨耗损失、视密度、吸水率、对沥青的黏附性、坚固性、磨光值、冲击值、破碎砾石的破碎面积等。细集料的主要质量技术指标是集料级配、视密度、坚固性（大于 0.3 mm 部分)、砂当量、含泥量等。矿粉的主要质量技术指标是视密度、含水量、级配、亲水系数、加热安定性、塑性指数等。

以上所有检验结果应符合《公路沥青路面施工技术规范》(JTG F40—2004）规定的材料路用要求。

(2) 检查基层表面的清理工作是否满足技术要求。

① 基层表面应干燥、清洁和无任何松散的石料、灰尘与杂质。任何粘在路面上的用扫帚不能清除的杂质，应用其他方法清除；任何较严重的被油类污染的地方，应用有效的

方法清除油污。

② 对某些表面凹洼深度较大的部位，则需要填补坑槽，并整平、压实，达到基层的设计高程。

(3) 检查施工单位施工机具的准备是否符合合同规定。

① 检查施工单位的沥青洒布车（手推式洒布机），特别检查油泵系统、洒布管道、量油表、保温设备等有无故障，并将一定量的沥青装入油罐，在路上先行试洒，校核其洒布量。

② 检查施工单位的石料撒布车，特别检查传动和液压调整系统，并应事先进行试撒，以确定撒铺每立方米规格矿料时应控制的开度和行驶速度。

③ 检查施工单位的压路机，主要检查其规格和机械性能及碾压轮表面的磨损情况。

④ 检查施工单位的摊铺机，主要检查其规格及主要机件性能是否正常。

⑤ 检查施工单位拌和设备及附属设施是否正常，如电子称量（或过磅量）、出料温度测量装置等。

(4) 审核沥青混合料的组成设计试验报告。为了获得符合规定技术标准的沥青混合料，就必须对其组成设计进行审核。沥青混合料的组成设计主要包括矿料配比设计与沥青最佳用量的确定两个方面。经配合比设计确定的各类沥青混合料应符合《公路沥青路面施工技术规范》规定的马歇尔试验设计要求的技术标准，并具有良好的施工性能。

(5) 审核施工单位的沥青混合料路面施工组织设计。

(6) 检查试验路段的施工。在沥青面层主体工程开工 10 天前，监理工程师应要求施工单位在批准的地点，并在严格监督下，对每种沥青混合料铺筑一段直线路段长 100～200 m 的试验路段，其目的是：

① 验证施工单位的沥青混合料配合比（沥青用量及矿料级配）是否符合要求，以及混合料质量的稳定性；

② 检查是否为正式施工质量控制提供了指导性依据；

③ 检查施工单位的施工机械设备是否有明显的缺陷；

④ 检查施工单位的摊铺机械是否适用；

⑤ 检查施工单位的石料撒布车的开度及行驶进度（表面处治用）；

⑥ 检查施工单位的压实机具、组合、压实顺序、速度、遍数。

⑦ 检查并确定施工单位的压实机具的松铺系数、压实密度及接缝处理方法；

⑧ 检查并确定施工温度，包括拌和温度、摊铺温度、碾压温度；

⑨ 检查并确定施工单位的作业段合适长度。

在试验路段内，沥青混合料摊铺、压实 12 h 以后，监理工程师应检查施工单位是否按规范规定的标准方法进行密实度、厚度检验以及抽样检验。监理工程师应严格审批施工单位作出的试验路段施工总结报告，并作为正式施工的依据。

(7) 监理工程师签发沥青面层《分项工程开工申请批复单》。

（二）施工阶段监理工作内容

沥青面层施工过程中，施工程序及监理工作内容如图 3.8 所示。

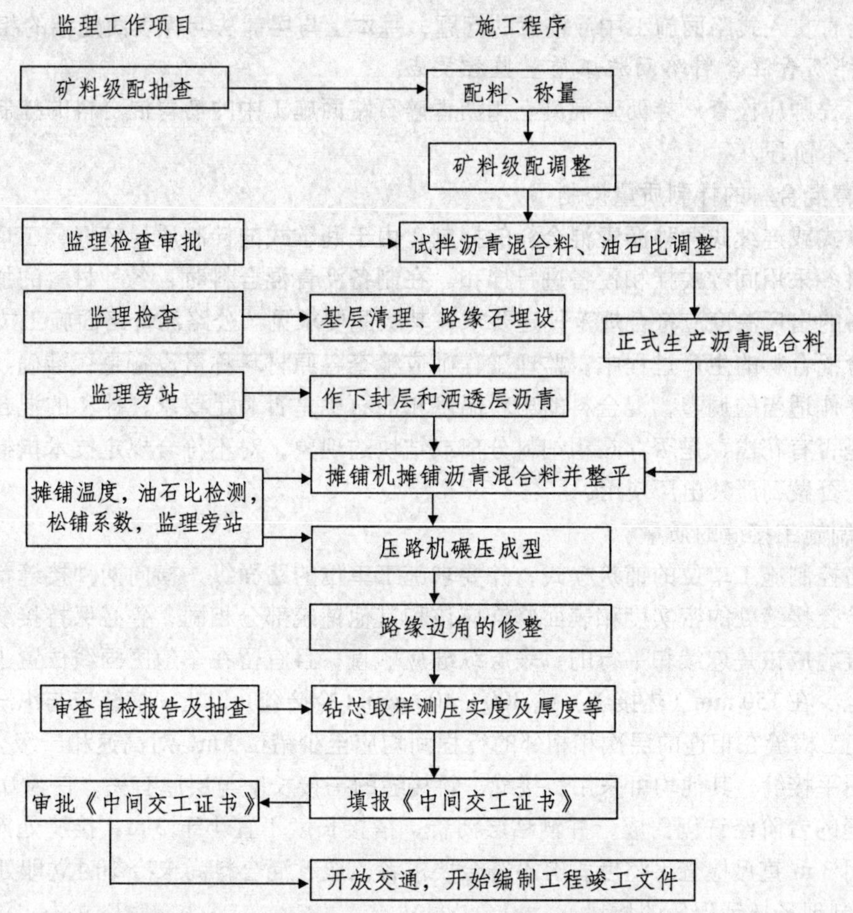

图 3.8　沥青面层施工程序及监理工作示意图

各工序的质量控制要点如下：

1. 沥青表面处治面层质量控制要点

(1) 检查材料的规格和控制沥青用量。沥青表面处治采用的集料，其最大粒径应与处治层厚度相等。其集料和沥青的用量及规格应符合规范规定的要求。

(2) 在清扫干净的碎（砾）石路面上铺筑沥青表面处治时，应喷洒透层油。

(3) 各个工序必须紧密衔接，不得脱节，每天的施工段必须当天完成。

(4) 浇洒沥青、撒铺面料必须均匀。

(5) 施工宜在干燥和较为炎热的季节进行，并宜在日最高气温低于 15°C 来到之前半个月结束施工，使表面处治层通过开放交通压实、成型稳定。

(6) 雨季施工应随时掌握天气预报，雨天过后，必须待矿料和基层晾干后才能继续施工。

(7) 加强初期交通控制，重视初期养护。

2. 沥青贯入式面层质量控制要点

(1) 检查材料规格和控制沥青用量。对沥青贯入式路面所使用的集料，要求选择有棱角、嵌挤性好的坚硬石料，其规格和用量应符合规范规定的要求。主层集料最大粒径宜与贯入层厚度相同。沥青贯入层主层集料中大于粒径范围中值的数量不得少于 50%。细粒料含量偏多时，嵌缝料用量宜采用低限。

(2) 沥青贯入式路面施工中应注意的问题，基本上与层铺法沥青表面处治的相同。

3. 厂拌沥青混合料路面施工质量监控要点

监理工程师应检查厂拌沥青混凝土和沥青碎石路面施工中的沥青混合料的拌制、运输与现场铺筑三个阶段。

1）沥青混合料的拌制质量控制

对间歇式或连续式两种沥青混合料的拌制，由于间歇式的拌制质量较好，工厂集中拌制沥青混合料多采用间歇式拌和设备进行拌和。在制备沥青混合料时，各种材料的加热温度和沥青混合料的出厂温度应符合规范规定要求，其级配要求见《公路沥青路面施工技术规范》。

在沥青混合料的生产过程中，监理工程师应检查各原材料称量设备是否准确、矿料级配是否抽样并作适当的调整，混合料的出料温度和油石比是否满足要求，拌和的混合料是否均匀一致、是否有花白、是否存在粗细料分离或结块的现象，对不符合规定技术指标要求的沥青混合料是否做到严禁出厂使用。

2）控制施工接缝的质量

应严格控制施工单位的铺筑模式，并要求施工单位的路面纵、横向两种接缝都保持在最小数量。检查接缝处的密实度和表面修饰应该和其他铺筑部分相同，务必保持接缝紧密、平整。纵向接缝应该是连续和平行的；表层纵缝应顺直，且宜留在车道区画线位置上；上下层纵缝错位至少在 150 mm（热接缝）或 300～400 mm（冷接缝）以上。横缝应与纵缝铺筑方向大致成直角；横缝在相连的层次和相邻的行程间均应至少错位 1 m。对高速和一级公路，在上面层应采用平接缝，其他均可采用斜接缝。斜接缝的搭接长度与层厚有关，宜为 0.4～0.8 m。阶梯形接缝的台阶经铣刨而成，并洒粘层沥青，搭接长度不宜小于 3 m。接缝处摊铺层施工结束后，用 3 m 直尺检查平整度，有不符合要求者，应趁混合料尚未冷却时立即处理。

3）控制现场摊铺碾压的质量

(1) 检查施工单位混合料摊铺是否均匀，特别要掌握好松铺厚度，注意路面的平整度和路拱。松铺系数应根据混合料类型由试铺试压确定。摊铺过程中，随时检查摊铺厚度和路拱、横坡。

(2) 检查施工单位在摊铺行程开始时，是否注意调整熨平板的高度，是否为碾压留出足够的预留量，使沥青混凝土铺盖层压实以后，达到要求的厚度。监理工程师要求施工单位应在开工前提前 0.5～1 h 加热熨平板到混合料的温度（不低于 100°C），混合料碾压开始时和终了时温度应符合规定。

(3) 检查施工单位的混合料初压、复压和终压：要求初压应紧跟摊铺机后碾压，并保持较短的初压区长度，以尽快使表面压实。可用 6～8 t 双轮钢筒式压路机或 6～10 t 关闭振动装置的振动压路机初压两遍；复压紧接着初压进行，用 10～12 t 三轮压路机或 10 t 振动压路机和轮胎压路机复压 4～6 遍，至稳定无显著轮迹为止；终压用 6～8 t 双轮钢筒式压路机或关闭振动的振动压路机终压 2～4 遍。特别要掌握好混合料的摊铺与碾压温度以及碾压速度，出现推移、横向细纹时应及时纠正。初压后，应检查平整度、路拱，有严重缺陷时进行调整乃至返工。

4）其他检查内容

(1) 沥青混合料的分层压实厚度不得大于 10 cm。

(2) 当高速公路和一级公路施工气温低于 10°C，其他等级公路施工气温低于 5°C 时，不宜摊铺热拌沥青混合料。必须摊铺时，应采取措施按冬季施工进行操作。

(3) 雨季施工，运料车和工地应备有防雨设施，当遇雨或下层潮湿时，不得摊铺沥青混合料。对未经压实即遭雨淋的沥青混合料，应全部清除，更换新料。

4. 施工过程中的质量控制

(1) 检查施工单位的人员技术管理，拌和、运输、摊铺、碾压的机械数量与性能，试验室仪器的配置等是否与路面工程的等级、规模相适应。

(2) 严格按规范要求对原材料按规定频率检验，防止不合格材料混入拌和场内。检查沥青混合料的配合比设计是否符合规定的技术指标要求。

(3) 对拌制沥青混合料的监理工作应做到“三及时、两坚持、一保证”。“三及时”是每台拌和机在拌制3～5车混合料后，及时取样、及时试验、及时反馈（将油石比、级配情况及时通知施工单位及有关部门、单位）；“两坚持”是坚持开盘证制度和坚持每天上、下午各抽测一次油石比与级配，由于拌和机供应的各路段、层次不同，所用配合比也不相同，每天由施工单位技术负责人开出开盘证，通知拌和机控制室人员和施工路段负责人，以避免差错；“一保证”是保证好施工各环节的沥青混合料的温度在规定的范围内。温度的保证体系是：沥青及集料加热温度→沥青混合料拌和温度→沥青混合料到达现场温度→沥青混合料摊铺温度→沥青混合料初压温度→沥青混合料复压温度→沥青混合料终压温度。

(4) 在摊铺前，应对基层或下面层认真检查，包括透层或粘层、封层油的浇洒，缺陷的处理、柴油污染的清除等。在施工安排上，尽可能在下面层摊铺后，继续中、上面层摊铺，防止下、中面层外露时间过长，而遭受自然及人为因素的损坏，这一点应充分重视。

(5) 为防止沥青混合料在摊铺后温度的损失，碾压长度宜按30 m控制。对路面高程的要求应以保证路面厚度为原则。通过对初压、复压、终压的遍数检查，确保路面压实度符合要求。注意对摊铺中筛眼、离析的处理。

(6) 对大型互通立交的小半径、大纵坡、超高大的匝道，在施工中应特别注意路面施工的层厚、压实度，必要时应作特殊的处理，使沥青混合料能承受较大的集中应力与抗剪力的作用而不致破坏。

(7) 热拌沥青混合料路面应待摊铺层完全自然冷却，混合料表面温度低于50℃后，方可开放交通。

(8) 对每天的沥青混合料的试验数据，应绘制成质量动态控制图，每周分析一次。按检测结果，计算油石比、各级矿料通过量和沥青混合料物理力学指标的标准差和变异系数，检验生产是否正常。

（三）质量检验项目与评定

在沥青表面处治面层、沥青贯入式面层、沥青混凝土面层和沥青碎石（砾石）面层施工过程中，监理工程师应检查施工单位是否按规范要求项目、频率进行质量检测。各类质量检测项目、频率与质量标准见《公路沥青路面施工技术规范》相应的要求。其施工质量评定内容及方法见《公路工程质量检验评定标准》。

三、水泥混凝土路面施工质量监理

（一）施工准备阶段监理工作内容

1. 勘查料场、检查搅拌站

(1) 检查施工单位的料场分布是否合理，材料选定是否适用以及料场配置的开采与石料加工设备是否符合要求。

(2) 检查拟建搅拌站的场地是否设置在摊铺路段的中间位置，堆场和搅拌站的相互位置是否合理。搅拌站场地是否设置一定的坡度并保持场内排水畅通，是否对路基和周围环境造成影响。

(3) 检查进出搅拌站的道路、搅拌楼附近及出料口区域是否进行硬化处理，搅拌楼下装车部位要求铺筑 20 cm 厚的混凝土路面。

(4) 检查砂石材料堆料场是否进行硬化处理，并确保砂石材料不受泥土污染；不同规格的材料是否做到分开堆放并作出明确的标志，没有混杂。

(5) 为确保进入搅拌站的原材料满足质量要求，监理工程师要求按批量进行抽检，并督促施工单位将不合格材料及时清出现场。

(6) 检查施工单位在砂石料堆上部是否架设冬季、雨季和热天施工防雨、防雪、隔晒顶篷或覆盖帆布。所覆盖的材料数量不宜少于正常施工时 10 天的用量。

(7) 检查搅拌楼安装，控制混合料出料的卸料高度不超过 1.5 m。

2. 检查施工单位的工地试验室

(1) 施工单位必须建立符合要求的工地试验室，并按需要配备足够的试验设备。

(2) 检查试验室用于计量检测的试验设备是否在使用前进行标定，没有计量部门标定证明的试验设备不能用于试验。

(3) 检查建设好的试验室，施工单位是否书面报请监理工程师和总监办中心试验室进行验收，工地试验室是否能满足工程需要。

(4) 工地试验室距离拌和场不得超过 500 m。

3. 控制测量

(1) 监理工程师要督促施工单位在摊铺开始 14 天前完成所辖施工路段的导线点和水准基点的补设和贯通测量复测工作，并报送测量成果表。

(2) 监理工程师可对施工单位报送的测量成果表采取参与和抽查控制测量的方式，进行审核和签认。

(3) 监理工程师应按设计文件要求严格控制路面高程，未经同意，不允许对路面高程作出调整。

4. 控制配合比设计

(1) 监理工程师督促施工单位在摊铺开始 56 天前提交满足路面设计与施工要求的配合比资料，确定外掺剂及养护剂，并向监理工程师和总监办中心试验室提供外掺剂及养护剂的相关试验报告。

(2) 监理试验室应对施工单位所提交的配合比设计进行复核试验，并确认施工单位的施工配合比；复核并确定施工单位使用的外掺剂及养护剂。

5. 检查试验路段的铺筑

铺筑试验路段时，路面专项监理工程师及现场监理员必须全过程旁站并做好监理记录，及时、全面地掌握下列情况：

(1) 检验搅拌楼性能并确定合理搅拌制度；检验滑模摊铺系统全部主要机械的性能和生产能力。

(2) 验证基准线设置方式和滑模摊铺机的适宜工作参数，包括摊铺速度、振捣频率调整范围、夯实杆深度和频率、侧模板可调整方式和位置、中间和侧向拉杆打入情况、振动搓平梁的设置位置、自动抹平板位置和压力等。

(3) 检验全套施工工艺流程的合理性。

(4) 检查滑模施工系统的全面质量管理体系。

6. 审核施工单位的开工报告和施工组织设计

审核施工单位的开工报告和施工组织设计，并在收件后规定的期限内予以批复。

水泥混凝土路面分项工程开工报告的主要内容包括：

(1) 施工进度计划与安排；

(2) 施工队伍、施工机械落实情况与施工组织；

(3) 施工工艺和质量保证体系；

(4) 搅拌站平面布置及搅拌站建设情况说明；

(5) 主要试验设备的配备情况和标定证明；

(6) 经监理工程师签字确认的控制测量资料；

(7) 经监理工程师审批的原材料试验及水泥混凝土配合比设计资料；

(8) 胀缝设置桩号一览表；

(9) 钢筋补强桩号、类型及数量一览表；

(10) 工程量清单。

(二) 施工阶段监理工作内容

1. 基层质量的检查与验收

路面基层经监理工程师检测验收，其质量必须符合《公路工程质量检验评定标准》要求。

2. 基层清扫与处理

摊铺前，必须将基层表面清扫干净，污染严重的路段，应使用洒水车进行冲洗。

3. 审批分段开工报告

施工单位应根据基层的交验情况，至少于摊铺开始 24 h 前向监理工程师递交面层分段开工申请，监理工程师收到该申请后应于 24 h 内予以批复。

监理工程师在审批面层分段开工申请时，对滑模施工应充分考虑滑模摊铺机械化程度高、摊铺速度快的特点，尽可能协调、组织路面工程的流水作业。即在沿施工线路和方向上，各作业单位及其路面各结构层的施工既相对独立又互相协调，施工过程有节奏且连续不断，使路面工程一段段连续地推进，一段段连续地完成，以充分发挥机械化施工的优势。

4. 检查放样与基准线设置

复测施工单位的施工放样和基准线设置，以确保混凝土面层的设计厚度。

5. 检测混合料原材料的质量

监理试验室应按规范规定的抽检批量对施工过程中所使用的粗集料、细集料、水泥、外加剂、养护剂等进行抽检。

6. 检验对传力杆、拉杆及构造物补强钢筋的制作和安放

7. 水泥混凝土搅拌站的控制

(1) 检查搅拌楼的电子秤在开工前和施工过程中是否定期进行标定。

（2）施工过程中，搅拌站应有现场监理全过程旁站，并按规范规定预留弯拉强度试件。

8. 检查水泥混凝土的运输

检查用于混凝土施工的运输车辆，车辆在运输前必须清洗干净，车厢不得变形，运输过程不得漏浆、漏料和污染路面，夏天、冬天、雨天，应遮盖车厢。

9. 随机抽检水泥混凝土施工配合比

现场监理应随机抽检水泥混凝土施工配合比，以确保到达摊铺现场的混凝土的流动性、坍落度、触变性、弯拉强度等主要技术指标符合设计要求。

10. 控制摊铺过程中的质量

（1）现场监理对路面施工应进行全过程跟踪旁站。

（2）按规定的频率在拌和站和施工现场抽取弯拉强度试块。

（3）现场监理在摊铺过程中应随时监督如下事项：

① 对滑模摊铺而言，任何情况下停机超过 60 min，应设置工作缝；

② 禁止用水车直接在水泥混凝土的混合料上洒水；

③ 对滑模摊铺，不得随意调整摊铺机的传感器和虚方控制板，摊铺速度、振捣棒振捣频率应控制在适当的范围内，并尽可能保持连续摊铺，不宜频繁停机；

④ 摊铺现场至少应准备能覆盖 100 m 长摊铺路面的防水布或活动风雨篷。

（4）对滑模摊铺，下列情况下监理工程师应下令停机：

① 摊铺机出现故障；

② 摊铺现场的表面水分蒸发率已超过 0.75 kg/（m^2 · h），而施工单位采取的防止水分蒸发的措施不能令监理工程师满意；

③ 相对湿度小于 40%、风速大于 6 m/s；

④ 钢筋未运至摊铺现场或构造物钢筋网绑扎不合格而又无法在摊铺机摊铺到达时纠正；

⑤ 监理工程师认为应该停机的其他情况。

（5）主车道面板施工结束后，同侧辅车道面板施工间隔不应超过 28 天。

11. 检查施工缝、缩缝、胀缝的设置

检查施工缝、缩缝、胀缝的设置位置是否严格按设计图纸或监理工程师批准的要求设置。

（1）横向施工缝。每天摊铺结束或异常情况停止摊铺，且中断时间超过混凝土初凝时间的 2/3 时，应设置与路面中线垂直的横向施工缝，横向施工缝的位置宜与胀缝或缩缝相重合。横向施工缝应设置传力杆，部位应与缩缝吻合，并采用带有传力杆固定装置的模板作挡模。

（2）纵向施工缝。主车道与辅车道之间设置纵向施工缝，辅车道摊铺前应将预埋的拉杆调直，并在主车道面板侧面拉杆以上部分涂沥青。

（3）横向缩缝。横向缩缝宜采用轨道式切割机切割，板块间距应符合设计要求。主车道和辅车道的横向缩缝必须成一条直线，不能错位。

（4）纵向缩缝。纵向缩缝与路面中线平行，且顺直、圆滑。

（5）缩缝的切割深度应符合规范要求，切割时不得出现啃边现象。

（6）胀缝在半幅路面上必须顺直，不能错位，且与路面中线垂直；传力杆必须与路面中线和路面平行，缝壁应垂直路面表面；现场监理应对胀缝施工全过程旁站，发现问题及时纠正。

12. 养　生

（1）一般情况下，水泥混凝土路面养生宜采用喷洒养护剂的方法。

(2) 特殊情况下，不能喷洒养护剂养生或养护剂效果不佳时，可采用覆盖麻袋、草袋洒水养生或盖塑料薄膜养生。

(3) 现场监理应每天抽检养护剂的喷洒量及均匀性一次。

(4) 一般养生天数宜为 14～21 天，不应少于 14 天。掺粉煤灰的路面，最短养生时间不宜少于 28 天。

13. 灌缝及嵌缝

(1) 检查灌缝、嵌缝材料。

(2) 检查嵌缝条的安装。施工时应采取措施将嵌缝条牢固地粘到混凝土缝壁上，不得有脱胶、漏胶等现象。

(3) 现场监理应检查施工过程中清缝是否干净，抽查灌缝深度是否合格及检查是否有脱开、脱胶、漏灌、漏胶等现象。若不合格，必须返工。

(4) 灌缝、嵌缝结束后应封闭交通至灌缝料固化和嵌缝条胶水固化为止。

14. 交通管制与开放交通

每段水泥混凝土路面施工完毕后，现场监理应督促施工单位及时设置禁行标志和路障，并派专人看护，直至强度形成。在弯拉强度未达到设计要求之前，不得开放交通。在开放交通之前，路面应清扫干净，所有接缝均应封好，经现场监理认可同意后方可开放交通。

（三）质量检验项目与评定

在水泥混凝土面层施工过程中，监理工程师应检查施工单位是否按规范要求项目、频率进行质量检测。各类质量检测项目、频率与质量标准见《公路水泥混凝土路面施工技术规范》(JTG F30—2003) 相应的要求。其施工质量评定内容及方法见《公路工程质量检验评定标准》。

（四）水泥混凝土路面监理工作流程

水泥混凝土路面施工程序与监理工作内容如图 3.9 所示。

（五）水泥混凝土弯拉强度评定

(1) 混凝土弯拉强度试验方法应使用标准小梁法或钻芯劈裂法，试件使用标准方法制作，标准养生时间 28 天。按《公路工程质量检验评定标准》所列检查频率，高速公路和一级公路每工作班制作 2～4 组: 日进度大于等于 1 000 m 取 4 组，大于等于 500 m 取 3 组，小于 500 m 取 2 组；其他公路每工作班制作 1～3 组：日进度大于等于 1 000 m 取 3 组，大于等于 500 m 取 2 组，小于 500 m 取 1 组。每组 3 个试件的平均值作为一个统计数据。

(2) 混凝土弯拉强度的合格标准。

① 试件组数大于 10 组时，平均弯拉强度合格判断式为：

$$f_{cs} \geqslant f_r + K\sigma$$

式中 f_{cs}——混凝土合格判定平均弯拉强度（MPa）；

f_r——设计弯拉强度标准值（MPa）；

K——合格判定系数（见表 3.13）；

σ——强度标准差。

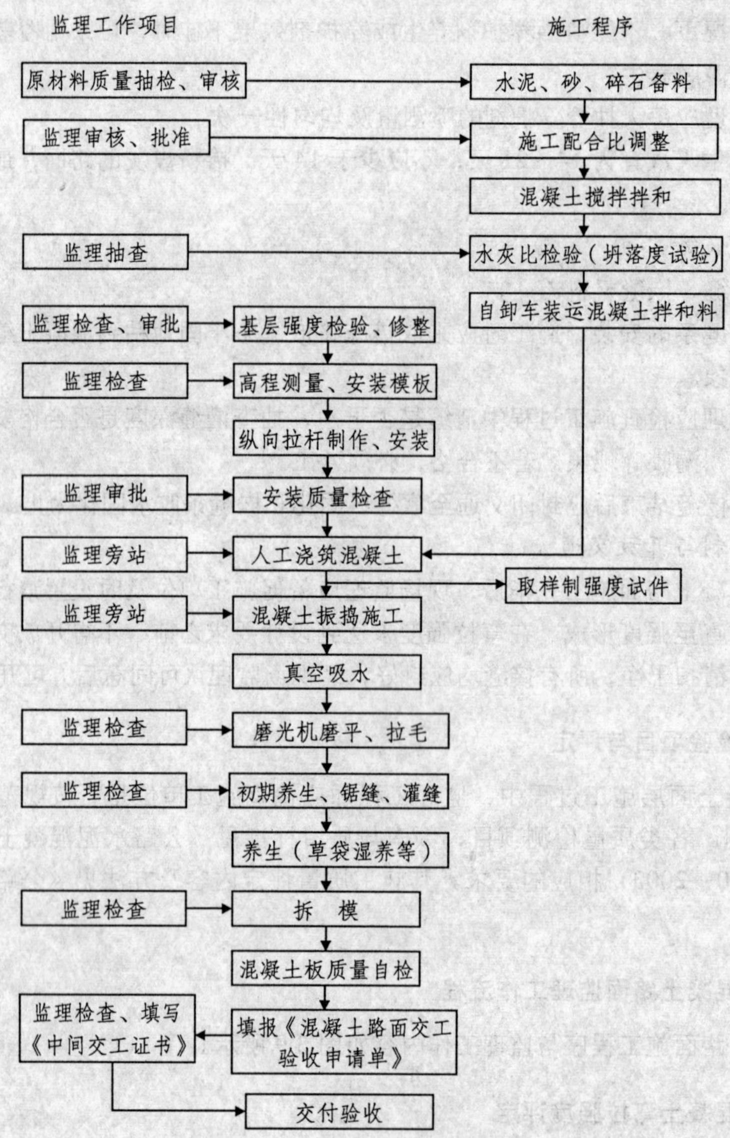

图 3.9　水泥混凝土路面施工程序及监理工作示意图

表 3.13　合格判定系数

试件组数 n	11～14	15～19	≥20
合格判定系数 K	0.75	0.70	0.65

当试件组数为 11～19 组时，允许有一组最小弯拉强度小于 $0.85f_r$，但不得小于 $0.80f_r$。当试件组数大于 20 组时，其他公路允许有一组最小弯拉强度小于 $0.85f_r$，但不得小于 $0.75f_r$；高速公路和一级公路均不得小于 $0.85f_r$。

② 试件组数等于或少于 10 组时，试件平均强度不得小于 $1.10f_r$，任一组强度均不得小于 $0.85f_r$。

（3）当标准小梁合格判定平均弯拉强度 f_{cs} 和最小弯拉强度 f_{min} 中有一个不符合上述要求时，应在不合格路段每公里每车道钻取 3 个以上 ϕ150 mm 的芯样，实测劈裂强度，通过各自工程的经验统计公式换算弯拉强度，其合格判定平均弯拉强度 f_{cs} 和最小值 f_{min} 必须合格，否则，应返工重铺。

(4) 实测项目中，水泥混凝土弯拉强度评为不合格时，相应分项工程评为不合格。

第七节　桥涵工程施工质量监理

在公路建筑中，桥涵是路线的重要组成部分，桥梁既要保证桥上的交通运行，又要保证桥下水流的宣泄、船只的通航或车辆的通行；涵洞虽然只起到宣泄水流的作用，但在一条公路上数量较多，排水系统复杂。而整个桥涵工程属永久性结构物，均位于野外，受各种外界环境因素影响较大，故保证桥涵的施工质量非常重要，施工质量的好坏将直接影响到公路的使用性能。另外，桥梁的数量多，施工技术复杂，容易出现设计变更、工程索赔等事项，也容易出现质量事故。因此，桥涵工程施工质量监理工作必须做到全面、细致和标准化。

桥梁主要是由上部结构、下部结构和附属结构等部分组成。下部结构有基础和墩台等部分，而基础部分按施工方法分为砌石基础、沉入桩基础、灌注桩基础（又分钻孔灌注桩、挖孔灌注桩等）和沉井基础等。上部结构按形式分为拱、梁、板等，按施工方法分为钢筋混凝土、先张法预应力混凝土、后张法预应力混凝土等；按安装方法分为就地浇筑和预制装配，就地浇筑按施工方法分为在支架上浇筑和悬臂浇筑等，预制装配分为悬臂拼装、顶推安装等。

涵洞按构造形式分为管涵、盖板涵、拱涵和箱涵等。

桥涵工程包括的分项、分部工程很多。本节主要介绍常见的砌石基础，钻孔灌注桩基础，墩台柱，先张法，后张法预应力梁，悬臂浇筑梁桥，圆管涵、盖板涵，桥台结构物回填等施工质量监理的工作。其他类型或其他结构部分的施工监理可参考《公路桥涵施工技术规范》(JTJ 041—2000) 和《公路工程质量检验评定标准》等技术文件。

一、施工准备阶段质量监理内容

(1) 熟悉设计文件、施工合同文本，以及有关各分项工程技术要求、工艺和规范。

(2) 对施工单位所选定的料源进行现场考察，并对各项指标进行检验。

(3) 监理中心试验室对施工单位申报的混凝土（或砂浆）配合比进行验证。验证的内容包括混凝土（或砂浆）的配合比，水泥、砂、石子、外加剂的各项指标，混凝土（或砂浆）的坍落度、强度以及和易性等是否符合规范和技术要求，各项指标均合格后方可批准使用。

(4) 检查施工单位的材料堆放、出厂日期、进场设备的型号、性能能否满足工程需要。

(5) 检查施工单位施工管理人员的到位情况及特殊工种工人的上岗证件（如焊工证等）。

(6) 审批施工组织设计或施工方案。各专业工程师应初审施工单位的施工方案中相关部分的内容，并提出书面意见交驻地监理工程师。驻地监理工程师应对施工单位的施工组织设计，进场材料、设备，施工单位的项目部人员资质情况、质保体系等进行认真审查，并在收到分项工程开工报告后 7 天内给予明确的书面答复。

(7) 检查施工单位的施工放样资料计算的准确性。对施工单位所完成的桩位计算和放样，在基础顶面放出的墩、台中线放样及墩、台实样进行复核；对梁板顶面混凝土的高程等资料进行检测，并审批施工单位填写的《施工放样报验单》。

(8) 审批《分项（分部）工程开工报告》。驻地监理工程师对施工单位提出的《分项（分部）

工程开工报告》进行审批。开工报告的内容主要包括：施工计划、施工工艺，人员、设备进场数量，报验单、原材料报验合格资料、混凝土（或砂浆）配合比批准资料、测量计算的有关资料等。

监理审核的内容主要包括：开工报告所附的资料是否齐全，所用材料报验单和试验资料是否有相应的专业监理工程师签字认可；施工单位的人员、机械安排是否合理；施工工艺是否符合技术要求，施工负责人、施工单位内部质量安全检查、监督人员安排是否到位；施工单位的工期安排是否合理可行。监理审核开工报告后，如不同意则向施工单位提出修改的书面意见，要求施工单位重新报批，如同意则签署开工报告，批准开工。

二、常见基础工程施工质量监理

（一）明挖基础

1. 明挖基础的分类

明挖基础一般可分为刚性扩大基础、单独或联合基础、条形基础、片筏和箱形基础等。

明挖基础为了满足使用要求，必须进行基底应力计算、基底合力偏心距及基础稳定性验算、地基强度验算、地基的沉降及稳定性验算等。

2. 基坑开挖施工程序及监理工作程序

在基坑开挖施工中，其质量控制程序如图 3.10 所示。

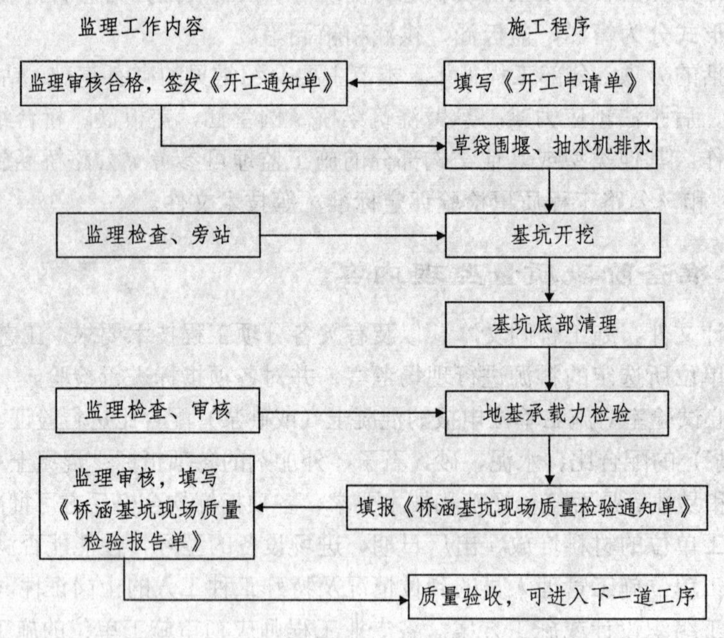

图 3.10 基坑开挖施工程序及监理工作示意图

3. 明挖基础施工质量监理

明挖基础施工质量监理包括基坑、围堰、挖基和排水、基底处理和基底检验、回填等监理内容。

（1）检查基坑施工。检查基坑尺寸大小是否满足基础施工的要求，一般基底应比设计平面尺寸各边增宽 50～100 cm；检查基坑坑壁坡度是否按地质条件、基坑深度、施工经验和现场具体情况进行了合理确定；检查基坑顶面是否设置了防止地面水流入基坑的措施；检查基坑壁坡不易稳定并有地下水影响时，施工单位是否根据具体情况，采取了钢板支撑、钢木结合支撑、混凝土护壁等加固措施。

（2）检查施工围堰。围堰常用的形式有：土围堰、土袋围堰、钢板桩围堰、钢筋混凝土板桩围堰、竹（铅丝）笼围堰、套箱围堰等。

① 检查围堰外观尺寸。

堰顶高度：宜高出施工期间可能出现的最高水位（包括浪高）50～70 cm。

围堰外形：应考虑河流断面被压缩后，流速增大引起水流对围堰、河床的集中冲刷及影响通航、导流等因素。

堰内面积：应满足基础施工的需要。

围堰断面：应满足堰身强度和稳定的要求。

② 检查围堰水密性：要求防水严密，应尽量减少渗漏，以减轻排水工作。

（3）检查挖基和排水情况。

① 挖基质量监理。开挖前检查施工单位基础平面位置和现有地面高程；施工中检查开挖的基底高程是否满足要求，基桩处的基坑开挖是否在打桩之后完成；检查挖方各侧面的稳定性，必要时，挖方的各侧面应始终予以可靠的支撑。

② 排水质量监理。审批基础的排水施工方法及施工组织设计；在基础挖方施工期间，检查所有基础挖方是否始终保持良好的排水；在施工期间，施工单位应维护天然水道并使地面排水畅通。

（4）检查基底处理。当开挖到设计高程后，监理工程师应检查验收施工单位的基底处理工作。对不满足要求的，应按规范要求继续进行基底处理直至符合要求。

（5）检验基底。检查基底平面位置、尺寸大小、基底高程；检查基底地质情况和承载能力是否与设计资料相符；检查基底处理和排水情况是否符合规范要求；检查施工日志及有关试验资料等。

4. *砌石基础施工质量监理*

（1）检查施工单位进场材料。

① 水泥检查：检查水泥是否有厂家质保书，是否有防雨水的专用堆放场地；水泥的存放期是否超过 3 个月、是否有受潮现象。检测水泥的各项指标如细度、标准稠度用水量、凝结时间、体积安定性、胶砂强度、碱含量是否符合要求。

② 砂的检查：检查砂的级配、细度模数、含泥量等指标是否符合规范要求。

③ 石料性能的检查：检查石料的强度，要求坚韧、密实、质地坚硬、色泽均匀、无风化剥落及结构缺陷，石料不得含有泥土和砂浆以及油污。应严格按《公路工程集料试验规程》（JTG E42—2005）和设计标准进行检查验收。

（2）检查基坑。

① 复核水准点，检查施工单位的放样坐标和基坑的几何尺寸、高程是否符合要求。

② 复查基底土质和承载力。查看基底土质是否与设计勘探符合，承载力是否满足设计要求。若与设计不符，监理工程师应在施工单位提出的变更申请上签署意见或建议，并报建设单位和设计院批复。

（3）对砂浆配合比的检查。

① 水泥、砂和水的掺拌比例是否符合配合比设计的要求；在施工时应及时抽检砂浆的强度试块，抽检频率为：施工单位每台班自检一组，监理按施工单位频率的 20% 进行抽检。

② 检查砂浆拌和的均匀性、和易性、稠度以及拌和到使用的时间是否符合规范要求。

③ 检查砂浆砌筑时的饱满情况，以及外露砂浆养护工作。

(4) 巡视检查砌筑过程。

① 砌筑的方法、工艺应符合规范要求；

② 砌筑的厚度、砂浆饱满度、砌筑表面的平整度应符合规范要求；

③ 外形尺寸、外观应协调；

④ 抽检砂浆强度以及养护工作；

⑤ 质量保证体系、安全体系运转情况及文明施工情况。

(5) 对施工单位申报的《中间交工证书》的有关内容进行检查、验收、确认，并签署《中间交工证书》。

5. 水泥砂浆强度评定

评定水泥砂浆的强度，应以标准养生 28 天的试件为准。试件为边长 70.7 mm 的立方体。试件 6 个为 1 组，制取组数应符合下列规定：

(1) 不同强度等级及不同配合比的水泥砂浆应分别制取试件，试件应随机制取，不得挑选。

(2) 重要及主体砌筑物，每工作班制取 1 组。

(3) 一般及次要砌筑物，每工作班可制取 1 组。

(4) 拱圈砂浆应同时制取与砌体同条件养生试件，以检查各施工阶段水泥砂浆的强度。

水泥砂浆强度的合格标准：

(1) 同强度等级试件的平均强度不低于设计强度等级。

(2) 任意一组试件的强度最低值不低于设计强度等级的 75%。

实测项目中，水泥砂浆强度评为不合格时相应分项工程为不合格。

6. 质量检验项目与评定

在砌石基础施工过程中，监理工程师应检查施工单位是否按规范要求项目、频率进行质量检测。各类质量检测项目、频率与质量标准见《公路桥涵施工技术规范》相应的要求。其施工质量评定内容及方法见《公路工程质量检验评定标准》的相关内容。

(二) 钻孔灌注桩基础施工质量监理

钻孔灌注桩基础施工工序较多，质量监理内容繁杂，主要包括下列内容：

(1) 检查现场施工备料、复核混凝土配合比设计。

(2) 审查施工组织设计、分项工程开工报告。

(3) 检查并复核施工放样。

(4) 检查埋设护筒。

① 护筒可以采用钢板、钢筋混凝土等形式，根据现场确定，筒径应大于桩径 20～40 cm；

② 护筒的长度应适应地层的情况，以保证孔口不塌为限，一般不宜小于 2 m，软弱的地层应增加护筒长度。

③ 护筒顶高程宜高出地面 30 cm 或水面 1.0～2.0 m，有承压水时，高出承压水头 2 m 以上。

④ 在护筒顶用油漆画十字线定出孔中心位置，检查孔位偏差，应小于 5 cm。

(5) 检查钻孔与清孔。

① 开钻前，要保证钻头对中。

② 钻进过程中要随时巡回检查。

• 孔倾斜度：保证钻孔倾斜度不超过规范要求。

• 孔深：随时记录各钻孔深度的地层变化情况，尤其要检查核实各层界面的高程。在终孔后应测孔深、推算桩长。桩长应不小于设计要求，终孔测深时应检查护筒高程。

• 了解钻进过程中塌孔情况。

③ 钻孔达到孔底高程后，现场监理检孔，测算出孔底高程；施工单位负责清孔，清孔完毕后，现场监理再次测算出孔底高程，前后二值之差即为沉淀层厚度。检孔内容主要包括：

• 孔深、孔径、孔的倾斜度和孔底中心偏位；

• 泥浆相对密度等各指标检查；

• 沉淀厚度检查。

以上各项检查结束后，可以沉放钢筋笼和导管，在灌注混凝土前，重测孔深，并计算沉淀层厚度。沉淀层厚度超标时，应用泥浆泵抽取、重新清孔等方法，直到沉淀层厚度合格为止。

(6) 检查钢筋笼的安装。

① 钢筋笼应在沉放前分段制作，应按常规要求对预先加工的钢筋笼段检查验收，合格后方可同意沉放。

② 钢筋笼对接时，上段应自由悬吊，要保证接头平顺垂直。

③ 要在规定的时间内焊接完毕，因此，必须安排 2～3 个焊工同时施焊。焊接处必须按规范要求，逐个检查认可。

④ 钢筋笼沉放到位后，监理要检查顶面高程和轴心位置，应保证位置准确后焊接固定在护筒壁上。

⑤ 检查保护层垫块，一般每 2 m 一道，每 4 块对称布设。

(7) 混凝土灌注监理旁站。

① 在灌注开始前，结构监理工程师应到现场检查各项准备工作，认可后方可开始灌注，检查内容包括：

• 导管安装检查。导管接头不允许漏水，导管的初始孔底高宜为 25～40 cm。

• 沉淀层厚度符合要求。

• 料斗设计容量能保证首盘混凝土将导管埋深大于 1 m。

• 拌和现场准备就绪，拌制混凝土坍落度、和易性均符合要求，运输过程中不发生离析。

② 灌注过程中，监理员要全过程旁站，结构监理工程师应随时巡查，出现问题时，现场及时处理。旁站监理应做好以下记录：

• 按时抽检混凝土坍落度和制作混凝土抗压强度试块，对坍落度不合格、和易性不好的混凝土，不准用于灌注，以防卡管断桩。

• 记录灌注混凝土的量和相应的混凝土顶面高程及导管埋置深度（宜控制在 2～6 m），记录扩径、缩径等情况。

• 记录塌孔等情况。

• 发现钢筋笼上浮等异常情况及时调整灌注速度。

③ 出现卡管断桩等情况时，结构工程师应到场参与事故处理。

④ 灌注的桩顶高程应比设计高出一定高度，一般为 0.5～1.0 m，以保证混凝土强度，多余部分接桩前必须凿除，残余桩头应无松散层。

(8) 成桩检查。

① 平面位置及桩顶高程的检查。

② 混凝土质量无破损检测。

灌注桩的混凝土质量采用无破损检测，检测数量为100%。无破损检测必须由具有专业资质的单位来检查，监理有责任对受委托的单位的资质和业绩作审查。不具备资质和能力的单位不应委托。测试时混凝土龄期应超过14天。若无破损检测结果不合格，应进一步做钻芯取样，检查桩身混凝土质量。

(9) 交工验收质量检验项目与评定。

① 根据监理检验记录认定：

- 孔径、孔深、孔位和沉淀层厚度，满足设计要求；
- 桩身连续完整无夹层断桩；
- 钢筋笼不得上浮；
- 无破损检测合格。

② 实测项目合格。

- 混凝土强度合格；
- 桩位偏差小于允许偏差值；
- 倾斜度小于1%桩长且不大于500 mm；
- 沉淀层厚度小于规定值；
- 钢筋骨架底高程误差小于±5 cm。

在钻孔灌注桩施工过程中，监理工程师应检查施工单位是否按规范要求项目、频率进行质量检测。各类质量检测项目、频率与质量标准见《公路桥涵施工技术规范》相应的要求。其施工质量评定内容及方法见《公路工程质量检验评定标准》相关要求。

(10) 监理工作流程。钻孔灌注桩监理流程如图3.11所示。

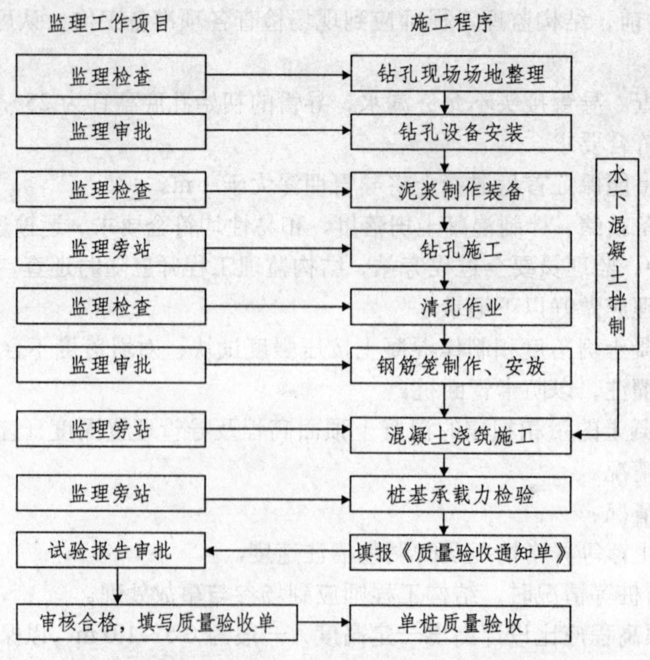

图3.11 钻孔灌注桩施工程序及监理工作程序

三、常见下部结构施工质量监理

（一）施工质量监理要点

1. 钢筋混凝土墩、台身监理要点

(1) 检查基础顶面的处置以及锚固钢筋等是否符合要求。

(2) 检查施工单位的模板安装和模板支架是否符合要求，并对《混凝土结构物模板安装现场质量检验申请单》予以签认。

(3) 检查钢筋的接头、尺寸、间距、规格是否符合设计图纸和规范的要求，对《钢筋加工及安装现场检查申请单》予以签认，并填写《分项工程检验记录表》。

(4) 检查施工单位的设备、人员准备情况，并对混凝土拌和设备的计量装置进行检验。批复《混凝土浇筑申请报告单》。

(5) 对混凝土浇筑进行全过程的旁站并随机抽留混凝土试件不少于 1 组，填写《监理旁站记录表》。

(6) 检查施工单位对混凝土的养护措施是否到位。

2. 浆砌片石或混凝土预制块砌筑墩、台身监理要点

(1) 检查施工单位的施工放样。

(2) 检查施工单位所使用的材料是否满足要求，实测预制块以及粗料石的几何尺寸是否符合《公路桥涵施工技术规范》或其他文件的要求。

(3) 检查基础表面的处理是否满足要求。

(4) 在施工过程中每台班要求至少巡视一次，检查施工单位是否坐浆施工，并随机抽留砂浆试件，检查砌缝是否顺直，宽度是否达到《公路桥涵施工技术规范》或合同文件的要求。

3. 墩、台帽及盖梁施工监理要点

(1) 检查支架及脚手架的稳定性，检查支架与脚手架是否连接牢固以及预压后的沉降是否达到稳定要求。

(2) 检查墩、台帽的底高程以及钢筋骨架的高程，填写水准测量记录表。

(3) 检查钢筋的安装、尺寸、规格和预埋件的埋设位置和固定情况，填写《钢筋加工及安装现场检验记录表》，并对施工单位的《钢筋加工及安装检验申请单》予以签认。

(4) 检查旁站混凝土施工，留取混凝土试件，并填写旁站记录。

(5) 督促施工单位做好混凝土养护工作。

（二）监理工作流程

桥梁墩台施工及监理的工作流程如图 3.12 所示。

（三）质量检验项目与评定

在模板、支架及拱架制作、安装，桥梁墩台施工过程中，监理工程师应检查施工单位是否按规范要求项目、频率进行质量检测。各类质量检测项目、频率与质量标准见《公路桥涵施工技术规范》相应的要求。其施工质量评定内容及方法见《公路工程质量检验评定标准》。

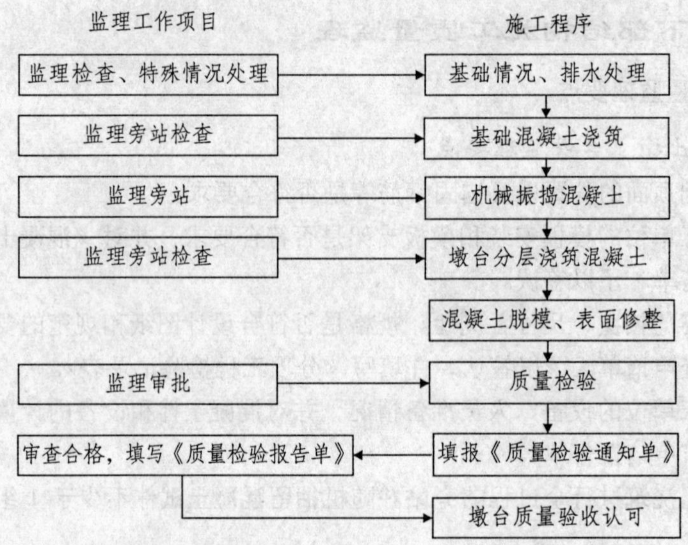

图 3.12 桥梁墩台施工监理工作程序示意图

四、常见上部结构施工质量监理

（一）先张法预应力质量监理要点

（1）审核并批准预应力构件施工场地及其平面布置。包括拟采用的预应力张拉台、横梁及各项张拉设备。预应力张拉台须有足够的强度和刚度，抗倾覆系数不小于 1.5，抗滑系数不小于 1.3，横梁须有足够的刚度，受力后挠度不应大于 2 mm。

（2）检查进场的材料，其型号、生产厂家、数量、规格、性能是否符合要求，检查预应力筋的金属标签、出厂合格证、质量证明书是否一致。

（3）按要求对预应力筋进行抽检，并检查其存放和搬运过程，必须避免机械损伤和锈蚀，存放时间不宜超过 6 个月。

（4）检查施工单位进场人员的到位情况，特殊工种人员应检查有关证件（身份证、上岗证）。

（5）审查施工单位的张拉程序和张拉次序。

（6）根据质检证书的试验结果，复核施工单位提交的控制张拉应力和理论伸长量。

（7）浇筑混凝土时，按频率抽检 28 天龄期的混凝土抗压强度试块、弹性模量试块和同条件养护的抗压强度试块。

（8）当混凝土达到规定强度时（图纸未作规定时，预应力钢筋放松时混凝土的强度应不低于设计等级的 70%），才能放松荷载。放松荷载的次序应按设计图所示。预应力钢筋端部应截断到与混凝土表面平齐，并涂一层监理工程师认可的防腐蚀剂。

（9）放松荷载后，应记录梁板的预拱度是否符合图纸要求，其值与其他梁板的预拱度应大致一致，以保证安装后梁底的外观美观。

（10）所有构件应标以不易擦掉的记号，记录制造的生产线、张拉日期及浇筑混凝土的日期，标记的位置应在工程完工及构件置于最终位置以后，不致暴露于外。

（11）监理工程师应检查施工单位是否按规范要求项目、频率进行质量检测。各类项目质量检测方法、频率与质量标准要满足《公路桥涵施工技术规范》相应的要求。

(二)后张法预应力施工质量监理

1. 施工前监理要点

(1) 审核并批准预应力构件施工场地及其平面布置。

(2) 检查施工单位进场人员的到位情况，特殊工种人员应检查有关证件（身份证、上岗证)。

(3) 检查进场的材料，其型号、生产厂家、数量、规格、性能是否符合要求，与预应力筋的金属标签、出厂合格证、质量证明书是否一致。

(4) 对预应力筋进行抽检，并检查其存放和搬运过程，必须避免机械损伤和锈蚀，存放时间不宜超过 6 个月。

(5) 对采用的制孔管道材料应进行检查，保证符合规范要求和现行国家标准。金属螺旋管除按出厂合格证和质量保证书核对其类别、型号、规格及数量外，还要对其外观、尺寸、集中荷载下的径向刚度、抗渗漏进行检验。

(6) 检查后张法预应力孔道的设置方法是否适当。

(7) 检查施工单位张拉设备的检校情况。

(8) 审查施工单位的张拉程序和张拉次序。

(9) 根据质检证书的试验结果复核施工单位提交的控制张拉应力和理论伸长量。

(10) 检查施工现场有无确保全体操作人员和设备安全的预防措施。

2. 施工阶段监理要点

预应力张拉施工，施工单位应选派富有经验的技术人员专职指导，所有操作人员应接受设备使用的正式培训。

1) 预留孔道和预应力筋安装阶段监理工作要点

(1) 检查预应力筋的制作是否符合规范要求，需编束时，是否绑扎牢固，有无缠绕。

(2) 检查预留孔道的尺寸和位置是否准确，孔道是否平顺，定位钢筋的间距能否满足要求，金属管道的接头质量，端部的钢垫板是否垂直于孔道中心线。

(3) 检查压浆孔、排水孔、排气孔的设置是否符合要求。

(4) 预应力筋安装时检查管道内有无积水和杂物。

(5) 检查预应力筋安装后的保护措施，是否在浇筑混凝土前对预应力孔道进行全面的检查，合格后方可同意浇筑混凝土。

2) 后张法预应力张拉阶段监理工作要点

(1) 张拉前，是否对混凝土构件的外观、尺寸及其强度进行检查。

(2) 检查张拉机具的配套情况是否与校验的一致，能否正常工作。

(3) 全过程旁站张拉过程，并检查以下内容：

① 张拉程序和张拉次序是否与监理工程师批准的一致；施工工艺是否与批准的一致，是否分批、分阶段对称张拉。

② 预应力筋采用应力控制方法张拉时，应以伸长值进行校核。监理应检查实际伸长量与理论伸长量的差值是否符合设计要求。设计无规定时，应控制在 6% 以内，当超过时应协助施工单位查明原因，监理工程师可指示采取下列措施：

- 重新校验设备；
- 对预应力钢材重新做弹性模量试验；
- 放松预应力钢材重新张拉；

• 预应力钢材用润滑剂以减少摩擦损失；

• 若原为用一台千斤顶张拉的改为两端用两台千斤顶张拉；

• 对锚圈口及孔道摩阻损失进行测定，并调整张拉控制应力；

• 监理工程师指示的其他方法。

在通过调整措施并在满足要求后，方可继续张拉。

③ 张拉时，检查预应力筋的断丝、滑移数量是否符合规定要求，若超过控制要求，原则上应作更换处理。

④ 做好旁站记录：对张拉时的温度、各级张拉控制应力、伸长值均做好旁站记录，并审查施工单位的施工原始记录是否符合要求。

⑤ 检查预应力筋锚固时的内缩量是否满足要求。

⑥ 检查多余预应力筋的切割情况和封锚情况。要求切割后预应力筋的外露长度不小于30 mm，严禁用电弧焊切割多余的预应力筋；锚具应用封端混凝土保护，如需长期外露，要作防锈处理。

⑦ 检查张拉机具能否正常工作，校验是否在有效期内。如发生下列情形之一，应要求承包人重新校验：

• 张拉过程中，预应力筋经常出现断丝；

• 千斤顶漏油严重；

• 油压表指针不回零；

• 调换千斤顶或油压表；

• 千斤顶使用超过 6 个月或 200 次或出现不正常或检修以后须重新校验，弹簧测力计的校验期限超过 2 个月。

(4) 张拉结束后，应记录梁板的预拱度是否符合图纸要求，其值与其他梁板的预拱度应大致一致，以保证安装后梁底的外观美观。

3) 孔道压浆阶段的质量监理要点

(1) 压浆前检查水泥浆的配合比、性能、强度。

配制孔道压浆用水泥浆。所用材料应不含对预应力筋和水泥有害的成分，水泥浆性能须符合如下要求：

① 水灰比为 0.40～0.45，掺减水剂时可为 0.35；

② 泌水率最大不超过 3%，拌和后 3 h 控制在 2%，泌水在 24 h 内重新全部被浆吸回；

③ 掺膨胀剂时，自由膨胀率小于 10%；

④ 水泥浆稠度控制在 14～18 s 之间；

⑤ 水泥浆的强度应满足要求。

水泥浆在使用过程中应连续搅拌，水泥浆自拌制起至压入孔道的延续时间视气温而定，一般为 30～45 min，以保持其性能，不得加水来增加其流动度。

(2) 检查压浆设备的性能能否满足要求；检查压力表是否在使用前进行了校正。

(3) 检查孔道的准备工作，即压浆前，是否对孔道进行清洁，清除有害材料、油污、积水等。

(4) 检查压浆的顺序、工艺是否与监理工程师批准的一致。

① 孔道压浆应自下而上进行，压浆应缓慢、均匀。

② 压浆的最大压力应控制在 0.5～0.7 MPa，采用二次压浆时，应为 1.0 MPa，且两次压

浆的间隔时间应控制在 30～45 min，并从另一端进行。

③ 压浆应在一次作业中连续完成，直至出口处的浆液不含水沫气体，与压注的浆液有相同的稠度，且关闭出浆口后，保持不小于 0.5 MPa 压力，稳压期不少于 2 min。

④ 压浆过程中及其后 48 h 内，构件混凝土温度低于 5°C 或高于 35°C 时应采取措施。

(5) 抽检水泥浆的试件。

(6) 抽查压浆后压浆的密实情况。

(7) 做好检查记录，并检查施工单位的施工记录是否完善。

3. 质量检验项目与评定

在钢丝、钢绞线后张法施工过程中，监理工程师应检查施工单位是否按规范要求项目、频率进行质量检测。各类项目质量检测方法、频率与质量标准见《公路桥涵施工技术规范》相应的要求。

（三）悬臂浇筑梁施工质量监理

1. 施工准备阶段的监理

除完成桥梁施工准备质量监理和后张法预应力施工准备工作外，还应注意以下几点：

(1) 熟悉设计文件和施工合同文本，以及相关的技术规范要求。

(2) 审查施工单位的挂篮设计方案和 0 号块支承结构设计方案，在审查过程中，监理工程师应认真地对挂篮及托架各部位的强度、刚度和稳定性等进行验算。

(3) 审查施工单位的模板结构设计方案。对施工期的挠度计算进行复核，审核施工单位的监测控制方案。

(4) 审查施工单位的预应力张拉方案，对张拉时梁体混凝土的养护龄期、预应力筋的张拉顺序、张拉工艺、张拉设备校验和标定等逐一进行认真的检查。

2. 施工阶段的质量监理

悬臂浇筑梁施工质量监理应注意以下几点：

(1) 旁站检查挂篮的拼装、前移就位及预压，记录并验证预压沉落量，并对同跨对称点的高程差进行检查。

(2) 对梁身与桥墩设计为非刚性连接时，监理工程师应检查墩顶梁段与桥墩临时固结措施的安全可靠性。

(3) 混凝土浇筑及张拉和压浆阶段的日常监理工作同本节“后张法预应力施工”。但要特别注意检查合龙段的几项内容：

① 检查施工单位是否在设计合龙温度时将两悬臂端的合龙口予以临时锁定。

② 严格控制合龙段混凝土在一天中的最低气温时完成，使混凝土在早期结硬过程中处于升温的变压状态，减少温度变化对合龙段混凝土的影响。

③ 督促施工单位在合龙前应在两端悬臂预加压重，并在浇筑混凝土过程中逐步撤除，以使悬臂挠度保持稳定。

3. 质量检验项目与评定

在悬臂浇筑梁施工过程中，监理工程师应检查施工单位是否按规范要求项目、频率进行质量检测。各类项目质量检测方法、频率与质量标准见《公路桥涵施工技术规范》相应的要求。

（四）桥面系施工质量监理

1. 桥面铺装质量监理要点

1）水泥混凝土桥面铺装

(1) 检查施工单位的搅拌、振捣和整平机械。防水混凝土应用机械搅拌，搅拌时间不少于 2 min，浇筑时应用机械振捣密实，并使用监理工程师批准的整平设备压实整平。

(2) 检查施工放样控制摊铺高程。混凝土的铺设要均匀，铺设的高度应略高于完成的桥面高程。

(3) 督促施工单位连续浇筑混凝土，尽量少留施工缝。若在施工缝上继续浇筑混凝土，应先将施工缝处原混凝土凿毛，清除浮粒和杂物，浇水保持湿润，再铺上与原混凝土相同灰砂比的水泥砂浆，厚度为 2.0～2.5 cm。

(4) 调整泄水管埋设位置。管顶高程应略低于桥面铺装层顶高程，保证在面层形成时管口周围形成相应的聚水槽，利于雨水汇集宣泄。出水管口应伸出结构物底面或侧面 10～15 cm。

(5) 摊铺振捣过程中，检查混凝土的密实性及厚度。整平完成后，局部表面有缺陷的地方，尤其是泄水管四周，应用钳刀填补压实、修平。

(6) 监理工程师应对摊铺过程进行旁站，并按规定进行必要的试验。

(7) 检查混凝土桥面铺装的最终修整工作，包括镘平及清理。在修整前要清理所有的表面自由水，但不能用如水泥、石粉或沙子来吸干表面水分。在一段桥面铺装修整完成后的 15 min 内，要采用有效的措施保护混凝土表面不受风吹日晒。

(8) 检查混凝土表面的防滑处理。沿横坡方向采用机具压槽，其深度必须满足设计要求，一般为 1～2 mm。

(9) 养护时间一般不少于 14 天。

(10) 当混凝土桥面铺装之上另有一层沥青混凝土铺装时，该混凝土桥面铺装除按上述要求外，其表面应予以适当粗糙处理。

2）沥青混凝土桥面铺装

在沥青混凝土桥面铺装下，如另有一层混凝土底层时，应待底层的混凝土强度达到设计强度的 70% 以上时，方能进行沥青混凝土桥面铺装。沥青混凝土桥面铺装的质量监理参见沥青路面的质量监理。

2. 桥梁接缝和伸缩缝质量监理要点

(1) 熟悉产品生产厂家推荐的装卸、放置、装配和安装方法。所有产品在任何时候都应严格按照生产厂家推荐的方法装卸、放置、装配和安装。

(2) 检查气温和相邻接缝的温度。当温度低于 10°C 时，不应浇筑热浇封缝料。

(3) 在沥青混凝土铺装层上安装伸缩缝，应先切割先前铺设的沥青混凝土铺装所占的伸缩缝的位置，再安装伸缩缝。

(4) 检查伸缩缝的牌号、型号是否符合图纸规定。安装伸缩缝时上部构造梁（板）端部间隙宽度及伸缩缝的安装预定宽度，均应与安装温度相适应，并应遵照图纸规定。安装伸缩缝应在伸缩缝制造商提供的夹具控制下进行。当伸缩缝的安装温度不同于图纸规定时，各项安装参数应予以调整。

(5) 伸缩缝的安装须由专业施工队施工，并须满足施工有关要求。伸缩缝下面或背面的混凝土应密实，不留气泡，预埋件位置应准确。安装完成后的伸缩缝应与桥面铺装层接合平整。

(6) 伸缩缝安装的基本要求：

① 伸缩缝安装必须满足设计和有关技术规范的具体要求，伸缩缝构件必须有合格证，并经验收合格后方可安装。

② 伸缩缝必须锚固牢靠，伸缩性能必须有效。

③ 伸缩缝两侧混凝土的类型和强度，必须符合设计要求。

④ 大型伸缩缝与钢梁连接处的焊缝，应作超声检测，检测结果须合格。

⑤ 伸缩缝处不得有积水。

3. *栏杆、护栏及桥头搭板质量监理要点*

(1) 混凝土栏杆及护栏（防撞墙）应在该跨拱架或脚手架放松后才能浇筑。

(2) 检查所有模板以及斜角条的制作，模板具有简洁斜角接头。在完成工程中，所有角隅应准确、线条分明、加工光洁，且无裂缝、破裂或其他缺陷。检查模板的安装，模板光顺并紧密装配，以能保持其线条及外形，且在拆模时不致损坏混凝土。

(3) 检查预制栏杆构件是否在不漏浆的模板上浇筑。当混凝土足够硬化时，即可自模板中取出预制构件并养生 10 天。

(4) 与预制栏杆柱相连接的就地浇筑栏杆帽及护栏帽，在浇筑并整修混凝土时应防止栏杆及护栏被弄脏和变形。

(5) 检查栏杆杆件不得有弯曲或断裂现象。

(6) 检查栏杆是否在人行道板铺完后安装。安装是否牢固，其杆件连接处的填缝料是否饱满平整，强度应满足设计要求。

(7) 检查混凝土防撞护栏、桥头搭板所用的水泥、砂、石、水和外掺剂的质量和规格是否符合有关规范的要求，是否按规定的配合比施工。

(8) 检查是否出现露筋和空洞现象。

(9) 检查防撞护栏上的钢构件是否焊接牢固，焊缝是否满足设计和有关规范的要求，并按设计要求进行防护。

(10) 检查桥头搭板下的地基及垫层或路面基层的强度和压实度是否满足设计要求。

4. *施工监理流程*

施工监理流程如图 3.13 所示。

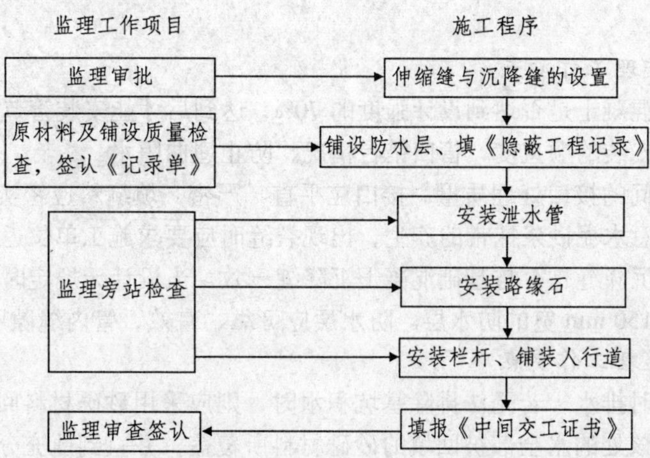

图 3.13　桥面附属工程施工程序及监理工作示意图

五、涵洞施工质量监理

主要介绍圆管涵、盖板涵两种类型涵洞的施工质量监理。

（一）圆管涵施工质量监理

1. 管节预制阶段监理工作要点

（1）检查施工单位到场的拌和、振捣等设备是否完好。

（2）检查施工单位到场的试验设备的完好性。

（3）验收施工单位的模板几何尺寸、刚度、接缝。

（4）对施工单位进场的钢筋、水泥等材料按规定的频率进行抽检试验，并书面通知施工单位是否合格。

（5）检查钢筋制作的质量，签认钢筋工程报验单。

（6）检查施工中混凝土施工配合比是否符合设计配合比。

（7）检查振捣质量，制作混凝土试块（监理工程师的检测频率一般为施工单位自取样数的 20%），以便检测预制圆管涵管节的强度。

（8）检查混凝土的养生质量。

（9）检查拆模后混凝土的外观质量。混凝土是否有蜂窝、麻面、气孔等质量缺陷情况，是否有裂纹、裂缝等异常情况，如有，应责令施工单位处理。

（10）检查管节的尺寸是否符合设计要求，对有缺陷的管节应做好标志，禁止使用。

（11）如采用外购管节，应督促施工单位提供供货单位的资质、业绩证明、样品图纸、质量合格证书等资料。

2. 基础施工阶段监理工作要点

（1）监理工程师应检查施工单位施工放样精度，检查涵洞长度、角度与路基填土高度的关系；检查流水面高程与地形、排水沟的衔接，是否阻水。合格后签发《施工放样报检单》。

（2）检查基坑位置、尺寸是否符合设计要求。检测基础承载力是否满足要求，不符合设计要求时应进行加固处理。

（3）检查碎石（或砂砾）垫层施工质量，要求平整、稳定，厚度要符合设计要求。

（4）检查基础混凝土施工质量，抽检混凝土试块，要求将首层混凝土凿毛，以便上下混凝土有良好的接触。

3. 管节安装监理工作要点

（1）检查基础混凝土是否达到设计强度的 70%，达到后才能安装管节。

（2）检查管节安装的顺直度、管口错台情况，防止翘曲阻水。

（3）检查管节间的接口处理质量。接口应平直、严密。填缝料应密实、有效，不得有空鼓、漏水现象。注意水泥砂浆抹带的养生，出现裂缝时应要求施工单位返工重做。

（4）检查管节沉降缝是否与基础混凝土沉降缝一致。当设计无规定时，缝宽一般为 20～30 mm，管节外做 150 mm 宽的防水层。防水层应可靠、有效，管内缝隙用沥青麻絮填满。

4. 基坑回填监理工作要点

基坑回填应及时排水，若无法排除基坑积水时，则应采用砂砾材料回填。在水中分层铺筑直到回填进展到该处的水全部被回填的砂砾材料所覆盖，并直到能充分压实的程度时，再进行充分夯实。监理的主要工作为：

(1) 审查施工单位申报的回填方案，侧重检查回填材料的选定以及压实方法的确定。

(2) 及时检查分层压实度，注意边角位置的压实质量，压实度资料单独存放。

5. 质量检验项目与评定

在钢筋混凝土圆管施工过程中，监理工程师应检查施工单位是否按规范要求项目、频率进行质量检测。各类质量检测项目、频率与质量标准见《公路桥涵施工技术规范》相应的要求。其施工质量评定内容及方法见《公路工程质量检验评定标准》。

（二）盖板涵施工质量监理

1. 盖板预制阶段和基础施工阶段监理工作要点

盖板预制阶段和基础施工阶段监理工作要点与圆管涵相同。

2. 墙身施工监理工作要点

1）浆砌片石或浆砌块石墙身质量监理

(1) 检查进场片石的质量，包括几何尺寸、强度等指标，同时不应含有水锈、风化料。

(2) 检查砌筑前施工放样的准确性。

(3) 控制墙身砌筑工艺。要求分层、坐浆砌筑，片石要上下、前后咬结，而块石上下要错缝 8 cm 以上，并保证至少两顺一丁。砂浆必须要饱满，不得留有空洞，以确保墙体的稳定。

(4) 随时留做砂浆试块，以检验砌筑砂浆的强度。待砌筑完成后，应检查覆盖、养生情况。

(5) 冬季施工时，必须检查防冻、保温措施是否到位。

2）混凝土墙身质量监理

(1) 检查到场材料的质量。

(2) 检查模板安装质量。检查每块模板的光洁度、平整度是否符合要求，两块模板间的拼缝不漏浆，模板支撑稳固，特别是端模和沉降缝位置处的稳定性良好。

(3) 检查涵基、涵台内侧补强钢筋制作的规格、间距、根数及焊接部位等所有内容是否符合图纸要求。

(4) 控制混凝土施工工艺和质量，检查配合比的准确性和拌和时间，在施工现场要检查振捣质量，检查混凝土分层厚度，墙身高时，要求设串筒，防止混凝土离析。

(5) 检查拆模后混凝土外观质量，即蜂窝、麻面、漏浆情况，要求施工单位拆模后要覆盖并保湿养生。

(6) 施工中随时抽查制作混凝土试块，以检验混凝土的质量。

3. 盖板安装监理工作要点

(1) 盖板安装前，检查运至施工现场的盖板质量，不应有裂纹（缝）、混凝土强度不足等缺陷，否则，不允许用于施工。

(2) 检查墙身顶面高程及其平整度，若平整度不满足要求应指令施工单位选用高强度等级砂浆找平。

(3) 要求使用吊车起运、安装盖板，不得采用撬棍移动，防止损坏盖板。

(4) 盖板安装就位后，监理逐块检查盖板的稳定性，并进入涵洞内检查相邻板高差、板的外观质量等情况。

4. 质量检验项目与评定

在盖板涵施工过程中，监理工程师应检查施工单位是否按规范要求项目、频率进行质量检测。各类质量检测项目、频率与质量标准见《公路桥涵施工技术规范》相应的要求。

其施工质量评定内容及方法见《公路工程质量检验评定标准》。

六、水泥混凝土抗压强度评定

1. 试件的制取

评定水泥混凝土的抗压强度，应以标准养生28天龄期的试件为准。试件为边长150 mm的立方体。试件3个为1组，制取组数应符合下列规定：

（1）不同强度等级及不同配合比的混凝土应在浇筑地点或拌和地点分别随机制取试件。

（2）浇筑一般体积的结构物（如基础、墩台等）时，每一单元结构物应制取2组。

（3）连续浇筑大体积结构时，每80～200 m^3或每一工作班应制取2组。

（4）上部结构，主要构件长16 m以下应制取1组，16～30 m制取2组，31～50 m制取3组，50 m以上者不少于5组。小型构件每批或每工作班至少应制取2组。

（5）每根钻孔桩至少应制取2组；桩长20 m以上者不少于3组；桩径大、浇筑时间很长时，不少于4组。如换工作班时，每工作班应制取2组。

（6）构筑物（小桥涵、挡土墙）每座、每处或每工作班制取不少于2组。当原材料和配合比相同、并由同一拌和站拌制时，可几座或几处合并制取2组。

（7）应根据施工需要，另制取几组与结构物同条件养生的试件，作为拆模、吊装、张拉预应力、承受荷载等施工阶段的强度依据。

2. 水泥混凝土抗压强度的合格标准

（1）试件大于等于10组时，应以数理统计方法按下述条件评定：

$$R_n - K_1 S_n \geqslant 0.9R$$

$$R_{\min} \geqslant K_2 R$$

$$S_n = \sqrt{\frac{\sum R_i^2 - nR_n^2}{n-1}}$$

式中 n——同批混凝土试件组数；

R_n——同批n组试件强度的平均值（MPa）；

S_n——同批n组试件强度的标准差（MPa），当S_n<0.06R时，取S_n=0.06R；

R——混凝土设计强度等级（MPa）；

R_i——第i组混凝土的抗压强度（MPa）；

$R_{\min}$——n组试件中强度最低一组的值（MPa）；

K_1、K_2——合格判定系数，见表3.14。

表3.14 K_1、K_2的值

n	10～14	15～24	≥25
K_1	1.7	1.65	
K_2	0.9	0.85	

（2）试件小于10组时，可用非统计方法按下述条件进行评定：

$$R_n \geqslant 1.15R$$

$$R_{\min} \geqslant 0.95R$$

(3) 实测项目中，水泥混凝土抗压强度评为不合格时相应分项工程为不合格。

【例 3.2】 某混凝土工程采用 C30 强度等级的混凝土，施工时现场共制作试块 6 组，测得其抗压强度为：29.5、30.2、31.6、32.8、32.5、31.4 MPa。试评定其抗压强度。

解：(1) 试件小于 10 组，所以用非统计方法进行评定，即要求满足：

$$R_n \geqslant 1.15R$$

$$R_{\min} \geqslant 0.95R$$

(2) 因为 $R_{\min}=29.5$ MPa$>0.95R=28.5$ MPa，所以应求出 R_n。

(3) $R_n=(29.5+30.2+31.6+32.8+32.5+31.4)\div 6=31.33$ MPa$<1.15R=34.5$ MPa

(4) 结论：因为 $R_n<1.15R$，所以混凝土抗压强度评定为不合格，该分项工程为不合格。

第八节　隧道工程施工质量监理

一、公路隧道的基础知识

公路隧道是公路工程结构的重要组成部分，它通常是指为克服地形障碍、保证路线线形、缩短建设和运营里程、节省建设投资和运营费用、避免山区公路病害、提高防护能力所建的地下工程建筑物。

1. 公路隧道的分类

公路隧道可按三种不同的方法分类。

(1) 按地质情况可分为两大类：一类是修建在岩层中的，称为岩石隧道，岩石隧道修建在山体中的较多，故又称山岭隧道；另一类是修建在土层中的，称为软土隧道，软土隧道常常修建在水底和城市立交，故称为水底隧道和城市隧道。

(2) 按长度可分为四大类：特长隧道（$L>3\,000$ m），长隧道（$1\,000$ m$<L\leqslant 3\,000$ m），中隧道（250 m$<L\leqslant 1\,000$ m），短隧道（$L\leqslant 250$ m）。

(3) 按结构可分为两大类：分离式隧道和联体隧道。

2. 公路隧道的构造

隧道是地下工程建筑物，为保持坑道岩体的稳定，保证行车安全，通常需修筑主体建筑物和附属建筑物。前者包括洞身衬砌和洞门，后者包括防排水、通风、照明、安全设备等。隧道工程施工通常可分为以下几个分项工程：

(1) 洞口工程。包括边坡、仰坡土石方，洞门，边墙，翼墙及洞门排水等工程。

(2) 洞身工程。包括隧道洞身，运营通风洞，人行避难通道，明洞等工程及其有关工程的开挖、衬砌等相关的各种作业。

(3) 防水与排水工程。包括施工期间的防水排水工程和结构物（永久性）防水排水工程。

(4) 附属设施工程。包括运营通风、照明、信号、消防、交通监控、供电配电、通信、消音、装饰等附属设施项目。

3. 公路隧道的施工方法

隧道工程的施工是一个复杂的系统工程，根据隧道穿越地层的不同地质条件和社会生产工业化的发展，公路隧道施工方法可分为以下几类：

1) 山岭隧道的施工方法

（1）矿山法：包括传统矿山法和新奥法。

（2）掘进机法。

2）浅埋及软土隧道施工方法

（1）明挖法与浅埋暗挖法。

（2）地下连续墙法。

（3）盖挖法。

（4）盾构法或半盾构法。

3）水底（江河、海峡）隧道施工方法

（1）预制管段沉埋法（沉管法）。

（2）盾构法。

4. 公路隧道质量监理注意事项

隧道工程施工的特点是除洞口和洞门是在露天施工外，其余各项工程都在地下进行施工作业。由于空间有限，工作面狭小，光线暗，劳动条件差，故在整个施工过程中必须备有良好的照明和通风条件，还要进行洒水除尘，同时要预防涌水、坍塌、瓦斯等意外事故发生。因此，其质量监理工作必须做到全面、细致、有预见性和标准化。隧道施工的质量监理应注意以下几个方面：

（1）监理工作应严格按规定的程序进行。

（2）预先制定针对施工过程中可能出现的各种紧急情况的应变措施。

（3）重视安全工作，随时观察开挖、掘进等过程中地质、水文等的变化，注意支护及防排水系统的稳定性等，出现特殊情况按预案处理或紧急撤离。

（4）提供和采用的材料应符合设计图纸和规范的要求。

（5）隧道构造的每一部分施工必须严格按照设计图纸所示的尺寸、形状和方法进行。所有施工细节必须符合规范和设计图纸的详细要求。

（6）各种试验、检测方法和精度等均应符合规范和合同的要求。

二、隧道施工准备阶段的质量监理

在施工准备阶段，监理工作的重点是检查开工前的准备工作、审批施工组织设计、做好原材料抽检试验、配合比验证工作、控制测量复查工作等，以避免施工过程中出现不必要的变动。

（一）复审施工单位申报的各种现场调查报告

1. 复查地质情况

（1）复查隧道洞口浅埋地段以及隧道穿过严重风化层、堆积层处有无可能存在滑动和偏压现象；

（2）复查岩层走向及地下水出露情况，裂隙的特征及其与隧道临空面的关系，尤其是断层、褶皱、破碎等对施工的影响。

2. 复查气象资料

（1）当地平均气温、最低气温开始和持续时间；

（2）当地降水季节的总降水量、最大降水量及其发生时间；

（3）洪水期的最高水位，山洪暴发对施工及生活设施的危害程度。

3. 复查供、排水情况

(1) 水源、水质是否符合卫生标准，水量能否满足施工及生活要求；

(2) 考虑供水方案，如蓄水池或抽水站的位置是否合理；

(3) 隧道排水是否会污染下游水源及农田，排水是否会造成下游构造物、田地、坡体出现冲毁现象。

4. 复查施工单位提供的砂石集料料源情况

要求施工单位提供的砂石集料料源的质量和产量满足施工要求，采集和运输条件受洪水的影响不大。

5. 复查施工单位提供的动力供应情况

(1) 商业电网的输电电压，供电量及供电时间应满足施工需要，电网地点及到洞口变压器间的输电线路布置方案合理，满足施工需要；

(2) 机械燃料供应地点等满足施工需要。

6. 复查施工单位材料及弃渣的运输条件

(1) 复查施工单位必须修筑的进场便道质量是否合格，是否满足施工需要,并核对其工程数量；

(2) 复查弃渣场地的选择是否合理，运输条件是否便利；

(3) 若弃渣作为路基填料，应复查弃渣的运输及卸渣是否能符合路基填方施工的要求。

(二) 审批施工组织设计和施工方案

1. 审批施工单位制定的施工方案

施工单位安排的工程进度计划应可行和可靠，隧道施工质量控制手段和措施应有效可行，施工支护方式符合围岩的实际情况，安全防护措施能在整个施工过程中得到保证，有针对施工过程中可能出现的较大地质情况变化而采取的应变措施等。

2. 审批施工单位制定的施工组织设计

(1) 施工单位制定的施工组织设计的内容应具体，并切合工程实际，没有重大的遗漏；

(2) 施工单位制定的施工组织设计，应有具体的施工措施，能体现其进行了详细的施工调查，深入核对了设计文件等工作；

(3) 复查施工单位规划的施工场地布置是否满足施工需要。

按照施工单位提供的总体施工场地布置图，复查施工单位布置的施工场地与现有道路的交叉和干扰是否较少，且以洞口为中心，使轨道运输的弃渣线、编组线和联络线形成了有效的循环系统。复查施工单位是否还在长隧道洞外准备好了安装、维修和存放大型机械设备的场地。

① 大堆材料堆放场地应便于运输，各类材料不能混放，能防止雨水冲刷流失；

② 生产和生活设施应尽量靠近洞口，方便施工；

③ 炸药库与雷管库之间要有足够的安全距离；

④ 房屋、库房等之间要有防火通道，并不受洪水、泥石流、滑坡危害。

(4) 施工时间安排应合理。

① 总工期要满足合同工期要求；

② 安排进洞前的准备时间应充分，不会出现因准备不足匆忙单工序独进，最终被迫停工的现象发生；

③ 各工序计划安排时间应符合施工工艺要求和施工条件，并考虑混凝土时效时间和施工

量测时间；

④ 各施工阶段时间计划安排应与资源供应计划相吻合；

⑤ 对洞口及洞口段工程不宜安排在雨季进行。

(5) 施工方案。

① 就不同的围岩条件和埋置深度所采取的掘进支护方法应得当，且满足设计要求；

② 对于地形偏压、构造偏压、大的断裂带的施工应有相应的措施；

③ 针对洞口路堑形成的高仰坡，或洞口处于不稳定的滑体范围内，应有严格按设计规定进行支护的措施以及完善的临时或永久排水设施；

④ 所确定的施工区段长度应能适应围岩类别、工期要求和设计规定。

(6) 施工能力。

① 施工单位的施工管理机构，应包括能独立行使职权的技术部门、质检部门、安全检查部门等；

② 施工单位的工地试验室的试验设备，应能满足现场常规试验要求；

③ 施工单位计划到场的施工机械应配套，能满足现场施工要求；

④ 各工种施工人员组成应齐备，人数合适，比例适当；

⑤ 空压机、发电机组、供水泵等与隧道施工机具配套，气、水、电的供应量应满足正常施工的要求。

（三）检查原材料的用量和质量及进行配合比验证试验

(1) 复核洞内、洞外各项工程的材料用量，材料供应计划是否满足施工进度的需求。

(2) 抽检施工单位的砂、石、水泥、钢材、防水卷材等材料，检查其建筑材料报验单中有无材料产地、厂名、出厂批号、质量检验证书及抽样检测报告单等书面证明材料。

(3) 验证用于隧道工程的灌注混凝土、喷射混凝土、砂浆、注浆液的配合比设计。

（四）检查隧道施工准备工作

1. 检查隧道地表控制测量

监理工程师应对施工单位的测量成果进行检查。检查内容包括隧道平面控制测量的精度、洞内导线测角、量距的精度以及两洞口水准点间往返测量高差等，检查结果均应符合交通部现行的《公路隧道勘测规程》的规定。

2. 检查运输便道

(1) 运输便道引入线的技术标准不宜过低，应能保证常年畅通，不受季节、气象变化的影响，满足隧道施工的要求；

(2) 场内道路应统筹规划布置成网络，能连接料场、库房、弃渣场、洞口等。

3. 检查场地布置

(1) 材料堆放应便于混凝土搅拌或材料加工，料场面积应考虑在洪汛期的堆放。不同材料分别堆放，标志清晰。

(2) 水泥、钢筋库的位置应便于运输、加工，还要求保证不受暴雨、山洪、滑坡的危害，库房应防潮、防漏。

(3) 生活用房应光线充足，通风良好，不漏雨，远离噪声源。施工用房可根据施工需要合理布置。

4. 检查动力设施

(1) 空压机、发电机、变电站和供水池的圬工基础牢固，机械安装已达到有关规定要求，并能足额提供动力。

(2) 风、水、电的主要线路，已按规定一次安装妥善，并符合安全使用要求。

5. 检查洞口外围工程

(1) 与隧道施工有干扰的工程已在进洞前完成。如天沟、边沟等排水系统，利用弃渣作填方的路基底处理，洞口范围内的路堑，洞顶仰坡，受弃渣影响的施工便道等。

(2) 与洞口场地布设相干扰的工程已先期完成。如靠近洞口的涵洞、土石方量不大的路堑等。

6. 检查到场人员、机械、材料

(1) 应到场的管理人员、技术人员、质检人员、安检人员等已到场。

(2) 施工单位已到场机械设备的品种、规格、型号、数量及配套状况等满足要求，每台机械的试运转情况良好，操作人员能熟练操作。

(3) 用于隧道工程的砂、石、水泥、钢材等材料已经抽样试验合格后进场。

(五) 审批开工申请报告

当所有隧道施工准备工作就绪，报验手续齐备，监理工程师签署开工申请报告，下达开工令后，方可进行隧道施工。

三、隧道施工阶段质量监理

(一) 隧道洞口施工质量监理

1. 隧道洞口开挖

1) 检查施工放样

(1) 核查开挖边界计算、放样是否有误，设计的边坡坡率是否合理；

(2) 截水沟布设是否顺应地势，并满足截流坡面水要求，与开挖边坡的紧边距离是否满足规范或设计要求；

(3) 检查施工单位应保护和保留好的基准桩志，如损坏、移位应通知施工单位修复。

2) 土方开挖的施工质量监理

(1) 检查施工单位弃土堆放是否合理；当弃土用作填方时，应按填方路基要求，检查施工单位分层碾压的压实度。

(2) 检查施工单位的开挖方法是否合理，有无超、欠挖。边仰坡面的平整度是否符合要求，坡度不应陡于设计坡度。

(3) 检查施工单位的施工场地排水是否良好，以防止集水浸泡坡脚。

3) 检查石方开挖的施工质量监理

(1) 对于强度较高不易风化或水解的岩石路床面，应一次开挖到位或留有一次插底爆破厚度，表面应平整，以利于运输；

(2) 会同设计代表、驻地监理工程师确认施工单位测出的土石方分界线及土石方数量。

4) 检查水沟开挖的施工质量监理

(1) 督促施工单位在路槽开挖前进行截水沟施工，并及时采用砂浆或浆砌封闭；

(2) 检查洞口边仰坡以外上方是否有弃土，以免弃土流失堵塞排水沟槽，对必须弃置的截水沟挖方，应督促施工单位设置必要的防护措施。

2. 隧道洞口坡面防护

1) 喷锚加固质量监理（包括初期支护）

(1) 检查锚喷加固的顺序是否合理；

(2) 检查喷射混凝土前，松动的和已风化的岩石与浮土的清除情况，坡面修整的平整情况；

(3) 当有地表水流或地下水出露处，在喷射混凝土前，施工单位是否预先进行了引排；

(4) 检查坡面锚杆的安置是否合理；

(5) 检查钢筋网铺设是否与第一次喷射混凝土密贴，并与锚杆连接牢靠，后续喷射混凝土层是否覆盖了钢筋网，使钢筋网不裸露在外。

2) 砌石护面墙施工质量监理

(1) 抽检所用材料的尺寸是否符合设计及规范要求；

(2) 检查直接置于天然地基上的砌体基础，是否及时排除了基坑内渗透水，使砂浆在初凝前免遭水浸害；

(3) 检查护面墙顶部的夯实情况；

(4) 检查砌筑方法是否适当。

3) 砌石挡土墙施工质量监理

(1) 施工质量要求基本与护面墙相同；

(2) 检查基底的承载力是否满足要求，不满足承载力设计要求时，应审核施工单位提出的处理措施；

(3) 检查基槽的修凿情况。

（二）隧道洞身施工质量监理

洞身工程是隧道施工中的主体，由于洞身开挖、衬砌都是在地下进行施工，空间有限，工作面狭小，光线暗，劳动条件差，要注意采用合适的施工方法，保证施工通风和照明，并采取有效的安全防护措施。

1. 洞身施工准备阶段的监理

(1) 审批施工单位的施工技术方案和施工组织设计，审批开挖（即掘进）、施工支护、衬砌方法等事项。

(2) 做好原材料的抽检工作，包括水泥品种、强度等级、出产批号及质量，石子、砂的级配、细度等各项指标；检查水泥、外掺剂、砂石的存放条件。不合格材料不允许用于工程。

(3) 验证喷射混凝土、水泥砂浆等的配合比设计，使喷射混凝土具有必要的强度、耐久性、防水性、附着性以及良好的施工性。

(4) 按设计标准批准锚杆锚固剂所使用的材料，审批注浆液的配合比及使用的外加剂及拌和方法。

(5) 审查施工单位的爆破方案。

① 开挖顺序是否按照设计规定，紧后的支护工序安排是否得当。

② 方案中单位用药（炸药）量是否符合地质条件，开挖方法和隧道断面面积是否会因用药过量产生对周边围岩的严重扰动及对附近建筑物产生振动损害。

③ 掏槽炮眼、扩大眼、内圈眼、周边眼、翻底眼的设计参数取值是否合适，是否影响到开挖面质量和形状，爆破堆形状和爆渣尺寸是否便于装运或后续工程利用。

④ 所用爆破材料、器材是否适合地层条件，能否保证顺利、安全地进行爆破。

⑤ 炮眼设计深度是否考虑到掌子面自立性。

监理工程师检查洞身的施工准备工作齐全，并满足施工要求时，方可签发开工令。

2. 洞身开挖施工质量监理

1）检查施工单位制定的保证钻眼质量的措施

(1) 布孔方法是否能保证相应精度及布孔后的检查方法。

(2) 凿岩机的钻杆抵位和插角确定及钻孔深度控制的保证措施。

2）检查爆破效果

(1) 炮眼痕迹保存率，硬岩 80%、中硬岩 70%、软岩 50%，最小允许炮眼痕迹率不小于规定值的 60%。

(2) 两茬炮衔接台阶的最大尺寸不得超过 15 cm。

3）检查开挖质量

(1) 衬砌断面开挖形状、尺寸应符合设计要求。隧道洞身不允许存在欠挖现象。

(2) 超挖应满足超挖允许值的规定。

4）重视隧道开挖中的地质预报

(1) 及时了解、确认施工单位通过地质素描对隧道开挖面上的地质特征的记录，仔细分析经整理、加工绘制成的地质展开图，对照设计文件对该地质的描述，找出差异和需要改善设计、施工的方法，提请有关方面注意。

(2) 详细记录、分析与坍塌变形有关的地质情况，及其对继续掘进的影响；根据对隧道围岩的直接观察，判定坑道的稳定性，核定岩层构造、岩性及地下水情。

(3) 在临近设计文件中的断层破碎带时，监理人员必须督促施工单位采取超前钻探、超前支护，以利于采取措施预防大规模坍塌和涌水的发生。

5）检查施工单位的石碴处理

(1) 核查施工单位的石碴处理计划，着重分析计划中所采用的运输方式是否适合该隧道的工程地质、地下水条件、隧道断面、隧道长度及开挖方法等。

(2) 检查石碴利用加工能力是否能满足工程进度的要求，着重分析机械的配套生产能力。

(3) 检查装碴作业中是否损坏钢支撑、喷射混凝土、锚杆等支护结构。

(4) 批准符合要求的石碴作为建筑材料，并检查该类石碴的装运及堆放，严禁有用石碴与无用石碴混挖、混装、混运。

3. 洞身围岩支护施工质量监理

支护施工中，监理人员实施旁站监理并应恰当地判断支护状态，对异常现象应研究对策，并提出支护加强措施；对于因质量而需返工的支护，监理人员要充分考虑到作业的安全性及返工后的洞壁位移量，一般应将返工限制在尽可能小的范围内，且尽早完成断面闭合。

1）喷射混凝土监理要点

(1) 所有喷射混凝土应采用湿喷法。每次喷射作业前或作业期间检查水泥品种、强度等级、用量、砂石的含水率。

(2) 检查喷射机械配套情况和实际功效，进行必要的试喷。

(3) 检查喷射作业面是否存在欠挖、浮石，如有应指令清除，要求用高压水或高压气清除岩面尘土；检查钢筋网、钢拱架是否安装牢靠密贴，位置是否准确。

(4) 检查喷射混凝土拌料是否均匀，所拌料应及时喷射，放置时间不应超过 30 min，喷射回弹料不得再次使用。

(5) 检查喷射层厚度，用标桩法检测，一般按断面中最小厚度计，但在中硬岩以上的围岩，开挖面凹凸较大时也可按断面平均厚度计。每 20 m 测一个断面，每断面取拱顶、拱脚、边墙至少 5 处，不符合要求时应采用补喷措施。

(6) 检查喷射混凝土外观和强度试验，如发现混凝土出现非干缩开裂、脱落或强度不足需要返工补强时，分析原因后批准补强措施。

(7) 检查涌水点的处理。一般针对涌水量和出水面积大小采用带孔集水管集水、半管导排的方法，将涌水归拢后再施喷混凝土。

(8) 检查混凝土的养护。喷射混凝土终凝后 2 h 起，开始洒水养生，次数以能保持混凝土具有足够的湿润状态为准，养护期不小于 14 昼夜。

2) 锚杆支护监理要点

(1) 检查灌浆压力、设备和注浆方法是否符合设计要求。

(2) 检查钻孔机具，钻头、钻杆尺寸是否合理。

(3) 记录锚杆安装位置、数量和质量。数量不少于设计要求，位置偏差不大于±10 cm。

(4) 进行锚杆抗拔力试验。为确保每根锚杆的锚固不得低于设计要求，应每 300 根锚杆抽样一组进行抗拔力试验，每组试件不少于 3 根锚杆。

(5) 审批局部增强锚固方案和处理不符合要求锚杆的措施。

3) 钢拱支撑监理要点

(1) 检查钢拱架制作质量。

① 拱架所用材料规格应符合设计文件规定；

② 拱架加工成形，其形状尺寸要符合设计文件要求，拱轴线应在同一平面内，不得弯曲；

③ 所有焊缝应饱满，不得有沙眼或漏焊处，焊渣药皮应清除干净；

④ 钢拱架安置前应清除油污、铁锈和泥土。

(2) 检查钢拱架安设质量。

① 拱架安设间距应符合设计图纸要求，并要安装在与隧道轴线垂直的平面内；

② 拱架脚应置于坚实的地层上，能提供足够的支撑力；

③ 拱架拼装接头处应连接牢固，可采用螺栓连接和拼接板骑缝焊接并举的方法；

④ 拱架与岩面空隙用钢楔楔紧，钢楔块应沿拱架大致均匀分布，间距不宜过大；

⑤ 钢拱架之间应用纵向拉杆连接。其中拱顶与拱脚处必须设置，其余部位可每间隔 1.0 m 左右设置纵向拉杆；

⑥ 如有锚杆、钢筋网构件时，钢拱架需与之焊连。

(3) 检查喷射混凝土覆盖钢拱架情况。

① 拱架背后与岩面间隙应用喷射混凝土填充密实；

② 钢拱架表面混凝土保护层不应小于 4 cm。

4. 洞身衬砌施工质量监理

1) 检查衬砌材料

(1) 检查每次或每批进场衬砌材料的出厂证明书及抽样试验报告，将不合格材料清除出场或批准用于临时工程。

(2) 检查水泥、钢材、外掺剂的存放条件，应满足不漏水、不受潮的要求；对大宗砂石料应分类堆放，不得混淆，并应有明显的标志。

2) 检查衬砌机具

(1) 检查混凝土搅拌、输送、浇筑、振捣等机具的完好程度、数量规格及配套情况，一般输运能力应略大于拌和能力。

(2) 检查组装衬砌台车或衬砌拱架的钢模板的形状、尺寸，应符合设计要求。钢模表面应平整，接缝严密。

3) 检查衬砌作业

(1) 检查钢筋的安装是否满足设计和规范的要求。

(2) 检查确认拱架模板台车结构加固支撑固定的稳定状况，应具有能充分承受灌注混凝土压力的强度。

(3) 检查确认每次组装就位的拱架模板，其中心线和高程正确，并能保证灌注中不产生扭转、倾倒、移动、沉陷、变形等情况。按规定要求预留好变形量。

(4) 检查模板背后衬砌厚度。一般是架好模板，台车固定后，取拱顶两侧抽查两个断面进行量测，每断面内不少于 10 个测点，测点环向间距 2 m，量测精确到 1 cm。

(5) 检查拱墙背后超欠挖情况，要求拱脚以上和墙基底以上 1 m 范围内严禁欠挖，超挖必须用与拱圈、边墙相同的材料一次施工。其他范围拱墙背超挖回填应符合设计要求。

(6) 检查边墙基底、隧底，要求无废渣杂物及积水。

(7) 全过程旁站监理混凝土施工全过程，发现问题及时纠正，主要有以下内容：

① 检查混凝土组成材料的外观，配料和拌制工艺是否符合要求；

② 运输距离远的浇筑地点，要进行坍落度及和易性的检验，每一工作班至少两次，如发现泌水离析现象，必须要求重新搅拌；

③ 检查混凝土振捣密实情况，尤其是拱部封顶的工艺和方法是否能保证质量要求。

(8) 检验衬砌混凝土强度。

在混凝土浇筑过程中，应预留混凝土试块。试块组数应每一工作班不少于 2 组，且拌制 100 m^3 混凝土不少于 2 组。

(9) 检查衬砌表面。

对于混凝土外观，应无蜂窝、麻面及露筋，无缺角破损。

(10) 检查隧底（每 10 m 一次），主要内容有：

① 仰拱断面、材料应符合设计要求。

② 仰拱与墙、水沟、电缆槽相互连接面结合要良好。

③ 铺底水沟坡面应平顺，使水流畅通。

④ 水沟、电缆槽盖板，要求边缘平顺整齐。

⑤ 铺底厚度符合设计要求，局部（每平方米内不大于 0.3 m^2）厚度偏差不大于 30 mm。

(11) 衬砌缺陷的处理。混凝土衬砌应达到内实外美。拆模后若有缺陷时，施工单位提出处理方案，经监理工程师同意后处理。

(三) 洞身防排水施工质量监理

隧道施工中的防、排水应与永久防、排水设施相结合，遵循“以排为主，防、截、排、堵相结合，因地制宜综合治理”的原则进行。即选择经济合理、切实可行的治水措施，确保围岩稳定，便于初期支护的施工，并保证在二次衬砌施工前，现场具有防水层的施工条件。因此在施工前，根据设计文件和调查资料，预计可能出现的地下水情况，估计水量，选择防、排水方案。在施工中，应对隧道的出水部位、水质、水量及变化规律等做好观测试验记录，并不断改进和完善防、排水措施。

1. 隧道排水结构施工质量监理要点

(1) 检查排水设施施工质量。观察衬砌背后沟管布设及施工过程，及时纠正沟和管布设中存在的问题，通过察看沟管排水情况，确认施工质量。

(2) 检查洞内水沟、泄水洞等的结构尺寸、设置位置、纵向坡度等是否符合设计要求。

(3) 检查盲沟过滤层级配和回填质量。检查盲沟、暗沟、排水管等有无堵塞现象，水流是否畅通。

(4) 检查水沟盖板的尺寸，要求边缘平顺、铺设平稳。

(5) 检查路面水排向边沟或地下水排向泄水洞的集水孔、排水孔和水管是否符合设计要求。

2. 隧道防水设施施工质量监理要点

1) 检查隧道专用防水卷板的铺设作业

(1) 铺设防水卷板应在初期支护变形基本稳定和二次衬砌灌注前进行。施作点距爆破面应大于 150 m，距灌注二次衬砌处应大于 20 m；

(2) 卷材铺挂前应检查喷射混凝土表面是否平整，锚杆头是否处理，以免损伤防水层；

(3) 铺设时应环向进行，铺挂时不可绷得过紧，以免灌注混凝土将薄板胀破；

(4) 防水卷材连接以机械热焊为主，搭接宽度 10 cm，焊缝 2 cm；

(5) 对断面内坑洼坍塌回填较困难部位，可采用单幅卷材贴在坑洼处，进行铺焊，后与隧道防水卷材焊在一起，不可悬空铺挂；

(6) 在大面积漏水处应加设防水卷材，有流水处应加设弹性半圆排水管将水引排后再铺设防水卷材。

2) 检查隧道专用防水卷材的铺设质量

(1) 灌注混凝土衬砌前，必须检查防水层质量，做好记录，并处理出现的问题。

(2) 目测检验。用手将已固定好的防水板上托或挤压，检查其是否与喷射混凝土密贴，检查有无破损、断裂、水孔，锚固点是否牢固，外露点是否用塑料片补疤，焊缝有无烤焦、焊穿、假焊，焊缝宽度是否达到设计要求，焊缝面是否平整光滑。

(3) 进行试验检查。每 10～15 m 制作一组焊件，对焊缝强度、密实性、抗渗性进行检查。

3. 隧道防排水应达到的标准

(1) 洞内无渗漏水；

(2) 安装孔眼不渗水；

(3) 洞内路面不冒水、不积水。

（四）附属设施工程质量监理

1. 设备洞、横通道及消防洞施工质量监理

施工中，当发现原定位置地质不良时，应会同设计单位和建设单位对现场进行调查、研究，确定变更的位置。施工要求同洞身工程。

2. 装饰工程施工质量监理要点

(1) 仔细检查衬砌内表面的渗漏水情况，必要时应采取措施做好装饰前的防、排水工作；

(2) 装饰材料不得侵入隧道建筑限界；

(3) 洞口装饰应表面平整、清洁，隧道名牌字样要求美观、醒目；

(4) 采用面砖材料时，应作到横、竖缝通直。面砖贴好后，外表面应平整，不得出现凹凸；

(5) 采用防火隔热涂料时，其施工方法和要求，应按该材料的使用说明书进行；

(6) 采用一般内墙涂料时，色彩应符合设计要求。涂料可采用喷涂或手工粉刷，但应作到色调均匀，不得出现色斑和杂色。

（五）质量检验项目与评定

在隧道工程洞身开挖、洞身衬砌、围岩支护施工过程中，监理工程师应检查施工单位是否按规范要求项目、频率进行质量检测。各类质量检测项目、频率与质量标准见《公路隧道施工技术规范》(JTJ 042—94) 相应的要求。其施工质量评定内容及方法见《公路工程质量检验评定标准》。

（六）监理工作流程

隧道工程施工程序及监理工作流程见图 3.14 所示。

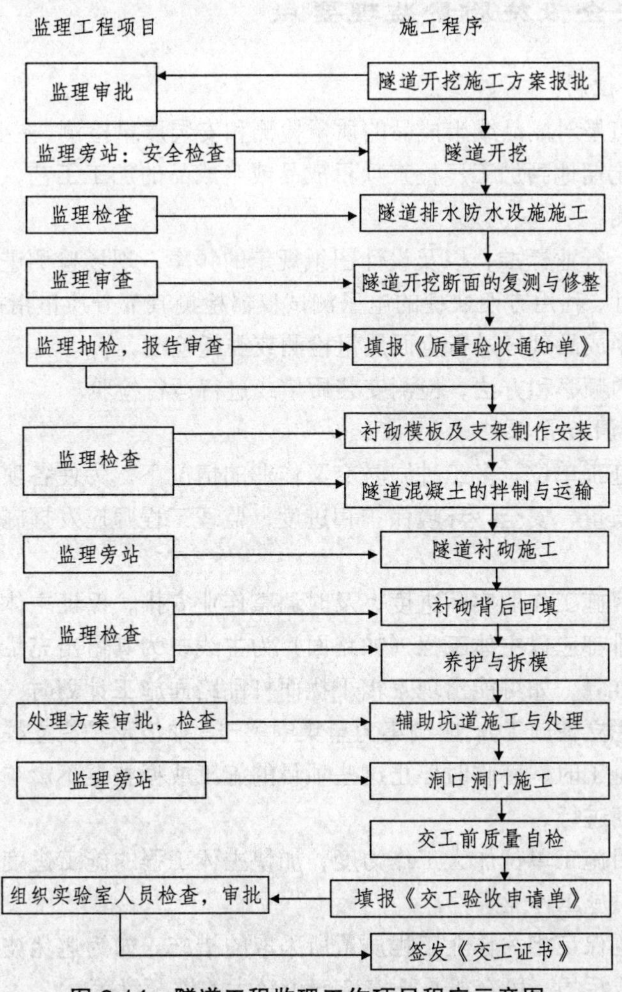

图 3.14　隧道工程监理工作项目程序示意图

第九节　交通安全设施施工质量监理

交通安全设施是公路的重要组成部分，是发挥公路经济效益、保障行驶安全必不可少的配套设施。交通工程的建设应根据公路网规划、公路的功能、等级、交通量等确定。交通安全设施主要包括交通标志、交通标线、防撞设施、隔离栅、视线诱导设施、防眩设施、桥梁防抛网、里程标、百米标、公路界碑等。

交通安全设施具有直观、清晰、坚固、耐久、可靠、美观等特点。涉及交通安全设施的相关行业很多，设施多在工厂加工成成品或半成品，运至现场后安装，时间安排在土建工程的后期，施工期短，多为3～6个月甚至更短。常与路面、路基防护、绿化、公路机电工程等项目交叉作业，同时，属于交通安全设施的安全护栏、交通标志、标线、防眩、隔离等众多项目也是交叉作业。因此，交通安全设施施工作业点分散，遍布沿线，施工机具规格繁杂，数量众多，性能参差不齐，管理困难，相互间的干扰、制约很大，极易造成相关工程尤其是路面的污染或损坏，以致影响工程质量和进度。

一、交通安全设施质量监理要点

1. 质量检测与控制

质量监理的重点是对成品或半成品的质量检测和安装质量检测，主要通过以下环节实现：

(1) 定期或不定期地到加工厂检查项目成品或半成品的加工工艺，抽取部分原材料试样进行检测或委托检测。

(2) 根据国家、行业标准，以及设计图纸规定的频率，现场检测进场的成品或半成品的外观质量和几何尺寸，利用方便快捷的电子测试仪器检测其部分质量指标；按照规定的频率，抽取进场的成品或半成品试样进行全面质量检测或委托检测。

(3) 按照规定的频率和方法，检测安装质量或进行运行检验。

2. 施工现场协调与管理

在多项目、多施工单位、多工种同时交叉作业的情况下，为使各项目作业协调、有序地进行，保证工程的质量、安全、环境保护和进度，监理工程师应发挥施工现场管理的核心和调控作用。

(1) 根据各项目施工作业实际进度，及时调整作业安排，保证主体工程施工作业按计划进行。各项工作安排都应以主体工程（如路面）为主线，为其留出充足的工作面。如路面施工，根据施工进度推算，如可能出现互相干扰而打乱路面施工计划时（如应在路面上面层铺筑之前完成安全护栏立柱施工），应调集力量集中突击。如波形护栏立柱施工或标志基础等项目在路面作业以内施工时，应临时停止这些项目的施工或调整至不影响路面施工的作业面，保证路面工程的顺利进行。

(2) 督促各项目施工单位加大工作力度，加快主体工程的施工进度，确保能及时为后续作业和相关作业提供施工作业条件。

(3) 检查落实为保证相关作业工程质量所采取的措施。如为避免波形护栏施工时机具漏油对沥青结构层造成污损，可在机具下安装一个较大的铁托盘等。

二、安全护栏工程质量监理

1. 安全护栏的分类

护栏按设置位置可分为路侧护栏和中央分隔带护栏，按刚度可分为柔性护栏、半刚性护栏和刚性护栏三种。

2. 安全护栏质量监理的要点

(1) 立柱。立柱的安装宜在沥青路面上面层铺筑前完成，并督促施工单位采取有效措施，避免对已完工程的损害，如对已铺沥青路面的污损等。立柱安装质量控制的重点是：

① 保证立柱安装坚固。当采用打入法施工时，应打入不被扰动的坚实的地基，一次打到设计深度。如打入过深，必须全部拔出将地基压实后重新打入。当无法采用打入法施工而采用开挖法或钻孔法埋设立柱时，应采用良好的回填材料分层夯实到规定压实度。

② 保证位置准确、线形平顺、竖直度符合要求。

(2) 波形梁。波形梁安装宜在完成沥青路面上面层铺筑，分段检测立柱间距、位置、竖直度、顺直度符合要求后进行。波形梁搭接必须顺行车方向，在托架或防阻块、波形梁、拼接螺栓和连接螺栓就位后，不宜过早拧紧螺栓，以便调整，形成平顺的线形。连接螺栓不宜拧得过紧，以利用长圆孔调节温度应力。

三、道路交通标志工程质量监理

(一) 交通标志的分类

道路交通标志一般设置在路侧或道路上方，分为主标志和辅助标志两类。主标志包括警告标志、禁令标志、指示标志、指路标志以及旅游区标志、道路施工安全标志；辅助标志是附设在主标志下，起辅助说明作用的标志。

道路交通标志由标志面、标志底板、支柱和基础紧固件组成。标志底板、面板、支柱在工厂加工制作，现场安装。混凝土基础一般在现场浇筑完成。

(二) 交通标志施工监理要点

施工现场监理的主要内容是：混凝土基础的现场浇筑或预制安装，支柱、标志板的安装和调整。

1. 混凝土基础现场浇筑或预制

1) 施工放样检查

根据复核调整后的设计资料，采用坐标放样法检查施工单位对标志基础现场放样的中桩位置及高程，并对比已有的路基和结构物的位置，确保设计标志及桩号位置与现场情况相一致。

2) 质量控制

检测现浇和预制混凝土基础所用原材料的质量，拌和、运输、浇筑、养生等项目的监理按“桥涵工程监理”要求进行，并注意：

(1) 现浇混凝土。由于标志混凝土基础浇筑作业点分散，如混凝土采用集中拌和，简易工具运输时运距不应超过 500 m；如采用在浇筑地点拌和，不得在油层上堆料和拌和，可以临时在已形成强度的基层上拌和，但不得损坏基层；如果在路面以外场地拌和，应加以硬化或铺垫，以免污染砂石材料。

由于边坡坡度较陡，模板不易支设和加固，应要求施工单位使用整体性较好的定型模板，并能适应坡面形状，易于拼装和加固。

（2）基础浇筑或埋没。开挖基坑时不得在油层上堆放开挖材料和影响路面施工，尽量减少对边坡和防护工程的破坏。

路侧式标志板面应与道路中线垂直或成一定角度：禁令和指示标志为 0～45º，指路和警告标志为 0～10º，在埋设预埋件时应注意调整。

混凝土基础顶面及预埋件顶面要保持水平，在施工时应用水准仪或水平尺控制。

混凝土基础浇筑并养生完毕后，应对开挖的基坑及坡面采用与边坡相同的材料分层夯实回填，并恢复防护工程。

2. 支柱、标志板的安装和调整

支柱和标志板的安装和调整应使用水准仪或垂球等仪器量测，并配合远处目测等方法，保证支柱的垂直度，并使板面与道路中线垂直。螺栓紧固适度，保证稳定性。

3. 施工质量检验

标志施工完成后，标志板面应无任何裂缝和划痕，金属构件镀锌面的损坏面积不超过构件面积的 1%。

四、道路交通标线工程质量监理

1. 交通标线的分类

道路交通标线是由标画于路面上的各种线条、符号、文字、突起路标和轮廓标等所构成的交通安全设施。道路交通标线工程监理的工作内容，是对施工单位选择涂料及按设计要求和规范施工的控制。

2. 交通标线的施工监理要点

（1）检查施工放样。标线放样应根据路面边线及路缘石边线，在保证设计尺寸的基础上使线形平顺、流畅。

（2）检查标线涂料。检查涂料加热温度、底剂喷涂、涂料喷涂等，施工操作和程序严格按照有关要求进行。

（3）标线施工。标线施工应在路面干燥、风力较小、温度在 5ºC 以上的情况下进行，并在雨前降至常温或凝固，不受降雨的影响。

标线处路面应清扫干净，保证无浮杂物和污染。施工时应封闭交通，保证涂敷后凝固前标线不受损坏。

3. 施工质量检验

道路标线的施工质量检测，包括外观检测和实测项目检测。

（1）外观检测。标线以外的道路被标线材料污染面积每处不超过 10 m^2，标线边缘无明显毛边，标线线形平顺、流畅。

（2）实测项目检测。标线实测检测项目包括标线几何尺寸、溶剂型标准层厚度测定、热熔型标线涂层厚度测定、标线色度性能等。

五、视线诱导设施质量监理

1. 视线诱导设施分类

根据视线诱导设施的结构组成，其施工主要包括的内容有：反射器、立柱、支架、底板、连接件、突起路标及其基础的加工制作或采购和现场安装两个环节，工序较为简单，重点是做好构件的质量检测和现场安装质量控制。

2. 施工监理的主要内容

(1) 检查视线诱导设施料源。施工前监理工程师应和施工单位共同对拟采用的视线诱导设施取样送检合格后确定材料料源。

(2) 视线诱导设施安装。视线诱导标的施工一般在路面施工完成后进行。附着于护栏或其他结构物上的视线诱导设施，一般在护栏等安装后安装。

反射器应尽可能与驾驶员视线垂直。安装时应根据已有的构造物准确定位，并与已有构造物协调一致。

六、防眩设施质量监理

1. 防眩设施分类

防眩设施按构造形式可分为三类：防眩板、防眩网、植树。按设置方式分为独立设置，在波形梁护栏的横梁上设置，在混凝土护栏上设置三种情况。

防眩板主要由基础、支柱、纵（横）向骨架、防眩板条、连接件等构成。基础一般采用混凝土，支柱、支架一般为钢材，防眩板条一般使用薄钢板、钢带或高分子合成材料制作。防眩板的施工内容包括各构件的加工制作或采购进场、基础现浇、安装调整等，工序较为简单，其重点是构件质量检验和安装质量控制。

2. 防眩设施施工监理要点

(1) 测量放样。测量放样应在放好主点后，根据相应路段的桥梁、波形护栏、路缘石等已完成结构的情况适当调整，使之线形顺畅、美观。

(2) 施工控制。防眩板混凝土基础的施工应要求施工单位安排在路面上面层铺筑前完成，同时协调好与波形梁护栏、通信管道、中央分隔带硬化等施工的关系，在路面或护栏工程完成后安装。应提示施工单位不得损坏中央分隔带的通信管道、护栏等设施。安装要牢固、直顺，符合设计及技术规范要求，以保证线形顺畅，防眩效果良好。防腐层的任何损伤均应在发现后的 24 h 之内予以修补，损伤面（包括气泡、裂纹、疤痕、端面分层、毛刺等）不超过该防眩板表面面积的 10%。

七、隔离和防护设施质量监理

1. 隔离、防护设施分类

隔离设施是指设置于公路路基两侧用地边界上，为了对汽车专用公路进行隔离封闭的人工构造物的统称。

防护设施主要是指设置在高速公路立交桥或人行天桥两侧的防护网，山区高速公路在有落石危险的路段设置的防落石网，以及有雪崩危害路段的防雪栅。

隔离设施一般分为金属网、钢板网、刺铁网和常青绿篱。

隔离设施（隔离栅）主要由基础、立柱、斜撑、隔离网、连接件、门（门柱）等构件组成。其施工主要包括以下内容：构件的加工制作，混凝土基础预制安装或现场浇筑，立柱安装，网片安装及调整。

2. 隔离设施施工监理要点

隔离设施施工监理主要对隔离栅成品构件加工制作和进场检验，混凝土基础现场浇筑或预制安设及立柱、网片的安装调整进行控制。

(1) 隔离栅成品构件的加工制作，一般是在远离工程现场的工厂车间进行，监理工程师可以结合原材料的抽检工作，到加工地点阶段性检查其施工工艺及操作过程是否符合有关要求。

(2) 隔离栅是公路最外围构筑物，其施工对其他项目影响较小，应在边沟防护施工完成后分段施工，为其他项目的施工留有足够的通道和作业面。

(3) 混凝土基础可以采用现场浇筑或集中预制后现场安装的方法。集中预制现场安装，运输、安装难度稍大；现场浇筑需加强控制混凝土质量、振捣质量和几何尺寸。条件允许时宜采用集中预制现场安装的方法。

(4) 现场测量放样在依据设计资料的基础上，根据地形、沟渠、构筑物情况进行适当调整，在保证其隔离功能的基础上，兼顾纵向平面线形、立面高程的直顺和圆滑过渡，保证隔离栅坚固、美观。

第十节　公路工程竣（交）工验收

为了规范公路工程竣（交）工验收工作，保障公路安全有效运营，根据《中华人民共和国公路法》，交通部颁布了《公路工程竣（交）工验收办法》（中华人民共和国交通部令 2004 年第 3 号）。公路工程应按本办法进行竣（交）工验收，未经验收或者验收不合格的，不得交付使用。

公路工程验收分为交工验收和竣工验收两个阶段。公路工程竣（交）工验收的依据是：

(1) 批准的工程可行性研究报告；

(2) 批准的工程初步设计、施工图设计及变更设计文件；

(3) 批准的招标文件及合同文本；

(4) 行政主管部门的有关批复、批示文件；

(5) 交通部颁布的公路工程技术标准、规范、规程及国家有关部门的相关规定。

一、交工验收

交工验收是检查施工合同的执行情况，评价工程质量是否符合技术标准及设计要求，是否可以移交下一阶段施工或是否满足通车要求，对各参建单位工作进行的初步评价。

（一）交工验收组织

交工验收由项目法人负责。项目法人负责组织设计、监理、施工等单位参加交工验收。拟交付使用的工程，应邀请运营、养护管理单位参加。

项目法人：负责组织参建单位完成交工验收工作的各项内容，总结合同执行过程中的经验，对工程质量是否合格作出结论。

设计单位：负责检查已完成的工程是否与设计相符，是否满足设计要求。

监理单位：负责完成监理资料的汇总、整理，协助项目法人检查施工单位的合同执行情况，核对工程数量，科学公正地对工程质量进行评定。

施工单位：负责提交竣工资料，完成交工验收准备工作。

（二）交工验收应具备以下条件：

（1）合同约定的各项内容已完成；

（2）施工单位对工程质量自检合格；

（3）监理工程师对工程质量的评定合格；

（4）质量监督机构对工程质量进行检测并出具检测意见；

（5）竣工文件已按交通部规定的内容编制完成；

（6）施工单位、监理单位已完成本合同段的工作总结。

（三）交工验收的主要工作内容

（1）检查合同执行情况；

（2）检查施工自检报告、施工总结报告及施工资料；

（3）检查监理单位独立抽检资料、监理工作报告及质量评定资料；

（4）检查工程实体，审查有关资料，包括主要产品质量的抽（检）测报告；

（5）核查工程完工数量是否与批准的设计文件相符，是否与工程计量数量一致；

（6）对合同是否全面执行、工程质量是否合格作出结论，按交通主管部门规定的格式签署合同段交工验收证书；

（7）按交通部规定的办法对设计单位、监理单位、施工单位的工作进行初步评价。

（四）质量等级评定

项目法人组织监理单位按《公路工程质量检验评定标准》的要求对各合同段的工程质量进行评定。监理单位根据独立抽检资料对工程质量进行评定，当按规定完成的独立抽检资料不能满足评定要求时，可以采用经监理工程师确认的施工自检资料。项目法人根据对工程质量的检查及平时掌握的情况，对监理单位所做的工程质量评定进行审定。

各合同段工程质量评分采用所含各单位工程质量评分的加权平均值。

工程质量等级评定分为合格和不合格。工程质量评分值大于等于 75 分的为合格，工程质量评分值小于 75 分的为不合格。

公路工程各合同段验收合格后，项目法人应按交通部规定的要求及时完成项目交工验收报告，并向交通主管部门备案。国家、交通部重点公路工程项目中，100 km 以上的高速公路、独立特大型桥梁和特长隧道工程向省级人民政府交通主管部门备案，其他公路工程按省级人民政府交通主管部门的规定向相应的交通主管部门备案。

公路工程各合同段验收合格后，质量监督机构应向交通主管部门提交项目的检测报告。交通主管部门在 15 天内未对备案的项目交工验收报告提出异议，项目法人可开放交通进入试运营期，试运营期不得超过 3 年。交工验收提出的工程质量缺陷等遗留问题，由施工单位限期解决。

二、竣工验收

竣工验收是综合评价工程建设成果，对工程质量、参建单位和建设项目进行的综合评价。

（一）竣工验收组织

竣工验收由交通主管部门按项目管理权限负责。交通部负责国家、部重点公路工程项目中100 km以上的高速公路、独立特大型桥梁和特长隧道工程的竣工验收工作；其他公路工程建设项目，由省级人民政府交通主管部门确定的相应交通主管部门负责竣工验收工作。

公路工程符合竣工验收条件后，项目法人应按照项目管理权限及时向交通主管部门申请验收。交通主管部门应当自收到申请之日起30日内，对申请人递交的材料进行审查，对于不符合竣工验收条件的，应当及时退回并告知理由；对于符合验收条件的，应自收到申请文件之日起3个月内组织竣工验收。

竣工验收应成立竣工验收委员会，竣工验收委员会由交通主管部门、公路管理机构、质量监督机构、造价管理机构等单位的代表组成。大中型项目及技术复杂工程，应邀请有关专家参加。国防公路应邀请军队代表参加。项目法人、设计单位、监理单位、施工单位、接管养护等单位参加竣工验收工作。

（二）竣工验收应具备以下条件

(1) 通车试运营2年后（不超过3年）；

(2) 交工验收提出的工程质量缺陷等遗留问题已处理完毕，并经项目法人验收合格；

(3) 工程决算已按交通部规定的办法编制完成，竣工决算已经审计，并经交通主管部门或其授权单位认定；

(4) 竣工文件已按交通部规定的内容完成；

(5) 需进行档案、环保等单项验收的项目，已经有关部门验收合格；

(6) 各参建单位已按交通部规定的内容完成各自的工作报告；

(7) 质量监督机构已按交通部规定的公路工程质量鉴定办法对工程质量检测鉴定合格，并形成工程质量鉴定报告。

（三）竣工验收的主要工作内容

(1) 成立竣工验收委员会；

(2) 听取项目法人、设计单位、施工单位、监理单位的工作报告；

(3) 听取质量监督机构的工作报告及工程质量鉴定报告；

(4) 检查工程实体质量、审查有关资料；

(5) 按交通部规定办法对工程质量进行评分，并确定工程质量等级；

(6) 按交通部规定的办法对参建单位进行综合评价；

(7) 对建设项目进行综合评价；

(8) 形成并通过竣工验收鉴定书。

（四）参加竣工验收工作各方的主要职责

竣工验收委员会负责对工程实体质量及建设情况进行全面检查，按交通部规定的办法对工程质量进行评分，对各参建单位进行综合评价，对建设项目进行综合评价，确定工程质量和建设项目等级，形成工程竣工验收鉴定书。

项目法人负责提交项目执行报告及验收所需资料，协助竣工验收委员会开展工作；

设计单位负责提交设计工作报告，配合竣工验收检查工作；

监理单位负责提交监理工作报告，提供工程监理资料，配合竣工验收检查工作；

施工单位负责提交施工总结报告，提供各种资料，配合竣工验收检查工作。

（五）竣工验收工程质量评分及评价

1. 工程质量评分

采取加权平均法计算，其中交工验收工程质量得分权值为 0.2，质量监督机构工程质量鉴定得分权值为 0.6，竣工验收委员会对工程质量评定得分权值为 0.2。

2. 工程质量评定

得分大于等于 90 分为优良，小于 90 分且大于等于 75 分为合格，小于 75 分为不合格。

3. 参建单位工作的综合评价

评定得分大于等于 90 分且工程质量等级优良的为好，大于等于 75 分为中，小于 75 分为差。

4. 建设项目综合评分

采取加权平均法计算，其中竣工验收工程质量得分权值为 0.7，参建单位工作评价得分权值为 0.3（项目法人占 0.15，设计、施工、监理各占 0.05）。

评定得分大于等于 90 分且工程质量等级优良的为优良，大于等于 75 分为合格，小于 75 分为不合格。

复习思考题

1. 简述公路工程质量保证体系。
2. 简述监理单位对质量管理的主要职责。
3. 简述公路工程质量监理的依据。
4. 简述质量监理的内容与程序。
5. 如何评定公路工程质量等级？
6. 公路工程质量事故等级如何划分？
7. 简述监理试验室的主要工作内容。
8. 路基施工准备阶段的监理工作有哪些？
9. 填方路基的施工质量监理应遵循的基本规定与要求有哪些？
10. 挖方路堑的施工质量监理应遵循的基本规定与要求有哪些？
11. 路基排水工程的监理要点有哪些？
12. 路面底基层和基层施工阶段的主要监理工作内容是什么？
13. 试述热拌沥青混合料路面施工质量监控要点。
14. 试述水泥混凝土路面施工质量监控要点。
15. 试述先张法和后张法预应力施工质量监理要点。
16. 试述悬臂浇筑施工的质量监理要点。
17. 试述圆管涵和盖板涵的施工质量监理要点。

18. 试述隧道洞口工程施工质量监理要点。

19. 试述隧道洞身工程施工质量监理要点。

20. 试述隧道洞内排水工程施工质量监理要点。

21. 试述交通安全设施施工质量监理要点。

22. 某二级公路中心试验室，对某段路堤的路基施工压实度质量进行检测评定，检测压实层距设计路床高 2.0 m，抽样检测结果为：90%、92%、91.5%、96%、95%、97%、98%、98.5%、98%、97.5%、96%、96.5%、94%、95.5%、91.6%，试对该段路基压实度进行评定。

23. 某混凝土工程采用 C30，施工时现场共制作试块 12 组，测得其抗压强度为：29.5、31.2、31.6、32.8、32.5、31.4、32.6、30.8、32.4、29.8、31.3、30.9 MPa，试评定其抗压强度。

第四章 公路工程进度监理

📖 学习目标

1. 熟悉进度监理的基本知识。
2. 能结合公路工程实际情况编制施工进度计划。
3. 掌握施工进度计划的审批、检查与调整方法。

第一节 概 述

一、进度监理的概念

1. 进度监理的概念

工程进度是工程承包合同规定工期中施工活动的时间安排，是合同能否顺利执行的关键。进度监理就是对工程进度的控制，即对工程项目建设各阶段的工作内容、工作程序、持续时间和衔接关系，根据进度总目标及资源优化配置的原则编制计划并付诸实施，然后在进度计划的实施过程中经常检查实际进度是否按计划要求进行，对出现的偏差情况进行分析，采取补救措施或调整、修改原计划后再付诸实施，如此循环，直到工程交工验收交付使用。

公路工程建设项目中，工程进度监理至关重要，工程按期交工投入运营，早日发挥投资的社会效益和经济效益，应是业主、监理、承包商三方共同追求的目标。但工程项目施工基本是在野外进行，施工现场多呈线形分布，材料运输、管理等较困难，影响进度的因素很多。监理工程师用科学先进的进度管理方法预测、控制施工中各阶段目标的实现时间，抓住主要矛盾，严格控制进度，可解决工程组织管理中的诸多问题，而且可明显提高经济效益,保证质量。

工期、质量、费用、安全、环保是工程项目建设监理的五大控制目标，工程项目施工过程中，五者是相互联系、互相制约的，因此，工程进度监理不仅是单纯进度计划管理和时间控制问题，而且还要同时考虑工程质量的好坏、工程费用消耗的高低及安全等问题。

2. 影响工程进度的因素

在工程建设过程中，影响工程进度的不利因素有很多，主要因素可以归纳为以下三类:

(1) 承包商的原因。在合同规定的时间内，未按时向监理工程师提交符合要求的施工进度计划；工程实际进度与计划进度不符时，未按监理工程师的要求，在规定的时间内提交修订后的施工进度计划；承包商技术力量、设备、材料的变化，以及对施工工艺等不熟悉造成停工或缓慢施工。

(2) 业主的原因。监理工程师批准承包商提交的工程施工进度计划后，业主未按施工进度计划向承包商提供施工所需的现场和通道；由于业主的原因，监理工程师未能在合理的时间内向承包商提供图纸和指令，或承包商已进入施工现场并开始施工，而设计又发生变更，变更设计图无法按时提交给承包商；工程施工过程中，业主未能按合同规定的期限支付承包商应得的款项，造成承包商暂停施工或减慢施工进度。

(3) 其他特殊原因。诸如自然环境、组织管理、社会环境、额外或附加工程的工作量增加、工程施工过程中出现异常恶劣的气候条件等。

二、进度监理的作用

工程进度监理的目的是使工程尽可能在预定的工期内完成，并争取使工程早日投入使用而取得投资效益。实行工程进度监理的作用主要表现在以下几方面：

(1) 合理控制工期、质量、费用及安全生产，使项目管理达到综合优化。

(2) 通过审查施工进度计划及控制实际进度与计划进度的差异情况，完善施工进度计划管理。

(3) 除充分考虑时间控制外，同时还考虑劳动力、材料、施工机械设备等所有生产要素，使其得到最有效、最合理、最经济的配置与利用。

(4) 通过计划、组织、协调、检查与调整等手段，调动施工中一切积极因素，努力实现施工过程中各个阶段的进度目标，以确保项目总工期目标的实现。

三、进度监理的原则与措施

1. 进度监理的原则

进度监理应在确保质量和安全的基础上，以计划控制为主线进行。监理工程师应要求施工单位按时提交进度计划，严格进度计划审批，及时收集、整理、分析进度信息，发现问题及时按照合同规定纠正。

2. 进度监理的措施

监理工程师在进行进度监理时，可采取以下措施：

(1) 组织措施。监理机构中应配置分管进度的专职人员，明确进度监理的任务和管理职能分工，确定进度协调工作制度，对影响进度目标实现的组织干扰和风险因素等进行有依据的分析研究。

(2) 技术措施。监理工程师应要求施工单位进行技术革新、改进施工方法和施工手段；同时，监理工程师应根据工程实际情况，及时与设计单位联系，通过协商，优化或修改设计，以便加快工程进度。

(3) 合同措施。监理工程师可依据合同文件，对进度计划完成好的承包人实现奖励；当承包人因自身原因无法完成某些控制进度的关键单项工程时，可采取分包办法，让更具实力的另一承包人参与施工；对各合同的合同工期及进度计划进行协调。

(4) 经济措施。在整个进度监理工作中，监理工程师应及时掌握业主和承包人的财务情况。对承包人，当其资金周转困难时，应按合同规定及时提供相应的预付款，或在关键时段，采取适当的方式激励承包人，以促进工程进度。同时要督促业主及时筹集建设资金，保证工程建设需要，并按时向承包人支付相关款项。

(5) 信息管理措施。监理工程师应经常深入施工现场了解情况，不断收集、汇总、分析、掌握与进度有关的信息。通过经常性的计划进度与实际进度的动态比较，及时发现并解决问题，从而确保工程进度。

四、进度监理的任务

与进度有关的单位很多，但对进度影响最大的单位是承包商、监理单位和业主，所以，参与项目管理的这三方只有大力配合，才能确保工程进度的合理控制，保证总工期目标的实现。

(1) 要求承包商在合同规定的期限内编制并提交进度计划。

(2) 监理工程师应在合同规定的期限内审批承包人提交的进度计划。

(3) 监理工程师应根据进度计划检查工程实际进度，并通过实际进度与计划进度的比较，对每月的工程进度进行分析和评价。

(4) 根据实际情况，要求承包人采取措施加快进度或根据延期批复调整工程进度计划。

(5) 督促业主按照合同要求及时提供施工场地和图纸，保证建设资金到位，并尽可能地改善施工环境，为工程顺利进行创造条件。

五、监理工程师在工程进度监理方面的职责和权限

监理工程师在工程进度监理方面的主要职责是：

(1) 审批承包人在开工前提交的总体施工进度计划、现金流动计划和总说明以及在施工阶段的各种详细计划和变更计划。

(2) 审批承包人根据总体施工进度计划编制的年度、阶段、季、月计划。

(3) 在施工过程中检查和监督计划的实施，力争控制实际进度与计划进度的偏差，使实际进度尽量按计划进度执行。

(4) 当工程未能按计划进行时，应要求承包人调整或修改计划，并通知承包人采取必要的技术、组织等措施加快施工进度，以使实际施工进度符合施工合同的要求。

(5) 定期向业主报告工程进度情况，当施工进度可能导致合同工期严重延误时，有责任提出中止执行施工合同的详细报告，供业主采取措施或做出相应的决定。

监理工程师在工程进度监理方面的主要权限是：

(1) 审查施工进度计划权。当监理工程师认为施工进度计划不符合要求时，有权要求承包人修改计划，符合要求时应予以批准执行。

(2) 监控工程进度执行权。当承包人实施批准的进度计划时，监理工程师有权监督检查施工进度执行情况，并控制实际进度与计划进度的偏差。

(3) 现场调度指令权。监理工程师有权根据实施控制的偏差情况发出实际进度快慢信息及施工现场计划调度指令。

(4) 现场协调报告权。监理工程师有权协调与进度有关的各单位，解决影响施工进度的各种问题，确保施工进度总目标的实现。承包人无正当理由延期又不采取加快施工进度措施时，监理工程师有权向业主报告，由业主决策是否终止合同。监理工程师有权建议业主对进度迟缓的承包人减少工程数量和施工里程，报经业主同意，由业主指定他人完成相应工作。

六、进度监理的程序

进度监理的程序如图 4.1 所示。

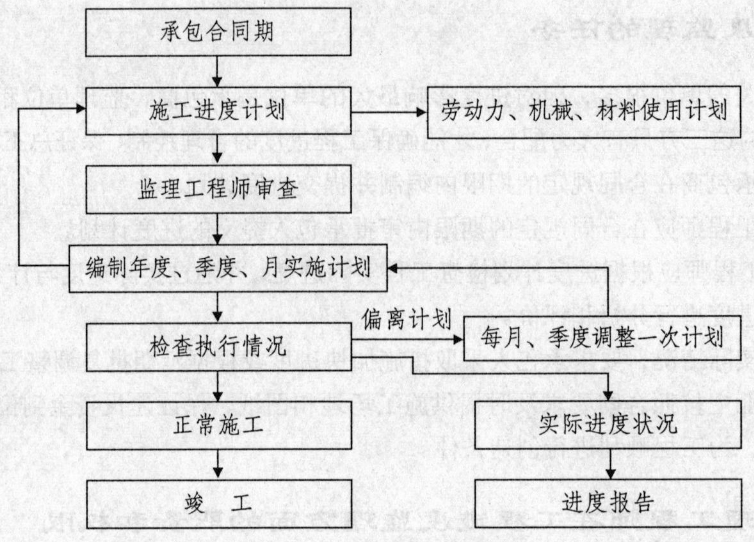

图 4.1 进度控制程序图

第二节 进度计划的编制与审批

进度计划是对工程实施过程进行监理的前提，监理工程师应要求各承包人在合同规定的期限内编制并提交工程进度计划。进度计划应有文字说明、进度图表和保证措施等。总体进度计划中宜绘制网络图，标注关键线路和时间参数。总体进度计划和月度进度计划中应绘制资金流量 S 形曲线图。

一、进度计划的编制要求及主要内容

（一）进度计划的编制要求

一份完整的进度计划，从承包商角度讲是履约合同的保证、指导工程的依据，从监理工程师的职责看是控制进度、管理工期的凭证。

应要求承包人在编制工程进度计划时把握以下原则：必须贯彻合同条件及技术规范；真实、可靠并符合实际；清楚、明了便于管理；表明施工中的全部活动及其他的相互关系；反映施工组织及施工方法；充分使用人力和设备；预料可能的施工障碍及变化。

另外，在编制施工计划的同时，还要制定完成计划的措施，如技术组织措施，劳动力调配措施，机械设备、材料、资金的保证措施等。

（二）进度计划的主要内容

1. 总体进度计划

工程项目的施工总体进度计划是用来指导工程全局的，它是工程从开工一直到竣工为止，各个主要环节的总的进度安排，起着确定各项工程施工的衔接关系，控制构成工程总体的各单位工程、各个施工阶段施工工期的作用。

施工总进度计划的基本要求是：保证建设工程在规定的期限内完成，迅速发挥投资效果；

保持施工的连续性和均衡性。如果施工总进度计划编制得不合理，将导致人力、物力的运用不均衡或延误工期，甚至还会影响工程质量和施工安全。因此，施工总进度计划编制的正确与否是保证各项工程以及整个建设项目按期交付使用、充分发挥投资效果、降低工程成本的重要条件。

工程总进度计划的对象是整个工程项目，是全局性的施工战略部署，应突出预先性、战略性和纲领性，因此不必搞得过细。做总进度计划时必须确定各单位工程（如土方填筑、构造物砌筑等）的施工顺序，开、竣工时间及其相互衔接关系，找出重点、难点组织攻关。同时确定重要构件厂（如涵管预制厂，桥梁预制厂等）、材料供应站（如灰土拌和站、沥青拌和站，混凝土拌和站等）的选址定位，主要机械设备和施工人员的配备及进出场顺序。要尽可能地考虑到施工条件的优势和不利因素，扬长避短，做到统筹安排，以利于工程顺利进行。

工程总进度计划一般在工程总进度计划表、网络图、S 形管理曲线及形象进度的横道图上体现。承包人提交的工程总体进度计划中，应包括以下内容：

(1) 工程项目的合同工期、任务目标；完成合同工程数量（含预期变更数量）的措施、方法；确保工程质量的程序、手段、检验检测保证设备。

(2) 确定阶段目标，各单位、各分部、分项工程施工顺序和完成的时间期限。加强各项工程的配套、跟进、平行作业；根据工程性质、季节性特点、天气对施工的影响，确定各工程、各工序最早开始和最迟结束的时间。

(3) 各单位工程及各施工阶段需要完成的工程数量及现金流动估算，加强实施均衡生产。

(4) 各单位工程及各施工阶段所需配备的人力、材料资源和机械设备数量，以及调配顺序、使用强度。

(5) 各单位工程或分部、分项工程的施工方案和施工方法，安排流水、平行作业施工。

(6) 工资支付，水土保持，环境保护，安全、廉政措施与实施方法；质量、技术保证体系，原材料设备采购，检测试验方式。

(7) 保证项目任务、质量、工期目标完成需业主、监理工程师配合协助的方式、时间。

(8) 项目存在的问题及处理建议。

(9) 其他独立招标项目的进场配合作业计划。

(10) 已完工程的保护、变形观测措施。

2. 年度进度计划

施工总进度计划是按整个项目编制的，带有一定的控制性，但还不能满足施工作业的要求，对于工程的进度监理也是不够的。尤其当工程项目比较大时，还需要编制年度进度计划。年度进度计划受工程总体进度计划的控制，它是总体进度计划实现的保证。在年度计划的安排过程中，应重点突出组织顺序上的联系，如大型机械的转移顺序、主要施工队伍的转移顺序等。首先安排重点、大型、复杂、周期长、占劳动力和施工机械多的工程，优先安排主要工种或经常处于短线状态的工种的施工任务，并使其连续作业。

年度进度计划的主要内容包括：

(1) 本年计划完成的单位工程及施工阶段的工程项目内容、工程数量及投资指标；

(2) 施工队伍和主要施工设备的数量及调配顺序；

(3) 不同季节及气温条件下各项工程的时间安排；

(4) 在总体进度计划下对各分项工程进行局部调整或修改的详细说明等。

3. 月（季）进度计划

月（季）进度计划主要是确定月（季）施工任务，具体指导施工作业，进行月（季）施工中各项指标的平衡、汇总，以便综合衡量完成的工程数量和工程投资，作为考核月（季）施工进度情况的依据。月（季）进度计划受年度进度计划的控制，它是年度进度计划实现的保证。其主要内容包括：

(1) 月（季）计划完成的分项工程内容和顺序安排；

(2) 完成月（季）计划及分项工程的工程数量及投资额；

(3) 完成各分项工程的施工队伍及人力和主要施工设备的配额；

(4) 在年度计划下对各单位工程或分项工程进行局部调整或修改的详细说明等。

4. 重点、关键工程进度计划

重点、关键工程是指在一个公路工程项目中起控制作用的高填深挖、高大挡土墙、软基处治、特大桥及特殊结构桥、大桥、高大及特殊处治边坡、隧道、有特殊工艺与技术要求的工程。由于重点、关键工程的施工工期常常关系到整个工程项目施工总工期的长短，因此，在施工进度计划的编制过程中将单独编制重点、关键工程进度计划，并应做到周密翔实，符合总体计划要求。

关键工程进度计划的主要内容如下：

(1) 具体的施工方案和施工方法，质量保证和检验措施；

(2) 总体进度计划及各道工序的控制日期；

(3) 现金流动估算；

(4) 各施工阶段的人力和设备的配额及运转安排；

(5) 施工准备及结束清场的时间安排；

(6) 对总体进度计划及其他相关工程的控制依赖关系和说明等。

二、进度计划的编制依据

进度计划的编制依据主要包括以下几个方面：

(1) 项目的工程承包合同。合同中有关工期的规定，是确定工期的基本依据；合同规定的工程开、竣工日期，必须通过进度计划来落实。

(2) 项目的施工规划与施工组织设计。这些资料明确了施工力量的部署与施工组织的方法，体现了项目的施工特点，因而成为确定施工过程中各个阶段目标的基础。

(3) 设计进度计划。图纸资料是施工的依据，施工进度计划必须与设计进度计划相衔接，必须根据每部分图纸资料的交付日期，来安排相应部位的施工时间。

(4) 有关现场施工条件的资料。包括施工现场的水文、地质、气候、环境资料，以及交通运输条件、能源供应情况、辅助生产能力、征地拆迁情况、当地民情风俗习惯，等等。

(5) 材料和设备供货计划。如果已经有了关于材料和设备的某种供货计划的话，那么，项目施工进度计划必须与之相协调。

(6) 已建成的同类或相似项目的实际施工进度。这是重要的参考资料。

三、进度计划的表示方法

进度计划的表示方法有很多种，常见的有横道图、斜道图、斜条图、进度曲线（S 形曲线、“香蕉”曲线）、网络图（双代号、单代号和其他网络计划图）及进度表等。一般以横道图和网络图最为常用。公路工程总体进度计划和关键工程进度计划宜采用网络计划图表示，并标注关键线路和时间参数。年度进度计划、月（季）进度计划可根据实际采用横道图、斜道图、斜条图、网络图和进度曲线等形式。

1. 横道图法

横道图是以时间为横坐标，以各分项工程或施工工序为纵坐标，按一定的先后施工顺序和工艺流程，用带时间比例的水平横道线表示对应项目或工序持续时间的施工进度计划图表。它具有简单、形象、明了、直观、易懂，便于检查和计算资源用量的特点，同时也有不容易看出相互依赖、相互制约的关系，无法反映工作的机动时间、关键工作，不能进行定量分析等不足。横道图如图 4.2 所示。

序号	工作名称	施工进度（月）					
		1	2	3	4	5	6
1	测　　量						
2	路基施工						
3	排水设施						
4	路面施工						
5	清理场地						

图 4.2　施工进度横道图

2. 斜条图法

斜条图法又称为垂直图法或垂直坐标表示法，斜条图以纵坐标表示施工期限，横坐标表示里程或工程位置，而各分项工程或施工工序的施工进度则相应地以不同形式的斜条线表示，如图 4.3 所示。斜条图不仅表示了各分项工程或施工工序的时间分配，同时表现了施工场所

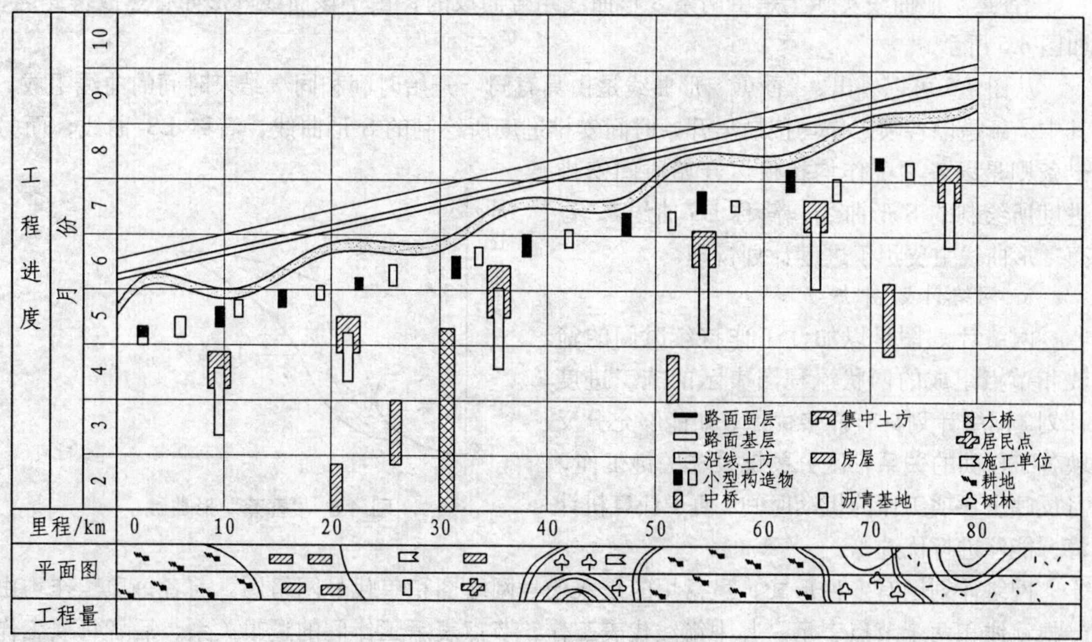

图 4.3　斜条图进度计划

的要素，适用于工种比较少的工程项目。在斜条图中，工程项目的相互关系、施工的紧凑程度和施工速度都比较清楚，工程的分布情况和施工日期一目了然，从图中可直接找出任何一天各施工作业组的施工地点和应完成的工程数量。由于时间为纵轴，所以图上曲线斜率越小，则施工进度越慢。

3. S 形曲线法

S 形曲线即工程进度曲线，如图 4.4 所示，它是以工期为横轴，以累计完成的工程费用的百分比或累计完成的工程量的百分比为纵轴的图表化曲线。它的形状特点是：施工初期，施工速度加快，曲线的斜率增大，此时曲线呈凹形；施工稳定期间，曲线接近为直线；施工后期，施工速度减慢，曲线呈凸形。根据实际进度曲线与计划进度曲线的相对位置判断工程整体进度的实施情况，但 S 形曲线无法反映出各工序的进度实施情况，因此常和横道图结合使用。

序号	工作名称	施工进度（月）					
		1	2	3	4	5	6
1	测　量						
2	路基施工						
3	排水设施						
4	路面施工						
5	清理场地						

图 4.4　S 形曲线

4.“香蕉”形曲线

“香蕉”形曲线实际上是由两条 S 形曲线组合而成的，由于该曲线其形如香蕉故得此名，如图 4.5 所示。

从图 4.5 可以看出，“香蕉”形曲线是由具有同一开始时间和同一结束时间的曲线组成，其中一条是以各项工作均按最早开始时间安排进度所绘制的 S 形曲线，简称 ES 曲线；而另一条则是以各项工作均按最迟开始时间安排进度所绘制的 S 形曲线，简称 LS 曲线。“香蕉”形曲线主要用于进度计划管理。

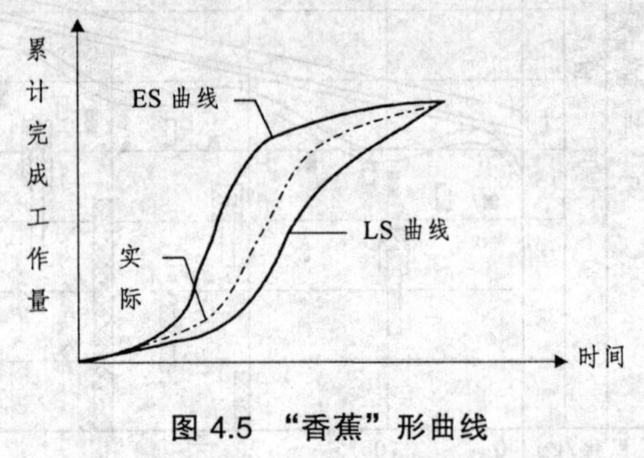

图 4.5　“香蕉”形曲线

5. 网络计划图法

网络计划图是以加注工作持续时间的箭线和节点组成的网状流程图表示的施工进度计划。网络计划具有许多优点，如能够充分反映各工作间的关系，区分关键及非关键工作，且反映出各项工作的机动时间，便于计算机计算，能够进行优选等。

网络计划图有多种形式，最常用的是双代号网络图和单代号网络图。前者每项工作均由一根箭线和两个节点表示，其中箭线代表工作，节点表示工作间的逻辑关系；后者每项工作由一个节点组成，以节点代表工作，箭线表示工作间的逻辑关系。在双代号网络中，按箭线长度与工作持续时间的关系又可分为一般双代号网络图和时标网络图。双代号网络图中工作持续时间长短与箭线长短无关；时标网络图中箭线的长短和所在的位置表示工作的持续时间和进程，如图 4.6 所示。

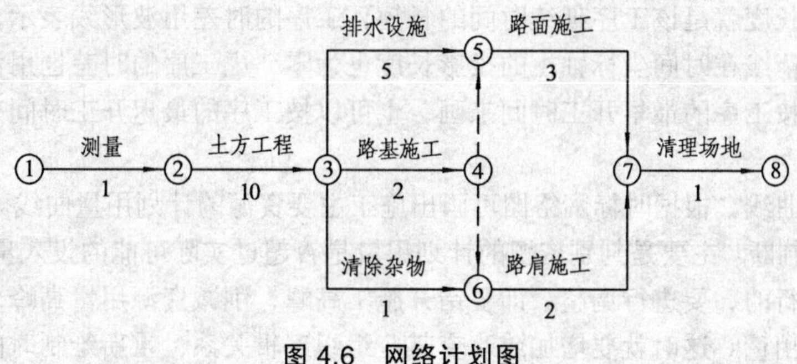

图 4.6　网络计划图

四、常用施工进度计划的编制程序与方法

1. 横道图的编制程序

(1) 将构成整个工程的全部分项工程纵向排列填入表中；

(2) 横轴表示可能利用的工期；

(3) 分别计算所有分项工程施工所需要的时间；

(4) 如果在工期内能完成整个工程，则将第 (3) 项所计算出来的各分项工程所需工期安排在图表上，编排出日程表。这个日程的分配是为了要在预定的工期内完成整个工程，对各分项工程的所需时间和施工日期进行试算分配。

2. 网络计划的编制

在项目施工中用来指导施工、控制进度的施工进度网络计划，就是经过适当优化的施工网络。其编制程序如下：

(1) 调查研究。就是了解和分析工程任务的构成和施工的客观条件，掌握编制进度计划所需的各种资料，特别要对施工图进行透彻研究，并尽可能对施工中可能发生的问题作出预测，考虑解决问题的对策等。

(2) 确定方案。主要是指确定项目施工总体部署，划分施工阶段，制定施工方法，明确工艺流程，决定施工顺序等。这些一般都是施工组织设计中施工方案说明中的内容，且施工方案说明一般应在施工进度计划之前完成，故可直接从有关文件中获得。

(3) 划分工序。根据工程内容和施工方案，将工程任务划分为若干道工序。一个项目划分为多少道工序，由项目的规模和复杂程度，以及计划管理的需要来决定，只要能满足工作需要就可以了，不必划分太细。大体上要求每一道工序都有明确的任务内容，有一定的实物工程量和形象进度目标，能够满足指导施工作业的需要，完成与否有明确的判别标志。

(4) 估算时间。即估算完成每道工序所需要的工作时间，也就是每项工作的延续时间，这是对计划进行定量分析的基础。

(5) 编工序表。将项目的所有工序，依次列成表格，编排序号，以便于查对是否遗漏或重复，并分析相互之间的逻辑制约关系。

(6) 画网络图。根据工序表画出网络图。工序表中所列出的工序逻辑关系，既包括工艺逻辑，也包含由施工组织方法决定的组织逻辑。

(7) 画时标网络图。给上面的网络图加上时间横坐标，这时的网络图就叫时标网络图。在时标网络图中，表示工序的箭线长度受时间坐标的限制，一道工序的箭线长度在时间坐标轴上的水平投影长度就是该工序延续时间的长短；工序的时差用波形线表示；虚工序延续时间为零，因而虚箭线在时间坐标轴上的投影长度也为零；虚工序的时差也用波形线表示。这种时标网络可以按工序的最早开工时间来画，也可以按工序的最迟开工时间来画，在实际应用中多是前者。

(8) 画资源曲线。根据时标网络图可画出施工主要资源的计划用量曲线。

(9) 可行性判断。主要是判别资源的计划用量是否超过实际可能的投入量。如果超过了，这个计划是不可行的，要进行调整。即要错开施工高峰，削减资源用量高峰；或者改变施工方法，减少资源用量。这时就要增加或改变某些组织逻辑关系，重新绘制时间坐标网络图。如果资源计划用量不超过实际拥有量，那么这个计划是可行的。

(10) 优化程度判别。可行的计划不一定是最优的计划，计划的优化是提高经济效益的关键步骤。所以，要判别计划是否最优，如果不是，就要进一步优化。如果计划的优化程度已经可以令人满意（往往不一定是最优)，就得到了可以用来指导施工、控制进度的施工网络图了。

大多数的工序都有确定的实物工程量，可按工序的工程量，并根据投入资源的多少及该工序的定额计算出作业时间。若该工序无定额可查，则可组织有关管理干部、技术人员、操作工人等，根据有关条件和经验，对完成该工序所需时间进行估计。

下面以一座中桥的建设施工为例，说明用网络图法编制施工进度计划的步骤。

【例 4.1】 用网络图法编制施工进度计划。

（一）工程概况

一座两孔预应力钢筋混凝土简支板桥，如图 4.7 所示，可以将该工程划分为桥台 A、C，桥墩 B 及上部结构 D 三大部分。其中桥墩 B 包括桩基、承台及桥墩，上部结构包括 D1、D2 两孔预应力钢筋混凝土空心板。整个工程要求工期不超过 135 天。

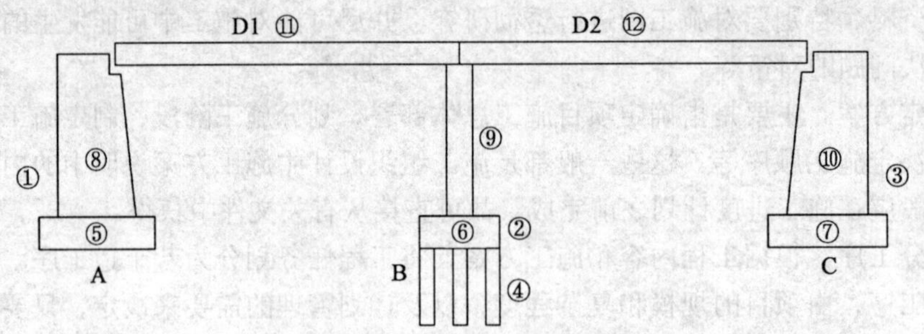

图 4.7 预应力混凝土简支板桥

（二）编制工艺网络计划

各分部工程之间存在着一定的组织逻辑关系，因此需要根据施工工艺确定各施工顺序。对于本例中的桥梁工程，其施工顺序是土方开挖，做基础、桥台、桥墩，安装上部结构等，其中桥墩 B 应考虑打桩工序。打桩可以在土方开挖前或土方开挖后进行，本例采用先开挖后打桩的方案。编制工艺网络计划的方法及步骤如下：

（1）作出各项活动的先后顺序关系框图，如图 4.8 所示。

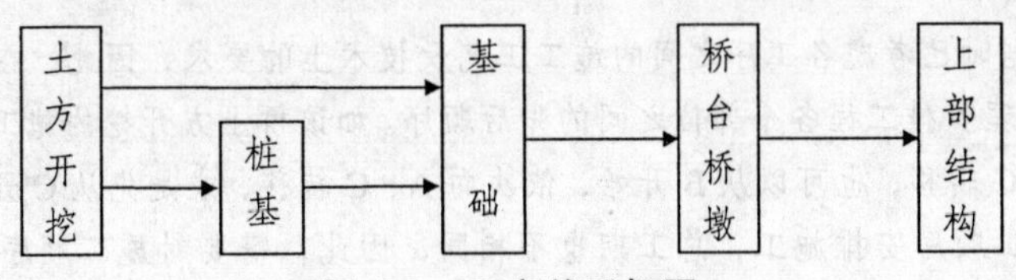

图 4.8　工序关系框图

（2）对各项活动编号，确定每项活动的持续时间，如表 4.1 所示。

表 4.1　活动持续时间表

编号	活动	持续时间（工作日）	编号	活动	持续时间（工作日）
1	土方 A	7	7	基础 C	20
2	土方 B	4	8	桥台 A	33
3	土方 C	8	9	桥墩 B	15
4	打桩 B	22	10	桥台 C	38
5	基础 A	15	11	上部 D1	23
6	基础 B	9	12	上部 D2	23

（3）编制工艺网络草图，如图 4.9 所示。

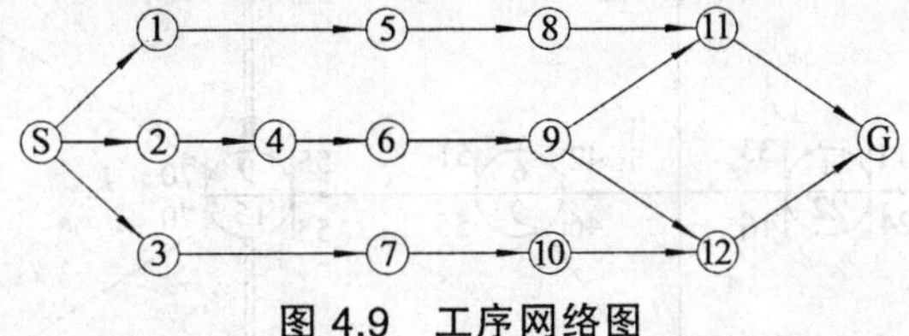

图 4.9　工序网络图

（4）网络图时间参数计算。

网络图时间参数计算内容包括：各项活动的最早开始时间（ESi）、最早结束时间（EFi）、最迟开始时间（LSi）、最迟结束时间（LFi）、工作的总时差（TFi）和局部时差（FFi）。计算得到网络图的时间参数如图 4.10 所示，从图中可以看出：工序 3—7—10—12 为关键线路，图中使用双箭线表示。这种安排方式的总工期为 89 天，小于规定的计划工期 135 天。这种组织方式基本采用平行作业，工期短，但资源需求量大，在实际工程中，除考虑施工工艺与技术外，还应考虑资源的限制等实际条件，编制符合实际需要的网络计划，即生产网络计划。

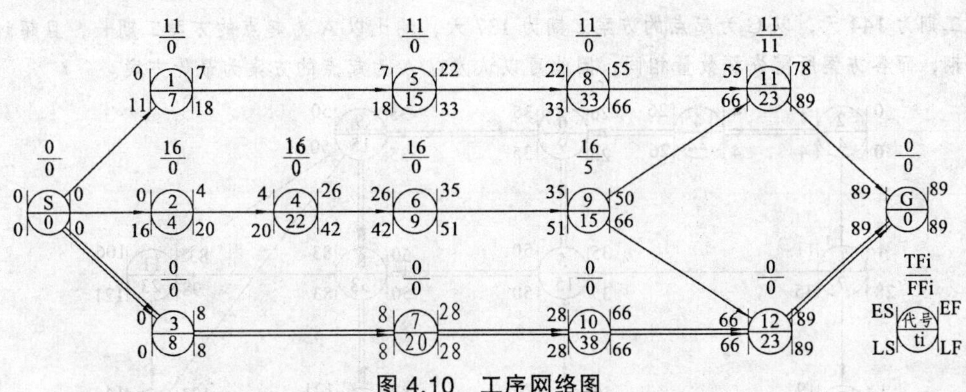

图 4.10　工序网络图

（三）编制生产网络计划

1. 确定施工顺序并编写生产网络计划

编制工艺网络计划时已考虑各工序之间的施工工艺及技术上的要求，因此，在编制生产网络计划图时，应着重考虑如何合理安排工程各个部位之间的先后顺序。如该桥土方开挖的施工顺序可以先从桥台A开始，然后依次向B、C转移，也可以从B开始，依次向A、C转移，或是先从C开始，然后施工A、B。

由于按不同的施工顺序安排施工，总工期也不相同，因此，需要对施工顺序不同的各种方案都编制相应的生产计划，然后进行比较和优选。通常根据经验先舍弃显然不合理的方案，选择一些可行方案进行生产网络计划的编制和方案比选。

确定施工顺序方案后，即可编制生产网络计划。如采取先施工桥台A，再施工B、C的方案，则应先进行土方开挖工作1，然后进行土方开挖工作2、3。桥台A的土方开挖完成后就可进行基础5的施工，因B处打桩，基础5完成后先施工基础7，等B处桩打完后再施工承台6。基础与承台施工完成后即可按8、9、10的顺序进行桥台与桥墩的施工。最后是上部结构11、12的施工。

2. 计算时间参数并确定关键线路

按照确定的施工顺序方案编制的生产网络计划如图4.11所示。从图中可以看出，采用以A为起点的施工方案时，总工期为131天，比按照工艺网络排出的工期89天长，但仍在规定的工期之内，且最大资源需求量明显减少。

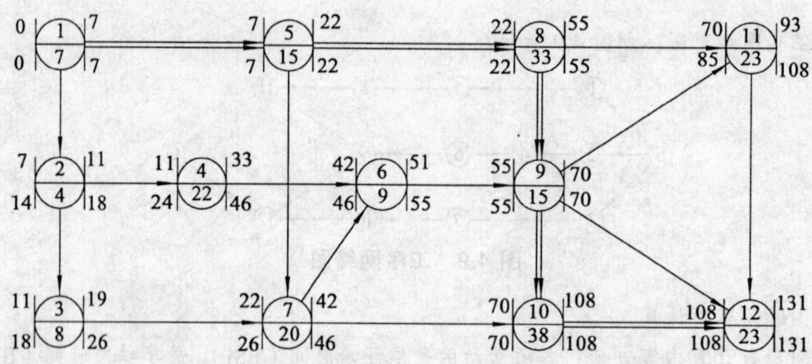

图 4.11 生产网络图

3. 进行方案比选并编制最终网络图

采用上述方法，可以编制出其他可行方案的生产网络计划，然后对这些方案比较后选出最优方案。一般以工期最短，资源需求量最少或费用最小等指标作为衡量标准。本例只考虑在资源有限条件下使工期最短。

考虑以B、C为起点得到的生产网络计划如图4.12、图4.13所示。从图中可以看出，以B为起点的方案工期为144天，以C为起点的方案工期为137天，均比以A为起点的方案工期长，且超过了规定的工期，而各方案所需资源数量相同，因此可以认为以A为起点的方案为最优方案。

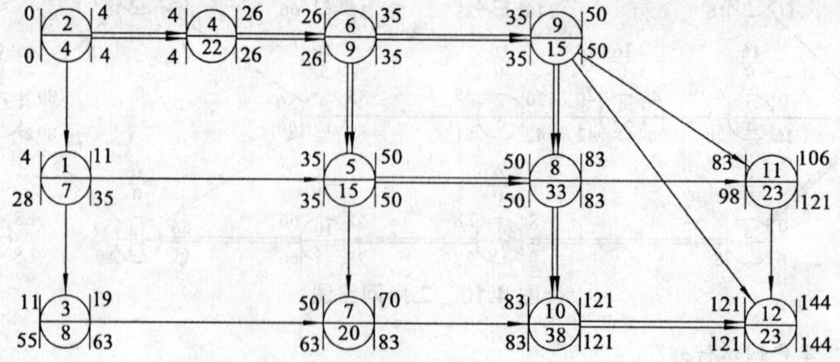

图 4.12 以B为起点的进度图

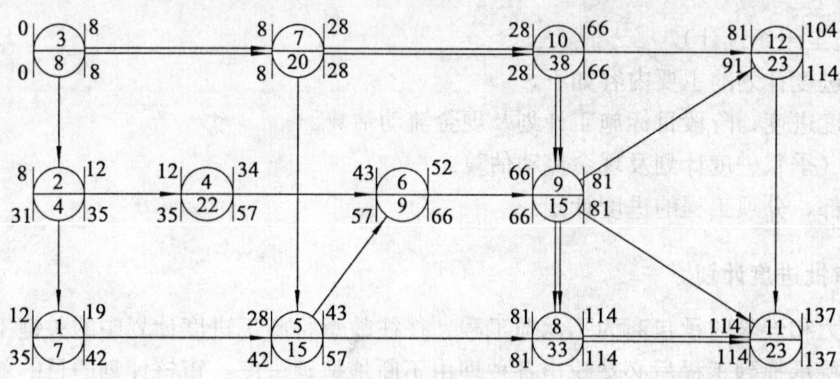

图 4.13　以 C 为起点的进度图

五、进度计划的审批

（一）提交进度计划

1. 总体进度计划

承包人应在签订合同协议书之后 28 天内或在合同规定的时间内，向监理工程师提交一式两份格式和内容符合监理工程师规定的工程进度计划，以及为完成该计划而建议采用的实施性的施工安排和施工技术方案的说明。工程进度计划应按照关键线路网络图和主要工作横道图两种形式分别绘制，并包括每月预计完成的工程量、工作量和形象进度。监理工程师在收到计划后的 14 天内或合同规定的时间内审查同意或提出修改意见。总体进度计划应由总监理工程师审批，经批准的进度计划作为进度监理的依据。

2. 年度施工计划

承包人应在每年 11 月底前，根据已同意的工程进度计划或其修订的计划，向监理工程师提交 2 份格式和内容符合监理工程师合理规定的下一年度的工程进度计划，以供审查。该计划应包括本年度估计完成的和下一年度预计完成的分项工程数量和工作量，以及为实施该计划将采取的措施。年度进度计划等应由驻地监理工程师审核并报总监办，经批准的进度计划作为进度监理的依据。

3. 进度计划的修订

承包人应在确保合同工期的前提下，每 3 个月对进度计划进行一次修订，并应在前一个进度计划的最后一个月的 25 日前提交给监理工程师。施工过程中，如果监理工程师认为有必要或者工程的实际进度不符合已同意的总体进度计划，监理工程师可要求承包人每月提交一次工程进度修订计划，以确保工程在预定工期内竣工。在这种情况下，承包人应在接到监理工程师指令后的 14 天内，将修订后的进度计划提交给监理工程师。修订后的工程进度计划，仍应保证本合同工程在合同规定的工期内完成。

4. 进度计划的主要内容

总体进度计划的主要内容如下：

（1）一份详细和格式符合要求的工程总体进度计划及必要的各项关键工程的进度计划。

（2）一份有关全部支付的现金流动需求估算计划。

（3）一份有关施工方案和施工方法，保证工程质量、安全、廉政、环保工作的总的说明

(即详细的施工组织设计)。

阶段性进度计划的主要内容如下:

(1) 年度进度、阶段目标施工计划及现金流动估算。

(2) 月(季)进度计划及现金流动估算。

(3) 分部、分项工程的进度计划。

(二) 审批进度计划

缺乏实力和经验的承包商为了承揽工程，往往故意将施工进度计划中的关键工作安排得不切实际，待承揽到工程后必然找出各种理由不断地拖延进度。审核计划的目的就是检查承包人所制定的工程进度计划是否合理，是否适应工程项目的实际条件和施工现场情况，避免用不切实际的工程施工进度计划来控制工程进度。因此，监理工程师在对承包商提交的施工进度计划进行审批时，应重点核实承包商实施计划的能力以及施工时间安排的合理性。

1. 审查步骤

监理工程师应在接到承包人提交的工程进度计划之后，组织有关人员进行认真审核，检查承包人制定的工程施工进度计划工期是否满足要求，资源配置是否合理，质量保证措施是否可行，是否符合工程实际条件和现场情况，有无可能实现。监理工程师应在合同规定或满足施工需要的合理时间内审查完毕。审查工作按以下程序进行:

(1) 阅读文件，列出问题，进行调查了解。

(2) 提出问题与承包人讨论或澄清。

(3) 对有问题的部分进行分析，向承包人提出修改意见。

(4) 审查批准承包人修改后的进度计划。

2. 审查的主要内容

1) 工期和时间安排的合理性

(1) 承包商提交的工程施工总进度计划应符合工程项目的合同工期，即计划总工期应少于或等于合同工期。

(2) 各施工阶段和各单位工程的施工顺序安排符合施工工艺要求；施工开始时间和结束时间科学、合理，且与材料和设备的进场供应计划相协调。

(3) 计划中易受气候、季节，如冰冻、低温、炎热、雨季、夜间影响的分项工程，应安排在适宜的时间施工，并采取了有效的预防和保护措施。

(4) 对动员、清场、变更、材料供应、假日及天气所影响的时间应充分地考虑并留有余地。

(5) 进度计划与业主提供的施工占地使用权，拆迁的时间表及材料、设备的到场时间是否协调，与指定分包人或其他分包人的计划进度是否吻合。

2) 施工准备的可靠性

(1) 所需主要材料、机械设备、机械设备使用率、进场时间及技术性能是否可靠；

(2) 主要骨干技术人员及施工队伍进场时间是否已经落实；

(3) 施工测量、材料检验及标准试验的工作是否已经安排；

(4) 驻地建设、进场道路及供电、供水、排污等是否已经解决或已有可靠的解决方案。

3) 计划目标与施工能力的适应性

（1）各阶段或单位、分部、分项工程计划完成的工程数量及工程投资额是否与承包人的设备、人力实际状况相适应；

（2）各项施工方案和施工方法是否与承包人的施工经验和技术水平相适应；

（3）关键线路上的施工力量是否可以保障，与非关键线路上的施工力量安排是否相适应；

（4）实现项目质量、安全、环保、工期、费用的控制措施是否可靠。

3. 计划的审批

根据 FIDIC 通用条件第十四条规定，无论何时，如果监理工程师认为工程的实际进度不符合上述已同意的工程进度计划，则承包人应根据监理工程师的要求拟订一份修订后的总进度计划，表明其对总进度计划所做的必要的修改，以保证在竣工期内完成本工程。

监理工程师在批准了承包人所提交的工程进度计划后，应在第一次工地会议上提供有关监督工程进度计划方面的一整套报表和有关规定。同时，为了保证工程进度计划的正常进行，监理工程师应经常根据有关影响工程进度方面的记录资料，分析工程进度方面存在的问题，随时掌握工程的进展情况。

监理工程师可以要求承包人按照合同条件所规定的内容，在进度缓慢或者严重缓慢时采取相应的措施，以加快工程进度。倘若承包人未能按照合同的规定执行监理工程师的指示，监理工程师有权采取措施，以使承包人按进度计划中预定的竣工日期完成工程。

《公路工程施工监理规范》第 5.5.3 款规定：监理工程师应在合同规定的期限内审批施工单位提交的进度计划。总体进度计划应由总监理工程师审批，月进度计划等应由驻地监理工程师审核并报总监办，经批准的进度计划作为进度监理的依据。

第三节　进度计划的检查与调整

一、进度计划的检查

为了确保工程进度目标的实现，监理工程师在批准工程进度计划后，在施工过程中，应经常检查施工实际进度情况，并将其与计划进度相比较，对每月的工程进度进行分析和评价。评价结论写入工程监理月报。若出现偏差，应分析产生偏差的原因和对工程工期的影响程度，要求承包人采取措施加强进度管理、调整后续进度计划。

进度检查就是将实际进度与计划进度作对比，找出偏差。偏差有三种可能，实际进度与计划进度相比提前、按时（正常）或拖延（延误）。针对偏差应分析工程总体进度状况发展的趋势，采取相应的计划调整措施。

施工项目进度计划实施情况的检查与计划的调整是施工项目进度监理的主要环节，施工项目进度计划的检查是进度计划调整的基础。

进度检查常用的方法有以下几种：

1. 横道图法

横道图记录比较法，是把在项目施工中检查实际进度收集的信息，经整理后直接用横道线和原计划的横道线并列标于一起，进行直观比较的方法。通过比较，为进度控制者提供了实际施工进度与计划进度之间的偏差，为采取调整措施提供了依据。这是施工中进行施工项目进度控制经常采用的一种最简单的方法。

根据施工项目施工中各项工作进展的速度不同，以及进度控制要求和提供的进度信息不同，可以采用匀速施工横道图比较法、双比例单侧横道图比较法和双比例双侧横道图比较法。

匀速施工横道图比较法适用于施工中的各项工作都是按均匀的速度进行的情况，如图4.14 所示。该图的具体作法是：首先在横道计划上标出进度检查日期，然后在原计划的横道线下方作一条平行的横道线（涂黑部分），此横道线的长度应反映实际累计完成工作量的百分比，且应按比例作出。在实际工作中，这条横道线的右端点不一定正好与检查日期重合，若横道线右端点在检查日期左侧，则表示此刻的实际进度比计划进度拖后；反之，若横道线的右端点落在检查日期右侧，则表示实际进度比计划进度超前。此外，根据横道线右端点与检查日期差距的大小，还可知进度超前或落后的大小。例如，从图 4.14 中可知：2 月底实际进度仅为计划进度的 45÷60＝75%，则进度拖后 25%。

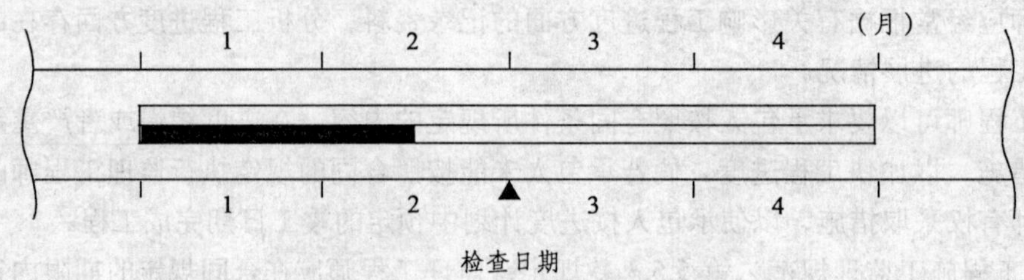

图 4.14　匀速施工横道图比较法

双比例单侧横道图比较法适用于工作进度按变速进展的情况下，工作实际进度与计划进度进行比较。它是在表示工作实际进度（涂黑粗线）的同时，在表上标出某对应时刻完成任务的累计百分比，将该百分比与其同时刻计划完成任务累计百分比相比较，判断工作的实际进度与计划进度之间的关系的一种方法。

双比例双侧横道图比较法，也适用于工作进度按变速进展的情况下，工作实际进度与计划进度进行比较，它是双比例单侧横道图比较法的改进和发展，如图 4.15 所示。该图的具体作法是：首先在原计划横道线的上方标出不同时间按计划累计应完成的百分比，然后在项目施工过程中，定期检查实际的进度情况，并将其画在原计划横道线的下方（即涂黑部分），此外，还需在实际横道线下方的检查日期处，标出实际累计完成的百分比。进度控制人员只需将横道线上方计划累计完成量与横道线下方同一位置处的实际累计完成量进行比较，便可知道项目施工进度的实际情况。

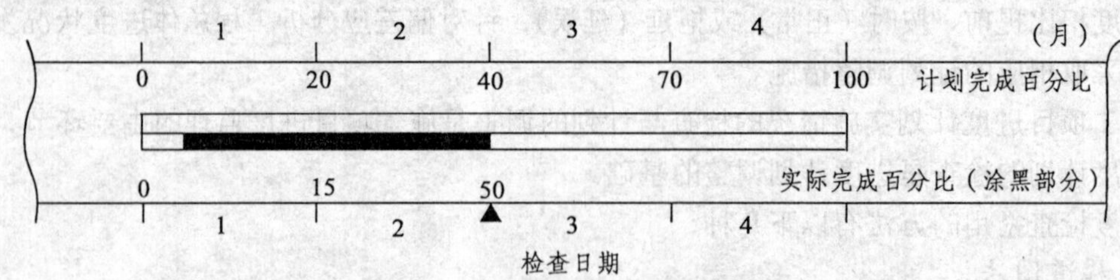

图 4.15　双比例双侧横道图比较法

例如，从图 4.15 中可知：在第 2 月底，该工作的实际进度比计划进度超前 50%－40%＝10%。

在双比例双侧横道图比较法中，因横道线的长度表示的是实际投入该工作的时间，所以，它不仅适用于变速进展的工作，而且还能从横道图中观察到已完成的工作在当时的实际进展情况。如图 4.15 所示，在第 1 月底，该工作实际完成了 15%。

2. S 形曲线法

S 形曲线比较法，同横道图法一样，是在图上直观地进行施工项目实际进度与计划进度相比较。一般情况，计划进度控制人员在计划实施前绘制出 S 形曲线，在项目施工过程中，按规定时间将检查的实际完成情况，与计划 S 形曲线绘制在同一张图上，可得出实际进度 S 形曲线。比较两条 S 形曲线可以得到项目实际进度与计划进度的偏差，如图 4.16 所示。

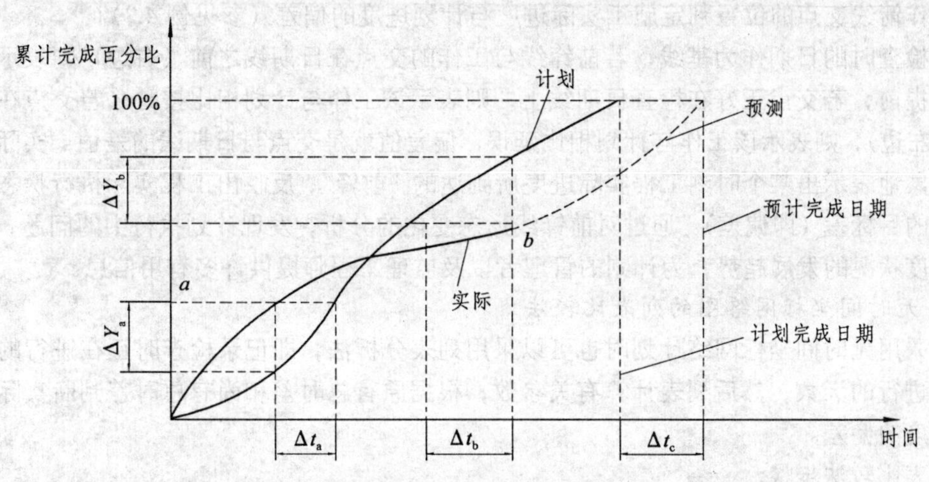

图 4.16　S 形曲线比较图

从图 4.16 中可得如下信息:

(1) 工程实际进度。如按工程实际进度描出的点落在计划 S 形曲线左侧，表示此刻实际进度比计划进度超前，如图中 *a* 点；反之，则表示实际进度拖后，如图中 *b* 点。

(2) 进度超前或拖后的时间，图中 Δt_a 表示 t_a 时刻进度超前的时间；Δt_b 表示 t_b 时刻进度拖后的时间。

(3) 工程量完成情况。图中 ΔY_a 表示在 t_a 时刻超额完成的工程量；ΔY_b 表示在 t_b 时刻拖欠的工程量。

(4) 后期工程进度预测。图中，虚线表示若后期工程按计划进度速度实施，则总工期拖延的预测值为 Δt_c。

3. "香蕉"形曲线法

"香蕉"形曲线法也是在图上直观地进行施工项目实际进度与计划进度的比较。将实际的工程进度曲线绘制在计划"香蕉"形曲线上，当实际曲线在"香蕉"形曲线内，说明进度符合要求，当实际进度曲线靠近 ES 曲线，则说明实际进度较快，超出 ES 曲线，则说明实际进度超前；当实际进度曲线靠近 LS 曲线，则说明实际进度较慢，低于 LS 曲线，则说明实际进度拖后。参见图 4.5 所示。

4. 工程进度表法

工程进度表法是横道图法与 S 形曲线法的结合，实现了横道图法与 S 形曲线法的优势互补，取长补短，克服了横道图法不便了解工程整体进度的弱点和 S 形曲线法无法了解各分项工程进度的弱点。从工程进度表中可以了解到工程进度的总体状况和各分项工程的情况，但对于工程进度中的具体问题，发生在哪些段落还得借助于细节横道图和网络计划图，特别是在处理是否给予延期的问题时，不如网络图方便。

5. 时标网络图进度检查的前锋线法

施工项目的进度计划用时标网络计划表达时，还可以采用实际进度前锋线进行实际进度与计划进度比较。实际进度前锋线是网络计划技术中用时标图的形式动态反映工程进度，是工程施工动态管理的科学方法。实际前锋线比较法是从计划检查时间的坐标点出发，用虚线依次连接各项工作的实际进度点，最后到计划检查日期的坐标点为止，形成前锋线。按前锋线与工作箭线交点的位置判定施工实际进度与计划进度的偏差（参见例 4.2）。

以检查时的日期作为基线，若前锋线与工作的交点在日期线之前（右边）则表示该工作比计划提前；若交点正好在检查日期线上，则表示该工作与计划相比按时；若交点在日期线之后（左边），则表示该工作与计划相比延误。偏差值就是交点与日期线的差值。实际进度前锋线形象地表示出某个时刻工程实际进度所到达的“前锋”，反映出工程实际执行状态以及与其计划的目标差（即偏差）。通过对前锋线形态变化的分析，发现计划执行中的问题，预测未来的进度状况的发展趋势，为计划的管理者以及监理工程师提供许多有用信息。

6. 无时间坐标网络图的列表比较法

当采用无时间坐标网络计划时也可以采用列表分析法，即记录检查时正在进行的工作名称和已进行的天数，然后列表计算有关参数，根据原有总时差和尚有总时差判断实际进度与计划进度的偏差。

列表比较法步骤：

（1）计算检查时正在进行的工作。

（2）计算工作最迟完成时间。

（3）计算工作时差。

（4）填表分析工作实际进度与计划进度的偏差。可能有以下几种情况：

① 若工作尚有总时差与原有总时差相等，则说明该工作的实际进度与计划进度一致；

② 若工作尚有总时差小于原有总时差，但仍为正值，则说明该工作的实际进度比计划进度拖后，产生偏差值为二者之差，但不影响总工期；

③ 若尚有总时差为负值，则说明对总工期有影响，应当调整。

上述各方法的详细计算请参阅《公路工程施工组织设计》或其他资料。

二、工程施工延误的处理

在工程项目的施工过程中，由于承包人的资源调配的变化、组织管理偏差或技术上的失误以及自然界和社会的影响、设计变更等，将使工程不能按计划组织实施或者在施工过程中产生较大偏离计划的情况。除此之外，公路建设周期长、规模大、投资额巨大、涉及面广，参与建设的三方人员如协调配合不当也会使工程进度发生延误。从延误处理的最终结果来看，延误可分为非承包人的原因或责任造成的延误和由于承包人自身的原因或责任造成的延误。非承包人的原因或责任造成的延误大体上可归纳为业主、监理、自然界、社会这四种原因或责任，在 FIDIC 条款中的第四十四条有明确的规定。除此之外，由于承包人自身管理问题和技术问题造成的工程进度延误，如人、机、料的配置不当导致进度缓慢，质量不合格而返工等都属于承包人自身的原因或责任造成的延误。对于两种延误有不同的处理方式。

（一）承包人自身的原因或责任造成的延误

1. 工期拖延影响不大的处理

承包人自身原因造成的延误引起工期拖延不大，没有超过一定百分比时，承包人一般可通过加强内部管理来自身消化。监理工程师应及时提醒或告诫承包人延误工期将受到的处罚，促使承包人采取措施，确保工期。

2. 工期拖延影响较大的处理

在承包人没有取得合理延期的情况下，监理工程师认为工程或工程的任何部分进度过于缓慢或与计划进度不符，将引起较大的工期拖延时，应要求承包人采取加快施工进度的措施，以赶上工程进度计划中的阶段目标或总体目标。承包人提出和采取加快工程进度的措施必须经过监理工程师的批准。监理工程师批准时应注意以下事项：

(1) 只要承包人提出加快工程进度的措施符合施工程序并能确保工程质量，监理工程师应予批准。

(2) 因采取措施加快工程进度而增加的施工费与附加费用由承包人负责。

(3) 如果承包人认为，为了按期完工，须在公休日或夜间施工，承包人应取得监理工程师的书面许可。

(4) 承包人无论采取何种加快进度的措施而涉及业主的附加监督管理费用支出，应由承包人负担，费用数额及支付方式由业主、监理工程师及承包人协商确定。

(5) 延长劳动时间时，构造物支砌、有特殊要求的混凝土施工、路基填筑、路面试验检测不得实施夜间施工作业。

由于承包人自身的原因造成进度延误，而且承包人拒绝接受监理工程师加快工程进度的指令，或虽采取了加快工程进度的措施，但仍然不能赶上预期的工程进度且工程质量不能达到规定要求，并将使工程在合同期内难以完成时，监理工程师应对承包人的施工能力重新进行审查和评价，并发出书面警告，还应向业主提出书面报告，必要时建议对工程或工程的一部分实行强制分割，或考虑更换承包人。如分割仍不能保证合同工期的实现，业主有权单方面终止施工承包合同，并按规定收取进度违约金。

（二）非承包人原因或责任造成的延误

由于业主或监理工程师的原因，或合同规定的非承包人自身原因造成的经监理工程师批准、业主同意的合理竣工期限的延长称为“工程延期”。延期是为了维护承包人正当的利益。

监理工程师批准工程进度延期后，应要求承包人对原来的进度计划予以调整，并按调整后的进度计划实施工程施工与控制。

延期直接影响到业主投资效益的发挥，推迟项目运行的资金回收，监理工程师应公正地处理工程延期，并遵循以下原则：

(1) 符合合同规定；

(2) 延误的事件应发生在关键线路上，即延误会造成延期；

(3) 符合实际情况。

三、进度计划的调整

在工程实施期间，如果实际进度（尤其是关键线路上的实际进度）、工程质量与计划进度、预定工程质量标准相符时，监理工程师不应干预承包人对进度计划及施工质量控制的执行，应及时掌握影响和妨碍工程进展的不利因素，促进工程施工按计划进行。

通过前述的进度检查方法，当监理工程师判断出现进度偏差时，应当首先分析该偏差对后续工作和对总工期的影响，然后采取相应的调整措施。

（一）分析进度偏差的影响

1. *分析进度偏差的工作是否为关键工作*

若出现偏差的工作为关键工作，则无论偏差大小，都会对后续工作及总工期产生影响，必须采取相应的调整措施。若出现偏差的工作不是关键工作，需要根据偏差值与总时差和自由时差的大小关系，确定对后续工作和总工期的影响程度。

2. *分析进度偏差是否大于总时差*

若工作的进度偏差大于该工作的总时差，说明此偏差必将影响后续工作和总工期，必须采取相应的调整措施；若工作的进度偏差小于或等于该工作的总时差，说明此偏差对总工期无影响，但它对后续工作的影响程度，需要根据比较偏差与自由时差的情况来确定。

3. *分析进度偏差是否大于自由时差*

若工作的进度偏差大于该工作的自由时差，说明此偏差对后续工作产生影响，应该如何调整，应根据后续工作允许影响的程度而定；若工作的进度偏差小于或等于该工作的自由时差，则说明此偏差对后续工作无影响，因此，原进度计划可以不作调整。

经过如此分析，进度控制人员可以确认应该调整产生进度偏差的工作和调整偏差值的大小，以便确定采取调整措施，制定新的符合实际进度情况和计划目标的进度计划。

（二）进度计划的调整方法

在对实施的进度计划分析的基础上，应确定调整原计划的方法，一般主要有以下几种：

1. *顺序作业调整为流水作业*

几个顺序进行的工作，若紧前工作部分完成后其紧后工作就可以开始，那么就可以将各工作分别划分成若干个流水段，组织流水作业，可以明显缩短工期。前一道工序完成了一部分，后一道工序就插上去施工，前后工序在不同的流水段上平行作业，在保证满足必要的施工工作面的条件下，流水段分得越细，前后工序投入施工的时间间隔（流水步距）越小，施工的搭接程度越高，总工期就越短。

2. *对工程项目进行合理排序*

如果一个施工项目可以分成若干个流水段，每个流水段都要经过相同的若干道工序，每道工序在各个流水段上的施工时间又不完全相同，则如何选择合理的流水顺序是一个很有意义的问题。因为由施工工艺决定的工作顺序是不可改变的，但哪个流水段在前，哪个流水段在后的流水顺序却是可以改变的，不同的流水顺序总工期不同。我们可以找出总工期最短的最优流水次序。

3. *相应地推迟非关键工序的开始时间*

工作 A、B 平行进行，假定 A 为非关键工作，完成 A 需 8 天；B 为关键工作，完成 B

需 20 天。若规定工期为 16 天，为了加快关键工作 B，把工期由 20 天缩短到 16 天，这时可以把工作 A 的人力转移一部分到工作 B，而工作 A 在工作 B 之后开始，这样工期就可以从原来的 20 天缩短到 16 天。

4. 相应地延长非关键工作的持续时间

有时还可以采用延长非关键工作的持续时间，而将其人力物力调到关键工作上去，以便达到压缩关键工作持续时间，缩短工期的目的。

5. 从计划外增加资源

因为项目进度计划的总工期是由关键线路的长度决定的。因此，要缩短计划工期，必须压缩关键线路，即选择关键线路上的某些有可能缩短施工时间的工序，通过增加资源投入等方法，来达到压缩工期的目的。

以上 3、4、5 三种方法，当关键线路压缩以后，原来的次关键线路可能成为新的关键线路，如果其长度仍超过规定工期，则还要对这条线路进行压缩，直到满足规定工期的要求为止。因此，在压缩工期时，应选择那些既是关键工作，又是组成次关键线路的工作来压缩，将会同时缩短关键线路和次关键线路，从而收到事半功倍的效果。

在网络计划中，关键线路控制着任务的工期，因此缩短工期的着眼点是关键线路。但是采取硬性压缩关键工作的持续时间来达到缩短工期的目的，并不是很好的办法。在对网络计划调整时，应优先考虑通过改变某些工作间的逻辑关系的方法来达到缩短工期的目的。

【例 4.2】 图 4.17 为某工程双代号时标网络计划图，总工期为 40 天，①—②—③—④—⑤—⑦—⑧ 为关键线路，第 20 天晚上检查情况分析，C 工作已完成 40%，延误 4 天，F 工作已完成 70%，延误 1 天。F 工作位于非关键线路上，除影响其紧后工作 G 最早开始时间 1 天外，并不影响总工期；C 工作为关键工序，其延误将直接导致总工期拖延 4 天，因此必须对原进度计划进行调整。

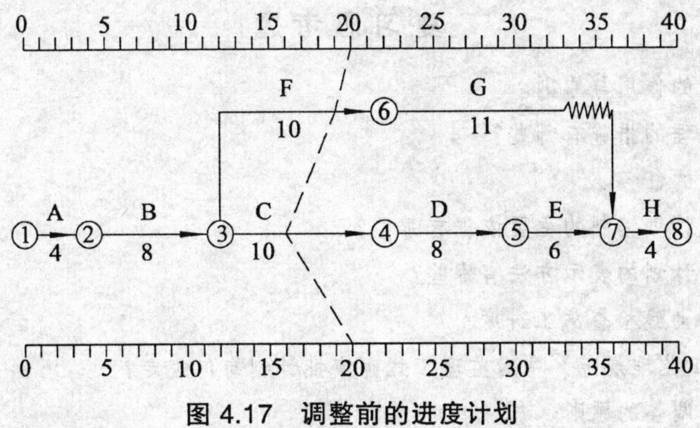

图 4.17　调整前的进度计划

经仔细研究发现，原计划将工作 E 作为工作 D 的紧后工作，并不是工艺的原因，而是工作面的要求，如果设法解决工作面的问题，就有可能保证总工期。调整施工步骤，在工作 C 后增加工作 J，用 2 天时间解决工作面冲突的问题，然后将 D、E 均作为 J 的紧后工作，即把 D、E 由顺序作业改为平行作业。调整后的施工网络进度计划如图 4.18 所示。

工作 F 由 10 天调整为 11 天，其紧后工作最早开始时间也推后 1 天，由于这两项工作不在关键线路上，且推后天数小于该工作的自由时差，因此对总工期没有影响。工作 E 有了 2 天自由时间，①—②—③—④—⑤—⑦—⑧ 为关键线路。调整后的进度计划消除了第 20 天检查发现的关键工作拖延 4 天的影响，保证了总工期的实现。

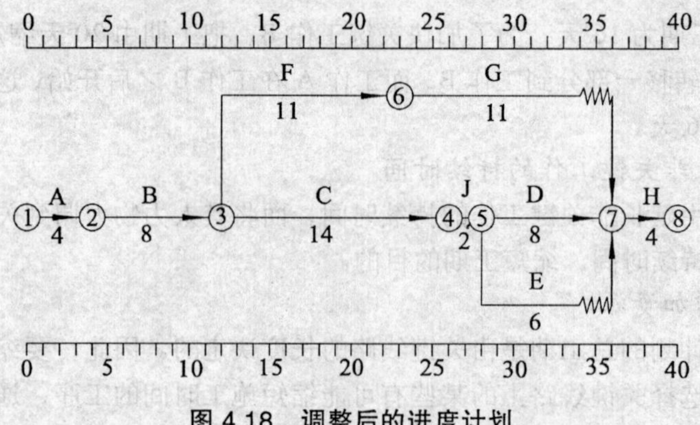

图 4.18 调整后的进度计划

（三）进度计划调整的原则

(1) 对总体工程进度起控制作用的分项工程的实际工程进度，明显滞后于计划进度且施工单位未获得延期批准时，监理工程师必须签发监理指令，要求施工单位采取措施加快工程进度。需要调整进度计划的，调整后的工程进度计划必须报监理工程师重新审核。

(2) 施工单位获得延期批准后，监理工程师应要求施工单位根据延期批复调整工程进度计划。调整后的工程进度计划应报监理工程师审批。

(3) 由于施工单位自身原因造成工程进度延误，在监理工程师签发监理指令后施工单位未有明显改进，致使合同工程在合同工期内难以完成时，监理工程师应及时向建设单位提交书面报告，并按合同规定处理。

(4) 建设单位和施工单位提出工程进度重大调整时，应按合同或签订的补充合同执行。

复习思考题

1. 简述进度监理的作用与原则。
2. 常用的进度监理的措施有哪些？
3. 简述进度监理的任务。
4. 工程施工进度计划编制的主要依据有哪些？
5. 工程施工进度计划的表示方法有哪些？
6. 如何利用S形曲线检查施工进度？
7.《公路工程施工监理规范》中对监理工程师审批计划有何规定？
8. 简述进度计划调整的原则。

第五章　公路工程施工费用监理

学习目标

1. 了解工程费用的相关内容及工程费用监理的原则、方法与措施。
2. 熟悉工程费用监理的程序，监理工程师在费用监理中的职权，工程量清单的内容与作用，工程计量细则与方式、方法，工程费用支付的原则及其分工与管理。
3. 掌握工程计量的范围、原则、依据及其程序，工程费用支付的种类与支付程序，清单支付与合同支付的具体内容、要求与方法，工程支付证书。

第一节　概　述

一、工程费用

（一）工程造价与工程费用的概念及其关系

建设工程总投资，一般是指进行某项工程建设花费的全部费用。

生产性建设工程总投资包括建设投资和铺底流动资金两部分；非生产性建设工程总投资则只包括建设投资。

工程造价，一般是指一项工程预计开支或实际开支的全部固定资产投资费用，在这个意义上工程造价与建设投资的概念是一致的。因此，我们在讨论建设投资时，经常使用工程造价这个概念。工程造价，一般由建筑安装工程费、设备工器具购置费、工程建设其他费用和预留费用组成。

工程费用是工程造价的主要组成部分和基础，指通过施工生产活动的各种耗费或支出而形成的建筑工程费和安装工程费的总和，也称建筑安装工程费。建筑安装工程费一般约占工程总造价的 60%～80% 左右。

在公路工程中，建筑工程费包括公路、桥涵、隧道、房屋、防护设施等工程施工费用，还包括为施工而进行的场地平整、工程和水文地质勘察、原有建筑物和障碍物的拆除及施工临时用水、电、路和完工后场地清理、环境绿化、美化等工程费用。安装工程费是指为保障公路系统的正常使用所需的收费、通信、监控、信息及服务系统设施的建设费用。

（二）工程费用的构成

工程费用由直接工程费、间接费、施工技术装备费、计划利润和税金构成。

（1）直接工程费：指直接构成建设项目实体的有助于工程形成的各项费用，包括直接费、其他直接费及现场经费。

① 直接费：指完成某一建设项目的施工而直接体现于工程上的费用，包括消耗在施工中的全部人工费、材料费及机械使用费，即直接使生产资料转移而形成预定工程所投入的费用。

② 其他直接费：指施工过程中直接用于工程实体的除直接费以外的其他费用，包括冬季施工增加费、雨季施工增加费、夜间施工增加费、高原地区施工增加费、沿海施工增加费、行车干扰工程施工增加费及施工辅助费七项。

③ 现场经费：指为施工准备、组织施工生产和管理所需的费用，包括现场管理费和临时设施费。现场管理费指在工地现场发生的有关管理费用，包括基本管理费用和其他单项费用（含主副食运费补贴、职工探亲路费、职工取暖补贴、工地转移费四项）。临时设施费指施工企业所必须的生活和生产用的临时建筑物、构筑物和其他临时设施的修建、维修和拆除或摊销的全部费用，但不包括概预算定额中的临时工程。

(2) 间接费：指现场以外为项目提供服务管理的费用，包括企业管理费（含上级管理费）和财务费用两部分。

① 企业管理费，指施工企业为组织施工生产活动所发生的管理费，包括管理人员的基本工资、工资性津贴、职工福利费、差旅费、办公费、固定资产折旧、修理费和工具使用费、工会经费、职工教育经费、劳动保险费、职工养老保险费、医疗保险费及待业保险费、税金及其他等。

② 财务费用指施工企业为筹集资金而发生的各项费用支出，如利息净支出、金融机构手续费等。

(3) 施工技术装备费：指为施工企业逐步扩大施工技术装备的费用。

(4) 计划利润：按照国家有关规定施工企业应取得的利润。

(5) 税金：又称综合税金额，指按照国家规定应计入建筑安装工程造价内的营业税、城市建设维护税及教育费附加。

（三）工程费用的特点

工程商品本身及其建造过程同其他商品相比，有很多的不同点，认识、理解这些普遍特点，再针对不同工程项目的具体情况，设计合适的项目管理体制、制度，或自觉地执行既定的体制、制度，对搞好建设工作至关重要。

1. 工程商品及生产的特点

(1) 不同工程商品的相异性。与其他很多商品不同，工程商品是在不同的地点、环境建造的不同构造物，每次建造都面临不同的要求和情况，最终产品是不同的。因此，工程商品只能每次单独设计、生产，不能整体批量制作。

(2) 存在和生产的露天性。建造生产的产品最终是露天的，无论是房屋建筑，还是公路、桥梁，都是如此。也就是说，建筑产品必然经受环境的考验、受到环境的影响制约，它也对环境产生影响，建筑生产必须能适应、利用当地当时的环境。

(3) 生产周期长。建筑生产通常按月计工作进度，比较大多数产品，其生产周期是很长的，公路、桥梁建设的工期更长。

2. 工程费用及支付的特点

(1) 建筑生产的单价性。由于每个建筑产品都是需要单独制作的，因而其定价就是按件论价；半成品、成品的价格是按单位或分项工程量来定价，称为单价或费率。

(2) 工程费用大。建筑工程量大，资金使用量必然大，尤其交通基础设施建设更是如此。资金使用量大正是交通瓶颈难以迅速消除的重要原因。

(3) 期货价格。工程商品资金量大的特点，决定了它不可能作为现货出售，而是一种期货商品，必须预先定价，如作概预算、签订合同价格等。工程技术和管理技术的不断进步为此提供了可能。

(4) 分期分阶段支付，支付时间长。工期长，资金量大，决定了工程商品的生产过程与支付过程是边生产边支付，同很多商品“一手交钱，一手交货”的支付方式是不同的。

(四) 工程费用管理的特点

采用 FIDIC 合同条件进行工程管理的项目体制，其费用管理的突出特点表现在项目管理中加入了监理工程师这个中介，并且，监理工程师作为工程项目的调控中心，在费用方面具有支付额调整、签认的权力。

1. 承包人申请、使用

工程商品是承包人出卖给业主的产品，其耗费即工程费用也主要由承包人使用，每次支付都是由承包人向监理工程师提出申请。只有当承包人被驱逐，并且剩余工程由业主直接完成时，工程费用才由业主自己使用，但这种情况少见，往往是业主驱逐了承包人之后，再招请另外的承包人来完成工程。

2. 监理工程师签认

监理工程师在施工活动中按合同文件对承包人进行的施工活动作出价值计算，对其工作价值进行签认和证实，对施工过程中发生的其他各种意外情况进行记录和分析，并就承包人所遭受的损失作出估算和证实。这就是监理工程师的所谓“计量支付权”，它是监理工程师完成监理工作的最终、最重要的调控手段。

3. 业主支付

业主在承包人完成了既定施工任务，达到合同的要求，经监理工程师确认其价值后，应向承包人支付工程费用。

(五) 影响工程费用的因素

1. 设计因素

设计好坏是工程费用高低的决定性因素之一。一方面，设计直接决定了工程费用的预测值；另一方面，施工活动直接以设计为依据。

2. 施工因素

施工是工程的实际建造过程，工程费用的多少直接取决于施工生产的成本高低。因此，施工是直接影响工程费用的关键因素。

3. 合同因素

合同是工程费用计算与支付的依据，合同的科学和公正与否将直接影响工程费用。一方面，合同条款和内容是决定工程标底与报价的依据。如果合同条款不明确或有漏洞，必然使工程费用无法准确计算，并在支付时发生纠纷。另一方面，在施工过程中，监理工程师根据合同文件确认工程价值，承包人也根据合同文件提出付款申请，若其用词含糊不清或有漏洞，将导致工程费用无法准确估算和支付。

4. 业主因素

应由业主解决的施工条件，业主没有及时解决或解决不妥，将直接导致承包人的索赔而使工程费用增加。

5. 监理工程师因素

监理工程师是工程费用多少的直接确认者，对工程费用有着至关重要的作用。如果监理工程师工作不认真或不负责，或监理措施不力，以及监理工程师缺乏公正的立场，都将直接影响工程费用的合理性和准确性。

6. 社会因素

社会因素也是影响工程费用的关键因素。因为工程施工是一种社会活动，必然受社会因素的影响，其中主要有物价因素、汇率因素、社会风气因素和影响工程施工的其他因素，如战争、动乱等。

7. 自然因素

常规的自然因素在设计时已考虑，是在正常的自然条件这一前提下确定设计和施工方案，并进而确定工程费用的预测值。但实际施工过程中，有时可能会遇到各种异常的自然条件，如各种自然灾害（洪水、暴雨、地震等）和地下情况的意外（如无法预见的埋藏物及意外的地质条件等）。这些情况一旦发生，也将直接增加工程费用。

二、工程费用监理的原则

工程费用监理是工程监理的主要调控手段和关键工作环节。在监理过程中，监理工程师利用自己的职能为工程服务，有多种不同的监理措施及方法可选择，为了搞好费用监理工作，必须在工程监理工作中遵守以下基本原则：

1. 政策性原则

费用监理是一项政策性、法律性、经济性和技术性很强的工作，必须根据国家的方针政策办事，严格遵守国家的法律和有关制度，正确处理国家利益、业主利益和施工企业利益的关系，同时，还必须严格遵守工程项目本身内在规律的要求，处理好进度、质量与费用三者之间的辩证关系。监理工程师在进行工程费用监理时必须做到经其签认的每一笔工程费用符合国家有关政策的规定和要求，并协调好承包人与业主的利益关系。

2. 合同原则

工程承包合同一方面综合体现了国家的经济政策和基本建设管理制度及法规，另一方面也全面概括了工程设计意图和要求，并综合考虑了施工中的各种因素，是有关工程施工的综合性文件。监理工程师在进行工程费用监理时，必须在国家法规政策的范围内，以合同为依据，按合同要求和合同的基本精神处理好各类工程费用的签认与支付。虽然监理工程师对工程费用全权负责进行签认和监理，但费用监理工作必须符合合同要求，监理工程师无权超越合同所赋予的权力，必须保证每一笔工程费用的支付都符合合同的要求。

3. 公正原则

监理工程师是作为中介人参与工程管理的，工程费用的支付签认权力，直接涉及业主和承包人的利益。因此，监理工程师在工程费用计量中，必须认真负责，以实事求是的精神和科学的态度做好每一项工作，确保自己站在客观、公正的立场上来进行费用监理。

4. 责、权、利相结合的原则

要搞好工程费用监理的各项工作，同样必须贯彻责、权、利相结合的原则。“责”是指要完成费用监理任务的责任，费用监理必须明确职责，否则无人负责；“权”是指监理工程师为了完成费用监理任务所必须拥有的工程计量与支付的权力，监理必须有权，没有权，也就无从监理；“利”是指根据费用监理任务完成情况的好坏而给予计量支付监理工程师的奖惩。只有责、权、利高度结合，才能有效地搞好费用监理工作。责、权、利相结合的原则一方面是监理工程师自身开展费用监理工作的前提条件，另一方面，也是监理工程师在进行费用监理工作中必须遵守的基本原则。

三、工程费用监理的程序

费用监理工作涉及面广，内容复杂，必须按照一定的步骤和程序进行。

1. 落实费用监理机构

费用监理必须有专门的机构来进行，以便明确职责。落实费用监理机构这一工作主要包括落实计量、支付人员，制定计量支付的规章制度、管理程序，明确计量支付的审核环节和对最终结果的负责人。只有对最终计量和支付结果负责的人在相应证书上签字后，计量证书和支付证书才能有效。

2. 明确费用监理目标

明确目标是费用监理的前提和条件，没有预定的目标，费用监理就没有方向，也无法明确监理方法。因此，负责费用监理的人员必须要有合理的分工，要在数量、时间、责任上制定出明确的目标，使每一位监理人员明确自己的任务和责任范围。

3. 发现偏差

费用监理的目的和主要作用是发现和减少偏差。费用监理的偏差包括两个方面：一是数量上的偏差，即工程施工的实际费用同合同价的偏差；二是性质上的偏差，即工程费用的准确与合理性，也就是工程费用的计量与估价是否符合合同的要求和精神。监理工程师应时刻注意施工的进展情况，及时收集各种信息，发现工程费用的实际值与合同价的偏差，分析产生偏差的原因，判断偏差值是否在允许范围之内，以便采取措施来处理偏差。

4. 采取措施调节

调节是监理的实际行为，它包括三方面的内容：一是指导，即指示和引导承包人如何达到目标；二是限制，即对不符合合同要求的工程不予计量；三是监督，即对不正当的行为和支出进行纠正，对发出的监理指令进行检查并督促落实。

四、工程费用监理的方法

费用监理的方法很多，从不同的角度可以进行不同的分类和总结，现仅从时间的角度进行归类。从监理措施采取的时间上来看，可以分为事后监理（反馈监理）、事前主动监理（前馈监理）和跟踪监理（过程监理）三类。

1. 事后监理

事后监理是指监理工程师将计量证书和支付证书以及各种相关的调节信息输送出去后又把作用结果的信号返送回来，并对信息的再输出发生影响，以起到费用监理的作用。在费用监理中，为了对施工中的各种耗费进行有效地监理，要求把实际耗费同合同价进行比较，并把发生偏差的信息反馈给各方，以便及时进行调节，保证费用监理目标的实现。

2. 事前监理

事前监理又叫主动监理，是指在发生目标偏差以前，即在实际工程费用超过合同价格之前，根据预测的信息，采取相应的措施予以调节，使工程费用不偏离或尽量少偏离合同价。

3. 跟踪监理

跟踪监理是指监理工程师跟踪施工过程，并对其进行监理，是监理工程师在施工现场进行的监理，如旁站监理即是一种典型的跟踪监理。

跟踪监理同事前监理的区别是，前者在工程费用发生的当时就在现场进行监理，而后者则是通过制定措施，明确合同价款等来进行监理；后者还有可能对现有施工条件进行改变，可从较远的时间和较好的施工条件出发来加以考虑，而跟踪监理就没有这些条件。

跟踪监理同事后监理的区别是，跟踪监理的反馈时间很短，几乎是瞬时反馈，采取的措施必须是当机立断，没有过多的时间来全盘考虑；而事后监理则不同，它可以把实际的工程费用与工程费用的目标值与合同价进行比较，把差异原因搞清楚，把差异责任查明白，并提出全面的处理措施和意见，作为下一步工作的依据，而跟踪监理就无此可能。

跟踪监理是一种日常的监理，事前监理与事后监理最后都要通过日常监理才能起作用。没有跟踪监理，事前监理和事后监理就没有意义。另一方面，跟踪监理能及时反馈信息，可以立即采取措施加以调整，监理效果立竿见影。

因此，费用监理事实上存在三种方法，只有将三者有机地结合起来，才能搞好费用监理，片面或单纯采用某一种方法都无法有效地搞好费用监理工作。

五、工程费用监理的措施

在施工阶段，工程费用节约的可能性很小，但费用浪费的可能性却很大，因此对工程的监理仅靠控制工程款的支付是不够的，应从组织、经济、技术、合同等多方面采取措施控制工程费用。

1. 组织措施

(1) 建立相应的组织机构，完善费用监理的管理制度。

(2) 落实工程费用监理的人员及分工，明确工作责任与权限。

(3) 编制工程费用监理的工作计划和详细的工作流程图。

2. 经济措施

(1) 编制资金使用计划，确定、分解工程费用监理的目标。在费用监理过程中，编制合理的资金使用计划是费用监理的依据和目标，资金使用计划的编制既要维护费用监理目标的严肃性，也要允许对脱离实际的既定费用监理目标进行必要的调整。

(2) 进行工程计量。

(3) 复核工程付款账单，签发支付证书。

(4) 在施工过程中进行跟踪控制，定期地进行费用支付值与计划目标值的比较，发现偏差，找出原因，采取纠偏措施。

(5) 对工程费用的支付做好分析和预测。

3. 技术措施

(1) 对工程变更进行技术经济比较，对变更的必要性进行审核，对变更工程数量现场监理、核准，严格控制工程变更。

(2) 寻求设计的优化及节约工程费用的可能性。

(3) 审核承包商编制的施工组织计划，对主要施工方案进行技术经济分析。

4. 合同措施

(1) 做好日常施工监理记录，保存好各种文件图样，尤其是涉及变更的图样和文件，为正确处理可能发生的索赔提供依据。

(2) 严格按合同规定进行合同支付管理。

(3) 科学公正地处理变更与索赔中的工程费用。

(4) 参与合同修改、补充工作，着重考虑它对费用监理的影响。

六、工程费用监理的职责与权限

监理工程师对工程费用的监理，是通过工程计量和支付两个环节来实施的，监理工程师在工程费用监理中的职责与权限主要从工程计量和工程费用支付两个方面来保障。监理工作的基本原则之一就是责、权、利相结合，要履行既定的职责，就必须赋予相应的权力。若无计量权，就无法准确掌握实际完成的工程量，工程的价值就无从确定。同样，若没有工程费用支付权，就无法保证工程费用支付符合合同要求，无法利用经济杠杆协调业主与承包商在施工活动中的关系，也就无法搞好工程费用的监理工作。因此，明确规定监理工程师在工程计量和支付中的职责和权限，是进行工程费用监理的基本条件和前提。

监理工程师进行工程计量与支付的职责与权限在以下两个合同文件中被体现：一个是业主与监理单位所签订的工程监理合同（该合同中明确了监理工作的范围与内容，监理工程师的权利、义务和权限等）；另一个是业主与承包商签订的工程建设合同（在该合同的通用条款、专用条款、工程量清单中明确了监理工程师的费用监理权，一般在通用条款和工程量清单中明确职责和权力，在专用条款中明确了对权力的限制）。另外，国家的法律、法规和政策对监理工程师的职责和权利从外部加以约束和限制。监理工程师在履行合同规定的职责和行使合同所赋予的权力时应自觉接受政府的监督。

监理工程师的工程计量与支付的具体职责与权限如下：

1. 工程计量的职责与权限

(1) 计量的职责。计量的根本职责就是按照合同文件的有关规定准确测定已完成的实际工程量。实际工程量必须由监理工程师按照合同文件工程量清单的有关规定执行。

(2) 计量的权力。即监理工程师对计量结果的确认权。计量工程师有权拒绝对质量不合格的部分予以计量，有权审查和核实承包商的计量记录，对重复计量、虚假计量、未按合同规定的计量规则和方法计量等不合理的部分予以扣除。

(3) 权力的限制。由于计量工程师拥有对计量结果的确认权，这将决定工程款项的支付数目，影响业主和承包商双方的经济利益。合同文件要求监理工程师必须维护双方的利益、公正独立地履行自己的职权，这是一种合同的约束与限制。同时，政府机关按有关法律和规定对监理工程师的工作加以监督，对因监理人员失职造成的事故与经济损失，有关单位或人员除承担相应的法律责任外，还会受到相应的行政处罚，这实质上是对监理工程师的权力和职责从外部加以约束和限制。

2. 支付的职责与权限

(1) 支付的职责。监理工程师在工程费用支付中的主要职责是审核和开具付款证书，即按时处理承包商的各类付款申请，以便使承包商能够及时获得各种应收的款项；同时要根据合同要求进行审核，确认承包商应得款额，为业主提供付款凭证，从而保证业主对承包商的支付公平合理。

（2）支付的权力。

① 审查、签发期中支付证书，按合同得到正常履行的最终支付证书以及合同中止后任何款项的支付证书。

② 对不符合技术规范和合同条件要求的工程细目和施工活动，有权暂时拒绝支付，待上述细目和活动达到要求后才予支付。

③ 具有对合同价格进行调整的权力。在合同执行期间，由于新的法律、法规的使用以及资源价格的变动导致工程费用发生变化，监理工程师应与业主和承包商协商，以确定新的合同价格。

④ 具有确认工程变更和索赔产生费用的权力。

⑤ 其他有关支付方面的权力。如下令使用计日工，动用暂定金以及有关保留金等费用支付的权力。

第二节 工程量清单

一、工程量清单的概念

工程量清单又叫工程数量清单，是指招标单位按照一定的原则将招标的工程进行合理分解，以明确工程的内容与范围，并将这些内容数量化，且以表格形式表述的文件。工程量清单是招标文件的重要组成部分，它反映出每一个相对独立项目的主要内容和预算数量，并且通常以每一个工程为对象，按分部、分项工程列出其工程数量。

二、工程量清单的内容

工程量清单由前言、工程细目、专项暂定金额汇总表、计日工明细表和工程量清单汇总表5部分组成。

1. 前言

在合同文件中，前言又叫清单序言。前言主要说明工程细目的工作内容范围及费用依据，阐明编制工程量清单采用的计算方法，以及这种计算方法是否将继续用于实际工程的计量。同时，前言还应说明单价所包含的内容和范围，并要求工程量清单必须和其他文件共同阅读和理解。在前言中，亦须强调指出工程量清单中各细目工程数量、性质和估算量，以达到能供投标人投标报价及将来施工计量支付时计量人员注意的目的。

由于工程量清单各章是按技术规范相应章次编号的，因此，工程量清单中各章的工程细目的范围与计量等应与技术规范相应章节的范围、计量与支付条款结合起来理解或解释。工程量清单中有标价的单价和总额价均已包括了为实施和完成合同工程所需的劳务、材料、机械、质检（自检）、安装、缺陷修复、管理、保险（工程一切险和第三方责任险除外）、税费、利润等费用，以及合同明示或暗示的所有责任、义务和一般风险。因此，一般在招标文件的工程量清单前言中均规定，无论数量是否标出，在工程量清单中的每一细目均需填上单价，否则，没填单价的细目将被视为已分摊到其他细目的单价之中，那些符合合同规定的工作若没有列细目，亦视其费用已经分摊到有关细目的单价之中。

2. 工程细目

工程细目又叫分项清单表，是招标工程中各个工程细目的工程数量单位及单价数额的排列。各工程细目应分章编列，以便对不同性质、不同位置、不同施工阶段或其他性质不同的工程加以区别。《公路工程国内招标文件范本》（2003 年版）中将工程细目分为 7 章，即第 100 章——总则，第 200 章——路基，第 300 章——路面，第 400 章——桥梁、涵洞，第 500 章——隧道，第 600 章——安全设施及预埋管线，第 700 章——绿化和环境保护。工程细目的每一章又可根据工程的具体情况分为不同的节和目。现以表 5.1 为例，对章、节、目的整体联系和具体内容加以说明。

表 5.1　工程量清单示例

清单　第 200 章　路基					
细目号	细目名称	单位	数量	单价	合价
202-1	清理与掘除				
-a	清理现场	m^2			
-b	砍伐树木	棵			
-c	挖除树根	棵			
202-2	挖除旧路面	m^2			
-a	水泥混凝土路面	m^2			
-b	沥青混凝土路面	m^2			
-c	碎石路面	m^2			
202-3	拆除结构物				
-a	钢筋混凝土结构	m^3			
-b	混凝土结构	m^3			
-c	砖、石及其他砌体结构	m^3			
203-1	路基挖方				
-a	挖土方	m^3			
-b	挖石方	m^3			
-c	挖除非适用材料（包括淤泥）	m^3			
203-2	改河、改渠、改路挖方				
-a	开挖土方	m^3			
-b	开挖石方	m^3			
-c	……				
204-1	路基填筑（包括填前压实）				
-a	换填土	m^3			
-b	利用土方	m^3			
-c	利用石方	m^3			
-d	利用土石混填	m^3			
-e	借土填方	m^3			
-f	粉煤灰路堤	m^3			
-g	结构物台背回填	m^3			
……	……				

3. 专项暂定金额汇总表

此表为汇总表，表中所列的各项专项暂定金额，应已在工程量清单的相关章、目中以专项暂定金额名义列出，以转入工程量清单汇总表中，仅在此表中摘出予以汇总。其表式示例见表 5.2。

表 5.2 专项暂定金额汇总表（示例）

清单编号	细目号	名 称	估计金额（元）
400	400-1	桥梁荷载实验	60 000
……	……	……	……
……	……	……	……

4. 计日工明细表

计日工明细表一般包括总则、计日工劳务、计日工材料、计日工施工机械、计日工汇总表等 5 方面的内容，并且由相应的计日工劳务单价表、计日工材料单价表、计日工施工机械单价表和计日工汇总表等 4 个表组成。各表的格式请参阅《公路工程国内招标文件范本》(2003 年版)。

5. 工程量清单汇总表

工程量清单汇总表是对分项清单的汇总，同时还列有已包含在清单合计中的专项暂定金额、计日工合计以及不可预见费（暂定金额）。详见表 5.3。

表 5.3 工程量清单汇总表

序 号	章 次	科 目 名 称	金额（元）
（1）	100	总 则	
（2）	200	路 基	
（3）	300	路 面	
（4）	400	桥梁、涵洞	
（5）	500	隧 道	
（6）	600	安全设施及预埋管线	
（7）	700	绿化及环境保护	
（8）	第 100 章至第 700 章清单合计		
（9）	已包含在清单合计中的专项暂定金额小计		
（10）	清单合计减去专项暂定金额，即（8）－（9）＝（10）		
（11）	计日工合计		
（12）	不可预见费（暂定金额）		总额
（13）	投标价（8）＋（11）＋（12）＝（13）		

三、工程量清单的作用

工程量清单的作用主要体现在以下三个方面：

1. 便于招标单位编制标底

工程量清单必须按照一定的分项规则和工程量计算方法编制，并要清楚明了，不重不漏。其分项与概预算分项有较大差别，不能直接套用概预算项目表，而应按招标文件中技术规范的要求进行编制。

2. 为所有投标人提供报价计算的共同基础

有了统一的工程量清单，就能够使所有投标人准确高效地编写报价单，合理进行投标报价，而且便于评标时对报价进行分析比较。

3. 为实施工程计量与支付提供重要依据。

工程量清单是工程计量与支付的主要依据，实际支付通常是按实际完成的工程量，由承包商按技术规范规定的计量方法，以监理工程师认可的尺寸、断面计量，按工程量清单的单价和总额价来计算支付金额；另外清单工程量和总额价也是确定工程变更、单价或总价调整的基础。

四、编制和使用工程量清单时的注意事项

工程量清单在编制和使用前，应先弄清楚所列的工程量清单栏目的形式，然后再根据需要加以应用。在具体编制和使用工程量清单时，需要注意以下事项：

(1) 工程量清单应与投标人须知、合同条款、技术规范及图纸等文件结合起来查阅与理解。

(2) 工程量清单所列工程数量是估算的或设计的预计数量，仅作为投标的共同基础，不能作为最终结算与支付的依据。实际支付应以实际完成的并经监理工程师计量认可的工程量为准，按工程量清单的单价和总额价计算支付金额；或根据具体情况，按合同条款有关规定，由监理工程师确定的单价和总额价计算支付金额。

(3) 除非合同另有规定，工程量清单中有标价的单价和总额价均已包括了为实施和完成合同工程所需的劳务、材料、机械、自检、安装、缺陷修复、管理、保险（工程一切险和第三方责任险除外）、税费、利润等费用，以及合同明示或暗示的所有责任、义务和一般风险。

(4) 工程量清单中本合同工程的每一细目，均需填入单价；对于没有填入单价或总额价的细目，其费用应视为已包括在工程量清单的其他单价或总额价之中，承包人必须按监理工程师指令完成工程量清单中未填入单价或总额价的工程细目，但不能得到结算与支付。

(5) 符合合同条款规定的全部费用应认为已被计入有标价的工程量清单所列各细目中，未列细目不予计量的工作，其费用应视为已分摊到本合同工程的有关细目的单价或总额价之中。

(6) 由于工程量清单各章是按技术规范相应章次编号的，因此，工程量清单中各章的工程细目的范围与计量等应与技术规范相应章节的范围、计量与支付条款结合起来理解或解释。

(7) 工程量清单中所列工程量的变动，丝毫不会降低或影响合同条款的效力，也不免除承包人按规定的标准进行施工和修复缺陷的责任。

(8) 承包人用于本合同工程的各类装备的提供、运输、维护、拆卸、拼装等支付的费用，已包括在工程量清单的单价与总额价之中。

(9) 图纸中所列工程数量表及数量汇总表仅是提供资料，不是工程量清单的外延，当图纸与工程量清单所列数量不一致时，以工程量清单所列数量作为报价依据。

(10) 工程量清单中标明的暂定金额，除合同另有规定外，应由监理工程师按合同相关条款的规定，结合工程具体情况，报经业主批准后指令全部或部分地使用，或者根本不予动用。

第三节　工 程 计 量

一、工程计量的必要性

(1) 在公路工程施工中，合同工程量清单中所开列的工程数量仅是估算的数量，而对承包商的工程价款的支付，是按其实际完成的工程数量进行计算的，这必须在施工过程中实测才能获得。

(2) 工程量清单单价已在合同中签订，一般是固定不变的，影响付款金额的唯一参数便是通过计量的工程量，因而计量的准确与否是保证业主与承包商双方实现公平交易的关键。

(3) 由于对不合格的工程项目和工作内容，监理工程师可不予计量，这就迫使承包商必须严格按照合同规定施工，从而为质量监理提供了有力保障。

(4) 通过按时计量，监理工程师还可随时掌握承包商工作的进展情况和工程进度，以便调整施工组织计划。

(5) 对于工程变更、计日工等，更应进行工程计量，以便取得完整的计量资料，作为工程费用合同支付时的依据。

二、工程计量的范围和主要依据

1. 工程计量的范围

(1) 工程量清单及修订的工程量清单的内容。

(2) 合同文件规定的各项费用支付，如各种预付款及其扣回罚金、保留金、费用索赔、违约、材料设备的价格调整等。

2. 主要计量依据

(1) 工程量清单及说明。

(2) 合同图纸。

(3) 工程变更令及修订的工程量清单。

(4) 合同条件。

(5) 技术规范。

(6) 有关计量的补充协议。

(7)《索赔时间/金额审批表》。

三、工程计量的原则

监理工程师在进行工程计量时应遵循以下原则：

(1) 不符合合同文件要求的工程，不得计量。

(2) 按合同文件所规定的方法、范围、内容、单位计量。

(3) 按监理工程师同意的计量方法计量。

工程计量应只计量以下项目：

(1) 工程量清单中的全部项目。

(2) 已由监理工程师发出变更指令的工程变更项目。

(3) 合同文件中规定由监理工程师现场确认，且已获得监理工程师批准的项目。

(4) 确属完工或正在施工中的已达到合同规定和技术标准，已检查验收并签发了中间交工证书的工程项目。

(5) 申报资料和验收手续齐全的项目。

(6) 对于隐蔽工程，必须在其覆盖之前进行计量。

四、工程计量的程序

工程计量工作主要由专业监理工程师承担，驻地监理工程师负责审核，总监理工程师最后审定。其程序如下:

1. 承包商提出计量申请或监理工程师发出计量通知

工程计量一般由承包商根据需要提出计量申请，报监理工程师审查合格后予以计量，但当监理工程师认为工程需要计量时，也可向承包商发出计量通知。

2. 监理审查承包人为计量准备的有关文件资料

承包商应将必要的中间交验申请、试验报表等资料报监理工程师。监理工程师必须检查承包商为计量准备的有关资料，看其是否具备计量的基本条件，如果不具备则不能进行计量。但在某种情况下，如可能会发生费用索赔，则可先计量，但不支付，作为资料保存。

3. 进行计量并填写《中间计量表》

工程计量应按监理工程师同意的方法进行，在进行现场计量时，由计量人员将计量结果清楚真实地填写入《中间计量表》，经监理工程师核对无误后由双方签字认可，并汇总成中间计量证书形式，作为期中付款的依据。

承包商接到监理工程师进行计量的通知后，应派代表参加计量工作，并应提供计量所需的一切详细资料和必要的人员、设备及有关永久工程的记录与图样。如果承包商未派人参加上述计量，则应认为由监理工程师所作的计量是对工程的正确计量。如果承包商对监理工程师计量核实结果不同意，应在 7 天之内向监理工程师提出申辩，监理工程师收到此申辩后，应会同承包商复查对记录和图样的计量审核，或予确认，或予修改。如果承包商不参加此复查，则应认为监理工程师复查核实结果是正确的。

五、工程计量的主要文件

工程计量的主要文件有:

(1)《中间计量表》;

(2)《工程分项开工申请批复单》;

(3)《检验申请批复单》及有关的自检资料;

(4) 工程质量检验表及有关的质量评定意见;

(5)《工程变更令》;

(6)《中间交工证书》。

六、工程计量细则与方式、方法

(一) 工程计量细则

计量细则是指在合同条款、技术规范、工程量清单的前言中关于工程细目计量的明确规定，在进行计量时必须遵守其要求。实际计量时应注意，同样内容的工程细目在不同的合同项目中会有所差别，因此，计量时必须按照该合同计量细则的规定进行，而不能按习惯的或别的计量要求进行。

（二）工程计量方式

监理工程师对工程的计量方式一般有以下三种：

(1) 监理工程师独立计量。

(2) 承包商单独计量。

(3) 监理工程师与承包商联合计量。

监理工程师与承包商联合计量方式是目前普遍采用的计量方式。由监理工程师和承包商计量员组成联合计量小组，计量项目和部位由监理工程师指定，计量过程由双方共同进行，计量的结果双方签字认可。这种方式与监理工程师独立计量相比，可以减少参与计量的监理人员，加快计量确认的时间；与承包商单独计量相比，可更准确地对实际工程量予以计量，减少与承包商之间的分歧。

（三）工程计量方法

工程计量方法主要有以下三种：实地测量与实地勘察（如土石方工程、场地清理工程等）；室内按图样计算（如钢筋混凝土结构物及多数永久工程）；根据现场记录计量（如计日工、打桩工程、《公路工程国内招标文件范本》中第100章的大部分内容等）。

根据合同条款、技术规范和工程量清单的有关规定，公路工程施工监理一般采用以下具体方法进行计量。

1. 断面法

断面法主要用于取土坑或填筑路堤土方的计量。对于填筑土，一般规定计量体积为原地面与设计断面所构成的体积。采用这种方法计量，承包商需测量出原地面的断面，经监理工程师复核后，作为计量依据。

2. 图样法

根据技术规范，许多项目都采取按照设计图样所示尺寸进行计量，如混凝土、圬工结构物的体积、钢筋的长度等都是按图样法进行计量的。

3. 钻芯取样法

钻芯取样法主要用于道路面层结构的计量。根据技术规范有关条款规定，路面结构层的计量按平方米计，必须保证结构层的设计厚度，因此要采用钻芯取样法来确定结构层的厚度。

4. 分项计量法

分项计量法就是将一个项目根据工序或部位分解为若干子项，对完成的各项目进行计量支付。子项计量支付的金额，根据估算的子项占总项的比例而定，但各子项合计的支付金额应等于项目规定的金额。

5. 均摊法

均摊法就是对清单中合同价按合同工期每月平均计量，适用于临时道路、桥梁的修建和养护，办公室的维修以及测量设备和气象记录设备的保养等项目。这些项目的特点是合同工期内每月都有发生，因此可以采用均摊法。

6. 凭据法

凭据法就是按照承包商提供的凭据进行计量支付。如工程保险费等项目，一般按凭据法进行计量支付。

7. 估价法

估价法就是按合同文件规定，根据监理工程师估算的已完成的工程价值支付。如为监理工程师提供办公和生活设施、用车以及测量、天气记录和通信设备等项目。这类清单项目往往需要购买几种仪器设备，当承包商对于某一清单项目中规定购买的设备不能一次购进时，则需采用估价法进行计量支付。

七、计量工作中应注意的事项

(1) 监理工程师必须以质量合格、手续齐全，且符合安全和环保要求，作为计量与支付的先决条件。未经监理工程师批准不得支付工程费用。

(2) 监理工程师在计量与支付时应符合合同规定，并做到客观、公正、准确、及时。计量支付的项目与数量应不漏、不重、不超。

(3) 对实体质量合格，存在外观质量缺陷但不影响使用和安全的工程，监理工程师可依据合同规定折减计量与支付，并报建设单位批准。

(4) 监理工程师应建立计量与支付台账，根据施工单位申请和有关规定及时登账记录，实行动态管理。当有较大差异时应报建设单位。

(5) 监理收到施工单位计量申请后应及时计量，对路基基底处理、结构物基础的处理及其他复杂、有争议需要现场确认的项目，应会同建设、设计、施工等单位现场计量。

(6) 监理工程师必须依据监理规范规定的监理依据和经监理工程师签认的《中间交工证书》及核定的工程量清单等资料进行计量。

第四节 工程费用支付的基本知识

一、支付的必要性

1. 商业行为的需要

工程承包是一种商业行为，商业行为的根本目标是经济利益，即双方做到公平交易，而工程费用的合理支付，是实现这种公平交易的必要条件。

2. 工程施工的需要

工程施工具有连续性、复杂性、风险大、周期长、所需费用巨大等特点，是一项特殊的生产活动，一般情况下，承包商不愿也不可能单方面承担施工中的各种风险，更无法垫付全部工程费用。假如业主不及时支付工程费用，承包商会出现资金周转困难，从而造成施工受阻，并最终影响业主的利益。因此，只有通过工程费用的合理支付，才能保障各方利益，促使施工活动的顺利开展，确保建设目标的实现。

3. 工程监理的需要

监理在实施监理的过程中，必须用费用支付作为经济杠杆来协调业主与承包人的关系，监理有了对工程的支付签认和否决权之后，才能约束工程单位的行为，才可能在施工的各个环节上发挥其监督和管理作用，从而使工程合同最经济地履行。

4. 工程合同的要求

工程承包合同是经济合同的一种，因经济目的而存在，故执行合同必然有工程费用支付的要求。公路工程施工合同是为经济目的而签订的，由于业主和承包商的目标和经济利益不同，在整个施工活动中又处于不同的经济地位，要让他们按照合同履行各自的义务，则必须以费用支付作为经济杠杆来协调。

二、支付的原则

1. 支付必须以工程计量为基础

工程计量必须以质量合格、手续齐全，且符合安全和环保要求为前提，所以工程费用的支付就必须在质量合格和准确计量的基础上进行，没有准确的计量就不可能有准确的支付。

2. 支付必须以技术规范和报价单为依据

技术规范中对工程细目的支付项目、各项目的支付内容和要求都有具体的规定，因此技术规范是监理工程师支付工程费用的指导文件和依据。报价单是费用支付时的单价依据，报价单的单价一般是不能变动的，除非发生的工程变更较大而超过某一范围时，才可按有关要求予以调整。

3. 支付必须及时

资金具有时间价值，而施工生产周期长、需要大量的资金投入，承包商无法也不愿垫付过大的资金，这就决定了工程费用必须分期分阶段支付。监理工程师必须及时组织工程费用的支付，从而保证施工活动的正常进行，这也是合同本身的要求。

4. 支付必须以日常记录和合同条款为依据

工程费用的支付，除了工程量清单中的常规支付外，还有很多工程量清单外的内容需要支付，如价格调整、工程变更、索赔、计日工等支付内容无法在工程量清单中予以明确，对于这些支付内容，监理工程师必须根据合同条款，结合工程施工的日常记录做好支付工作。

5. 支付必须遵循严格的程序

工程费用的支付必须做到准确、合理，因而合同文件对支付的程序作了严格的规定，包括支付的条件、方法和申报、计算、复核、审批的具体要求，从组织、技术上确保支付质量。

6. 支付金额必须大于期中支付证书的最低限额

为了提高支付效率，保证支付的合理性，一般在招标文件附录中都列明了期中支付证书的最低限额，如果当月应结算的价款经扣留和扣回后的款额少于招标文件附录中列明的期中支付证书的最低金额，则该月监理工程师可不核证支付，上述款额将按月结转，直至累计应支付的款额达到最低限额为止。

三、支付的分工与管理

公路工程项目的支付工作是十分复杂和繁重的，没有严格的分工和管理程序，势必造成混乱，进而导致监理工程师无法正常工作，因此必须对支付工作进行合理的分工，加强管理。

（一）支付的分工

一个监理机构的监理人员根据分工不同分为项目工程师（道路工程师、结构工程师、测量工程师）、合同工程师及计量支付工程师。计量与支付工程师负责工程费用的支付工作并履行相应的职责。

（二）支付的管理

支付是一项综合性工作，涉及的内容多，处理又极复杂，加上承包商在申请支付时要填报大量的报表和资料，监理工程师为避免支付纠纷也记录了大量的原始记录和资料。因此，支付中的计算工作和资料管理工作亦是很繁重和琐碎的。

为了提高支付的准确性和工作效率，对于整个项目来说，除推行表格和报表的标准化管理、建立支付档案、采用计算机处理信息外，同样必须建立支付的管理制度和各级支付人员的岗位责任，将支付职责具体落实到人，并对支付工作定期进行检查和审核。

我国的公路工程建设项目的支付工作管理目前普遍采用三级管理模式，即专业监理工程师、驻地监理工程师及总监理工程师三个层次。

1. 专业监理工程师对支付的管理

(1) 审查承包商的付款申请，具体内容有：审查付款申请中的各项款额的依据；核对付款申请中的单价是否与工程量清单和工程变更清单相符；核实到达现场的材料规格和质量是否符合规范的要求，数量是否与实际相符；审查工程质量等。

(2) 编制付款证书。

2. 驻地监理工程师对支付的管理

(1) 审核付款项目的质量，对质量不合格的项目拒绝支付。

(2) 审核材料预付款的支付情况。

(3) 审核付款证书的各个细目，对支付项目中有误处予以纠正。

3. 总监理工程师对支付的管理

总监理工程师有权对任一支付项目的工程质量进行抽检，对质量不合格的支付项目或不符合支付条件的项目，一律予以拒付。经总监理工程师审定后的付款证书才能作为业主支付工程费用的凭证。

四、支付的种类

1. 按时间分类

工程费用支付按时间分类，可分为前期支付、期中支付及最终支付三种。

(1) 前期支付。前期支付包括：开工预付款及保险费等项目。

(2) 期中支付。期中支付包括：工程款、暂定金额、计日工、材料设备预付款、工程变更、保留金、索赔、价格调整及迟付款利息等项目。期中支付按月进行，由监理工程师开出期中支付证书来实施。

(3) 最终支付。最终支付是业主与承包商之间的最后一次结算，监理工程师应确认承包商的遗留工程及缺陷工程已完成并达到规范标准，签发最终支付证书。

2. 按支付内容分类

工程费用按支付内容可分为工程量清单内的付款和工程量清单外的付款，即清单支付和合同支付。

(1) 清单支付。由计量的工程数量和工程量清单单价计算，支付清单内各项工程的费用。

(2) 合同支付。工程量清单以外的工程费用由监理工程师按合同条件规定和施工现场记录及工程进展情况进行计算和支付，简称合同支付。

3. 按合同执行情况分类

工程费用按合同执行情况分为正常支付和合同中止支付两类。正常支付是指合同顺利履行而产生的支付结果；合同中止支付是指由不可抗力、承包商或业主的违约造成合同无法继续履行而出现的支付结果。

第五节 清单支付

清单支付是工程费用支付中最主要和最基本的内容，一般包括以物理单位计量的支付项目、以自然单位计量的支付项目、暂定金和计日工四类。凡能够在工程费用预算时可比较准确地计算其工程内容的，都将以物理单位和自然单位来计量；不太明确却可能发生的工程内容则使用计日工和暂定金来估算。

一、以物理单位计量的支付项目

以物理单位计量的支付项目覆盖了清单支付的绝大部分，其所占费用也约占整个工程费用的 85% 左右。其支付条件是完成了技术规范和图样所规定的工作内容，且质量合格、计量准确，经监理工程师验收合格。支付的具体做法是将承包商每月完成的工程项目净估数量与其相应的清单单价相乘，并通过期中支付证书支付工程进度款，及由最终支付证书支付最终结算款来实施。

二、以自然单位计量的支付项目

以自然单位计量支付的项目有以下两种情况：一是按项计量支付的项目，如一项复杂工程（人行通道、房屋或某一项试验等）或一种结构物等；二是以自然单位计量的项目，如挖树根（以棵计）、桥梁的橡胶支座（以块计）、照明灯柱（以根数计）等。其中，按项计量支付比较麻烦，以自然单位计量比较简单，只需用计量数量与其相应的单价相乘即可。

按项支付的项目主要集中在《公路工程国内招标文件范本》中技术规范的第 100 章和第 700 章之中，分述如下。

1. 第 100 章的支付

其清单内容包括：保险费、竣工文件、施工环保费、临时设施及管理、承包商驻地建设。

本章的支付，应以合同规定的工程量清单内容为准，并按其技术规范规定的支付办法实施。

(1) 保险费。承包商按合同条款办理的工程一切险和第三方责任保险，按总额计量，将根据保险公司的保单经监理工程师签证后支付。如果由业主统一与保险公司办理上述两项保险，则由业主扣回。

(2) 竣工文件。当分部工程完成时，承包商须按竣工文件编制要求，有关的原始记录、施工记录、进度照片等资料编订成册并复印 2 份，提交监理工程师，由业主和监理工程师各保存一份，原始资料由承包商保存。当工程接近完成时，承包商须按《公路工程竣（交）工验收办法》的规定编制交工验收所需的竣工文件六套，包括竣工图表，设计、施工文件两部分。该文件应在交工验收前 56 天提交监理工程师审查。这些工作内容及与此有关的一切作业经监理工程师审查批准后，以总额计量，在监理工程师验收合格后一次支付。

(3) 施工环保费。施工环保包括施工场地硬化、控制扬尘、降低噪声、合理排污等一切与此有关的作业，经监理工程师检查验收后以总额计量。费用每 1/3 工期支付总额的 30%，交工证书签发之后，支付剩余的 10%。

(4) 临时设施及管理。临时设施包括临时道路修建、养护与拆除（包括原道路的养护费）；临时工程用地；临时供电设施；电信设施的提供、维修与拆除；供水与排污设施。临时工程完工后，由监理工程师验收合格后分期支付，所报总额的 80%，应在第 1～4 次进度付款证书中，以 4 次等额予以支付；所报总价中余下的 20%，待交工证书颁发后支付。

(5) 承包商驻地建设。承包商应建立施工与管理所需的办公室、住房、医疗卫生、车间、工作场地、仓库与储料场及消防设施。驻地建设完成后，经监理工程师现场核实，以总额计量，所报总价的 90%，应在第 1～3 次进度付款证书中，以 3 次等额支付；余下的 10%，应在承包商驻地建设已经移走和清除，并经监理工程师验收合格时予以支付。

2. 结构物项目的按项支付

涵洞、通道、房屋等结构物，均为按项支付的项目。这类项目的支付，应在该项工程开始前或开工初期就拟定支付比例。一般情况下，按结构的形式和其施工顺序将结构物分解成不同的工程部位，然后再估算各部位的价值并计算该部位价值在结构物总价中所占的百分比，支付比例可按各部位的工程价值及其在该项工程中所占的百分比来确定。由此可见，支付比例的确定是关键。支付比例一旦确定下来，即可按形象进度进行支付。

【例 5.1】 某合同规定混凝土管涵为按项支付的项目，在报价单中，该项总额为 20 万元。试确定其支付比例，并计算铺设混凝土管完成后，业主应向承包商支付多少费用。

解：根据施工顺序，可将混凝土管涵施工分为五个阶段，即五个部分。各部分的支付比例估算如下：① 开挖基坑和浇注基础，占 20%；② 铺设混凝土管，占 40%；③ 回填与压实，占 10%；④ 洞口、护坡与挡墙，占 25%；⑤ 现有排水系统连接，占 5%，共计 100%。

当铺设混凝土管工作完成后，实际完成工作有基坑开挖、基础浇筑及铺设混土管，应支付的比例为 60%，即

$$200\,000 \text{ 元} \times 60\% = 120\,000 \text{ 元}$$

三、暂定金额

暂定金额是指包括在合同之内，并在工程量清单中以“暂定金额”名称标明的一项金额，其主要目的是为了：

(1) 实施本工程中尚未以图样最后确定其具体细节或某一工程部分或在施工过程中可能

增加的工程细目或支付细目（如大桥荷载试验，可能增加的一个匝道收费亭等），这些细目或附属、零星工程在招标时尚未能确定下来，可列为专项暂定金额。

（2）为了专项工程施工或供货、供材、供设备而由特殊分包商或供货人提供专业服务（如铁路分离立交）。

（3）留作不可预见费，或用于计日工。

除合同另有规定外，暂定金额应由监理工程师报业主批准后指令全部或部分地使用，或者根本不予动用。承包人有权得到的暂定金额应限于监理工程师根据本条规定决定动用暂定金额的工程、供应或不可预见费用方面的金额。监理工程师应将做出的每项使用暂定金额的决定报业主批准并通知承包人。

对于经业主批准的每一笔暂定金额，监理工程师有权向承包人发出为实施工程或提供货物、材料、设备或服务的指令。并应审批承包商提交的相应工程的施工组织计划及其所需要的人工费、材料费、机械费、设备费及计算说明，审核承包商出示有关暂定金额支出的所有报价单、发票、凭证和账单或收据，在满足相关规定之后，才可签发暂定金额的支付证明。暂定金额项目还可按计日工的计价方式支付。

鉴于暂定金额只是财务上的一种备用金，仅用于在招、投标没有足够资料准确估价的项目或应急项目，为此，承包商在提交的开工报告中，不仅要有详细的施工计划，工、料、机配备，还应有一份满足合同有关要求的（指费率与单价）的施工预算，才可动用该款项，这是暂定金额支付的必要手续和条件。

四、计日工

1. 计日工的使用范围

（1）用于完成在招、投标时不能预料的一些工作；

（2）在合同实施过程中增加的工程或工程项目的工程数量；

（3）性质不明的工程或完成工程项目必须的附属工程；

（4）监理工程师认为必要或可取，指令按计日工完成的任何特殊的较小而需变更的工程。

2. 计日工的使用规定

（1）未经监理工程师书面指令，任何工程不得按计日工施工；

（2）接到监理工程师按计日工施工的书面指令，承包商不得拒绝执行；

（3）除非监理工程师事先同意，承包商无权将计日工任意分包；

（4）未经监理工程师同意，承包人用于计日工的劳力不得增加，用于计日工的材料不得改变；

（5）用于计日工的机械设备，若因故障或闲置时，不得支付费用。

3. 计日工的计量

对所有按计日工方式施工的工程，承包商应在该工程持续进行过程中，每天向监理工程师提交从事该项工作的所有工人的姓名、工种及工时的清单一式两份，以及表明该项工程所用的材料和承包商装备（计日工明细表中已包括在劳务费用中的承包商装备除外）的名称和数量的报表一式两份，如果清单和报表的内容正确或经同意时，应由监理工程师在每种清单和报表的一份上签字，并退还给承包商。

计日工工时应从工人到达施工现场并开始从事指定的工作算起，到返回原出发地点为止，扣去用餐和休息的时间。只有直接从事指定的工作，且能胜任该工作的工人才能计工，随同工人一起做工的班长应计算在内，但不包括领工（工长）和其他质检管理人员。承包商可以得到计日工使用的材料费用（已计入劳务费内的材料费用除外）。在计日工作业中，承包商计算所用的施工机械费用时，应按实际工作小时计算。除非监理工程师同意，否则，计算的工作小时不能将施工机械从现场某处运到监理工程师指令的计日工作业的另一现场往返运送时间包括在内。

在每月结束时，承包商应向监理工程师提交一份所有劳务、材料和承包商装备的附有价格的账单，除非已完全而准确地提交了上述清单和报表，否则，承包人无权获得任何款项。但如监理工程师认为承包人由于某种原因不可能按上述规定报送清单和报表，监理工程师仍应有权核准为此种工作付款。

4. 计日工的价格

计日工的劳务、材料、机械等的价格均应按承包商投标时在合同计日工项目中所开列的单价计算。其中劳务单价包括基本单价及承包商的管理费、税费、利润等所有附加费。材料费用单价包括基本单价及承包商的管理费、税费、利润等所有附加费，但从现场运至使用地点的人工费和施工机械使用费不包括在内。施工机械费用的租价包括施工机械的折旧、利息、维修、保养、零配件、燃料、保险和其他消耗品的费用，以及全部有关使用这些机械的管理费、税费、利润和司机与助手的劳务费等费用。

应当说明，只有在很特殊的情况下，即不能采用工程变更的方法解决时，方能使用计日工。由于计日工所产生的工程费用不可能提前估算，其中劳务、机械设备单价较高，材料费用实报实销，必然会使工程费用大大增加，而且对计日工的管理也比较困难，因此，应尽量少用或不用计日工，而采取工程变更的形式来加以解决。

第六节　合同支付与管理

在工程支付中，除清单支付的项目外，还有一些虽未列入清单，但均符合合同要求的支付项目，称为合同支付项目（简称合同支付）。其主要内容包括：动员预付款、材料预付款，工程变更、价格调整、索赔费用，延迟付款利息、拖期违约罚金、保留金和提前竣工奖金等。合同支付在费用支付中所占比例不大，但其灵活性大，控制困难，是监理工作中的重点和难点，亦是搞好费用监理的关键。

一、动员预付款

动员预付款又称开工预付款，是一项由业主提供给承包商用作开办费用的无息贷款，提供这项资金的目的在于减轻承包商的资金压力。其额度国际上规定是合同总额的 0～20%，我国一般为合同总额的 10%。

动员预付款应在合同实施中，根据合同专用条款的规定，从期中支付证书中由监理工程师按一定时间或一定金额予以扣回，且扣回货币的种类和额度与付款时一致。扣回方法常见的有两种：

1. 按时间扣回

一般情况下，动员预付款均按时间扣回，即按规定在一定的时间内予以扣回。扣回时间开始于工程期中支付证书中工程量清单累计金额达到合同价值的 20% 的当月，止于合同规定竣工日期前三个月的当月，且从期中支付证书中逐月等值扣回。在此期间，月扣除动员预付款数额按下式计算。

$$G=\frac{F}{E-(D-1)-3} \tag{5.1}$$

式中 G——月扣除动员预付款数额（元）；

F——已付动员预付款（元）；

D——期中支付证书中工程量清单累计支付达到合同金额的 20% 的时间（月）；

E——合同工期（月）。

该方法的优点是：计算简便，每月扣回款额相等，易掌握；其缺点是：若工程进度迟缓或因其他原因使工程款支付不多时，会出现扣回额大于或接近工程款支付额，而使期中支付证书出现负值或接近零的情况。很显然，这是不太合理的。

【例 5.2】 某合同段合同价为 2 000 万元，施工总工期为 12 个月，动员预付款占合同价的 10% 并在第 1 个月全部支付，第 2 个月期中支付证书中工程量清单累计付款额达到合同价的 18%，第 3 个月期中支付证书中工程量清单累计付款额达到合同价的 25%，试求每月应扣回的动员预付款额。

解：直接按公式（5.1）计算：

$$G=\frac{F}{E-(D-1)-3}=\frac{20\ 000\ 000\times10\%}{12-(3-1)-3}=285\ 714\ \text{元}$$

答：从第 3 个月开始到第 9 个月每月应扣回的动员预付款为 285 714 元。

2. 按金额扣回

当按时间扣回开工预付款时，若工程进度迟缓或因其他原因使工程款支付不多时，会出现扣回额大于或接近工程款支付额，而使期中支付证书出现负值或接近零的情况。很显然，这是不太合理的。采用在一定的工程支付金额范围内扣回动员预付款，即每次的扣回款，依每次工程支付额的多少来确定，工程完成额多就多扣，完成额少就少扣，这样，每次的工程支付额就不会出现负值或零的情况，这比按月等值扣回的方法显然要合理得多。

FIDIC 合同条件规定：采用本方法的扣回时间开始于工程中期支付证书中工程量清单累计支付金额超过合同价值 20% 的当月，止于支付金额达到合同价值 80% 的当月。在此期间，按当期完成的工程款占合同值 60% 的比例予以扣回，计算公式如下：

$$G=M\frac{B}{\text{合同价}\times60\%} \tag{5.2}$$

式中 G——期中支付证书扣回预付款额；

M——期中支付证书当期完成的工程量清单金额；

B——已付动员预付款。

我国的《公路工程国内招标文件范本》规定：业主应在开工预付款支付证书收到后 14 天内核批，并支付开工预付款的 70% 的价款；在投标文件载明的主要设备进场后，再支付预付款 30%。开工预付款在期中支付证书的累计金额未达到合同价格的 30% 之前不予扣回，在达到合同价格 30% 之后，开始按工程进度以固定比例（即每完成合同价格的 1%，扣回开工预付款的 2%）分期从各月的期中支付证书中扣回，全部金额在期中支付证书的累计金额达到合同价格的 80% 时扣完。其计算公式为：

$$R=\frac{A}{(80\%-30\%)S}(C-0.3S) \tag{5.3}$$

式中　R——每次进度付款中累计扣回的金额（元）；

A——开工预付款总金额（元）；

S——合同价格（元）；

C——期中支付证书的累计金额（元）。

【例 5.3】 某高速公路工程建设项目，采用合同为我国的《公路工程国内招标文件范本》，合同总额为 5 000 万，开工预付款为 10% 并已在第 6 月前全部支付。已知第 7 个月期中支付证书的累计金额为 1 450 万元，第 8 个月期中支付证书的累计金额为 1 730 万元，第 9 个月期中支付证书的累计金额为 2 500 万元。试计算第 7、8、9 这三个月应分别扣回开工预付款额多少？

解：（1）第 7 个月：期中支付证书的累计金额占合同价的百分比为：

$$\frac{1\,450}{5\,000}\times 100\%=29\%$$

根据合同规定，在期中支付证书的累计金额未达到合同价格的 30% 之前不予扣回，故第 7 个月不应扣回开工预付款。

（2）第 8 个月：期中支付证书的累计金额占合同价的百分比为：

$$\frac{1\,730}{5\,000}\times 100\%=34.6\%$$

已达到规定扣款要求，则在第 8 个月的期中支付证书中应扣预付款额为：

$$R=\frac{5\,000\times 10\%}{(80\%-30\%)\times 5\,000}\times(1\,730-0.3\times 5\,000)=46\ \text{万元}$$

（3）第 9 个月：期中支付证书的累计金额占合同价的百分比为 50%，已达到规定扣款要求，则至第 9 个月的期中支付证书中累计应扣款预付额为：

$$R=\frac{5\,000\times 10\%}{(80\%-30\%)\times 5\,000}\times(2\,500-0.3\times 5\,000)=200\ \text{万元}$$

则第 9 个月应扣回预付款额为：200－46＝154 万元。

二、材料设备预付款

业主应给承包商支付一定比例的材料、设备预付款，以供购进将用于和安装在永久工程中的各种材料、设备之用。此项金额应按投标书附录中写明的主要材料、设备单据所列费用（进口的材料、设备为到岸价，国内采购的为出厂价或销售价，地方材料为堆场价）的百分比（一般应为 70%～75%，最低不少于 60%）支付。其付款条件是：

（1）材料、设备符合规范要求并经监理工程师认可；

（2）承包商已出具材料、设备费用凭证或支付单据；

（3）材料、设备已在现场交货，且存储良好，监理工程师认为材料、设备的存储方法符合要求。

满足上述要求时，监理工程师应将此项金额作为材料、设备预付款计入下一次的期中支付证书中。

监理工程师在签发材料、设备预付款时应注意：

(1) 累计支付的材料、设备预付款的金额不应超过合同剩余的工作量。

(2) 累计支付材料、设备预付款的材料、设备数量，不应超过工程所需的实际总数量。

(3) 预付款材料、设备的品种应与工程的计划进度相符合。

(4) 在预计竣工前三个月，将不再支付材料、设备预付款。

(5) 监理工程师所签发的材料、设备预付款的支付证明，不是对该材料、设备质量的批准。

(6) 已经支付材料、设备预付款的，材料、设备的所有权应属于业主，工程竣工时所有剩余的材料、设备的所有权应属承包商。

当材料、设备已用于或安装在永久工程之中时，监理工程师必须通过期中支付证书将材料设备预付款扣回，扣回期不超过三个月。

在 FIDIC 合同条件和实际工作中，材料、设备预付款的支付与扣回可采取逐月同时进行的方法，这种方法就是在对本月的现场材料、设备支付款额的同时，扣回上月已支付的预付款，其计算方法为：

$$Q = A - B \tag{5.4}$$

或

$$Q = (A' - B') \times \beta \tag{5.5}$$

式中 Q——本月支付的材料、设备预付款（元）；

A——本月末材料、设备预付款（元）；

B——上月末材料、设备预付款（元）；

A'——本月末现场材料设备价值（元）；

B'——上月末现场材料设备价值（元）；

β——规定的预付款百分比。

三、保留金

保留金是业主为了让承包人完全履行合同而将承包人应得款项的一种扣留。监理工程师应根据合同条件的规定，从支付给承包商的付款中按规定替业主扣留。如果承包商未能履行合同中规定应承担的责任，则保留金的扣除额就成为业主的财产。

1. 保留金的扣除

保留金应按投标书附录中规定的百分率（一般为 10%）乘以月支付额，从每期支付给承包人的工程结算款中扣留，直至保留金的金额达到投标书附录中规定的限额（一般为合同总价的 5%）为止。月支付额包括本月应结算的工程价款、计日工价款、本月应支付的暂定金额价款、费用和法规的变更发生的款额、根据合同规定本月应结算的其他款项，但不含预付款。

2. 保留金的使用

在施工阶段或缺陷责任期内，承包商未能对缺陷工程进行修补，业主可使用保留金中的一部分雇佣他人完成有关工作。

3. 保留金的退还

我国《公路工程国内招标文件范本》规定：在整个工程缺陷责任期满并发给缺陷责任终

止证书后的 14 天内，监理工程师签发保留金支付证书，将保留金退还给承包人。

FIDIC《施工合同条件》则规定：

(1) 当签发整个工程的交工证书时，监理工程师应当把一半保留金退还给承包商并开具证明书。

(2) 当工程的缺陷责任期满时，保留金的另一半将由监理工程师开具证明书退还给承包商。此时也应扣除已使用的保留金的金额。如在签发缺陷责任终止证书时，承包商仍有未完工程，则业主有权将余下的保留金扣留，直到遗留工程完成。

四、拖期损失偿金

根据合同条款规定，若承包商在规定工期内或规定的允许延期工期内未完成工程，则承包商应向业主支付合同规定的拖期损失偿金。一般规定为：每逾期一天，赔偿合同总价的 0.01%～0.05%，赔偿总额不得超过合同总价的 10%；赔偿时间自预定的交工日期起到合同工程交工证书中写明的交工日期或已批准的延长工期止，按天计算。

业主可以从应付或到期应付给承包人的任何款项中扣除此偿金，但不排除其他扣款方法。扣除拖期损失偿金，并不解除合同规定的承包商对完成本工程的义务和责任。

五、迟付款利息

根据合同规定，业主在收到监理工程师签发的支付证书后，应及时核批向承包商支付款额。如果业主在规定的期限内（见第四节规定）未能付款，则业主应按合同规定的利率向承包商支付全部未付款额的利息，付息时间从应付而未付该款额之日算起。

世界银行推荐的日利率为 0.033%～0.04%，利息按复利计算，其计算公式如下：

$$A = B[(1+r)^n - 1] \tag{5.6}$$

式中　A——迟付款利息；

B——迟付的外币数额；

r——合同规定的迟付款日利率；

n——迟付款天数。

我国《公路工程国内招标文件范本》规定：未付款额的利率相当于商业银行短期贷款利率加手续费，招标人不能自行取消该项内容或降低利率。利息计算不计复利。其计算公式如下：

$$A = B \times r \times n \tag{5.7}$$

式中　A——迟付款利息；

B——迟付的人民币数额；

r——合同规定的迟付款日利率；

n——迟付款天数。

当监理工程师确认业主在收到监理工程师签发的支付证书后，没有在合同规定的时间内向承包商付款，则应签发迟付款利息的支付证明。

六、工程变更费用的支付

(一)工程变更的类型

变更是相对承包人在投标时所依据的合同文件而言所做的变动，即工程在实施期间，如业主或承包人认为有必要时，可对本合同工程或其任何部分的结构形式、质量、等级或数量做出变更。按通用条件所做的变更，既包括工程具体项目的某种形式上的、质量上的、数量上的变动，也包括合同文件的形式上的、质量上的、数量上的改动。即变更包括两个方面的范畴：一是指工程上的变更，并且当变更金额超过一定的限度后就对费用予以调整；二是指合同上的变更，即通过工程变更令对合同文件进行修改。

根据 FIDIC 合同通用条款及《公路工程国内招标文件范本》的有关规定，工程变更有如下几种类型：

(1) 增加或减少本合同中的任何工程的数量；

(2) 取消合同中的任何单项工程；

(3) 改变合同中的任何工作的性质、质量或种类；

(4) 改变本工程任何部分的高程、线形、位置和尺寸；

(5) 完成本工程所必需的任何种类的附加工作；

(6) 改变本工程任何分项工程规定的施工顺序或时间安排。

虽然工程变更涉及多方面的内容，但有一个共同点，就是都发生在项目的实施过程中，而且是项目执行前没有考虑到或无法预测到的，因此对工程变更的控制也就相当困难。一般情况下，任何工程上的变更及合同变更，几乎都与费用有关，均将涉及业主和承包人的经济利益。除了由承包人的原因（过错、违反合同、责任等）而自行造成的变更外，其他所有的变更都需业主向承包人支付变更费用。

没有监理工程师的指令，承包人不能进行任何工程变更。但如果工程量的增减是由于其实际工程量超过或少于工程量清单中估算的数量而并非监理工程师指令的结果，则这类增减不需变更指令。任何工程的变更，均不应该以任何方式使合同作废或无效。

(二)工程变更的工程量核算

工程变更后，必然引起工程量的变化，监理工程师应重新加以核算。如原工程量清单中列有此项目，则应将变更后的数量与变更前的数量进行对比，从而确定工程量的增加量或减少量并计算出相应的百分比；如果原工程量清单中无此项目，则此变更属于新增加项目，也需要准确计算工程量。总之，不论是哪一种情况，都必须通过准确计算工程量形成工程变更清单（即修改的工程量清单），并以此作为工程变更费用支付的基础。监理工程师在核算变更的工程量时主要依据以下三个方面的信息：

1. 设计图纸、合同文件及技术规范

设计图纸、合同文件及技术规范是计算变更工程量的基本依据，因为变更前的工程量就是按设计图纸、合同文件及技术规范计算出来的。

2. 监理工程师的记录

监理工程师和旁站人员的现场记录是核算变更项目实际工程量的重要依据，因此，监理工程师应高度重视现场记录、试验数据和其他原始资料的积累。

3. 承包人提供的工程数量

承包人提供的工程数量如果经过监理工程师审核，也可以作为核算工程量的依据，但承包人单方提供而没有经监理工程师证明和签认的工程量仅能作为参考，不能作为依据。

（三）工程变更的单价确定原则

在工程变更的支付中，工程变更的单价涉及业主和承包人的切身利益，因此对变更单价的确定是最困难和最关键的。确定变更工程单价应坚持约定优先和公平合理的原则。根据FIDIC合同条件及《公路工程国内招标文件范本》的有关规定，工程变更的单价按下述原则确定：

(1) 如果工程量清单中的单价或总额价适宜，应以工程量清单中的单价或总额价为依据来确定变更工程价格的增加或减少额。

(2) 如果工程量清单中未包含适用于变更工程的单价，则采用工程量清单中监理工程师认为合适的单价用于作价的依据。如果不适合，则由监理工程师和承包人协议一个合适的单价或总额价并报业主批准。如果不能达成协议，则监理工程师应根据情况在报业主批准后，定出他认为合理的单价或总额价，并通知承包人，抄送业主。如果此单价或总额价一时不能议定，监理工程师可以确定暂时的单价或总额价，作为暂付账款列入根据合同规定签发的期中支付证书中，待议定后再在其后的期中支付证书中调整。

(3) 如果变更工程的性质或数量，占整个工程的比例较大，使涉及的工程细目原有的单价或总额价因此而不合理或不适用时，由监理工程师和承包人议定一个合适的单价或总额价并报业主批准。当不能达成协议时，监理工程师应根据情况在报业主批准后，定出他认为合理的单价或总额价，并通知承包人，抄送业主。如果合同的工程量清单中某一支付细目所列的“金额”或“合价”超过签约时合同价的2%，而且该支付细目变更后的工程实际数量超过或小于工程量清单中所列数量的25%，则该支付细目的单价或总额价应予以调整。

(4) 监理工程师如认为必要或可取，可以指令按计日工完成任何需变更的工作。对于这种变更的工作，应按合同中包括的计日工明细表中所定的细目，和承包人在其投标书中对此所报的单价或总额价，向承包人付款。

上述单价确定原则可通俗地表述为：有单价用单价；有相近单价参考相近单价；无单价协商定价，协商不成监理定价；变更较大调整单价。

在上述单价确定原则中，第（1）条和第（2）条在处理工程变更费用中经常用到，并且在我国许多高速公路建设项目中都取得了成功。第（3）条实际上是合同履行的公平性与可操作性的有机统一，是当变更超出某一范围时，对合同中因不平衡报价而产生的不公平现象的矫正，但在实际使用中要慎重处理，因为合同条件中并未就超出范围后如何调整价格给出具体模式，稍不注意就会产生十分严重的后果，甚至有可能使工程造价失控。第（4）条应该尽量避免使用或不使用，因为种类单一而价格普遍较高的计日工，是不适合用于种类繁杂而难易程度不定的变更工程的。

（四）工程变更的单价确定方法

由于工程量的单价涉及业主和承包人的切身利益，所以双方对此都十分关心。虽然FIDIC

合同条件及《公路工程国内招标文件范本》就此专门设置了第 52 条，但也只能是给个总的原则，没有也不可能给出具体的处理办法。为了公正地对每一个变更项目进行估价，使业主和承包人对变更项目的造价满意，监理工程师必须完成大量而又详细的测算工作。下面通过实例来具体分析。

1. 采用工程量清单内的单价

工程量清单的价格是承包人投标时填报的，用于变更工程，容易为业主、承包人及监理工程师所接受，而且从合同意义上来说也比较公平合理。

采用工程量清单的价格分三种情况：

（1）直接套用，即直接采用工程量清单上的价格；

（2）间接套用，即依据工程量清单，经换算后采用；

（3）部分套用，即依据工程量清单，取用价格中的某一部分。

【例 5.4】 某高速公路项目的原设计中，考虑沿线乡村交通的需要，设置了几十座人行通道。但在施工中发现，由于部分通道之间距离较大，给沿线村民生活带来不便。应地方政府的要求，业主决定在适当的地方增设几座人行通道。

分析： 在处理这个工程变更时考虑到承包人原报价中有几十座类似的通道，现只增加几座，故可直接采用工程量清单中的报价。监理工程师在综合分析通道长度、断面尺寸、地理位置以及施工条件等各种情况后，在清单上几十座通道的价格中，可选择最接近新增加工程情况的通道价格，作为确定此项变更工程的价格依据。

【例 5.5】 在某合同新增加的附属工程项目中，需要浇注 25 号混凝土，在工程量清单中，虽然可以找到 25 号混凝土的价格，但在不同的构造物中，由于几何尺寸、地理位置和施工条件不尽相同，尽管混凝土的标号相同，单价却不一样，并且没有一个明显可与新增的附属工程情况靠近的单价。

分析： 监理工程师在处理这项变更的定价问题时，可间接套用工程量清单上的报价。首先应将工程量清单中所有 25 号混凝土的价格取出，然后计算其平均值，并以此平均值作为新增工程中 25 号混凝土的单价。

【例 5.6】 某合同工程中要使用的钻孔桩有如下 3 种：直径为 1.0 m 的共计长 1 500 m，直径为 1.2 m 的共计长 8 100 m，直径为 1.3 m 的共计长 2 100 m。原合同规定选择直径为 1.0 m 的钻孔桩做静载破坏试验。在施工中，业主和监理均认为，如果选择直径为 1.2 m 的钻孔桩做静载破坏试验，对工程更具有代表性和指导意义。因此，决定进行变更。但在原工程量清单中仅有 1.0 m 静载破坏试验的价格，没有直接套用的价格。

分析： 由于钻孔桩静载破坏试验的费用主要由试验费用和桩的费用组成，因此，可认为变更费用增加主要是由钻孔桩直接的变化而引起的，而试验费用可认为没有变化。由于普通钻孔桩的单价在工程量清单中可以找到，故可部分套用工程量清单上的报价。变更后的费用　直径 1.0 m 桩静载破坏试验费+直径 1.2 m 钻孔桩的清单价格。

2. 通过协商确定价格

通过协商确定单价是基于工程量清单中没有或者虽有但不合适的情况所采取的一种方法。在这种情况下，业主与承包人都参与价格及费率的协商，但如果他们的意见不一致，监理工程师将决定变更工程的单价。特别要注意的是，一旦监理工程师决定的价格不太合理，或缺乏说服承包人的依据，那么承包人有权就此向业主提出费用索赔。因此，监理工程师在协商和决定变更价格时，要熟悉和掌握工地情况和技术资料，并通过合理判断、综合分析来确定。在实践中常用以下方法：

(1) 以合同单价为基础定价。该方法的特点是简单且有合同依据，但只有在原单价合理的情况下才会相对合理，当原单价不合理（有不平衡报价）时，该方法对增加的工程量部分的定价是不合理的。

(2) 以预算单价为基础定价。该方法的优点是有法律依据，产生的价格相对合理，能真实地反映完成变更工程的成本和利润。其缺点是不同的施工方案、施工方法会有不同的单价，另外该方法无法反映竞争的作用以及原有招标成果的作用，特别是当承包商有不平衡报价时，该方法会加剧总造价的不合理性。

(3) 采用加权定价法。该方法可以克服以上两种方法存在的不足，所确定的工程变更单价较为合理。

【例 5.7】设某合同中沥青路面原设计厚 4 cm，其工程量和标底单价（假设为预算单价）见表 5.4。当承包商采用平衡报价或不平衡报价时，其报价结果有所不同。现假定路面在施工中由 4 cm 厚变更为 5 cm，试用三种不同的方法分析变更后的路面单价。

表 5.4 工程变更单价分析表

工程细目	单位	数量	标底		平衡报价		不平衡报价		备注
			单价（元/m^2）	金额（万元）	单价（元/m^2）	金额（万元）	单价（元/m^2）	金额（万元）	
路面（4 cm）	万 m^2	18	40	720	36	648	32	576	投标价格
变更路面（5 cm）	万 m^2	18	50	900	45	810	40	720	第 1 种方法
变更路面（5 cm）	万 m^2	18	50	900	50	900	50	900	第 2 种方法
变更路面（5 cm）	万 m^2	18	50	900	46	828	42	756	第 3 种方法

分析：(1) 第 1 种方法，以合同单价为基础定价时,变更后路面的单价为：变更后的厚度 ÷ 原厚度 × 原单价。具体计算结果填于表中。

(2) 第 2 种方法，以预算单价为基础定价时，变更后路面的单价为：5 ÷ 4 × 40 = 50 元/m^2。

(3) 第 3 种方法，采用加权定价法时，变更后路面的单价为：原单价 + 新增工程部分的预算单价。即：原单价 + 50 ÷ 5，具体计算结果填于表中。

从上例可以明显地看出三种方法各自的优缺点。当采用平衡报价时，用第 1 种方法确定的结算总价为 810 万元，该价格的不合理之处在于，对增加的路面（1 cm）工程量同样要求承包商向业主让利（10%），而承包商在投标及签约时并未作此承诺；而采用第 2 种方法结算时，其结算总价为 900 万元，该价格的不合理之处在于，由于采用路面的预算单价作为结算价，使得承包商在投标及签约时作出的让利 10% 的承诺没有真正执行。

当采用不平衡报价时，用第 1 种方法确定的结算总价为 720 万元，该价格的不合理之处在于，对增加的路面（1 cm）工程量同样要求承包商以低于标底 20% 的水平结算，而承包商在投标及签约时并未作此承诺；当采用第 2 种方法结算时，其结算总价为 900 万元，该价格的不合理之处在于原合同路面（4 cm）的降价和不平衡报价因素使得路面单价偏低的现象被新确定的路面单价完全消除，不仅不能使投标竞争所产生的积极成果发挥作用，反而因不平衡报价因素而提高了结算价格，使合同的总结算价超过标底价。

第 1 种方法与第 2 种方法均存在不足，合理的定价方法是在考虑路面（5 cm）的单价时，在保持原有报价不受实质影响的前提下，对新增工程部分按预算方法定价，以此加权确定路面的单价，即第 3 种方法。

3. 单价的调整

在上述单价确定原则中，第 3 条实际上是合同履行的公平性与可操作性的有机统一。就合同的严肃性及可操作性而言，变更工程原则上应按合同中的相应单价来执行，但如果合同中存在不平衡报价，则单价与成本相比会显得偏高或偏低。此时当工程变更规模超过合同规定的某个范围时，继续采用原单价会有悖公平性甚至出现显失公平的现象，所以此时对超出部分的单价应进行修订或调整。下面通过示例进行说明。

【例 5.8】 设有一合同其总价为 1 亿元，其中土方工程量为 100 万 m^3，合同金额为 1 000 万元。从成本和利润分析可知，承包商完成 100 万 m^3 土方的合理单价为 10.5 元/m^3（其中：直接成本 8 元/m^3；间接成本 2 元/m^3；利润 0.5 元/m^3）。在施工中，由于设计变更而使得土方实际数量达到 150 万 m^3，试问增加的 50 万 m^3 怎样计价？

分析：该变更符合单价确定原则中第 3 条的条件：

第一，土方工程项目的合同金额为 1 000 万元，超过合同总价（1 亿元）的 2%；

第二，土方工程项目变更后的工程实际数量超过工程量清单中所列数量的 25%。

所以土方的单价可以进行调整，但是否一定要进行调整，则应分析工程量清单中土方的单价是否真实反映了承包商为完成变更工程所需要的成本和利润。

由于多种原因，承包商的报价可能出现三种情况：

第一种情况：10.5 元/m^3 及以上，即报价等于或高于合理单价；

第二种情况：10 元/m^3，即报价中采取了让利策略，利润为 0；

第三种情况：8 元/m^3 甚至更低，即采用了不平衡报价，此时单价为亏损价。

对于第一种报价，由于工程量的增加，承包商会增大规模效益，其增加部分的直接成本和间接成本均会降低，因此，对超出 25% 部分的增加工程量计价时，原清单单价应予以降低，当单价因不平衡报价而超出 10.5 元/m^3 时更应如此。

对于第二种报价，尽管承包商未承诺对变更工程继续让利，但由于规模经济性会使得承包商的施工成本下降，承包商在完成变更工程中，可以从规模效益的增加中获利，因此其单价可维持不变。

对于第三种报价，由于其单价为亏损价，因此继续使用合同单价对超出 25% 部分的增加工程量计价是不公平的，宜采用 10.5 元/m^3 或 10 元/m^3 的价格对超出 25% 部分的变更工程进行计价。

本例中由于合同中土方单价为 10 元/m^3，即承包商在报价中采取了让利策略，其利润为 0。但由于规模经济性会使承包商从中获利，因此，其单价应维持不变。

（五）工程总价的变更与控制

根据 FIDIC 合同条件及《公路工程国内招标文件范本》的规定，按工程变更单价原则确定出来的造价，并不一定是变更工程的最终造价。如果在签发交工证书时，发现合同价格的增加或减少总共超过“有效合同价格”的 15%（这里的“有效合同价格”是指扣除暂定金额后的合同价格），这种总额超过或减少 15% 或以上是产生于：

（1）根据工程变更单价原则第（1）、（2）、（3）条作价过的全部变更的工程累计结果；

（2）根据实际计量对工程量清单中的估算工程量所作的一切调整（但不包括暂定金额、计日工和物价因素价格调整）。

如果发生这种情况，监理工程师应与业主和承包人协商后确定一笔管理费调整额，从合同价格中扣除或加到合同价格上。这笔调整金额仅限于增加或减少超过有效合同价 15% 的那一部分款额（如为正值，管理费向下调；如为负值，则向上调）。中小型项目，如项目专用条款另有规定，可不考虑此项调整。

工程量调整与变更过多，累计超过 15%，意味着工程规模的扩大或缩小，直接费随之调整了，但单价中还包括一些间接费（如预制厂、加工场）并未因工程规模增大而扩大，只是增加了利用率，但也随着工程量增加而上调，承包人因此而受益；反之，又会因工程量大量削减而吃亏，所以才有这一条管理费的调整。客观地讲，15% 是一个经验数值，可理解为承包人在投标时考虑了各种风险并留有一定余地的临界值。因此，当变更小于 15% 时，承包人有责任也有能力分担。但如果突破这一界限，承包人将难以承受，应由业主和承包人共同分担，若强制由承包人一方承担，合同条件不列变更条款，无疑将给业主招标和承包人投标带来很大的困难。

在一个项目的实施过程中，各种工程细目的变更会经常发生。监理工程师必须认真分析和计算每一个工程细目的变更费用，才能控制好变更总额。鉴于上述理由，监理工程师必须力争把变更规模控制在有效合同价格的 15% 以内，不然的话，调整工作难度极大，即使 FIDIC 合同条件及《公路工程国内招标文件范本》也没有对超出 15% 范围以外的费用调整给出具体可操作的模式。

七、索赔的支付

索赔是指合同的一方向另一方索取赔偿，它是一种经济行为，也是一项管理业务。费用索赔，是指业主或承包商根据合同的有关规定，通过监理工程师向对方索取合同价格以外的费用，作为对自身经济利益的损失的补偿。

承包商的施工索赔内容包括以下两个方面：一方面是对额外所消耗资源的索赔，即费用索赔；另一方面是对时间的索赔，体现为工程项目的竣工日期延后，即延期。费用索赔是索赔的最终目的，工期索赔很大程度上也是为了费用索赔。这里仅介绍费用索赔支付的内容。

（一）索赔费用的项目构成

工程索赔的费用项目是用来计算索赔额的费用内容，与合同报价包含的内容相似，主要包括：人工费、材料费、机械使用费、管理费及其他费用。表 5.5 列出了常见的几种索赔情况的费用构成。

表 5.5　常见索赔的费用项目构成分析

索赔事件	可能的费用损失项目	有关说明
延期后的索赔	人工费增加	工资上涨，现场停工、窝工生产效率降低，劳动力使用不经济的损失
	材料费增加	因延期出现材料价格上涨
	机械使用费增加	因延期引起设备折旧费、保养费、租赁费等增加
	管理费增加	包括现场管理费和总部管理费的增加
	物价上涨	因工期延长期间物价上涨使原工程成本增加
	利息增加	因延期造成银行贷款、其他方式筹资款利息的增加

续表 5.5

索赔事件	可能的费用损失项目	有关说明
业主指令工期提前	人工费增加	因抢工超合同投入大量劳动力致使工效降低造成损失
	材料费增加	因抢工不经济地使用材料或材料运费等增加
	机械使用费增加	增加大量机械，超合同地使用机械，停班多，费用增加
	管理费增加	临时增加人员、临时宿舍费、加班费、差旅费、生活补贴、管理人员等增加
	利息增加	因抢工临时增加贷款、增加流动资金，银行利息增加
工程中断	人工费增加	留守人员工资，人员遣返和重新招募费用，对工人的赔偿金
	机械费增加	设备停置费、额外设备进出场费、设备租赁费用等
	租赁设备费	
	利息增加	因工程中断造成银行贷款、其他方式筹资的利息增加
	总部管理费	因工程中断造成公司总部管理费用增加
	其他支出	如工地重建部署调遣费等
工程变更	工程量增加	变更工程的计价按工程变更的有关规定来处理，工程变更引起的工程中断及延期后的费用索赔按前述规定执行
	附加工程	
	工程的性质、质量、类型改变	

（二）索赔费用项目的计算原则

1. 人工费

1）停工及窝工的人工费

(1) 合同中规定了计算方法的，原则上按合同中规定的计算方法计算；

(2) 合同中未规定计算方法的，可以参考计日工单价、人工费预算单价、当前的人工工资水平来计算。

在此基础上确定停工及窝工费的工日单价并根据实际的停工及窝工时间进行计算。其中停工、窝工时间中应根据工程的不同性质扣除雨水天气所占用的时间。

2）增加的人工费

由于增加了合同以外的工程内容，或由于业主原因造成工程拖延，致使承包人多用了人工或者延长了工作时间，则承包人有权向业主要求补偿人工费的损失。其计算方法是：工资单价×人工数×应赔偿（或延长）的天数。经累加后，即为要求赔偿的人工费。

2. 材料费

1）材料积压损失费

(1) 合同中已支付材料预付款的，原则上不考虑材料积压损失费；

(2) 合同中未支付材料预付款的，可根据材料费价格及积压材料的费用总额计算其利息；

(3) 对于使用时间有要求的材料，当材料积压时间太长时，应根据实际情况考虑材料超过使用期限后报废的损失。

2）增加材料的费用

由于业主修改了工程内容，或需要重新施工制作，致使工程材料用量增加，则承包人可向业主提出材料费用索赔。其计算方法是：（实际使用的材料数量－原来材料数量）×所使用材料单价，由此就可以求出增加材料的费用。

3. 机械费

1）机械设备停置费

(1) 合同中规定了计算方法的，原则上按合同中规定的计算方法计算；

(2) 合同中未规定计算方法的，可参考下列公式计算：

台班单价＝（折旧费＋大修理费）×$\alpha\%$＋机上人员工资＋养路费及车船使用税

其中，折旧费、大修理费是指机械台班费用定额中每台班的折旧费和大修理费，$\alpha\%$为机械设备的使用率，根据有关规定确定。机上人员工资按停工、窝工人工费的计算方法确定；养路费及车船使用税可查有关定额或规定。

(3) 施工单位租赁机械，可在出具租赁合同后，根据租赁价格扣除燃料费后确定其停置费。

2）增加机械设备的费用

首先计算机械工作时间的增加量，即原有各种机械比预定计划所增加的工作时间（或台班）和新增加各种机械的工作时间（或台班）；其次，将以上各种机械设备工作时间的增加量乘以合同规定单价或台班单价；最后，将不同种类机械费用累计，就可以计算出机械费的索赔金额。

4. 管理费

(1) 可根据实际情况由业主、监理工程师、承包商协商确定（主要考虑现场管理费）；

(2) 按辅助资料表的单价分析表中的管理费比例，测算管理费占合同总价的比例，确定合同总价中的管理费总额，再根据项目合同工期测算承包商每天的现场管理费总额，最后根据增工、停工或窝工时间确定索赔事件期间所发生的管理费总额。

5. 延长工期后的费用

(1) 当合同规定由承包商办理工程保险时，工程保险费追加可根据保险单或调查所得的保险费率来确定保险费用。

(2) 承包商临时设施维护费，如已包含在现场管理费中，则不另行计算，否则可根据延长时间由业主、监理工程师、承包商协商确定维护费用。

(3) 当合同规定临时租地费由承包商承担时，工期延长期间的临时租地费可根据租地合同或其他票据参考确定。

(4) 临时工程的维护费可根据临时工程的性质及实际情况由业主、承包商、监理工程师协商确定。

6. 延期付款利息

根据投标书附件中规定的延期付款利率和延期付款时间按单利法或复利法进行计算。

7. 赶工费

为抢工期而增加的周转性材料增加费、工效和机械效率降低费、职工的加班费、不经济地使用材料等赶工费由业主、承包商、监理工程师根据赶工的工程性质和当时当地的实际情况协商确定。

8. 利　润

对于不同性质的索赔，取得利润索赔的成功率是不同的。一般来说，由于工程范围的变更和施工条件变化引起的索赔，承包商是可以列入利润的；由于业主的原因终止或放弃合同，承包商也有权获得除已完成工程款外原定比例的利润。而对于工程延误的索赔，由于利润通常是包括在每项实施的工程内容的价格之内的，而延误工期并未影响、削减某些项目的实施而导致利润减少，所以，一般监理工程师很难同意在延误费用索赔中加进利润损失。索赔利润款额的计算通常是与原报价单中的利润百分率保持一致。即在索赔款直接费的基础上，乘以原报价单中的利润率，即为该项索赔款中的利润额。

（三）索赔金额的计算

1. 计算原则

当索赔成立时，其关键的工作就是确定索赔费用的金额。费用索赔以补偿和赔偿实际损失为原则。实际损失包括：

(1) 直接损失：承包商财产的直接减少，常表现为成本的增加和费用的超支。因不可抗力因素或不可预见事件产生的损失，业主往往只补偿直接损失。

(2) 间接损失：因业主及其代理人违约等原因，使承包商获得的利润或其他利益减少，业主往往还要赔偿这部分损失。

在索赔金额的计算中还必须考虑要扣除由于承包商自己责任造成的损失和承包商应承担的风险。

2. 计算方法

1) 分项法

按每个索赔事件所引起损失的费用项目分别分析计算索赔金额的一种方法。在工程实践中，绝大多数工程的索赔都采用分项法计算。分项法计算分三个步骤：

(1) 分析每个或每类索赔事件所影响的费用项目；

(2) 计算每个费用项目受索赔事件影响后的数值，通过与合同价的费用值进行比较，即可得到该项费用索赔值；

(3) 将各费用项目的索赔值汇总，得到总费用索赔值。

分项法中索赔费用主要包括该项工程施工过程中所发生的额外的人工费、材料费、机械使用费、相应的管理费，以及应得的间接费和利润等。

2) 总费用法

总费用法又称总成本法，就是当多次发生索赔事件后，重新计算出该工程的实际总费用，再从这个实际总费用中减去投标合同价，即为索赔金额。其计算公式为：

$$索赔金额 = 实际总费用 - 合同价$$

这种计算方法的缺点一是实际总费用中可能包括了承包商自身原因（如管理不善等）而增加的费用；二是使承包商的低价中标无形中得到补偿。因此，只有索赔较多难以计算索赔费用时才采用这种方法。

3) 修正的总费用法

修正的总费用法是对总费用法的改进，即在总费用计算的原则上，去掉一些不合理的因素，使其更合理。修正的内容如下：

(1) 将计算索赔款的时段局限于受到外界影响的时间，而不是整个施工期；

(2) 只计算受影响时期内的某项工程所受影响的损失，而不是计算整个施工期内所有施工工作所受的损失；

(3) 与该项工作无关的费用不列入总费用中；

(4) 对投标报价费用重新进行核算。用受影响时期内该项工作的实际单价，乘以实际完成的该项工作的工作量，得出调整后的报价费用。

修正后的总费用，有了实质性的改进，准确程度已接近于实际费用。其计算公式为：

索赔金额＝某项工作调整后的费用－该项工作的合同费用

（四）索赔费用的审核

虽然承包商在索赔报告中已有索赔费用的计算，但绝大部分的承包人有意将索赔费用算得很高，以期获得更多的额外费用，有些承包人甚至将由于自身管理不善所造成的损失也计算到索赔费用中来。因此，监理工程师必须严格审核索赔费用，这对监理工程师来说是一项繁重的工作。费用索赔的审核主要包括三方面，即索赔细目与工程量的审定、单价与费率分析及计算审查。

1. 索赔细目与工程量的审定

监理工程师应对承包人所申报的各个细目进行逐项分析和审查，以确认哪些细目确实与有效的索赔有关，哪些无关，对有关的细目应分析其内容和数量是否准确。主要步骤如下：

(1) 仔细分析和阅读监理工程师的原始记录。如工地日志、监理工程师日记、计量与支付报表及有关记录等。凡是没有事实依据，与有效的费用索赔无关以及承包人自身管理不善造成损失的工程量均不予考虑。

(2) 仔细分析承包人的记录。合同条件中要求承包人在提出索赔意向书后，对事件的发生进一步做好当时记录，因为这样的当时记录对承包人发出的索赔意向来说可能是合理的，且可能是相当重要的补充资料，因此，监理工程师应该对此进行全面分析。

(3) 现场核查。根据上述两个方面的记录，监理工程师应派员到施工现场对重点内容进行核查，以便进一步作出判断。

(4) 综合分析。根据两个方面的记录和现场核查结果，按合同文件的有关规定进行综合分析，确定出索赔的细目和相应的工程量。应当注意的是，对那些已根据监理工程师指令采取过措施的工程细目，其索赔费用应作出必要的折减，特别是如果监理工程师曾经发出过正确合理的指令，而承包人没有执行，则该措施所涉及的索赔数量不予考虑。

2. 单价与费率分析

承包商提出索赔时，一般会附上工程项目方面的资料和单价与费率方面的资料，监理工程师应详细审查这些资料，从中找出与索赔有关的依据。一般来说，大部分的费用索赔不包括利润，有时甚至不包括管理费，而承包商的报价单中的价格一般都采用投标时的价额，基本都包含了管理费和利润，即利润和各种间接费在报价时已按一定的方式摊入了单价。因此，在计算索赔费用时，不能照搬报价单中的单价和费率，而必须对它们进行认真分析。另外，在施工过程中，由于现场的实际情况可能不同于报价时的情况，所以必须在全面了解承包人在投标报价时各种费用的计算依据和所考虑的因素的基础上，分析承包人在计算索赔费用时所用单价和费率与其在报价时所用单价和费率的差别，从而根据索赔费用项目的计算原则和索赔金额的计算方法来重新确定单价与费率，计算索赔费用。

3. 计算审查

监理工程师对承包商的索赔费用计算，应进行详细的审查。首先，应对承包商的计算原则、计算方法进行分析和审查，看其是否符合合同的规定和要求；其次，检查承包商的计算有无算术错误。在许多情况下，承包商的索赔费用计算往往存在算术错误，监理工程师在审查时，对此要足够重视。当然，审查的重点应是看其计算原则和方法是否符合合同的有关规定和要求。

（五）索赔费用的支付

当索赔金额经计算确定后，就可作为承包商的应收款项，作为期中支付证书（或最终支付证书）中的一个支付项目支付给承包商。然而，由于各方对索赔的争议往往较大，所以许多索赔项目需要经历很长一段时间才能处理完毕，因此，如果出现整项索赔没有结案的情况，通常将监理工程师已经认可的那部分索赔在中期支付证书中进行暂定支付，这种支付就是一项持续索赔的临时付款。不过，监理工程师必须依据《索赔时间/金额审批表》，首先签发索赔支付证明，并按有关规定将其列入期中支付证书或最终支付证书内予以支付，且必须按合同有关规定及《索赔时间/金额审批表》所确定的索赔金额支付。

总之，索赔在施工合同中是经常出现的，并且费用可观，监理工程师应针对各种索赔原因采取切实有效的措施，从而达到有效的控制索赔费用，降低工程造价的目的。其中最关键的一条就是按合同文件要求认真做好各项工作，全面熟悉有关工地及其环境、工程计划、合同条件、技术规范以及投标等方面的业务，使自己在索赔费用支付中处于有利地位。

（六）索赔案例

【例 5.9】 某高速公路的某合同段，原设计为桥路桥，即两边是高架桥，中间有 980 m 路堤。在承包人施工期间，业主对此合同设计方案进行了变更，取消了 980 m 的路堤段，改为高架桥，即全桥方案。但业主在此项变更尚在研究、并未取得有关部门的正式认可、且没有正式通知监理工程师的情况下，就向承包人提供了变更工程草图，承包人根据草图进行施工。当监理工程师得知这一情况后，于 2004 年 7 月 18 日正式下文通知承包人：凡没有按正常渠道受理和批准的变更令，任何未按合同文件施工的工程不能予以支付，且承包人应承担由此而带来的法律和经济后果。承包人接文后，暂停了这部分工程，并准备按原合同文件进行。此时，业主正式通知监理工程师，将对此段工程进行变更，希望暂停这部分工程的施工。据此，监理工程师于 7 月 28 日正式下达停工令。9 月 20 日在业主变更方案获得批准后，监理工程师下达正式复工令。

由于上述原因，承包人根据合同条款第 40 条的规定，提出停工期间的费用索赔。承包人随费用索赔申请书附上了有关的文件、票据和详细的费用计算书。承包人称他 7 月 18 日收到监理工程师的文件后就停止了施工，至 9 月 21 日收到复工令，停工时间 65 天。索赔金额为 2 288 047.57 元，汇总于表 5.6。

表 5.6 承包人索赔费用汇总表

名称及规格	数量	单位	金额（元）	备 注
1. 误工费	1	天	2 176.80	
2. 机械停置费	1	天	11 409.20	
3. 水电费	1	天	157.50	
4. 贝雷租金	1	天	300.00	
5. 履约保函费	1	天	520.30	
6. 工程咨询费	1	天	3 624.30	
7. 管理费	1	天	5 462.12	
日 计	1	天	23 650.22	上述各项之和
合 计	65	天	1 537 264.30	23 650.22×65
8. 其他直接费			150 783.27	
9. 间接费			600 000.00	
总 计			2 288 047.57	

具体计算过程如下：

（1）误工费（2 176.80 元/天）

2004 年 8 月份我二分部共有生产工人 120 人，实际支付的生产工人工资总额为人民币 65 304 元（包括超产奖 5 000 元），平均每人每天的工资费用为 65 304÷120÷30＝18.14 元。每天的误工费为 18.14×120＝2 176.80 元。

（2）机械停置费（11 409.20 元/天）

注：由于施工场地及计划安排的闲置，上述人员、机械均不能转移到别处工作。

（3）水电费（157.50 元/天）

① 二分部水费：2004 年 6 月 1 日～9 月 30 日共缴纳水费 3 717.6 元，平均每天为：3 717.6 元÷120 天＝30.98 元。

② 二分部电费：2004 年 6 月 1 日～9 月 30 日共缴纳电费 12 688.8 元，平均每天为：12 688.8 元÷120 天＝105.74 元。

③ 经理部水电费：2004 年 6 月 1 日～9 月 30 日共缴纳水电费 2 493.6 元，平均每天为：2 493.6 元÷120 天＝20.78 元。

水电费总计为：30.98＋105.74＋20.78＝157.50 元/天

（4）贝雷租金

根据协议，贝雷片每天的租金为 1 元/片，共组 300 片，故租金为 300 元/天。

（5）履约保函费

为提供履约保函，一次性支出手续费 33 960 元，通过银行贷款的押金为 6 792 500 元，月息 4.5‰。我部提供履约保函的实际费用为：33 960＋6 792 500×4.5‰×36＝1 134 315.00 元。

与数量清单 101 项相比平均每天超支为：（1 134 345.00－10 500.00）÷36÷30÷2＝520.30 元。

（6）工程咨询费

根据合同附表 1 外汇需要明细表，某外国公司的咨询费用总额为 238 000 美元，按合同协议，外国公司将负责 500 项桩基部分的技术工作，时间为 13 个月，这样平均每天的费用为：23 800×（1－4.0%）÷13÷30×76%＝445.24（美元）＝3624.30 元（比价为 8.14）。

这里 4.0% 为投标时的降价百分比，76% 为该项费用的直接费用部分。

（7）管理费用

2004 年 8 月份实际发生的管理费如下，计算公式为：

二分部管理费＋经理部管理费÷2

① 工作人员基本工资：18 337.82＋10 766.02÷2＝23 720.83 元

② 工资附加费：2 733.82＋699.79÷2＝3 083.71 元

③ 办公费：6 069.13＋2 536.50÷2＝7 337.38 元

④ 差旅费：4 960.00＋1 637.70÷2＝5 778.85 元

⑤ 固定资产使用费：5 241.35＋10 512.0÷2＝10 497.35 元

⑥ 工具、用具使用费：7 283.53＋393.10÷2＝7 480.08 元

⑦ 劳动保护费：7 632.12＋989.0÷2＝8 126.62 元

⑧ 房产车船税：3 000.00＋700.0÷2＝3 350.00 元

⑨ 职工教育经费：2 839.50＋1 376.40÷2＝3 527.70 元

⑩ 利息支出 26 250.00 元

⑪ 其他费用（包括业务招待费）：3 742.80＋1 936.50÷2＝4 711.05 元

⑫ 公司管理费：60 000.00 元

以上合计：163 863.57 元，平均每天：163 863.50 ÷ 30 = 5 462.12 元

（8）其他直接费

① 索赔准备费：900.00 元

② 1～7 项索赔金额为 1 537 264.30 元，我们在 2004 年 9 月 21 日复工后即应得到赔偿。但至 2004 年 10 月 21 日仍没有得到赔偿，应付利息：

1 537 624.30 × 3.25‰ × 30 = 149 883.27 元

则其他直接费共计：149 883.27 + 900 = 150 783.27

③ 上述本息 1 537 624.30 + 149 883.27 = 1 687 147.57 元，应按 3.25‰ 的月息计算每天利息为：1 687 147.57 × 3.25‰ ÷ 30 = 182.77（元），直至索赔全部得到赔付为止。

（9）间接费用

由于停工使得在停工期间应完成的工作量 400 万元被迫推迟至 2006 年进行。预计通货膨胀率将在 15% 左右，那么推迟施工所造成的损失为：

4 000 000 × 15% = 600 000 元

分析：对于此项索赔，监理工程师应作如下评估：

（1）合同条款

按照《公路工程国内招标文件范本》第 40 条的有关规定，此项费用索赔可以成立，且承包人已按合同要求，在监理工程师书面下达停工令后的 21 天之内提供了费用索赔意向书。故此费用索赔按合同要求被接受。

（2）停工期限

承包人主张停工时间应从 2004 年 7 月 18 日算起，但监理工程师认为，7 月 18 日的指令是因为承包人未能按合同文件的要求进行施工才下发的，承包人应按合同所规定的图纸和监理工程师的指示进行施工。尽管承包人申述其未按合同规定的图纸施工是由于业主的原因，但本项费用索赔是根据合同条款第 40 条的规定，以监理工程师的书面停工令为准。故停工时间应以承包人正式收到的停工令和复工令的时间计算。经确认，承包人于 2004 年 7 月 29 日收到正式停工令，2004 年 9 月 21 日收到正式复工令，因此批准的停工期限为 55 天。

在书面停工令下发之前的任何强制性停工不在本项费用索赔中考虑，承包人如认为有必要索赔时，可以另案提出。

（3）索赔费用的确定

监理工程师批准的索赔金额为：844 394.65 元，汇总如表 5.7 所示。

表 5.7 监理工程师审批的索赔费用汇总表

名　　称	数　量	单　位	金　额（元）	备　注
1. 误工费	1	天	1 945.20	
2. 机械停置费	1	天	11 409.20	
3. 水电费	1	天	144.70	
4. 贝雷租金	1	天	300.00	
5. 管理费	1	天	1 553.53	
日　计	1	天	15 352.63	上述各项之和
合　计	55	天	844 394.65	15 352.63 × 55

具体审核计算如下：

（1）误工费：1 945.20 元/天

2004 年 8 月份二分部实际支付生产工人工资减去超产奖后为：60 304 元

平均每人每天的工资为：60 304 ÷ 120 ÷ 31 = 16.21 元/（人·天）

每天的误工费为：16.21 × 120 = 1 945.20 元/天

（2）机械停置费：11 409.20 元/天

（3）水电费：144.70 元/天

① 二分部水费：2004 年 6 月 1 日～9 月 30 日共计 122 天，所以其水费为：

3 717.6 ÷ 122 = 30.47 元/天

② 二分部电费：12 688.8 ÷ 122 = 104.01 元/天

③ 经理部水电费：因有两个分部，所以经理部所用水电费应除以 2，即

2493.6 ÷ 122 ÷ 2 = 10.22 元/天

所以总的水电费为：30.47 + 104.01 + 10.22 = 144.70 元/天

（4）贝雷租金：按协议支付 300 元/天

（5）管理费用：1 553.53 元/天

承包人所报管理费中的第（5）、（6）、（7）、（8）、（10）、（12）项不符合有关规定，应予以扣除。则平均每天应支付的管理费为：

（23 720.83 + 3 083.71 + 7 337.38 + 5 778.85 + 3 527.7 + 4 711.05）÷ 31 = 1 553.53 元/天

（6）履约保函费、工程咨询费、其他直接费、间接费等均不符合合同条件规定的索赔条件，均不予支付。

以上索赔费用合计 15 352.63 元/天，则总的索赔额为：15 352.63 × 55 = 844 394.65 元。监理工程师应就此通知承包人，并抄送业主。

八、价格调整费用的支付

（一）合同条件中关于价格调整的规定

FIDIC 合同通用条款第 70 条第 1 款规定：在合同执行期间，随着劳务、材料或影响工程施工成本的任何其他事项的价格涨落而引起施工成本增减时，应根据合同专用条件规定的价格调整公式给予调整，将相应的金额加到合同价格上或从合同价格中扣除。

《公路工程国内招标文件范本》第 70 条第 1 款规定：除非合同专用条款另有规定，凡是合同预期工期在 24 个月以上者，在合同执行期间，由于人工和材料的价格涨落因素应对合同价格进行调整，调价时应按价格调整公式计算，每年进行一次调整。

对于工程规模不大，而工期稍微超过 24 个月的工程，招标文件的专用条款中可酌情规定采用下述变通方式：对于合同执行期间劳务、材料等价格上涨对工程成本的影响，承包人在编投标文件时即应考虑确定一个“调价系数”，并计入工程量清单中的各项目单价中，合同执行期间不再调整，风险自负。

（二）价格调整费用计算的原则

价格调整费用的计算，按以下两个时期分别进行。

1. 投标阶段

如果在送交投标书截止日期前 28 天之后，国家或省（自治区、直辖市）颁布的法律、法令、规章或条例出现修改或变更，因采用上述法律、法令、规章或条例等致使承包商在履行合同中的费用产生变化，即应对其价格进行调整。价格调整的计算，应将投标截止日期前 28 天当日政府规定的价格与现行价格的差值加到合同价格中或从合同价格中减去，或将按投标截止日期前 28 天当日政府公布的物价指数与现行物价指数计算出的金额差值加到合同价格上去或从合同价格中减去。

2. 施工阶段

可将承包商投标时认可的填入合同工程量清单中的价格与现行价格的差值分别加到工程量清单中，然后计算出调价金额，并加到合同价格中或从合同价格中减去。

如果承包商未能在投标书附录中写明的工期内完成本合同工程，则在该交工日期以后施工的工程，其价格调整计算应采用该交工日期所在年份的价格指数作为当期价格指数。但是，如果某种延期是经业主同意的，则在该延长的交工日期到期以后施工的工程，其价格调整计算应采用该延长的交工日期所在的年份的价格指数作为当期价格指数。

（三）价格调整费用的计算方法

合同价格的调整，一般采用两种方法。

1. 票证法

票证法又叫基本价格法，是根据地方劳力和规定的材料等基本价格与现行价格之差进行调整的一种方法。施工过程中的价格调整额根据其资源消耗量与资源价格变化量的乘积来确定。即：

$$\text{价格调整额}=\text{资源消耗量}\times(\text{现行价格}-\text{基本价格})$$

这里的基本价格意指投标截止日前 28 天的材料等资源的价格；现行价格指在提交标书后，工程实施中材料等资源的价格。由于现行价格随市场升、降的不稳定性，将会给监理工程师处理价格调整带来不少的麻烦。因此，某一种材料可能在多次中期支付中都出现调整，有的可能往返出现多退少补的情况，甚至要到最终支付时才能最后解决调价费用计算。特别是证明价格的合法性文件，在遇到票据管理混乱时，会给监理工程师的审查工作带来极大的困难。

票证法看上去直观、简单，但操作起来却很困难。调整价格的对象、资源消耗量、基本价格、现行价格等四个要素的确定，在实践中都有一定的难度，可操作性较差。

2. 公式法

公式法又叫价格指数法，就是规定一种或几种固定的公式，把全部的合同价格分成若干组成部分，然后按各部分的价格指数进行综合调整的一种方法。所谓指数，是指某一个时期的数值对该数的基数之比。价格指数是用来表达某种价格上涨或下降的一种统计指标，一般由代表官方的权威机构发布。

公式法比票证法具有更好的操作性，因为公式法的数字均可从现有的合同中获得，而影响调价的基本数据——价格指数，一般又来自官方材料，公布指数的时间相对固定，比如我国目前由国家统计局每年公布一次，因而调价时间也就比较固定。这种方法易于被业主和承包人接受，而且监理工程师在处理价格调整费用时证据充分、方便可靠。

我国《公路工程国内招标文件范本》中规定价格调整采用公式法。

1）外币（外籍劳务和进口材料等）的调价公式

$$ADJ = FCP \times \left(x_1 + a_1 \frac{FL_1}{FL} + b_1 \frac{EQ_1}{EQ} + c_1 \frac{BI_1}{BI} + d_1 \frac{TI_1}{TI} + e_1 \frac{ST_1}{ST} + f_1 \frac{MT_1}{MT} + \cdots - 1 \right) \tag{5.8}$$

式中　ADJ——期中支付证书中外币部分的调价额；

FCP——期中支付证书中的外币部分；

x_1——支付中不进行调价部分所占的权重系数，其值为：

$$x_1=1-(a_1+b_1+c_1+d_1+e_1+f_1+\cdots)$$

a_1、b_1、c_1、d_1、e_1、f_1——支付中外籍劳务、进口施工机械的折旧与维修、进口沥青、进口木材、进口钢材、海上运输等费用所占的权重系数；

FL、EQ、BI、TI、ST、MT——支付中外籍劳务、进口施工机械的折旧与维修、进口沥青、进口木材、进口钢材、海上运输等费用的基本价格；

FL_1、EQ_1、BI_1、TI_1、ST_1、MT_1——支付中外籍劳务、进口施工机械的折旧与维修、进口沥青、进口木材、进口钢材、海上运输等费用的现行价格。

2）人民币（即国内劳务与材料等）的调价公式

我国《公路工程国内招标文件范本》规定，凡是合同预期工期在 24 个月以上者，在合同执行期间，由于人工和材料的价格涨落因素应对合同价格进行调整，调整价格时，采用下述公式计算，每年进行一次调整。

$$THE=ZFE\times ZH$$

$$ZH = \left(x + a\frac{RG}{RG_0} + b\frac{GC}{GC_0} + c\frac{SN}{SN_0} + d\frac{LQ}{LQ_0} + e\frac{JX}{JX_0} + f\frac{YL}{YL_0} + \cdots - 1 \right) \tag{5.9}$$

式中　TJE——对年累计支付额的调价额；

ZFE——年累计支付额；

ZH——综合调价系数；

X——支付中不进行调价部分所占的权重系数；$x=1-(a+b+c+d+e+f+\cdots)$；

a、b、c、d、e、$f\cdots$——人工费、钢材、水泥、沥青、机械使用费、燃油料费等其他材料费用在合同价格中所占的权重系数；

RG、RG_0——人工费当期价格指数与基期价格指数；

GC、GC_0——钢材当期价格指数与基期价格指数；

SN、SN_0——水泥当期价格指数与基期价格指数；

LQ、LQ_0——沥青当期价格指数与基期价格指数；

JX、JX_0——机械使用费当期价格指数与基期价格指数；

YL、YL_0——燃油料费用当期价格指数与基期价格指数。

在采用价格调整公式进行调价时，还应遵循以下规定：

(1) 合同价格在投标所在年份不作调整，此后每年调整一次。

(2) 公式中基期价格指数，指投标年份（即送交投标书截止期前 28 天的所在年份）的价格指数，计算时采用 100。

(3) 公式中的当期价格指数，采用本合同工程所在省（自治区、直辖市）统计部门正式公布的该计算年份的《建筑业产值价格指数》统计资料中各项相关的价格环比指数。

(4) 权重系数由业主根据标底资料测算确定范围，在招标文件发出前填写；承包人应在投标时在此范围内填写各因素的权重系数，合同实施期间将按此权重系数进行调价，除非由于工程的实施、变更或其他原因，监理工程师认为某一因素的权重系数不合理或不适用，则权重系数应予以调整。

（四）价格调整费用的支付

监理工程师根据合同规定的价格调整方式，计算出调价金额，并归纳于《价格调整汇总表》后，即可通过《期中支付证书》来办理因价格调整引起的费用支付。

（五）综合算例

【例 5.10】 国内某高速公路建设项目，业主在招标文件的“投标须知”中声明，该项目工程造价随物价变化而进行合同价格调整，投标人报价时以 2003 年市场物价为基础，不考虑物价风险，发生支付时全部按人民币支付；调价公式按《公路工程国内招标文件范本》中的公式执行。

第三标段各年的工作量：2003 年为 618 万元，2004 年为 4 571 万元，2005 年为 2 665 万元。各材料价格环比指数见表 5.8。试计算各年度价格调整额和价格调整结算额。

表 5.8 材料价格环比指数

序号	指标名称	权重系数	2004 年价格指数	2005 年价格指数
1	人 工	0.124	112	110
2	钢 材	0.116	129	107
3	水 泥	0.13	127	105
4	沥 青	0.16	118	103
5	机械使用费	0.12	127	112
6	燃油料	0.1	130	115
7	其他材料	0.05	126	114
8	非调部分	0.2		

解：根据招标文件规定，当年完成的工作量不予调价，即 TJE（2003）= 0；其他两年调价额分别为：

$$\mathrm{TJE}(2004)=\left[4571\times\left(0.2+0.124\times\frac{112}{100}+0.116\times\frac{129}{100}+0.13\times\frac{127}{100}+0.16\times\frac{118}{100}+\right.\right.$$

$$\left.\left.0.12\times\frac{127}{100}+0.1\times\frac{130}{100}+0.05\times\frac{126}{100}-1\right)\right]$$

$$=858.52\text{ 万元}$$

$$\mathrm{TJE}(2005)=\left[2\,665\times\left(0.2+0.124\times\frac{112\times110}{100\times100}+0.116\times\frac{129\times107}{100\times100}+0.13\times\frac{127\times105}{100\times100}+0.16\times\frac{118\times103}{100\times100}+\right.\right.$$

$$\left.\left.0.12\times\frac{127\times112}{100\times100}+0.1\times\frac{130\times115}{100\times100}+0.05\times\frac{126\times114}{100\times100}-1\right)\right]$$

$$=726.77\text{ 万元}$$

因此，本合同工程承包商在施工期间由物价因素引起的价格调整结算额为：

TJE（2003）+TJE（2004）+TJE（2005）=（0+858.52+726.77）=1 585.29 万元

九、合同终止和工程停工后的支付

（一）合同终止后的支付

当工程意外十分严重时，将导致合同终止。合同一旦终止，应进行全面清理，以确定费用如何支付。合同终止主要是由以下三个方面的原因引起的：即特殊风险、承包人违约和业主违约。

1. 特殊风险导致合同终止的支付

如果在合同执行过程中，发生了《公路工程国内招标文件范本》第 65 条第 1 款所列的特殊风险，并且这种特殊风险的发生对本工程施工有重大实质性影响而不可能继续履行合同，在这种情况下，业主应有权通知承包人终止合同。一经发出此通知，本合同即告终止，但不损害双方中任何一方对另一方在此以前发生的任何违约所应有的权利。此时监理工程师应与承包人协商并报业主批准后，进行下列款项的支付：

（1）应向承包人支付合同终止之日前已完成的全部工程的费用，其范围限于在已给承包人的暂付款中尚未包括的款额与款项，其单价和总额价应按合同的规定。

（2）应向承包人支付在工程量清单中第 100 章驻地建设等总额支付细目的应付款额，只要这些细目的工作或服务已经进行或履行，或其中的工作或服务已经部分履行了的相应比例的费用。

（3）已交付承包人或承包人有责任收货的、为本合同工程合理订购的材料、设备或货物的费用，业主一经支付此项费用，该材料、设备或货物即成为业主的财产。

（4）作为已合理开支的、确实属于承包人为了完成本合同工程而预期开支的任何款项，而该项开支还没有包括在本款提及的各项其他支付之内。

（5）根据第 65 · 3 和 65 · 4 款规定应支付的任何附加款项。

（6）根据第 65 · 6 款规定撤离承包人装备的合理开支部分。

（7）承包人的员工在合同终止时的合理遣返费。

但业主有权要求承包人偿还各项预付款的未结算余额，以及在合同终止之日，按合同规定应由业主向承包人收回的任何其他款额。

2. 承包人违约导致合同终止的支付

《公路工程国内招标文件范本》第 63 条第 2 款明确规定：如果根据我国法律，认为承包人已经强制性破产、企业清理或解散（为合并或重组而进行的自动清理除外），或承包人已经违反第 3 · 1 款关于禁止转包的规定，则业主可以进驻现场和接管本工程，终止承包人在本合同项下的承包，但不因此解除合同规定的承包人的任何义务和责任，或影响合同赋予业主或监理工程师的各种权利和权限，业主可自行完成该工程，或雇佣其他承包人完成该工程。业主或上述其他承包人为了完成本工程，可以使用他们认为合适数量的承包人的装备、临时工程和材料。

在业主进驻现场和终止本合同之后，监理工程师应通过协商和调查询问之后，尽快地确定并认证：

(1) 在业主进驻现场和终止合同时，承包人根据合同实际完成的工程已经合理地得到的或理应得到的款额（如有）。

(2) 未使用或部分使用过的任何材料、承包人的装备和临时工程的价值。

在业主因承包人违约而终止承包人在本合同项下的承包情况下，业主将暂停向承包人支付任何款额；在本工程缺陷责任期满之后，再由监理工程师查清承包人实施和完成本工程与缺陷修复应结算的费用，应扣除的完工拖期违约损失偿金（如有）以及由业主已实际支付给承包人的各项费用，并予以证实。

在监理工程师的查清证实后，承包人仅能得到原应支付给他的已完合格工程的款额，并扣除上述应扣款额之后的余额。如果应扣款额超过承包人应得的原应支付给他的已完工程的款额，此超出部分款额应被视为承包人欠业主的应还债务，由承包人支付给业主。

由此可见，与特殊风险导致合同终止的情况不同，承包人违约导致合同终止的付款对承包人带有惩罚性。

3. 业主违约导致合同终止的支付

根据《公路工程国内招标文件范本》第 69 条第 1 款的规定，如果业主发生下列情况：

(1) 在根据第 60 条第 15 款规定的支付期到期后的 42 天之内，未能向承包人支付根据监理工程师签发的任何支付证书项下的应付款额（扣除根据合同规定有权扣除的款额后），也未向承包人说明理由。

(2) 未根据本合同任何条款而无理阻挠或拒绝对任何上述证书颁发所需的批准，则承包人有权终止对本合同项下的承包，并通知业主，抄送监理工程师，该终止在发出通知 14 天后生效。

当出现业主违约导致合同终止时，监理工程师应澄清下述内容，同业主和承包人协商后，签发合同终止的支付证书：

(1) 与特殊风险导致合同终止的支付相同的全部款项内容。

(2) 由于合同终止而引起的、或涉及的对承包人的任何损失或损害的款额。

应当指出的是，特殊风险和业主违约导致合同终止支付的根本区别在于：前者只补偿成本，而后者还应包括对承包人利润损失的补偿。

(二)工程停工后的支付

对于线长面广的公路建设项目而言，在其施工过程中，由于影响因素众多，参建单位的管理水平参差不齐，所以在施工活动的时间组织和安排上，难免会出现中断和各种停工现象，使工程无法按进度计划顺利进行。另外，各种工程意外，也常常会导致工程停工。

首先，应当明确的是，无论是什么原因导致的停工，都将对工程的竣工和交付使用产生不利影响，从而使业主的利益受到影响（例如，现场管理费和监理费用增加，资金占有时间延长，项目效益推迟产生，等等）。尽管出现这种情况业主可要求承包人进行适当赔偿（例如，要求承包人支付拖期违约损失偿金），但也只能在很小的程度上减少所造成的损失，而对业主遭受的各种潜在损失是无法补偿的。

其次，一旦停工，承包人同样也会受到损失（例如，承包人的人员将窝工，机械设备将闲置，管理费用将增加等），即使业主给予一定的补偿，也只是一部分成本而无法实现利润。

总之，无论从哪方面来讲，停工都是不利的，会直接导致工期延长和费用增加，但相比之下，业主将受到更大的损害。FIDIC 合同条件及《公路工程国内招标文件范本》正是以此为基础而制定了停工费用支付原则及控制的相应条款，并且由停工而发生的赔偿，双方之间一般均只计算成本，不计利润和潜在的各种效益。

根据导致停工的原因可将停工分为三类，即业主方导致的停工、承包方导致的停工和特殊风险导致的停工。又由于特殊风险在 FIDIC 合同条件及《公路工程国内招标文件范本》中是按双方分担的原则进行处理的，因而可将风险分为业主的风险和承包人的风险而加以归类来确定双方之间因停工而导致的费用支付。

1. 业主导致的停工及费用支付

由业主造成的停工有许多种，在合同条件不同的条款中都有具体描述和规定，现将其归纳汇总于表 5.9。表中都是指合同条件中应由业主支付的情况。

表 5.9　停工原因及业主的支付

条款＼内容	停工原因	支付内容
5.2	合同文件内容出错	只付费用，不付利润
6.3	图纸延迟发出	只付费用（成本）
17.1	有关放线资料不准确	针对资料出错的补救工程，付成本+利润；若因此停工，支付成本
20.3	“业主风险”造成的破坏	只付成本，不付利润
27.1	化石、古迹、文物等	根据现场情况，采用不同措施，按 12 条和 40 条，只付成本；按 51 条付成本和利润
31.1	由于其他承包人的原因	视承包人被要求工作的情况付款，为其他承包人提供服务：成本+利润；由于其他承包人的原因停工，付成本
36.4，36.5	样品与实验	监理工程师下令的附加实验，付成本，无利润
38.2	工程的揭露	合格：成本+利润；不合格：不付费用
40.1，40.2	工程暂停	工程中所产生的费用，不付利润
42.2	工地占用	只付费用，不付利润
69.1，69.4	延期付款	付延期部分的利息及停工费用
70.2	后续法规	只付费用

总之，由于业主的原因而造成的停工，应根据合同中相应的规定和条款，对承包人给予补偿。这种补偿应视现场情况及随后采取措施的内容及设备的闲置情况来定。除个别项目包括利润外，绝大部分应只支付成本。表中所指成本分两类：一类是由于发生了各种事件，监理工程师要求承包人进行有关工作，这种工作的成本包括直接费和管理费。另一类是由于出现这些情况，承包人的工作停止进行，此时只付人员窝工的工时费和机器设备的闲置费。

【例 5.11】 某国内工程的排水管安装好后，承包人立即通知监理工程师检查，但由于监理工程师自身的原因，没有按时检查，而承包人为了确保工程进度自行回填了壕沟。后来，为了检查其工程质量，监理工程师指令承包人再度挖开壕沟，经开挖检查后，排水管符合合同规定和要求。因此承包人提出如下要求：在壕沟回填之前 3 天即发出通知，告诉监理工程师排水管已准备妥当并可检查，但监理工程师未按时检查。由于重新开挖和检查所需的费用支出清单见表 5.10，要求予以赔偿。

表 5.10　费用支出清单

序号	项　目	金　额　（元）
1	再度开挖壕沟	23 412
2	另行回填	22 865
3	更换开挖时被毁管道	5 712
4	等待检查使工人、机械闲置两天	16 103
5	直接费总额	68 092
6	20%管理费	13 618
7	10%利润	6 809
8	总费用	88 519

分析：根据《公路工程国内招标文件范本》第 38 条第 1 款、第 2 款的规定，承包人的要求是合理的。因为承包人事先通知了监理工程师，并约定了检查时间，而监理工程师或其代表并未在约定时间后 12 h 内到场进行检查和量测，按规定承包人即可自行检查，并如实作出自检报告后覆盖或掩蔽，监理工程师事后应予以认可。而监理工程师事后并未认可，而是指示承包人挖开壕沟重新检验，经开挖检查后，排水管符合合同规定和要求，因此承包人应该得到包括利润在内的补偿，故应付给承包人赔偿费 88 519 元。

2. 承包人导致的停工及费用支付

由于承包人自己的工作失误或所承担的风险而导致工程停工，其所有费用必须由承包人自己负担。只是往往由于工程情况比较复杂，承包人总是设法将自己应承担的费用说成是由于业主的原因造成的，从而要求费用赔偿。因此，监理工程师必须掌握现场情况，对一些事件的处理要当机立断，明确划分其责任范围。

同时，一旦明确属于承包人的责任，承包人除了自己负担有关损失外，如果停工影响到工程的竣工或影响到其他承包人的工作，则对于影响竣工的情况，承包人应按有关规定向业主支付拖期违约损失偿金，如果严重影响工作，承包人可被业主驱逐。在第二种情况下，承包人应向被其影响的其他承包人支付相应的款项，只是这种支付也通过业主进行，即由于承包人的责任而导致了其他承包人向业主索赔，则业主会根据合同条件将这种支付转由造成停工的承包人支付，一般通过从负有责任的承包人付款中扣减的方式来实现。

最后还应指出的一点是：如果承包人因合同条款第 11 条所指的恶劣气候而停工，则一方面业主不但不能要求承包人赔偿，而且还应给予工程延期，另外一方面承包人也不能提出停工的费用补偿要求。

由于工程停工的现象和种类相当多，限于篇幅本节不可能进行全面讨论，只是简单介绍了合同执行过程中需要监理工程师处理的各种停工的支付问题。实际工作中，监理工程师要在全面熟悉合同条件的基础上，结合工程具体情况来妥善处理。

第七节　支付证书及支付程序

一、支付证书

监理工程师为控制工程费用所做的各项工作，最后具体表现为支付证书和有关的一系列表格，这些文件互相联系，表明了施工过程中各种费用的实际支付状况。

（一）支付证书的种类

支付证书是项目法人向承包商付款的唯一凭证。支付证书分为两种：一种是在工程施工过程中大量使用的期中支付证书（一般每月一次）；另一种则是几乎只使用一次的最终支付证书。虽然动员预付款也需监理工程师开具支付证书，但它比较简单，按其支付条件开具即可。

1. 期中支付证书

在工程的施工过程中，由监理工程师签发的任何支付证书，均称为“期中支付证书”。根据合同条件规定，为了确保承包人能按时获得工程进度款，监理工程师应及时签发期中支付证书并送交业主。开具期中支付证书时，需要做大量的工作，填报一系列的表格，并且有一定的时间限制，因此监理工程师必须熟悉计量与支付业务，按规定和要求对每一笔支付费用进行严格把关。同时，支付证书是一种对规定时间内承包商所完成工作的价值估算，如前一期支付证书中有错，下一期可对上一期的错误予以纠正。期中支付证书一般由支付月报表和工程进度图表组成。

2. 最终支付证书

最终支付证书又叫最后支付证书，是业主与承包商之间的最后结算，也是监理工程师在执行和管理某一合同时所开的最后一份支付证书。在开出最终支付证书过程中，监理工程师的主要工作是认真审查承包人的最后结账单，对以往各期的期中支付证书进行全面清查，对各支付项目进行分类汇总，确定业主和承包人双方应找清的款项以及该合同的总金额。

（二）两种支付证书的区别

最终支付证书和期中支付证书虽然都是监理工程师开具的付款证书，并用以证明业主和承包人之间的经济往来关系，但它们之间存在着较多的不同之处，主要体现在如下几个方面：

1. 支付的时间及概括的时间长度不同

最终支付证书是在缺陷责任期满后的支付证书，是最后一次支付，属于工程结算；而期中支付证书则是在工程进行过程中的支付证书，是进度款的支付。期中支付证书所包含的时间长度比最终支付所包含的时间长度要短，最终支付证书要概括所有期中支付证书所包含的时间长度，是工程（合同）全过程的总结；而期中支付证书一般是一个月的时间长度。

2. 要求的精度不同

期中支付证书具有临时性，并且开具之后，如果其中有错，监理工程师可以通过后续的期中支付证书予以纠正，因而其支付额的精度要求要相对低一些；而最终支付证书是最后结算，如果出错就没有修正的时间和机会，因此不能有错，要求其计算准确无误。

3. 支付的内容有差别

期中支付证书中可以进行暂定支付。例如索赔，如果整项索赔没有结案，可以在期中支付证书中进行暂定支付，支付那些已经取得一致的部分。又如工程变更和价格调整，如果当时没有取得一致，监理工程师也可以根据合同条件的规定确定暂时支付的款额。而最终支付证书中则不能包括这些内容，相反，最终支付证书中必须对以往的期中支付证书进行清理，即对这些暂时支付的项目进行清算，以确定整项索赔、变更及价格调整的最后支付的款项。除此之外，期中支付证书有预付款（包括动员预付款和材料预付款）、计日工和保留金等支付项目，而最终支付证书中没有这些内容。

总之，最终支付证书必须以期中支付证书为基础，而且应该处理好各种有争议的款项，不允许再出现暂定支付项目，这就要求在最终支付证书之前，必须将各种有争议的问题解决。一般来说，影响最终支付证书的主要是有关索赔费用的确认，索赔的争议较大，才会出现期中支付中没有解决而必须在最终点支付证书中予以明确的问题，因此，监理工程师一定要尽早解决承包商的索赔等问题。

二、支付的程序

（一）前期支付的程序

1. 开工预付款

当监理工程师确认承包商已经完成合同协议书的签署，并已收到承包商向业主提交的履约保函及开工预付款担保之后，应按照合同规定，签发开工预付款支付证书，业主则应按监理工程师签发的支付证书按规定向承包商付款。付款的最后期限应遵守合同专用条件的规定。

2. 保险费

根据合同规定，承包商应以业主和承包商双方的名义为本合同工程投保工程一切险和第三方责任险。保险单必须与招标文件中规定的保险范围保持一致。工程一切险是为永久工程、临时工程和设备及已运至施工工地用于永久工程的材料和设备所投的保险。第三方责任险是对因实施本合同工程而造成的财产（本工程除外）的损失或损害，或人员（业主和承包人雇员除外）的死亡或伤残所负责任进行的保险。工程一切险和第三方责任险的保险范围应包括开工日直至本合同工程（或其单项工程）竣工颁发竣工证书为止，业主和承包商遭受的并由投保协议所规定的损失或损害。业主在接到保险单后，将按照保险单的费用直接向承包商支付。监理工程师必须按照合同规定的保险范围，审验由承包商提交的各项保险证明，签发支付证明，并及时从支付证明中扣除业主代承包商在办理保险时所支付的费用。

（二）期中支付的程序

期中支付内容繁多，是最为复杂和最为重要的支付。期中支付程序由以下三个步骤组成：

1. 期中支付申请

承包商应在每月末向监理工程师提交由项目经理签署的按监理工程师批准格式填写的月结账单一式六份，该结账单包括以下栏目，承包商应逐项填写清楚。

(1) 自开工截至本月末止已完成的工程价款。

(2) 自开工截至上月末已完成的（已实际结算的）工程价款。

(3) 本月完成的（应结算的）工程价款，即 (1) − (2)。

(4) 本月完成的（应结算的）计日工价款。

(5) 本月应支付的暂定金额价款。

(6) 本月应支付的已进场将用于或安装在永久工程中的材料、设备预付款。

(7) 根据合同规定，本月应结算的其他款项。

(8) 费用和法规的变更发生的款额。

(9) 本月应扣留的保留金和扣回的材料、设备预付款及开工预付款。

(10) 根据合同规定，本月应扣除的其他款项。

其计算程序见表 5.11。

表 5.11　支付项目及计算程序表

<table>
<tr><th>序号</th><th colspan="2">项　目</th><th>计算方法</th><th>说　明</th></tr>
<tr><td>1</td><td rowspan="8">支付项目</td><td>工程量清单各细目</td><td rowspan="4">截至本月末完成累计金额</td><td rowspan="2">按计量证书中的工程量清单与工程量清单中相应单价计算</td></tr>
<tr><td>2</td><td>计日工</td></tr>
<tr><td>3</td><td>工程变更</td><td>按计量证书中的工程量与变更工程通知书中相应单价计算</td></tr>
<tr><td>4</td><td>工程索赔</td><td>按索赔审批书中确认(或暂定)累计金额计算</td></tr>
<tr><td>5</td><td>价格调整</td><td></td><td>按价格调整一览表累计金额计算</td></tr>
<tr><td>6</td><td>截至本月完成的工程总金额</td><td>等于前 5 项之和</td><td></td></tr>
<tr><td>7</td><td>动员预付款支付</td><td rowspan="2">截至本月末总付出</td><td></td></tr>
<tr><td>8</td><td>材料预付款支付</td><td></td></tr>
<tr><td>9</td><td rowspan="4">扣款项目</td><td>扣回动员预付款</td><td rowspan="3">截至本月末累计扣款金额</td><td rowspan="2">按合同规定的办法计算</td></tr>
<tr><td>10</td><td>扣回材料预付款</td></tr>
<tr><td>11</td><td>业主供材料时扣回供应材料款</td><td>按合同辅助表中业主供材料相应价格计算</td></tr>
<tr><td>12</td><td colspan="2">扣保留金　第 6 项×（5%~10%）</td><td>按合同规定的百分比计算</td></tr>
<tr><td>13</td><td colspan="2">截至本期总支付</td><td colspan="2">第 13 项＝第 6 项＋第 7 项＋第 8 项－第 9 项－第 10 项－第 11 项－第 12 项</td></tr>
<tr><td>14</td><td colspan="3">减上期实际支付总额</td><td rowspan="2">按合同规定的办法计算</td></tr>
<tr><td>15</td><td colspan="3">加延期付款利息</td></tr>
<tr><td>16</td><td colspan="3">本期实际支付款　第 16 项＝第 13 项－第 14 项＋第 15 项</td><td></td></tr>
</table>

2. 期中支付申请的审定

监理工程师在收到承包商的付款申请后，应在合同规定的时间内对其进行审核，审核内容包括以下几个方面：

(1) 申请的格式、内容应满足合同要求。

(2) 各项资料、证明文件真实、齐全。

(3) 所有款项计算与汇总无误，其中某一方面出现问题，则调整承包商月报表。

3. 签发《期中支付证书》

监理工程师在收到上述月结账单后，应及时审核并修正承包商的支付申请，并在合同规定的天数内签发期中支付证书，签发时应写明监理工程师认为应该到期结算的价款及需要扣留和扣回的款额并报业主审批。如果该月应结算的价款经扣留和扣回后的款额少于投标书附录中列明的期中支付证书的最低金额，则该月监理工程师可不核证支付，上述款额将按月结转，直至累计应支付的款额达到投标书附录中列明的期中支付证书的最低金额为止。

监理工程师可用签发期中支付证书的方式对他过去签发的任何证书作更正或修改。如果监理工程师认为任何正在进行的工程不符合合同要求，则有权在任何一次期中支付证书中扣除或折减该工程的价款。

（三）最终支付的程序

1. 准备工作

在进行最终支付前，监理工程师必须做好以下准备工作：

(1) 监理工程师必须处理事关工程和合同方面的一切遗留事宜，主要有：

① 确认承包商的遗留工程及缺陷工程已完成并达到规范标准，签发该工程的支付证明。

② 确认承包商已获得全部工程的《工程缺陷责任期终止证书》，签发解除承包商履约担保责任的证明及退回或解除承包商剩余保留金或银行保函的证明。

③ 确认已对符合合同文件规定的工程变更、时间与费用索赔、价格调整等事宜进行了清理与审定，并签发完毕与之有关的支付证明。

(2) 监理工程师必须理清整个工程各个阶段的计量与支付，并完成下列工作：

① 对所有支付的细目进行检查，防止漏项和重复。

② 对所有的工程数量与费用计算进行复核。

③ 对所有有争议的细目与计算进行核实，并与业主和承包商协商，确定最终的处理办法。

2. 最后结账单与书面清账单的提交

根据我国《公路工程国内招标文件范本》中的合同通用条款规定，在监理工程师签发缺陷责任终止证书后的 28 天之内，承包商应以监理工程师批准的格式向监理工程师提交一份最后结账单草案，并附上详细的证实文件，供监理工程师参考。结账单草案应表明：

(1) 根据合同规定已经完成的全部工程的价值。

(2) 承包商根据合同规定认为应该付给他的任何其他的款项。

如果监理工程师不同意或者不核证最后结账单草案的任一部分，承包商应按监理工程师的合理要求，提交进一步的资料，并对最后结账单草案做出他们之间协商同意的修改，然后由承包商编制，并向监理工程师提交双方同意的最后结账单。

如果根据监理工程师与承包商的讨论和他们之间可能商定的最后结账单草案的修改，很明显存在纠纷，则监理工程师应对最后结账单草案中不存在纠纷的部分（如果有），向业主提交期中支付证书，然后按照合同纠纷方式解决。

在提交最后结账单时，承包商应给业主一份书面清账书，并抄送监理工程师，确认最后结账单中的总金额代表了根据合同规定应付给承包商的全部款项的最后结算。但是该清账书仅在最后支付证书项下的应付款已经支付和保留金已经退还给承包商之后才生效。

3. 签发《最后支付证书》

在收到最后结账单和清账书 14 天之内，监理工程师应签发一份最后支付证书报业主审批，并抄给承包商，说明：

(1) 监理工程师认为根据合同规定的最后应付的款额。

(2) 在对业主以前所付的全部款额和业主根据合同规定应得的全部款项予以确认后，业主欠承包商或承包商欠业主（视具体情况）的差额（如有）。

业主应在收到监理工程师签发的最后支付证书 42 天内，将款额支付给承包商。

三、支付的期限

（一）我国《公路工程国内招标文件范本》中的规定

(1) 在承包商提交了履约担保和签订了合同协议书并提交了开工预付款担保 14 天内，监理工程师应按投标书附录中规定的金额签发开工预付款支付证书，并报业主审批。

(2) 监理工程师应在收到月结账单后 21 天或专用条款数据表中另有规定的天数内签发期中支付证书。

(3) 在收到最后结账单和清账书 14 天之内，监理工程师应签发一份最后支付证书报业主审批。

(4) 监理工程师发出的任何期中支付证书中应付给承包商的款额，业主应该在收到该期中支付证书后 21 天内或在投标书附录中另有规定并以此为准的天数内支付给承包商。

(5) 最后支付证书中应付给承包商的款额，业主应在收到该最后支付证书 42 天内支付给承包商。

如果业主未能及时付款，则应按规定的利率向承包商支付全部未付款额的利息，付息时间从应付而未付该款额之日算起（不计复利）。

（二）FIDIC 条款中的规定

FIDIC 于 1999 年出版的《施工合同条件》中规定：在雇主收到并批准了履约保证之后，监理工程师才能为任何付款开具支付证书。此后，在收到承包商的报表和证明文件后 28 天内，监理工程师应向雇主签发期中支付证书，列出他认为应支付给承包商的金额，并提交详细证明资料。

雇主应向承包商支付的期限为：

(1) 首次分期预付款支付时间是在中标函颁发之日起 42 天内，或收到承包商提交的符合要求的履约保证和银行预付款保函等相关文件之日起 21 天内，两者中取较晚者。

(2) 期中支付证书中开具的款额支付时间是在工程师收到报表及证明文件之日起 56 天内。

(3) 最终支付证书中开具的款额支付时间是在雇主收到该支付证书之日起 56 天内。

在实际工作中，要根据工程项目融投资渠道来具体确定采取哪种支付期限，国内融投资项目应以我国《公路工程国内招标文件范本》中的规定为准，而世界银行、亚洲开发银行等国际金融机构贷款项目和其他国际融投资项目，可以 FIDIC 合同条件中的规定为准。具体可在合同条款中明确。

四、支付表格

费用支付是通过支付证书和一系列的支付表格来进行的。原《公路工程施工监理规范》(JTJ 077—95) 中的支付表格主要包括：工程进度表（支表 1)、期中支付证书（支表 2)、清单支付报表（支表 3)、计日工支付报表（支表 4)、工程变更一览表（支表 5)、价格调整汇总表（支表 6)、价格调整表（支表 7)、单价变更一览表（支表 8)、永久性材料价差金额一览表（支表 9)、永久性工程材料到达现场计量表（支表 10)、扣回材料设备预付款一览表（支表 11)、扣回动员预付款一览表（支表 12)、中间计量表（支表 13)、中间计量支付汇总表（支表 14)、索赔申请单（监表 8)、索赔时间/金额审批表（监表 9)。

但新的《公路工程施工监理规范》(JTG G10—2006) 中，对支付表格未作统一规定。在实际工作中，可由业主和监理工程师协商并参考原规范中的表格式样，根据项目实际制定出相应的支付表格，供本合同工程统一使用。

复习思考题

1. 简述工程费用监理的原则、方法与程序。

2. 什么叫工程量清单？其主要内容和作用是什么？

3. 简述工程计量的范围与依据。

4. 简述工程计量的原则及方式、方法。

5. 工程计量中应注意哪些事项？

6. 简述工程支付的原则。

7. 工程支付按内容如何分类，每类各包括哪些支付项目？

8. 什么是保留金？怎样扣除与退还？

9. 简述工程变更的单价确定原则。

10. 合同条件中对工程总价的变更与控制有何规定，为什么这么规定？

11. 什么是费用索赔？其项目有哪些？计算原则是什么？

12. 支付证书分哪几类？它们之间有何区别？

13. 某合同段合同总价为 2 亿元，其工程量清单中石方数量为 200 万 m^3，清单单价为 20 元/m^3。在施工中，由于设计变更而使得石方的实际数量增加了 55 万 m^3。假设石方的预算单价为 27 元/m^3（其中直接成本 20 元/m^3，间接成本 5 元/m^3，利润 2 元/m^3），试问对增加的 55 万 m^3 的石方如何计价？

14. 某公路项目，业主在招标文件的“投标须知”中声明，工程造价随物价变化而进行合同价格调整，投标人报价时以 2003 年市场物价为基础，不考虑物价风险，发生支付时全部按人民币支付；调价公式按《公路工程国内招标文件范本》中的公式执行。

2004 年完成的工作量为 1 000 万元，其组成为：土方工程费 100 万元，占 10%；砌体工程费 400 万元，占 40%；钢筋混凝土工程费 500 万元，占 50%。这三部分的人工费和材料费占工程价款的 85%，人工材料费中各项费用比例如下：

（1）土方工程：人工费 50%，机具折旧费 26%，柴油 24%。

（2）砌体工程：人工费 53%，钢材 5%，水泥 20%，骨料 5%，片石 12%，柴油 5%。

（3）钢筋混凝土工程：人工费 53%，钢材 22%，水泥 10%，骨料 7%，木材 4%，柴油 4%。

根据合同规定，该工程的其他费用不调整，即不调整的费用占工程价款的 15%。各材料价格环比指数见表 5.12。试计算 2004 年度价格调整额。

表 5.12 材料价格环比指数

序号	指 标 名 称	2004 年价格指数
1	人 工	112
2	钢 材	129
3	水 泥	127
4	骨 料	118
5	机具折旧	127
6	柴 油	130
7	片 石	126
8	木 材	118

15. 某工程合同价为 8 000 万元，合同工期为 7 个月，合同规定：

（1）工程开工预付款为合同价的 8%。

（2）保留金扣留比率为 10%，总数达合同价 5% 后不再扣留。

（3）工程预付款扣除采用《公路工程国内招标文件范本》规定的公式计算，并规定开始扣除预付款的时间为期中支付证书累计金额达到合同价格的 30% 的当月，当期中支付证书累计金额达到合同价格的 80% 时扣完。

（4）材料预付款按发票值的 75% 支付。

（5）材料预付款从第 4 个月开始扣，3 个月内扣完，每月扣除 1/3。

（6）合同规定业主向承包商支付未付款额的日利率为 0.035%。

（7）月支付的最低限额为 200 万元。

工程进行到第 4 个月底的情况是：

（1）到上一月底为止已累计支付合同金额 3 500 万元。

（2）该月完成工程量，按工程量清单中单价计，金额为 1 000 万元。

（3）该月承包商购材料发票值为 60 万元。

（4）该月完成监理工程师指定的设计变更，并检验合格，由于工程量清单中没有与此工程变更相同或相近的项目，故协商后业主共支付变更项目金额为 60 万元。

（5）从开工到上月末，业主累计支付材料预付款为 90 万元。

（6）监理工程师审核承包商支付申请表，完全属实，数字准确。

试计算回答：

（1）监理工程师本月是否要签发支付证书？如要签发，金额是多少？

（2）若业主直到收到支付证书 60 天后才进行付款，则应支付的利息是多少？

第六章　公路工程合同管理

📖 学习目标

1. 了解合同的概念、合同法律关系的构成。

2. 熟悉合同的订立原则、特性、类型，施工承包合同和监理服务合同的主要内容。

3. 掌握工程变更、工程延期、工程索赔等各种合同管理的内容。

第一节　概　述

一、合同的基本概念

1. 法人的概念

法人是指具有民事权利能力和民事行为能力，依法成立的，有一定的组织机构、财产和场所，独立享有民事权利和承担民事义务的组织。

2. 合同的概念

合同是平等主体的自然人、法人、其他组织之间设立、变更、终止民事权利义务关系的协议。在市场经济条件下，财产的流转主要依靠合同。它是市场经济条件下规范财产流转关系的基本依据，签订合同是市场经济中广泛进行的法律行为。

3. 建设工程合同

建设工程合同是指建设单位与设计、施工、监理等单位为完成工程建设项目目标，明确双方相互权利和义务关系，以书面形式缔结的具有法律效力的契约。

二、合同法律关系的构成

1. 合同法律关系的概念

法律关系是一定的社会关系在相应的法律规范的调整下形成的权利义务关系。合同法律关系是指由合同法律规范所调整的、在民事流转过程中所产生的权利义务关系。合同法律关系包括合同法律关系主体、合同法律关系客体、合同法律关系内容三个要素，缺一不可，改变其中的任何一个要素就改变了原来设定的法律关系。

2. 合同法律关系主体

合同法律关系主体，是参加合同法律关系，享有相应权利、承担相应义务的当事人。合同法律关系主体可以是自然人、法人、其他组织。

3. 合同法律关系客体

合同法律关系的客体，又称合同的标的，是合同法律关系主体（合同的签约人）权利和义务所共同指的对象，如货物供销、工程承包等。

4. 合同法律关系内容

合同法律关系内容是指合同签约人之间的权利和义务，如建设工程合同中工程的质量、安全责任、工期、价格等。

三、订立和履行合同的基本原则

1999 年 3 月 15 日，第九届全国人大第二次会议通过了《中华人民共和国合同法》（以下简称《合同法》），并于 1999 年 10 月 1 日起施行。《合同法》由总则、分则和附则三部分组成，它所确定的订立和履行合同的基本原则是：

1. 平等原则

合同作为一种协议，其本意是一种合意，必须是两个以上意思表示一致的民事法律行为，意思表示必须是完全自愿的，合同的缔结必须由双方当事人协商一致才能成立。合同当事人作出的意思表示必须合法，这样的合同才能具有法律约束力，并得到法律的保护。合同当事人的法律地位平等，即享有民事权利和承担民事义务的资格是平等的。

2. 自愿原则

合同当事人有订立或者不订立合同的自由，有权选择合同的相对人，合同当事人有权决定合同的内容和合同的形式。但是，合同自愿原则是受法律限制的。特别是由于公路工程项目的重要性，导致国家的法律法规对公路工程合同限制较多，例如，公路工程合同内容中的质量条款必须符合国家的强制性标准，公路工程合同的形式必须采用书面形式等。

3. 公平和诚实信用原则

合同当事人应当遵循公平原则来确定各方的权利和义务。即合同一方当事人在享有权利的同时，也要承担相应的义务，权利和义务是对等的。合同当事人行使权利、履行义务应遵循诚实信用原则，它要求人们在交易活动中诚实不欺，信守诺言，行使权利要充分尊重他人和社会的利益，履行义务要讲究信用，一诺千金。

4. 遵守法律法规和公序良俗原则

合同的订立和履行必须遵守法律法规和公序良俗，合同不能违反法律、行政法规，否则合同就是无效的。例如，施工单位超越资质等级许可的业务范围订立施工合同，此合同就没有法律约束力。公序良俗就是公共秩序和善良风俗，即合同的订立和履行不但要遵守法律法规，而且要尊重社会公德，不得扰乱社会秩序，损害社会公共利益。

在市场经济条件下，财产的流转主要依靠合同。特别是公路工程项目，标的大，协调关系多，履行时间长，因而订立合同特别重要。公路工程建设的各方主体，包括建设单位、咨询单位、勘察设计单位、施工单位、监理单位、材料设备供应商等都要依靠合同确定相互之间的关系。公路工程建设的管理必须依据法律和合同进行。

四、建设工程合同的特性

建设工程合同的订立必须遵守《合同法》，同时建设工程合同又有本身的特性。

（1）法律行为的多元性。建设工程合同是合同双方或多方意向一致的意思表示，其法律行为的多元性主要体现在合同的签订和实施的过程中会涉及业主、承包人、监理工程师、材料设备供应商、银行、保险公司等有关单位，这些单位之间产生的错综复杂的关系都要以合同形式予以缔结和约束。

(2) 产品的固定性。建设工程合同所指的对象其形式和位置都是固定不变的，如道路、桥梁、隧道等。修建以后它们的形式和位置是不能移动、更换替代的。因此，建设工程合同中对这些构造物应有详细的设计文件和设计图纸。

(3) 技术和组织的复杂性。工程项目在实施过程中，会受到各方面诸多因素的影响和制约。因此，建设工程合同还有特殊条款、内容，涉及保险、银行、税收、文物、技术规范等方面。

(4) 投资规模大、工期长、成本高。公路工程项目投资规模宏大，一条道路、一座大桥，建设资金少则几百万元，高则可达几十亿元。从可行性研究开始，经过勘察设计、招标投标、开工到竣工则需要几年甚至十几年时间。这种特点决定了工程项目的重要性。所以，在合同文件中要详细阐明投资额，施工期限，技术标准等。

(5) 平等性。《合同法》的基本原则是平等性，建设工程合同也不例外。即合同双方当事人在合同范围内处于平等地位，任何一方均不得对另一方加以其他限制和采取强迫命令。即使是上下级关系，在合同关系上也是完全平等的。

(6) 风险性。由于建设工程本身投资规模大、建设周期长、建设成本高，造成建设工程合同具有多元性、复杂性，加之自然条件和施工条件多变，且受经济、政治因素的影响，使得建设工程合同必然具有一定的风险性。因此，合同双方应慎重分析产生各种风险的因素，制定出平等而严格的风险条款，以降低各种风险给工程项目造成的损失。

五、建设工程合同的类型

工程经济活动中，合同的形式与类型多种多样，可从不同的角度按不同的方法来划分其类型。下面主要介绍两种分类方法：

(一) 按合同内容划分

建设工程合同按其内容划分，可分为：咨询合同、勘察合同、设计合同、施工承包合同、监理服务合同以及其他与工程相关的机械设备租赁合同、材料供应合同、劳务合同等。

(二) 按合同计价的方式划分

1. 总价合同

(1) 固定总价合同。固定总价合同是按双方商定的总价承包工程而签订的合同。它的特点是以图样和技术规范为依据，明确承包内容和计算包价，签约时一次包干。固定总价合同方式对业主比较简便，因此为一般业主所欢迎；对承包人来说，如果设计图样和技术规范相当详细，签订合同时考虑得比较周全，不至于有太大的风险时，固定总价合同方式也是一种比较简单的承包方式。但如果图样和技术规范不够详细，未知因素比较多，或者遇到材料突然涨价以及恶劣的气候等意外情况，则承包方必须承担一定风险。为此，承包商在签订合同时往往加大不可预见费用，因而不利于降低造价，最终对业主不利。固定总价合同方式通常适用于规模小、工期短、技术不太复杂的工程项目。

(2) 调值总价合同。即合同总承包价格可随工程进展中的变更、违约索赔、材料涨价等因素变化而变动。调值总价合同调值的依据为公式法或票证法。调值总价合同适用于公开招标且工期较长的大规模工程。

2. 单价合同

单价合同是指在合同的履行过程中，执行同一单价，即以单价乘以实际完成的工程量来与业主结算工程价款。它是公路工程施工通常采用的合同形式之一，单价合同可分为估计工程量单价合同和纯单价合同两种。

(1) 估计工程量单价合同。承包人以招标文件中工程量清单所列的工程量为基数，以投标文件中工程量表中填入的相应单价为依据来计算合同总价，作为投标报价。但在结账时，则以工程量清单中所报单价和实际完成的工程量为准结算工程总价格。

(2) 纯单价合同。招标文件中只向投标者给出各分项工程内的工作项目一览表、工程范围以及必要的说明，而不提供工程量，承包人只给出项目的单价即可，而不必报总价，将来施工时按实际工程量计算。

3. 成本加酬金合同

这种承包合同方式的基本特点是按工程实际发生的成本再加上一笔商定的总管理费和利润等酬金，来确定工程总造价。成本加酬金合同主要适用于开工前对工程内容尚不十分清楚的情况，如边设计边施工的紧急抢险工程、遭受地震或战争等灾害破坏后的修复工程、保密工程等。

第二节　公路工程合同简介

公路工程合同是指关于公路的勘察、设计、施工、监理等方面的合同。它是建设工程合同的一种，具有建设工程合同的特性。公路工程合同按合同内容分主要有：勘察设计合同、施工承包合同、监理服务合同、机械设备租赁合同、材料供应合同、供用电合同以及劳务合同等，与工程施工监理有关的合同主要是施工承包合同和监理服务合同。

一、公路工程施工承包合同

公路工程包括国际工程项目和国内工程项目，国际工程项目施工承包合同主要执行FIDIC《土木工程施工合同条件》，我国财政部依据FIDIC《土木工程施工合同条件》第四版修订并出版了《世界银行贷款项目采购招标文件范本》，交通部也出版了《公路工程国际招标文件范本》。国内工程项目施工承包合同常见的有两种格式，一种是1999年12月由国家工商行政管理局和建设部联合颁发的GF—1999—0201《建设工程施工合同（示范文本）》，它主要用于房屋建筑工程也可供签订公路工程施工承包合同时参考；另一种是交通部颁发的《公路工程国内招标文件范本》。

（一）FIDIC《土木工程施工合同条件》

1. FIDIC与FIDIC合同条件

FIDIC是法语“Férdération Internationale Des Ingénieurs Conseils”（国际咨询工程师联合会）首字母的缩写。国际咨询工程师联合会（FIDIC）成立于1913年，由法国、比利时等5个欧洲境内独立的工程师协会创立，1949年英国土木工程师协会（ICE）成为该组织的正式代表，1959 年，美国、南非、澳大利亚和加拿大相继加入联合会。FIDIC 自创立以来，始终坚持独立性和公正性的工作宗旨，其影响力不断扩大。截至目前，该组织已拥有 60 多个成员，下设 4 个地区分会，即亚太地区分会（ASPAC）、欧共体地区分会（CEDIC）、非洲成员分会（CAMA）和北欧成员分会（RINOPD），总部设在瑞士洛桑。国际咨询工程师联合会（FIDIC）以独立、公正而闻名，是国际上最具权威的被世界银行认可的咨询工程师机构。

国际咨询工程师联合会（FIDIC）编制的《土木工程施工合同条件》简称为 FIDIC 条款或 FIDIC 合同条件，该文件于 1957 年首次出版，至今已发行了四个版本。由于该文件以红色封面发行，故又称“红皮书”，它是业主和承包商签订施工承包合同的国际工程承包合同标准文本。由于 FIDIC 条款的公平性和可操作性，它被世界银行、国际承包商会等权威机构认可和采纳。目前世界银行贷款的工程项目必须采用 FIDIC 条款作为合同文本。

2. FIDIC 合同条件的特点

FIDIC 合同条件的特点主要表现在以下几个方面：

（1）条款严密，逻辑性强。作为一份国际化的标准的格式合同，FIDIC 合同条件的严密性主要表现在三方面：一是合同文件的严密性和系统性，二是文字上的严密性，三是担保制度和保险制度上的严密性。FIDIC 合同条件的逻辑性也非常强，条款与条款之间联系密切，互相交织，互为补充，款款相扣，必须反复阅读才能理解。

（2）法律制度严格。合同条款中规定了一整套科学的法律管理制度，比如，施工监理制，合同担保制，工程保险制等，规范了建设各方的行为，能有效地保证工程顺利实施。

（3）内容广泛，责权公平。FIDIC 条款总结了世界各国土木工程建设管理百余年的经验，科学地把土木工程技术、管理、经济、法律有机地结合起来，并用合同的形式固定下来，详细规定了承包人、业主、监理工程师的责任、义务和权利。对工程施工过程中可能出现的各种各样的问题，FIDIC 条款中均进行了详尽说明，并给出了具体的处理和解决方法，有效避免了合同条款笼统、不全面、不具体，发生问题后无合同依据而造成扯皮、推诿，影响工程进度的现象。

3. FIDIC 合同文件的组成

FIDIC 合同文件不是单一的合同，其组成及优先次序如下：

（1）合同协议书及附件；

（2）中标通知书；

（3）投标书和投标书附录；

（4）合同专用条款及数据表；

（5）合同通用条款；

（6）技术规范；

（7）图纸；

（8）标价的工程量清单；

（9）投标书附表；

（10）构成本合同组成部分的其他文件。

（二）公路工程国内招标文件范本

《公路工程国内招标文件范本》（2003 年版，以下简称《范本》）于 2003 年 6 月 1 日起施行，自施行之日起，凡公开招标和邀请招标的二级以上公路和大型桥梁、隧道建设项目，必须使用《范本》，二级以下公路项目可参照执行《范本》。各招标单位不得翻印招标文件范本，在具体项目招标过程中，项目法人可以根据项目实际情况，编制项目专用合同条款并补充有关技术规范内容，与《范本》共同使用。

1.《范本》的主要内容

《范本》共分五卷，内容如下：

第一卷　合同

第 1 篇　投标邀请书格式

第 2 篇　投标人须知

第 3 篇　合同通用条款

第 4 篇　合同专用条款

第二卷　技术规范

第 5 篇 技术规范

第三卷　投标书、工程量清单等

第 6 篇　投标书及投标担保格式

第 7 篇　工程量清单

第 8 篇　投标书附表格式

第 9 篇　合同协议书格式

第 10 篇　履约担保格式

附篇　施工组织设计建议书格式

第四卷　图样（项目法人自编）

第五卷　参考资料（项目法人自编）

2.《范本》合同文件的组成

《范本》合同文件与 FIDIC 合同文件一样，也不是单一的合同，其组成及优先次序如下：

(1) 合同协议书及附件（含合同谈判中的澄清文件）；

(2) 中标通知书；

(3) 投标书和投标书附录（含承包人在评标期间递交和确认并经业主同意的对有关问题的补充资料和澄清文件等）；

(4) 合同专用条款（含数据表和招标文件补遗书中与此有关的部分）；

(5) 合同通用条款；

(6) 技术规范（含招标文件补遗书中与此有关的部分）；

(7) 图纸（含招标文件补遗书中与此有关的部分）；

(8) 标价的工程量清单；

(9) 投标书附表（辅助资料表）；

(10) 构成本合同组成部分的其他文件。

(三) 建设工程施工合同

《建设工程施工合同（示范文本）》主要用于房屋建筑工程，也可供签订公路工程施工承包合同时参考。该范本主要包括以下十方面的内容：

(1) 词语含义及合同文件;

(2) 双方一般责任;

(3) 施工组织设计及工期;

(4) 质量与验收;

(5) 合同价款与支付;

(6) 材料设备供应;

(7) 设计变更;

(8) 竣工与结算;

(9) 争议、违约与索赔;

(10) 其他。

(四)施工承包合同的基础知识

1. 施工承包合同的主要条款

不论采用哪一种合同格式,公路工程施工承包合同中应包括以下主要条款:

(1) 标的。标的就是合同双方当事人权利和义务共同指向的对象,如工程名称和地点,工程范围和内容。

(2) 工程数量和质量,即合同中工程量的多少及质量标准。如路线长度,桥隧长度,土石方数量,工程所要达到的质量标准与验收方式等。

(3) 合同履行的期限、地点和方式。包括开工与竣工日期及中间交工日期,设计文件、图纸、资料的提供日期,材料、设备的供应和进场期限等。

(4) 工程造价及货币支付形式。指工程价款的支付,结算及交工验收方法。

(5) 违约的责任。这是保证合同得以顺利履行的主要条款,也是约束合同双方当事人的形式之一。

2. 施工承包合同的订立、变更与解除

(1) 施工承包合同的订立。公路工程承包合同的订立通常可分为要约和承诺两个阶段,其具体形式为招标与投标。招标可视为业主向承包人提出要约,业主为要约人,承包人为受约人。业主向承包人提出的要约主要包括:签订合同的愿望与要求;合同的主要条款;要求对方作出答复的期限。承包人接到业主的要约(招标文件)后,根据自己的条件决定是否同意对方的全部要求,若同意,便可作出承诺(投标)。要注意的是,在承包合同订立后,为保证合同的顺利执行,一般都要到公证机关将合同进行公证。

(2) 施工承包合同的担保。我国公路工程施工承包合同实行担保制度。所谓担保就是指合同双方当事人为保证双方权利和义务得以实现而作出的具有法律约束力的经济保证措施。担保的形式有定金、银行保函、预付款和财物留置权四种。

① 定金。定金是指为保证合同的顺利执行,在订立合同之前业主付给承包人一定数额的现金。工程合同履行后,定金应当收回,或抵作价款。如果业主不履行合同则无权请求返还定金;承包人如果不履行合同,则应当双倍返还定金。

② 银行保函。银行保函又称保证,是银行与当事人一方达成的在被保证的当事人不履行合同时,由银行代为履行或承担连带责任的协议。公路工程承包合同中,一般由承包人开户银行出具履约保证书(银行保函),对承包人在合同中的义务作出保证,如果承包人违约给业

主造成经济损失，由银行负责赔偿。

③ 预付款。预付款是指在合同签订后，或在工程开工前，由业主预付给承包人一定数额的款项，而后在合同履行过程中由业主逐步扣回。预付款额一般为合同价格的5% ～10%，预付款与定金的区别是，如果承包人不能履行合同应如数退还预付款，不必双倍返还。

④ 财物留置权。财务留置权指承包人在带着资产（施工机械设备，临时工程和材料）进入工地履行合同时违约，业主为保证合同的顺利执行而对承包人采用的一种保证措施。如合同可以规定所有承包人提供的施工机械设备，临时工程和材料，一经运至工地，就视为专门供本工程施工所用，没有监理工程师的同意，不准将上述物品或任何部分运出现场。

(3) 施工承包合同履行与不履行。合同一经订立，就具有法律效力，合同双方当事人应无条件地按照约定的内容和形式，全面完成各自所应承担的合同义务，享受各自应有的权利，这种法律关系实施的全过程称为合同的履行。在有些情况下，合同的某一方或双方不能履行合同，称之为合同的不履行。合同的不履行一般分为三种情况：全部不履行、部分不履行和到期不履行。无论哪一种不履行，都应当承担相应的法律责任，支付违约赔偿金。

(4) 施工承包合同的变更和解除。公路工程施工承包合同的变更是指双方当事人在没有履行或全部不履行合同之前，经双方协议对合同的部分条款和内容作相应的修改、增减，所达成新的协议。合同变更一经完成，原合同的相应条款就要解除，变更或解除合同必须采用书面形式。变更或解除合同，会给一方当事人造成损失，除依法可免除责任者外，应由责任方负责赔偿损失。

3. 施工承包合同的纠纷处理

施工承包合同的纠纷是指合同履行过程中双方当事人对权利和义务所发生的争执，或称争议。合同纠纷处理的方式有协商、调解、仲裁等三种，详见第六节有关内容。

二、公路工程施工监理合同

公路工程施工监理合同是由业主与监理单位之间签订的明确双方权利和义务的协议。施工监理合同的标的是服务，即监理工程师凭据自己的知识、经验、技能，受业主委托为工程建设实施阶段的其他合同的履行实施监督和管理。施工监理合同是一种委托合同，即双方当事人约定一方以他方的名义和费用为他方处理事务。

公路工程施工监理合同采用中华人民共和国交通部《公路工程施工监理合同范本》，监理合同范本对有关监理合同双方的权利与义务，违约责任及争端解决等均作了详细条款规定，监理合同双方均应按国家法律规定及合同条款规定执行。

《公路工程施工监理合同范本》的主要内容如下：

(1) 公路工程施工监理合同协议书。

(2) 公路工程施工监理合同通用条件。

① 定义解释。

② 监理单位的义务。

③ 业主单位的义务。

④ 责任和保障。

⑤ 监理合同的生效、终止、变更、暂停和中止。

⑥ 监理服务的费用与支付。

⑦ 其他。

⑧ 争端的解决。

(3) 公路工程施工监理合同专用条件。

① 参阅通用条件。

② 修正、补充或删除通用条件的条款。

(4) 附件。

① 监理服务的形式、范围与内容。

② 业主提供的监理工作条件。

③ 监理服务费用与支付。

第三节 工 程 变 更

一、工程变更的概念和特征

1. 工程变更的概念

变更是相对承包人在投标时所依据的合同文件而言所做的变动，即工程在实施期间，如业主或承包人认为有必要时，可对本合同工程或其任何部分的结构形式、质量、等级或数量作出变更。按通用条件所作的变更，既包括工程具体项目的某种形式上的、质量上的、数量上的变动，也包括合同文件的形式上的、质量上的、数量上的改动。即变更包括两个方面的范畴：一是指工程上的变更，并且当变更金额超过一定的限度后就对费用予以调整；二是指合同上的变更，即通过工程变更令对合同文件进行修改。

按照FIDIC对工程变更的范围所作的规定和说明可以看出，工程变更是合同变更的一种特殊形式，它通常指合同文件中“设计图纸”或“技术规范”的改变。工程变更的含义是广泛的，它包括整个工程项目或其中任何部分的结构形式、质量、等级或数量作出的任何增添、省略、改变等。

2. 工程变更的特征

工程变更与一般的合同变更相比有自己的法律特征。其主要特征如下：

(1) 工程变更具有强制性。按照合同法的规定，工程变更（合同变更）应建立在合同双方（业主与承包商）协商一致的基础上，没有业主或承包商的事先同意是不能进行工程变更的。但在FIDIC条款的规定中，工程变更并不是以业主和承包商的协商一致为前提，工程变更可能来自于许多方面，如业主、监理工程师、承包商等，只要工程变更在客观上需要发生，监理工程师就可以向承包商发出指令，要求对工程的数量、质量或类型进行变更，而承包商必须先照办执行。至于变更工程的造价问题，承包商可以在执行变更工程的过程中向监理工程师提出，并在监理工程师的组织下按合同文件中规定的造价确定原则协商解决。

(2) 工程变更令是工程变更有效成立的前提。《合同法》规定：合同双方达成的变更协议是执行合同变更的依据，没有变更协议的合同变更是一种无效变更或擅自变更合同的行为(必须承担违约责任)。而在FIDIC条款第51条中规定的工程变更有所不同，其特点是：不论任何一方提出的工程变更，均应由监理工程师签发变更令，监理工程师下达的工程变更令是工程变更有效成立的依据，没有监理工程师变更令的变更是一种无效变更或擅自变更，监理工程师有权不予签认。

要注意的是，当工程变更超出合同条款中规定的变更形式，特别是超出设计图纸或技术规范的变更范畴时，一般不能按工程变更的规定由监理工程师来处理，而应根据《合同法》有关合同变更的规定或合同条款的其他相应规定去执行。

二、工程变更的分类

一般说来，工程变更是不可预见的，如自然因素与环境情况变化，政治和经济条件的改变等都会引起对工程变更的要求。工程变更按引发的原因不同，一般可归纳为以下几类：

(1) 因设计不合理而引起的工程变更。

(2) 业主根据需要想扩大工程规模、提高设计标准或加快施工进度而出现的工程变更。

(3) 为满足地方政府的要求而不得不进行的工程变更。

(4) 为优化工程设计方案而出现的工程变更。

(5) 因业主风险或监理工程师的责任等引起的工程变更。

(6) 因承包商的施工质量事故而引起的工程变更。

三、工程变更的内容

根据 FIDIC 合同通用条件第 51.1 款及《范本》合同通用条款第 51.1 款规定：在工程实施过程中，如业主或监理工程师认为有必要时，可以对本合同工程或其任何部分的结构形式、质量、等级或数量作出变更，为此，监理工程师有权指令承包人进行下述变更、增加或取消：

(1) 增加或减少本合同中的任何工程的数量；

(2) 取消合同中的任何单项工程；

(3) 改变合同中的任何工作的性质、质量或种类；

(4) 改变本工程任何部分的高程、线形、位置和尺寸；

(5) 完成本工程所必需的任何种类的附加工作；

(6) 改变本工程任何分项工程规定的施工顺序或时间安排。

任何上述变更，均不应以任何方式使合同作废或无效，所有这类变更工程（如果有）的结果应该根据第 52 条规定进行估价。但是，如果发出本工程的变更指令是因承包人过错、承包人违反合同或承包人责任造成的，则这种变更引起的任何费用应由承包人承担。

没有监理工程师的指令，承包人不能进行任何工程变更。但如果工程量的增减是由于其实际工程量超过或少于工程量清单中估算的数量而并非监理工程师指令的结果，则这类增减不需变更指令。

四、处理工程变更应注意的问题

监理工程师在处理工程变更项目时，一般应注意以下几点：

(1) 工程变更的范围不能随意扩大。工程变更主要涉及的是设计图纸和技术规范文件的变更，而且在合同条款中对其范围作了清楚的说明。因此，超出这一范围，就不应该视为工程变更，而只能作为其他形式的合同变更去处理，也就是说，此时不能按合同条款第 51 条、第 52 条的规定由监理工程师去处理，而只能由业主、承包商去协商解决。

(2) 工程变更的内容不能随意增减。工程变更到底有哪些内容应以合同文件中的规定为标准，前面列出的 6 种情况是 FIDIC 条款和《范本》第 51.1 款中的规定，其中前 5 种情况与设计变更相关，而第 6 种变更是属于技术规范的改变而产生的变更。对工程设计变更应符合交通部《公路工程设计变更管理办法》(中华人民共和国交通部令 2005 年第 5 号) 相关规定。

(3) 工程变更通常伴随工程数量的改变，但工程数量的改变并不意味着一定有工程变更的发生。例如，工程施工过程中，经常出现实际工程量与工程量清单中的估算工程量不一致的现象，如果设计图纸未发生修改，则这种现象完全是由于估算误差造成的，这时的工程量增减并不属于工程变更的范畴。

(4) 承包商在执行工程变更前，必须以监理工程师的书面变更令为依据，即使紧急情况下执行监理工程师口头令的工程变更，也应该在执行过程中要求监理工程师尽快予以书面确认，否则这样的变更将被视为是无效变更，即使对业主有利，也不一定能得到认可或补偿。工程变更的提出可以是业主、设计单位、监理工程师、承包商及当地政府，但不管属于何种情况，最后必须由监理工程师通过变更令的形式来组织实施。

(5) 尽管工程变更情况很多，但变更后的工程一般应该是原合同中已有的同类型工程，否则承包商的施工质量（或履行能力）就无法保证，而且可能引起复杂的施工索赔。

五、设计变更的分类

公路工程设计变更分为重大设计变更、较大设计变更和一般设计变更。

1. 重大设计变更

有下列情形之一的属于重大设计变更:

(1) 连续长度 10 km 以上的路线方案调整的;

(2) 特大桥的数量或结构型式发生变化的;

(3) 特长隧道的数量或通风方案发生变化的;

(4) 互通式立交的数量发生变化的;

(5) 收费方式及站点位置、规模发生变化的;

(6) 超过初步设计批准概算的。

2. 较大设计变更

有下列情形之一的属于较大设计变更:

(1) 连续长度 2 km 以上的路线方案调整的;

(2) 连接线的标准和规模发生变化的;

(3) 特殊不良地质路段处置方案发生变化的;

(4) 路面结构类型、宽度和厚度发生变化的;

(5) 大中桥的数量或结构型式发生变化的;

(6) 隧道的数量或方案发生变化的;

(7) 互通式立交的位置或方案发生变化的;

(8) 分离式立交的数量发生变化的;

(9) 监控、通讯系统总体方案发生变化的；

(10) 管理、养护和服务设施的数量和规模发生变化的；

(11) 其他单项工程费用变化超过500万元的；

(12) 超过施工图设计批准预算的。

3. 一般设计变更

是指除重大设计变更和较大设计变更以外的其他设计变更。

六、工程变更的提出和审批

(一) 工程变更的提出

提出工程变更的当事人有以下几种：

(1) 业主。业主可以直接提出工程设计变更的建议，当业主要求工程变更时，监理工程师应按施工合同规定下达工程变更令。对此类变更，没有充足的理由时承包人是不能拒绝的。业主对其他各方提出的设计变更的建议及理由应当进行审查核实。必要时，可以组织勘察设计、施工、监理等单位及有关专家对设计变更建议进行经济、技术论证。

(2) 监理工程师。监理工程师为了整个工程的协调统一，根据工程进展的具体情况，认为有必要时，可提出工程变更的建议。

(3) 工程相邻地段的第三方。当工程变更是由工程以外相邻的第三方提出时，监理工程师应先报业主，由业主出面和第三方协调，如果业主事先已授权给监理工程师处理此类事情，则监理工程师可直接与第三方进行协调。

(4) 承包人。承包人要求工程变更时，应提交工程变更单，报监理工程师审核，按施工合同要求须由建设单位批准的隐蔽工程的变更，还应会同建设、设计、施工等单位现场共同确认。

(5) 勘察设计单位。勘察设计单位根据工程需要可提出工程变更的建议。

(二) 工程变更的审批

公路工程重大、较大设计变更实行审批制。公路工程重大、较大设计变更，属于对设计文件内容作重大修改，应当按照《公路工程设计变更管理办法》规定的程序进行审批。未经审查批准的设计变更不得实施。任何单位或者个人不得违反《公路工程设计变更管理办法》规定，擅自变更已经批准的公路工程初步设计、技术设计和施工图设计文件。不得肢解设计变更规避审批。经批准的设计变更一般不得再次变更。

1. 重大、较大设计变更的审批

重大设计变更由交通部负责审批。较大设计变更由省级交通主管部门负责审批。对较大设计变更和重大设计变更建议，项目法人经审查论证确认后，向省级交通主管部门提出公路工程设计变更的申请，并提交以下材料：

(1) 设计变更申请书。包括拟变更设计的公路工程名称、公路工程的基本情况、原设计单位、设计变更的类别、变更的主要内容、变更的主要理由等；

(2) 对设计变更申请的调查核实情况、合理性论证情况；

(3) 省级交通主管部门要求提交的其他相关材料。

设计变更的勘察设计应当由公路工程的原勘察设计单位承担。经原勘察设计单位书面同意，项目法人也可以选择其他具有相应资质的勘察设计单位承担。设计变更勘察设计单位应当及时完成勘察设计，形成设计变更文件，并对设计变更文件承担相应责任。

设计变更文件完成后，项目法人应当及时组织对设计变更文件进行审查。重大及较大设计变更文件经项目法人审查确认后报省级交通主管部门审查。其中，重大设计变更文件由省级交通主管部门审查后报交通部批准；较大设计变更文件由省级交通主管部门批准，并报交通部备案。若设计变更与可行性研究报告批复内容不一致，应征得原可行性研究报告批复部门的同意。

项目法人在报审设计变更文件时，应当提交以下材料：

(1) 设计变更说明；

(2) 设计变更的勘察设计图纸及原设计相应图纸；

(3) 工程量、投资变化对照清单和分项概、预算文件。

2. 一般设计变更的审批

项目法人负责对一般设计变更进行审查，并应当加强对公路工程设计变更实施的管理。对一般设计变更建议，由项目法人根据审查核实情况或者论证结果决定是否开展设计变更的勘察设计工作。一般设计变更文件由项目法人审查确认后决定是否实施。

项目法人应当建立公路工程设计变更管理台账，定期对设计变更情况进行汇总，并应当每半年将汇总情况报省级交通主管部门备案。省级交通主管部门可以对项目法人的管理台账随时进行检查。

3. 监理工程师对工程变更的审核

按照合同规定，如施工单位提出的变更属监理工程师的审核范围，则监理工程师应按下列步骤进行审核与实施：

(1) 承包人向驻地监理工程师提出工程变更的申请，包括变更的内容、原因、工程变更对造价的影响分析等，必要时附上有关的变更设计资料。

(2) 驻地监理工程师对工程变更申请的可行性进行评估，并写出初步的审查意见。

(3) 总监理工程师对驻地监理工程师审查后的变更申请作进一步的审定，并签署审批意见。

(4) 签发《工程变更令》。当变更资料齐全以后，总监理工程师应根据合同规定，签发《工程变更令》。《工程变更令》包括以下文件：① 文件目录；② 工程变更令；③ 工程变更说明；④ 工程变更费用估算表；⑤ 附件。变更前后的图纸；业主、承包人、监理工程师三方面的会议、会谈记录；有关设计部门对变更的意见；有关行业部门、上级主管部门的文件；承包人的预算报告；确定工程数量及单价的证明资料等。

(5) 承包人组织变更工程的施工。

(6) 监理工程师监督变更工程的施工并办理有关验收及结算手续。

七、工程变更后的造价管理

虽然工程变更涉及多方面的内容，但有一个共同点，即都是发生在项目的实施过程中，而且是项目执行前没有考虑到或无法预测到的，因此，对工程变更的控制也就相当困难。一般情况下，任何工程上的变更及合同变更，几乎都与费用有关，均将涉及业主和承包人的经济利益。除了由于承包人的原因（过错、违反合同、责任等）而自行造成的变更外，其他所有的变更都需业主向承包人支付变更费用。就工程承包合同的双方来说，业主总是力图让变更规模在保证设计及标准和工程质量、安全的前提下尽可能缩小，以利于控制投资规模；作为承包人，由于变更工程总会或多或少地打乱其原来的进度计划，给工程的管理和实施带来程度不同的困难，所以总是希望以此为由向业主索要比变更工程实际费用大得多的金额，以获取较高利润。这是一对矛盾，监理工程师应该站在客观、公正、独立的立场上协调和解决好这一对矛盾，既要使发生的工程变更有利于工程施工的顺利进行，又要使由此产生的费用控制在合理的范围之内。

工程变更费用应按施工合同约定计算，合同未约定的由合同双方协商解决。如按照合同约定，工程变更费用由监理工程师审核确定，则可按第五章第六节中工程变更费用支付中介绍的原则和方法确定工程变更费用。

工程变更无论出于何种原因，其最终的目的是为了提高建设项目的投资效益，即经济效益和财务效益。所以，在评价工程变更的合理性时，要进行详细的可行性研究和经济评估，全面地考虑工程变更所带来的影响，并在此基础上做出工程变更的审批决策。故应从效益的角度进行综合分析和评价，避免顾此失彼的现象发生。不管何种形式的工程变更，都是以保证工程质量、安全为前提的，以牺牲工程质量为代价的工程变更，实践中是不可取的，而且后患无穷。

在审批工程变更时，应优先考虑优化设计方案，最大限度地发挥公路建设项目的社会服务功能，并注意照顾当地经济效益。工程变更通常会带来工程造价的变化，且以工程造价的增涨情况居多，这样的工程变更会增加业主筹措资金的压力，严重时会影响社会资金的供需平衡。所以，在审批工程变更的过程中，应将工程造价的控制放在重要地位，力保工程造价不超过设计概算。当超过设计概算甚至投资估算的重大设计变更不可避免地要发生时，业主应会同监理工程师、造价工程师一起进行详细的工程变更的评估工作，然后按规定程序报有关主管机关批准后方能实施工程变更。所以，在处理工程变更的过程中，要力求通过工程变更降低工程造价，而对要增加工程造价的工程变更，须认真地进行可行性研究和技术经济论证与评估，确保工程变更的经济效益。

总之，对于工程变更，监理工程师一定要按合同所赋予的职责，充分发挥自己的技术水平和业务能力，慎重而仔细地对待。工程变更应力争做到“提高经济效益、保证工程质量、照顾当地利益、控制工程造价”。

第四节　工 程 延 期

工程建设项目中的各类合同都明确规定了完成该工程或工作的期限或天数，称为工期或合同期。如在施工合同文件中明确规定在开工令发出后多少天内完工，或截至某日期完工。承包商的责任是在合同期内完成工程，除非监理工程师批准延长合同工期。

由于公路工程项目的施工周期长，影响因素较多，因此，合同工期实际延长了的情况经常发生。造成工程项目合同工期实际延长的原因主要有两种，一是因承包商本身的责任造成了工期延误，二是承包商以外的原因造成的工期延误。第一种原因造成的工期延误又称为不可原谅延误，即拖延工期，第二种原因造成的工期延误又称为可原谅延误，可以引起工程延期。

为了避免因工期延长而引起的合同纠纷与争端，合同双方当事人在订立合同时，围绕工期问题必须写明以下条款：总工期的规定；开工和竣工的条件；未能按时开工的违约处理；延长工期的条件和处理；拖延工期的责任和处理；暂时停工的责任和处理等。这些条款为处理延期和经济补偿提供了合同依据。

一、工程延期及其主要类型

1. 工程延期的概念

所谓工程延期，即是按合同有关规定，由于非承包商自身原因造成的，经监理工程师书面批准的合理竣工期限的延长。它不包括由于承包商的违约或者承包商未能履行应尽的义务或责任而引起的工程延误。

2. 工程延期的主要类型

根据 FIDIC 条款和《范本》合同通用条款第 44 条规定，延期的主要类型如下：

(1) 有额外或附加的工程量或工程性质、等级上的变更；

(2) 本合同条款指明可能的延误；

(3) 异常恶劣的气候条件（在合同专用条款中具体规定）；

(4) 由于业主的延误或阻碍；

(5) 不是由于承包商的失误或违约而发生的其他特殊情况。

上述任何一种情况发生，监理工程师在与承包人适当协商并报业主批准后应确定延长工期的天数，并通知承包人，抄送业主。

二、工程延误及其主要类型

（一）工程延误的概念

工程延误是指因各种原因造成的工程施工不能按原定时间要求进行，而使总工期延长。造成工程项目合同工期实际延长的原因主要有两种，一是因承包商本身的责任造成了工期延误，二是承包商以外的原因造成的工期延误。

由于公路工程施工本身的复杂性，发生工程延误是很常见的。工期延误直接涉及业主和承包商的自身利益。一方面工期延误将会使一个工程项目不能在规定的时间内交付使用，使运营效益减少，直接影响到投资效益的发挥。另一方面业主要增加工程项目的管理费用，特别是要承担投入资金的利息，工期拖得越长，这种负担就越重。同样，对承包商来说，如果一个工程拖延太久，不仅要受到处罚，造成经济损失，而且由于施工力量有限且受到牵制，无法接受新的业务，信誉受到影响。所以当工期延误发生后，监理工程师要分析产生影响计划进度实施的原因，根据合同规定，正确判定延误的性质，以作出相应的处理。

（二）工程延误的主要类型

工程延误实际上包括时间损失和经济损失两方面，一项工程延误是否可以由业主给予延长工期及经济补偿，这取决于引起该延误的原因是否可以预见、承包人或业主是否有过错以

及合同中的相关规定。通常可以把延误分为以下几种:

1. 可原谅延误与不可原谅延误

当工期延误是由于非承包商自身原因造成的，则属于可原谅延误。对于可原谅延误，承包人有权得到延期批准，但不一定能得到经济补偿。在承包商按合同规定提交延期申请后，监理工程师应在调查分析、核实延误的原因和影响、确定满足合同条件后，作出工程延期的决定。当延误是承包商自身原因造成时，则属于不可原谅延误，监理工程师应对承包商作出反索赔。

可原谅延误的种类主要有:

(1) 不可抗力引起的延误;

(2) 不利自然条件或客观障碍引起的延误;

(3) 特别恶劣的气候条件引起的延误;

(4) 特殊风险引起的延误;

(5) 罢工及其他经济风险引起的延误;

(6) 业主或业主代表原因引起的延误。

可原谅延误又可分为可补偿延误与不可补偿延误。

(1) 可补偿延误。可补偿延误是承包人有权同时要求延长工期和得到经济补偿。一般因业主或业主代表的错误或疏忽而引起的延误都是可以获得补偿的。

(2) 不可补偿延误。不可补偿延误是指可给予工期延长，但不能给予相应的经济补偿的可原谅延误。这种延误一般不是因双方当事人的错误或疏忽造成的，而是由于双方都无法控制的原因造成的，如不可抗力、特别恶劣的气候条件、特殊风险、其他第三方原因等。

2. 共同延误与非共同延误

1) 共同延误

共同延误是指由两项或两项以上的单独延误同时发生的情况。主要有以下两种情况:

(1) 在同一项工作上发生的共同延误。在同一项工作上同时发生两项或两项以上的延误的情况可能有以下几种基本组合，监理工程师应认真分析，区别处理:

① 可补偿延误与不可原谅延误同时存在。监理工程师应注意，在这种情况下，不能批准承包商延期和经济补偿的要求，因为即便没有可补偿延误，不可原谅延误也已经造成了工程延误。

② 不可补偿延误与不可原谅延误同时存在。在这种情况下，监理工程师不能批准延长工期，因为即便没有不可补偿延误，不可原谅延误也已经导致了工程延误。

③ 不可补偿延误与可补偿延误同时存在。此时，监理工程师可以批准承包商延期的要求，但不能给予经济补偿，因为即便没有可补偿延误，不可补偿延误也已经造成了工程施工延误。

④ 两项可补偿延误同时存在。此时，监理工程师只能批准一项工期延长或经济补偿。

(2) 在不同的工作上发生的共同延误。这是指在不同的工作上同时发生了两项或两项以上的延误，从而产生了对整个工程的共同延误。这种情况是比较复杂的，由于各项工作在工程总进度表中所处的地位和重要性不同，同等时间的相应延误对工程进度所产生的影响也就不同。监理工程师在处理这种共同延误时，应认真具体地分析单项延误分别对工程总进度所造成的影响，然后将这些影响进行比较，对相互重叠部分按前述在同一项工作上发生的共同延误处理。对剩余部分进一步分析延误引起的原因和影响，从而判定是否给予延长工期和经济补偿。

关于业主延误与承包商延误同时存在的共同延误，对其经济损失的处理，一般应用一定的方法分解延误，根据双方过错的大小及所造成的影响的大小来按比例分担。若该延误无法分解开，也应按一定的比例在双方当事人之间分担责任，允许承包商得到相应的经济补偿。随着高级网络计划技术的应用，共同延误的可分解性已经大大提高。

共同延误的最终结果，可能是承包商可以获得工期延长或经济补偿，也可能是承包商要向业主支付延误赔偿金。如果承包商想从业主那里获得工期延长及经济补偿，则承包商必须划分和证明双方分别应负的责任；如果业主想从承包商那里得到延误赔偿金，则业主也必须划分和证明双方的责任。

2）非共同延误

非共同延误是单一的只发生一项的延误，而没有其他延误同时发生。

3. 关键延误和非关键延误

关键延误是指在网络计划关键线路上活动的延误；非关键延误是指在网络计划非关键线路上活动的延误。关键延误肯定会导致整个工期的延误，如果是可以原谅的，则承包人可以获得工程延期。由于非关键线路上的活动都有一定的机动时间可以利用，具有一定的灵活性，所以在该机动时间范围内的非关键延误不会导致整个工期的延误，承包人不能获得工程延期。当然，一旦机动时间用完，则原来的非关键延误也就变成了关键延误。

延期会打乱项目的整体进度计划和业主的经营计划，给业主造成经济损失，因此，业主不愿意合同延期。而合同的延期是承包商的正当权益，承包商通过合理延期来避免工期延误后为赶工而增加的施工成本（当延误的工期得不到延期时就只能赶工）。综上所述，延期是合同管理中极重要的事件，监理工程师必须始终予以关注和监督，掌握延期的处理原则，并牢记：批准延期可造成业主支出增加；可能会给承包商要求费用索赔带来借口。但是，如果拒绝承包商申请延期的合理要求，也可能导致承包商要求费用索赔。

三、工程延期的处理办法

1. 处理工程延期的一般规定

监理工程师必须在确认下述条件满足后，方可受理工程延期：

(1) 由于非承包商的责任，工程不能按原定工期完工。

(2) 延期情况发生后，承包商在合同规定的期限内，向监理工程师提交了工程延期意向。

(3) 承包商承诺继续按合同规定向监理工程师提交有关延期的详细资料，并根据监理工程师的要求随时提供有关证明。

(4) 延期事件终止后，承包商在合同规定的期限内，向监理工程师提交正式的延期申请报告及其详细证明材料。

2. 可以延期的几种情况

合同条款中涉及的延期事件，监理工程师可以根据合同条款中的详细说明，找出判断延期的依据，监理工程师要特别注意以下情况：

(1) 异常恶劣的天气造成工期延误可以给予延期。而异常恶劣的天气与恶劣的天气应该如何区分，则可在合同专用条件中加以说明，也可以由监理工程师掌握。

(2) 业主或业主代表原因引起的延误可以批准延期。

(3) 监理工程师原因引起的延误可以延期。

(4) 特殊情况如业主和承包商所不能控制的罢工及其他经济风险引起的延误可以延期。

但因可预见的原因或在承包商控制之内的情况，或由于承包商自身的问题与过错而引起的不可原谅延误，承包商没有资格获准延长工期，承包商必须无条件地按照合同规定的时间完成施工任务，否则构成违约。例如，由于承包商缺乏相应的财务能力；与承包商有直接关系的第三方造成的问题；分包商的行为；承包商对现场条件的错误判断；不适当的施工组织管理；缺乏相应的施工设备和劳力等引起延误的情况。

可补偿延误与不可补偿延误，共同延误与非共同延误，关键延误和非关键延误按上述方法进行具体判断处理。

四、工程延期的申请与审批

（一）工程延期的申请与审批程序

1. 承包商提交延期申请书

FIDIC 条款规定：承包商对于非自身原因引起的工程延误，应在该事件首次发生后，立即写一份申请延长合同工期的意向书，先报给监理工程师，并报业主备案；随后详细列出自己认为有权要求延期的具体情况、证据、记录和网络计划图，以供监理工程师审批。承包商提交延期申请书的时间非常重要，承包商在首次出现 FIDIC 合同通用条款中第 44.1 款需延期情况后的 28 天之内，应向监理工程师提出申请延期意向，并向业主递交申请延期副本，否则监理工程师不予考虑延期；若延期事件是连续发生的，则承包商应以不超过 28 天的时间间隔向监理工程师申报延期意向并提供有关资料，并在延期事件终止后 28 天内，报正式的延期申请书和最后的详细资料。

《范本》规定：在首次出现《范本》合同通用条款中第 44.1 款需延期情况后的 14 天之内，承包人应向监理工程师发出要求延期的通知，并抄送业主，并在随后 7 天内向监理工程师提交要求延期的详细情况与缘由，供监理工程师调查。如果导致延期的事件有连续性，承包人应按规定在 7 天内先报告初步情况，然后每隔 7 天向监理工程师提交事件进展的详细资料，并在该事件造成的影响终结后 14 天之内提交最终详细资料。

如果承包商未能在规定的时间内向监理工程师发出申请延期通知和报告情况并提交详细资料，则监理工程师可拒绝做出任何延期的决定。

2. 监理工程师审批延期的程序

监理工程师在收到承包商的延期申请和详细补充情况及证据后，应在合理时间（国内规定为 28 天）内将审核意见报经业主批准并将决定通知承包人，或要求承包人进一步补充延期的理由，如监理工程师在 28 天内不予答复，则应视为承包人要求的延期已经业主批准。

在延期审批过程中，驻地监理工程师的原始记录如“监理日志”、“天气记录”等是非常重要的证明材料。当延误发生时，驻地监理工程师对承包商延误的事实、时间、人力、设备的闲置以及能否重新调整计划等，均应有详细的记录。否则，将会给延期审批带来困难。

（二）工程延期审批的依据

承包商延期申请能够成立并获得监理工程师批准的依据是：

(1) 工程延期事件是否属实，必须实事求是。

(2) 是否符合本合同规定及《范本》合同通用条款第 44 条的规定。

(3) 工程延期事件是否发生在工期网络计划图的关键线路上，即延期是否有效合理。

(4) 延期天数的计算是否正确，资料、证据是否充足。

上述四条中，只有同时满足前三条，延期申请才能成立，延期天数的计算是否正确，监理工程师可以根据自己的记录，作出公正合理的计算。

在上述的审批依据中，最重要的就是第三条，即延期事件是否发生在工期网络计划图的关键线路上。也就是说，所发生的延误工程部分必须是会影响到整个工程项目工期的工程，如果延误工程部分发生在非关键线路上，并且可调，延期就不能批准。特别要强调的是：工期网络计划图中的关键线路并不是固定的，随着工程的进展，关键线路也在变化，而且是动态变化。关键线路的确定，必须是依据最新批准的工程进度计划。

五、综合案例

【例 6.1】 某高速公路北京段由于气候异常提出工程延期，具体情况如下：1988 年 7、8 月份，北京连降大雨，降雨量超过本地区 20 年平均水平。由于大雨的影响，迫使正在施工的路基土方工程停工。为此，承包商根据合同通用条款第 44 款的规定，提出延期申请。

1. 承包商申请延期证据

承包商随工程延期申请附上了 1988 年 7、8 月份的降雨量、降雨天数和 20 年平均降雨量、降雨天数的对照表以及工地施工记录。前 20 年平均降雨天数和降雨量为向当地气象局索取的统计资料，1988 年后的为施工现场实测资料。这些资料见表 6.1，表 6.2 和表 6.3。

表 6.1 北京地区过去 20 年气候数据（1968—1987）

月　份	项　目	朝阳区	通　县	大兴县	平均值
7 月	降雨量（mm）	186.9	161.6	176.4	175.0
	降雨天数（天）	13.6	15.4	13.3	14.1
8 月	降雨量（mm）	187.2	175.2	181.3	181.2
	降雨天数（天）	12.9	13.6	11.9	12.8

表 6.2 北京地区 1988 年气象数据表

月份	项　目	朝阳区	通县	大兴县	平均值	施工现场
7 月	降雨量（mm）	260.6	220.0	248.0	243.0	286.0
	降雨天数（天）	17.0	16.0	17.0	16.7	10.0
8 月	降雨量（mm）	255.8	264.4	243.3	254.5	407.5
	降雨天数（天）	14.0	15.0	16.0	15.0	12.0

注：朝阳区、通县、大兴县均是施工现场附近的几个（区）县。

表 6.3 降雨量比较表

月　份	观　测　值		施工现场	超过率
	1968—1987 年	1988 年		
7 月份	175.0	243.0	286.6	1.64
8 月份	181.2	254.5	407.5	2.25
合计	356.2	497.5	694.1	1.949

从表中可以看出，在施工现场，7、8 月份的降雨量分别为常年降雨量的 1.6 倍和 2.3 倍，是两个月份的 1.9 倍。

承包商又申述：在 7、8 月份的 62 天中，实际只有 6 天进行了土方工程施工。其原因是由于全线大部分土是粉质黏土，这种土遇水含水量易增高，且施工现场地下水位只有 1.5 m 米，而路基高度平均只有 1.6 m，所以土方吸收了大量的雨水不易晒干，在这种情况下不能进行施工操作。

计算方法：用预计工作日与实际工作日的差值为其所需延期天数的计算方法。

预计工作日计算方法：

日历天数－（20 年平均降雨天数×影响系数）＝预计工作日

计算结果如表 6.4 所示。

表 6.4　承包商延期申请计算结果表

月　份	预计工作日	实际工作日	差　值
7 月份	31-14.1×0.7*=21.1 天	6 天	15.1 天
8 月份	31-14.1×0.7*=21.1 天	0 天	22.0 天
合　计	43.1 天	6 天	37.1 天

* 其中 0.7 的系数是承包商根据高速公路施工经验所得。

申请延期天数：37 天。

2. 监理工程师评估意见

（1）承包商的延期申请符合合同专用条款第 44.2（a）子款，且发生的延误在关键线路上。根据合同专用条款第 44.2（a）子款规定，延期申请可以接受。

（2）承包商延期申请报告中，采用 0.7 的系数来预计工作日的方法，因缺乏可靠依据，所以不能接受。应采用通常将一个下雨日等于 1.5 个非工作日的办法进行计算。

（3）采用承包商提供的最近 20 年的降雨平均记录及当年的降雨记录，并采用 1.5 的影响系数，则由于降雨天数引起的差额工作日为：

7 月份：（14.1－16.7）×1.5＝－3.9＝－4 天

8 月份：（12.8－15）×1.5＝－3.3＝－3 天

即由于降雨天数差额而需弥补的工作天数为 7 天。

（4）由表 6.5 可以明显看出，1988 年 7～8 月份雨量远大于按 20 年统计的 7～8 月份平均降雨量，分别超出 38.9% 和 40.5%。施工现场雨量更大，分别超出 63.8% 和 124.9%，而采用 1.5 系数的计算方法，仅仅体现了常规雨量及下雨天数的影响，没有真正反映特殊雨量和特别异常气候的影响。因此，以此计算出的天数显然不尽合理。承包商在报告中提出 7～8 月份实际工作仅 6 天，经驻地监理工程师核实，基本可以接受。考虑雨天对工作的综合影响及实际工作情况，则由于异常降雨所引起的差额工作日为：

7 月份：31－(14.1×1.5)－6＝3.85＝4 天

8 月份：31－(12.8×1.5)－0＝11.8＝12 天

即综合考虑各方面由于异常雨天的影响，对承包商所提 7～8 月份由于异常降雨所引起的工程延期的申请报告，批准为 16 天。

表 6.5　监理工程师用降雨量比较表

月　份	项　目	20 年平均值	1988 年平均值	差　值
7 月份	降雨量（mm）	175.0	243.0	超 38.9%
	降雨天数（天）	14.1	16.7	多 2.6
8 月份	降雨量（mm）	181.2	254.5	超 40.5%
	降雨天数（天）	12.8	15.0	多 2.2

【例 6.2】某一公路工程合同段发生了以下原因引起的停工：1999 年 6 月 30 日至 7 月 3 日承包商的设备出了故障；监理工程师向承包商提供后续图样原定时间为 7 月 1 日，但最后提供图样时间为 7 月 10 日；7 月 5 日至 18 日之间工地下了特大雨。承包商申请延期天数为 10 天＋8 天＝18 天。监理工程师应如何审批此延期申请？

分析：监理工程师应通过如下分析后对延期作出合理审批：

（1）提供图样时间比原定时间晚了 10 天，是由于业主方面造成的，属于可补偿延误，准予延期，但在 7 月 1 日至 7 月 3 日间由于承包商的设备出了故障，即使业主提供了图样承包商也无法进行施工，属于不可原谅延期，这 3 天不予延期。由此可以批准的延期的天数为 7 月 4 日至 7 月 10 日共 7 天。

（2）7 月 5 日至 18 日之间工地下了特大雨，是由于自然因素造成的，属于不可补偿延误，可以批准延期，但在 7 月 5 日至 7 月 10 日间由于存在共同延误，此处不再重复计算，因此可以延期的时间为 7 月 11 日至 7 月 18 日共 8 天。

由如上两项分析，监理工程师审批可以延期的时间为 7 天＋8 天＝15 天。

（3）对于延期引起的费用索赔天数为：在 7 月 1 日至 7 月 3 日间，属于不可原谅延误和可补偿延误共同发生的延误，根据合同条款不应给予经济补偿；在 7 月 5 日至 7 月 10 日间，属于可补偿延误和不可补偿延误共同发生的延误，根据合同条款也不应给予经济补偿；在 7 月 11 日至 7 月 18 日，工地下了特大雨，是由于自然因素造成的，属于不可补偿延误，因此也不予对其进行经济补偿。

由此可知，只有 7 月 4 日是由于业主原因造成的可补偿延误，监理工程师审批费用补偿的天数为 1 天。

第五节 工程索赔

一、工程索赔的概念

工程索赔，顾名思义就是索取赔偿之意。是指当事人一方在合同实施过程中，根据合同及法律规定，对并非由于自己的过错，而是属于对方的过错或对方的风险责任所造成的实际损失，凭有关证据向对方提出请求并给予补偿的过程。

在合同执行过程中，如果当事人一方认为另一方没能履行或没有完全履行合同规定的义务或妨碍了自己履行合同义务，或是发生了合同中规定由另一方承担的风险事件，结果造成经济损失，则受损方通常可提出索赔要求。很明显，索赔对另一方不具有任何惩罚性质，它是一个问题的两个方面，是签订合同的双方当事人各自应当享受的合法权益，实际上是业主与承包人之间在分担工程风险方面的责任再分配。这既是一种经济行为，又是一项管理业务，对合同的双方当事人而言，这种经济行为是双向的，只是索赔的出发点和对象各不相同罢了，并不是“主动”与“被动”的关系。

广义的索赔包括承包商向业主的索赔及业主向承包商的索赔（国内一般称为反索赔，以示与索赔的区别），即索赔不管是业主还是承包人均可提出。但是，业主向承包人的索赔（反索赔）在合同通用条件中都规定得比较具体，因此较容易处理。如果承包人违约拖期，工程量减少等，业主可以直接从支付给承包人的工程款中扣回。所以，通常讲的索赔，主要是指承包人向业主提出的索赔。《范本》合同通用条款中第 53 条规定的索赔也专指承包商向业主的索赔。

在实际工程中，提出索赔的经常是承包人，其索赔包括工期索赔和费用索赔，即由于非承包人自身的原因，导致承包人遭受额外的时间损失或费用增加，承包人依据合同的有关规定而向业主申请他认为应该得到的一种权利或额外付款。

FIDIC 条款并不希望承包人在其投标报价中将不可预见的风险因素和大笔应急费用全部包含进去，而是主张如果确实发生了此类事件，则应由业主赔偿或支付这类费用，这就是索赔的理论基础。

二、索赔的分类及处理

索赔事件发生的范围相当广泛，FIDIC 合同条件和《范本》对此都作了详细规定，常见的合同之内的索赔按引发的原因不同大致可分为几大类型。

1. 业主原因引起的索赔

(1) 合同通用条款第 40.1、40.2 款规定：由于监理工程师或业主的原因，工程或部分工程暂停，在暂停期间，承包商应在必要范围内给予工程很好的保护，监理工程师按规定与业主及承包人协商给予承包人延长工期，并将暂停期间承包人损失的成本及利润增加到合同价格内。

(2) 合同通用条款第 42.1、42.2 款规定：业主应按合同给予承包人可供随时占有的工地。如业主未给予承包人现场占有权，而导致承包人延长工期或付出费用，则监理工程师应与业主及承包商协商确定，给予承包人应得的延长工期，将承包人损失的成本及利润增加到合同价格内。

(3) 合同通用条款第 69.1 款规定：业主未在付款期满后 28 天（国内为 42 天）内支付监理工程师签认的费用，承包人有权减缓工程进度或暂停工程，甚至终止合同，为此，业主应支付任何因此而发生的损失的费用。

2. 监理工程师过错或责任引起的索赔

(1) 合同通用条款第 6.4 款规定：监理工程师在合理的时间内，未曾或不能发出承包商正常施工所需的图纸和指示，导致工程延误或中断，造成拖期和打乱了计划；或监理工程师为克服此问题发出变更指令，使承包人蒙受进度延误或费用损失，监理工程师在与业主及承包人协商一致后，应给予承包人延长工期，并将增加的费用成本加到合同价格上去。

(2) 合同通用条款 17.1 款规定：根据监理工程师或其代表提供的不正确的书面数据进行了放线，造成施工放样的错误，导致拖期和打乱了原计划；或监理工程师为克服此问题发出变更指令，使承包人蒙受损失，应将承包人损失的成本及利润增加到合同价格内。

(3) 合同通用条款 36.4、36.5 款规定：监理工程师提出需做的试验是合同中未曾提到或未规定的、没有指明或规定进行，要求的样品是合同中没有指明或规定提供的，且试验结果表明材料、工艺符合合同要求，工程是完好合格的。则监理工程师应与业主、承包人协商后确定将增加的费用成本加到合同价格上，所延误的工期也应予以补偿。

(4) 合同通用条款 38.2 款规定：监理工程师指示承包商对已掩盖的工程进行剥露或凿开工程的任何部分进行检验，如检验结果被认为符合合同要求时，则监理工程师应与业主、承包人协商，将承包人损失的成本及利润增加到合同价格内。

3. 工程数量调整与变更引起的索赔

合同通用条款 52.3 款规定：如果在签发整个工程的交接证书时，发现合同价格的增加或减少总共超过“有效合同价格”的 15% 时，如增加或减少的原因是由于：全部变更后工程的估价；根据对工程量清单中开列估算工程量所做的各种调整（不包括暂定金额、计日工及价格调整），则监理工程师应与业主、承包人协商后确定加上或减少一笔调整金额，此调整金额应只依据上述增加或减少超过“有效合同价格”的 15% 的那一部分款额。

4. 意外风险的原因引起的索赔

(1) 施工过程中发生难以预料的实物障碍或不利的自然条件，并不是一个有经验的承包人可能预见的，监理工程师与业主及承包人协商后可确定给予承包人延长工期，将承包人由此发生的费用成本加到合同价格中。

(2) 合同通用条款第 27.1 条规定：在工程现场发掘出的所有文物、古迹以及具有地质研究或考古价值的其他遗迹、化石、古币、钱币或物品，均属于国家财产。承包人应执行监理工程师关于处理上述物品的指令，如果这样的指令使承包人工期受到拖延或增加了费用，监理工程师应与业主及承包人协商确定，给予承包人延长工期，发生的一切费用成本加到合同价格中。

(3) 业主风险造成的延期与索赔。业主风险包括：

① 战争、敌对行动、入侵、外敌行动；

② 工程所在国内发生的叛乱、革命、暴动或军事政变、篡夺政权或内战（在我国实施的工程均不采用此条款）；

③ 不属于承包商施工原因造成的爆炸、核废料辐射或放射性污染等；

④ 超音速或亚音速飞行物产生的压力波；

⑤ 暴乱、骚乱或混乱，但不包括承包商及分包商的雇员因执行合同而引起的行为；

⑥ 因业主在合同规定以外，使用或占用永久工程的某一区段或某一部分而造成的承包人的损失或损害；

⑦ 业主提供的设计不当造成的损失；

⑧ 一个有经验承包商通常无法预测和防范的任何自然力的破坏作用。

属于业主的风险造成的损失或损害，承包人应在监理工程师要求的范围内予以弥补。同时，监理工程师应按有关规定在与承包人协商报业主批准后，确定由于弥补工作造成的合同价的增加额。如果是业主的风险和其他风险结合而造成的损失或损害，监理工程师在确定合同价的增加额时，应考虑承包人和业主双方按比例承担的责任。

处理索赔的原则是实事求是和尽量协商解决，只有当一切协商解决方式无法解决时，才诉诸仲裁或法律。

三、索赔的程序

《范本》合同通用条款第 53 条对索赔程序作了具体规定，总的意图是规定一个对业主和承包人都有利的索赔约束方式。

1. 索赔通知

如果承包人根据本合同条款中任何条款提出任何附加支付的索赔时，应在该索赔事件首次发生的 21 天（FIDIC 规定为 28 天）之内将其索赔意向书提交监理工程师，并抄送业主。因此，承包商应该特别注意严格遵照这一规定，并及时通知监理工程师，才可能落实具体的索赔；否则，日后将可能丧失合同规定的索赔权利。

2. 当时记录

索赔意向并不能作为具体索赔时的依据，因此，《范本》合同通用条款第 53.2 款明确规定：在第 53.1 款所指的事件发生时，承包人应保存当时的记录，作为申请索赔的凭证。监理工程师在接到第 53.1 款所述的索赔意向书时，无须认可是否系业主的责任，应先审查这些当时记录，并可指示承包人进一步做好当时记录。因为这样的当时记录对承包人的索赔意向通知来说是合理的，并可能是非常重要的资料。承包人应允许监理工程师审查其保存的全部记录，并在监理工程师有指令时，向监理工程师送交记录的复印件。

3. 索赔的证明

承包商应力争将单项索赔在工程执行过程中陆续及时加以解决，这就要求承包商随时提出说明索赔款项及其合同依据等详细材料。《范本》合同通用条款第 53.3 款规定：在根据第 53.1 款规定发出索赔意向书后的 21 天（FIDIC 规定为 28 天）之内，或监理工程师同意的另一合理期限之内，承包人应送交监理工程师一份拟索赔款额的详细账目，并说明索赔所依据的理由。如果引起索赔的事件具有连续性，上述账目应认为是一笔暂时账目。承包人应该在监理工程师要求的间隔时间内，送交继发的暂时账目和索赔理由。并在此索赔事件终止后 21 天（FIDIC 规定为 28 天）之内送出最后账目。承包人应该将根据本款规定送交监理工程师的全部账目的复印件送交业主。

4. 不合规定

《范本》合同通用条款第 53.4 款给承包商在不能做到上述各款要求时提供了某种保护，同时也限定了承包商的索赔权利。如果承包人提出的索赔要求未能遵守本条款中的各项规定，则承包人无权得到索赔或只限于索赔由监理工程师按当时记录予以核实的那部分款额。

5. 索赔的支付

《范本》合同通用条款第 53.5 款明确规定了承包商得到付款的权利和经过确认的索赔金额的支付方式，包括全部或部分的付款，以防止把问题积成堆再解决。监理工程师应对承包人根据上述各款规定提供的索赔证据和详细账目进行审查核实，在与业主和承包人协商后，确定承包人有权得到的全部或部分的索赔款额，并按有关规定列入核签的期中支付证书或最后支付证书内予以支付。

四、索赔费用的计算

索赔是指合同的一方向另一方索取赔偿，它是一种经济行为，也是一项管理业务。费用索赔，是指业主或承包商根据合同的有关规定，通过监理工程师向对方索取合同价格以外的费用，作为对自身经济利益的损失的补偿。

承包商的施工索赔内容包括以下两个方面：一方面是对额外所消耗资源的索赔，即费用索赔；另一方面是对时间的索赔，体现为工程项目的竣工日期延后，即延期。费用索赔是索赔的最终目的，工期索赔很大程度上也是为了费用索赔。

工程索赔的费用计算主要包括：人工费、材料费、机械使用费、管理费及其他费用。详细计算及有关要求见第五章第六节“索赔的支付”。

五、索赔的防止及减少

公路工程合同在实施过程中，完全不发生索赔是不可能的。但认真研究前面介绍的造成索赔的原因，不难理解，只要监理工程师和业主严肃认真地加强合同管理，有些索赔是可以避免或减少的。当索赔意向已经由承包商提出时，监理工程师的工作就会显得被动一些，不合理的索赔虽然可以驳回，但合理的索赔应当予以批准，因此，重要的是尽可能防止索赔事件的发生。监理工程师及所属监理人员都应尽力完成合同规定的义务和责任，同时也要帮助业主按合同条款办事。为了尽可能防止索赔及减少索赔，监理工程师应处理好以下问题：

(1) 监理工程师应尽早开始对监理工作进行准备，最好是在工程招标之前进行。要防止或减少索赔，监理工程师首要的工作是应协助业主编制好合同文件，要确定合同的结构，拟定合同文本，参与合同谈判，说服业主不要怕合同条款多，应尽量把细节写清楚，不用含混字名，避免因词意表达不清的情况出现，合同中坚持“丑话说在先”的原则。如果是施工过程中介入，监理工程师及监理人员应尽早熟悉合同文件、工地环境、地质水文资料、施工进度计划、施工机械设备和人员、施工方法等各方面详细情况。

(2) 监理工程师应作详尽的监理规划和工作计划，对重点工程特别是关键线路上的工程要进行现场核对调查，必要时可进行补充勘探开挖，认真分析研究可能发生的情况，对每一工作环节，都应尽可能早的与承包商进行分析预测和控制工作。

(3) 在合同实施过程中，监理工程师及监理人员应严格根据合同条款实施监理，绝不能因自己的失职和错误而给承包商带来索赔的机会和理由。同时，应时常提醒和督促业主按合同办事。监理工程师及有关人员要建立健全工作制度和监理程序，并严格执行。要随时做好记录，包括各种指示、函件、决定、会议、试验、法规等记录，这是判断索赔合理性的重要依据。

(4) 指定专人负责索赔事务，并建立技术人员、管理人员、财务人员联络制度。各方全面配合，尽早提供帮助和协助，或迅速采取防范和补救措施，使承包商减少乃至避免损失，以争取承包商不提出索赔为上策。通过工程变更来调整承包商的工作是最常用的措施。当承包商提出索赔时，监理工程师应尽快采取行动，将损失降至最低。

当然，因为风险的不确定性，大多数索赔是难以防范的。一项工程从立项、设计、招标到设备材料供货，从地质勘探、工程施工到气候状况，都存在许多不确定、可变或不可控制的因素，这些因素中反映了工程建设的复杂性，因此，要把索赔作为正常经济和法律现象加以对待和研究。

六、综合案例

【例 6.3】 合同图纸错误引起的索赔。

某一项目在施工将完工时，监理工程师才发现，图纸上所示的一排水管段没有注明尺寸，监理工程师立即将图纸上的错误纠正，并指示承包商按纠正的图纸上的尺寸敷设管道。承包商需要重新订购这种尺寸的管段。由于工期接近尾声，无其他工作可做，结果使一个专业队的安装人员被迫停工三周。承包人因此提出索赔要求。

分析：监理工程师不接受这项索赔要求，因为图纸没有注明尺寸，是承包人事前可以预见到的，承包商于投标时必须详细审阅图纸，应在当时或工程初期要求澄清。

【例 6.4】 外界干扰引起的索赔。

某合同由于业主没有解决土地使用者的补偿问题，使小桥和涵洞工程施工难以进行。承包人提出索赔申请。

分析： 监理工程师应接受这项索赔要求，因业主的原因而使承包商的施工受到了干扰，打乱了原施工计划，造成了人员、机械设备的窝工、停工。承包人应按程序进行索赔，提交相关实际费用文件，监理工程师分析审核后，与业主、承包人协商确定这笔索赔金额。

【例 6.5】 索赔通知提交的时效。

国内某公路工程，在一座桥梁引桥路堤施工到最高点时，其中一个桥台的桩柱出现裂痕，此裂痕是基底土沉陷所致。

监理工程师于 4 月 1 日下令暂停有关工程。4 月 15 日，监理工程师又下令附近一座桥梁暂停施工，因为该桥可能会遇到同样的问题。

上述两座桥梁的桥台已经建成，而预应力大梁也准备妥当，随时可以开始安装。监理工程师应承包商的要求，于 4 月 20 日撤销大梁吊装的指令。5 月 30 日，监理工程师指令土方工程重新开始，并要求上述两座桥的引桥路基加上辅助桩，作为变更工程，价格由监理工程师与承包商议定。

5 月 1 日，承包商向监理工程师提交了索赔通知。就上述两项暂停指令要求补偿额外费用。索赔数额是中断工程期间的机械闲置费、雇人看管费用、吊装小组的员工费用、管理费及利润等。

问： 监理工程师如何处理此项索赔？

分析： 监理工程师应答复如下：暂停施工是设计错误所致，根据《范本》合同通用条款第 40 条规定，索赔原则上可以接受。但对第一次暂停的索赔不能接受，因为监理工程师下令暂停施工后 21 天内承包商未提交索赔通知，第二次暂停命令后 16 天承包商提交了索赔通知，因此，只接受第二次停工的索赔。

第二次停工导致的费用，由监理工程师确定、业主支付。这些费用中应包括管理费，但利润则不应包括在内。

第六节　争端与仲裁

随着科学技术的发展，工程建设项目越来越大，越来越复杂，公路工程承包合同在实施过程中，由于其技术经济的复杂性，建设工期长，所涉及的面又十分广泛，承包人与业主之间或其他方面发生争端是不可避免的，争端的影响及其复杂性也增强了。发生争端会影响工程的正常进展，如不及时处理和消解，就会给工程建设造成严重的不良后果。因此，监理工程师必须正确解决好已出现的争端，积极消除导致争端的隐患。下面简要阐述常见争端的内容和争端的处理方法。

一、常见争端的内容

业主、承包人之间因合同或工程施工出现分歧，并且对监理工程师的调解决定不接受而产生的争议，即为争端。大多数的争端都发生在业主和承包人之间的经济利益方面，一般常见的争端如下：

（1）业主对承包人在施工质量方面出现的质量缺陷，或因提供的材料或设备性能不合格而要求赔偿、更换，但承包人对此持有异议，认为缺陷业已改正，不属于承包人的责任等，以致不能达成一致意见而产生争端。

(2) 业主与承包人在工期方面因承包人拖延而引起争端。

(3) 承包人与业主因索赔理由、金额等方面的不同意见而引起的争端。

(4) 关于工程变更、分包、合同转让方面的意见差异而引起的争端。

(5) 当出现特殊风险和不可抗力后，对善后处理的方法、措施持有不同意见所发生的争端。

二、争端的处理

按《范本》合同通用条款第 67 条规定，对于工程承包合同履行过程中产生的合同纠纷，可采取三个步骤进行解决：第一、把争端提交给监理工程师裁定；第二、如果监理工程师的裁定不能被双方或一方所接受，则由双方进行友好协商或通过双方上级主管部门进行调解；第三、当双方的友好协商或上级调解均未能奏效时，可提交当地仲裁委员会进行仲裁。

1. 监理工程师的裁定

无论在工程实施期间或在工程完工之后，无论在本合同的失效或终止前后，如果业主和承包人之间就本合同文件的条款、规定、规范、图纸、质量与进度要求、支付与扣除、延期与索赔、调价发生任何法律上、经济上或技术上的争端，包括对监理工程师的任何指示、指令、决定、评定、认证和估价发生的争端，首先应将有关争端的事实，用书面形式提交给监理工程师进行裁定，并给另一方一份复印件。监理工程师在收到这个提交件后的 42 天之内，应将自己的决定通知业主和承包人。

除非合同已被终止，承包人无论在什么情况下都应尽一切努力继续完成本工程，承包人和业主应使监理工程师的上述每一项裁定付诸实施。除非监理工程师的裁定按友好协商或上级调解或仲裁规定的方式作出了更改。

如果监理工程师已将其对此争端的裁定通知了业主和承包人，而业主和承包人在收到该通知之日起的 42 天之内，任何一方均未向其提出要求按"双方进行友好协商或通过双方上级主管部门进行调解"方式解决；或者在上述协商或调解并未达成协议后的 42 天内，任何一方也未通知另一方提出要求仲裁的意向，则监理工程师的上述裁定应是最后的裁定，并对业主和承包人均有约束力。

2. 友好协商或上级调解

如果业主或承包人有一方对监理工程师的裁定有异议，或如果监理工程师在收到上述提交件后的 42 天之内，没有发出自己的裁定通知，则双方可就争端事件进行友好协商或通过双方上级主管部门进行调解。协商或调解应在收到监理工程师发出的裁定通知后的 42 天内或监理工程师发出裁定通知中规定的期限内进行。通过协商或调解，如能达成书面协议，双方都应执行，对业主和承包人双方均有约束力，该协议亦应送监理工程师一份。若协商或调解不能达成协议，则任何一方均可在协商或调解达不成协议后的 42 天内通知另一方，说明自己对争端中的问题将提交仲裁的意向，并抄送监理工程师。

3. 仲裁

如果在上述第 2 条规定的期限内，双方的友好协商或上级调解均未能奏效，而且双方中的一方已就此争端事项通知另一方提出仲裁，则可据本款作为合同约定的仲裁协议，依照《中华人民共和国仲裁法》由设在项目所在省、自治区或市（有区建制的）仲裁委员会进行仲裁。仲裁具有最终法律效力。除非在合同专业条款中对本款另有删改，按照《中华人民共和国仲裁法》第五条和第十六条，双方已据本款形成有效的仲裁协议，一方不能再就同一纠纷向法院起诉。但一方按上述仲裁法第五十八条可以提出证据，向仲裁委员会所在地的中级人民法院申请撤销裁决。

仲裁可在竣工之前或之后进行，但业主、监理工程师和承包人各自的义务不得因在施工实施期间进行仲裁而有所改变。如果仲裁是在终止合同的情况下进行，则对合同工程应采取保护措施，采取保护措施的费用由败诉方承担。任何争端事项如经仲裁机构裁决，则其仲裁费用由败诉方承担；或按仲裁机构裁决的比例分担。

对于国内公开招标的或议标的土木工程项目，应按《范本》合同通用条款规定的上述原则和方法解决合同纠纷；对于国际性公开招标的土木工程项目应按 FIDIC 合同条件有关规定，采用涉外经济合同争端的仲裁方法解决。我国涉外仲裁机构为：中国国际贸易促进委员会下设的国际经济贸易仲裁委员会的海事仲裁委员会。国际性的仲裁机构有：国际商会仲裁委员会、联合国国际贸易法委员会。

三、仲裁的程序

合同的仲裁是指合同双方当事人因合同发生争议，经双方协商不成、调解又达不成协议时，当事人根据仲裁协议向合同仲裁机构申请，由合同仲裁机构作出的裁决。

我国经济合同仲裁机构是国家工商行政管理局和地方各级工商管理局设立的经济合同仲裁委员会。经济合同仲裁的程序如下：

1. 申请与受理

合同双方当事人之间发生争议后，其中任何一方均可向有管辖权的仲裁机构申请仲裁，并提交仲裁申请书。仲裁机构收到申请书，经审查符合手续等要求后，应在 7 天内立案。被诉方在收到申请书副本后 15 天内提交答辩书和有关证据，否则，被诉方等于放弃自己应有的答辩权利。

2. 仲裁庭的组成

仲裁庭由 3 个及以上奇数人员组成，并设首席仲裁员 1 人。

3. 调查取证

仲裁机关受理案件后，承办人员必须首先查明事实真相。主要方法有：查阅申诉书、答辩书；听取当事人双方陈述，收集证据等。为避免在合同纠纷处理期间造成更多的财产损失或防止另一方当事人转移、变卖财产，影响裁决的执行，仲裁机关可根据当事人的申请，采取中止合同履行、查封扣押货物、停止运输、变卖不易保存的货物并保存价款、冻结与案件有关的银行存款等保全措施。

4. 调解

合同纠纷的仲裁实行先行调解的原则。仲裁机关应在查明事实、分清责任的基础上进行调解，促使当事人互相谅解，达成协议。在双方自愿的基础上达成调解协议。调解未达成协议的，由仲裁庭仲裁。

5. 仲裁

仲裁庭应认真听取当事人的陈述和辩论，出示有关证据，以少数服从多数的原则作出决议，并以仲裁书的形式通知双方当事人。按照国际惯例，仲裁具有最终法律效力，任何一方不能再就同一纠纷向法院起诉，但一方可以提出证据，向仲裁委员会所在地的中级人民法院申请撤消裁决。在仲裁机关裁决后，如果一方不履行裁决，另一方可向人民法院申请执行。

第七节　转让与分包

转让与分包是承包合同履行中可能出现的现象，而转让与分包是两个不同的概念，加强转让与分包的管理和控制，特别是分包的管理和控制，是关系到合同能否顺利履行，五大控制目标是否能够实现的问题。

一、合同转让

合同转让是指承包合同的主体发生变更，转让一经发生，原合同主体之间的法律关系全部消失或部分消失。合同转让强调：无业主同意，承包商不得将合同或合同的任何部分及合同名义下的任何利益随意转让他人。

在承包合同履行过程中，合同转让应有严格的限制，因为承包商是在通过了资格预审、评标、定标等过程，已被认定具有相应的合法资格和履约能力并被授予了承包合同，但受让人并不一定具有相应的资格和履约能力。合同一经转让，承包人则与该合同无直接关系，自然也无须承担合同中规定的义务和责任，这与分包合同有本质的区别。若承包人不经业主同意，擅自转让承包合同，不管是全部转让还是部分转让，也不管承包商是否从中获取了任何好处或利益，都将被视为是一种严重的违约行为，业主有权终止与承包商的合同法律关系，并由承包商承担由此引起的法律责任。

在特殊情况下，经业主同意，承包商可以将合同全部或部分进行转让，这些情况是：

(1) 承包商无力经营，濒临破产，继续承包会给业主造成严重损失。

(2) 承包方的工程质量太差，无法满足工程技术上的要求。

(3) 业主修改工程竣工时间，要求提前完工，而承包商此时在技术上和人力、物力资源上无法达到业主的要求，双方协商达成一致。

业主在处理合同转让的问题上要持慎重态度，无论是什么原因引起的合同转让，都会给合同管理工作增加难度，产生额外费用或拖延工程工期，增加施工干扰，影响工程的顺利进行。因此，一般情况下，合同转让的审批权由业主掌握，不授予监理工程师此项权利。

二、工程分包

依照合同条件，承包人可以将所承担的一部分工程按专业性质或工程范围，分包给有资质和能力的分包人承担；业主也可以把一些专业性较强的工程或单项工程直接授予指定的分包人去完成。因此，工程分包有一般分包和指定分包两种形式，实际工程中以一般分包较为普遍。

(一) 一般分包

1. 一般分包的概念

根据国际惯例，获得整个工程或区段工程合同的承包商，可以将该工程按专业性质或工程范围再分包给若干家分包商承担。承包商将自己承建的一部分工程，在经监理工程师批准后，分包给另外的承包商施工，并与之签订分包合同的过程，称为分包。分包不改变业主、承包商之间的权利、义务关系。经监理工程师批准后，从承包商那里分包一部分工程，并与承包商签订分包合同，以明确规定双方相互责任、权利和义务关系的人或实体，叫做分包商。

2. 一般分包的规定

工程合同允许分包，是基于工程承包中某些专业工程公司更有专长，经验更丰富，比承包商能更好地胜任某部分工程或服务。但若放任分包现象则容易造成工程质量问题，为了有效控制分包活动，通常要求承包商应在其标书中就说明准备将哪些分项工程或服务项目分包出去，在可能的情况下，还要求承包商说明其准备选用的分包商的名称。FIDIC 合同通用条款第 3.1、4.1 对一般分包作出了如下规定：

（1）承包商不得将整个工程分包出去。

（2）除合同另有规定外，无监理工程师的同意，承包商不得将任何工程分包出去。

（3）任何同意的分包，均不应理解为解除合同规定的承包商的任何部分的责任和义务，即承包商始终应对业主负责。

监理工程师在审查分包合同的过程中要注意审查分包合同的公平性，防止承包商利用分包合同将自己的责任和义务转移给分包商。国际咨询工程师联合会专门编写了与 FIDIC 条款配套的《土木工程施工分包合同条件》，可强制要求承包商与分包商在签订分包合同时使用。

《范本》对转包和分包也作了明确的规定：

（1）承包人不得将合同工程转包给其他单位和个人，或者将合同工程肢解之后以分包的名义分别转包给其他单位和个人。否则，将按承包人违约处理。

（2）事先未报经监理工程师审查并取得业主批准，承包人不得将合同工程的任何部分分包出去。分包人应具有相应专业承包资格或劳务分包资质；不允许分包人将其承接的工程再次分包。分包工程不准压低单价，分包管理费视工程情况限制在合同价的 1%以内。分包协议书，包括工程量清单应报监理工程师核备。

（3）承包人取得批准分包并不解除合同规定的承包商的任何部分的责任和义务，承包人应对分包人加强监督和管理，并对分包人的工程质量及其职工的行为、违约和疏忽完全负责。分包人就分包项目向业主承担连带责任。

（4）业主对承包人与分包人之间的法律与经济纠纷不承担任何责任和义务。对于承包人提出的劳务分包，分包人应具有相应的劳务分包资质，报经监理工程师审查并报业主核备。劳务人员应加入到承包人施工班组，并持项目经理签发的劳务人员上岗证。

（5）若承包人将工程分包给不具备相应资质条件的单位；或合同中未有约定，又未经业主批准，承包人将其承包工程的部分交由其他单位完成；或承包人将建设工程主体结构或关键性工作的施工分包给其他单位；或分包人将其承包的建设工程再行分包的，均按承包人违约处理。

3. 分包审批程序

监理工程师要控制好工程质量、安全、环保、进度、投资五大目标，审查和批准分包商是一个关键环节，工程分包审批程序如下：

（1）承包商选择分包商，制定工程分包合同，上报监理工程师。

（2）承包商将选定的分包商的机械设备、技术力量、财务状况以及所承担过的工程情况等详细资料报监理工程师审查。

(3) 监理工程师应对分包商的上述情况进行仔细审核，必要时到分包商的其他施工工地进行现场考察，然后给承包商批准或不批准的书面答复。

(4) 经监理工程师书面批准后，承包商可同分包商正式签订工程分包合同，并将副本报送监理工程师一份，分包商进入工地施工。

4. 一般分包的特点

工程一般分包的特点如下：

(1) 工程分包合同是由承包人制定的，承包人有权选择分包人，分包合同需由承包人与分包人签订。

(2) 分包合同必须事先征得监理工程师和业主的同意和书面批准。

(3) 承包人不能将全部工程或主体工程分包出去，除另有规定外，分包部分不能超过总合同工程量的 30%。。

(4) 承包人对分包出去的那部分工程仍然负有完全责任。

(5) 分包工程价款由承包人与分包人估算。

(二) 指定分包

1. 指定分包的概念

业主将一些专业性强的部分工程或单项工程或其他服务直接授予指定的分包商，分包商与总承包商签订合同，由分包商实施该部分工程的过程称指定分包。

2. 指定分包合同

业主或监理工程师指定或选择分包工程施工、供货或劳务人员，在承包商同意后，与承包商签订的合同称为指定分包合同。

3. 指定分包商

FIDIC 条款中指定分包商的定义为：可能已经或将由业主或工程师指定、选定或批准的进行与合同中所列暂定金额有关的任何工程的施工或任何货物、材料供应、工程设备或提供服务的所有专业人员、商人、零售商及其他人员，以及根据合同规定，要求承包商进行分包的一切有关人员，在从事这些工作的实施或货物、材料、工程设备或服务的提供过程中，均应视为承包商雇佣的分包商，并在此合同中称为“指定的分包商”。

在指定分包中要特别注意的是，尽管指定分包商是业主或监理工程师选定的，但指定分包商与承包商的关系是分包关系，并且必须签订分包协议。承包商必须负责分包合同的管理和协调，因为业主都希望承包商统一负责分包合同的管理和协调，并只向承包商支付这些服务费用。

《范本》中将指定分包商称为特殊分包人或供货人。即为了履行合同中某专业化的或需特殊专业资质要求的工程项目施工或提供关键的、专项的材料、设备的供货，以及由于承包人违约业主需雇佣其他承包人完成部分工程，业主应通过公开招标或邀请招标方式选定施工单位或供货单位作为业主的特殊分包人或供货人。并要求承包人与进行专项施工或供货分包的特殊分包人或供货人签订分包合同。

根据合同通用条款中的有关规定，指定分包内容仅限于承包合同中暂定金额下的项目。

4. 指定分包的规定

合同通用条款对指定分包合同有如下规定：

(1) 如果指定的分包人未能履行职责，不但会给承包人，而且也会给业主带来严重后果。所以，在分包工程招标之前，最好让承包商有机会发表意见。受到邀请的诸投标人应得到业主和承包人的共同批准。

(2) 如果承包商有理由反对某指定分包商，或指定的分包商拒绝按合同规定的原则签订分包合同，则业主或监理工程师不应要求承包商雇佣该指定分包商。

(3) 当承包商拒绝指定分包商时，监理工程师必须采取其他方式，如指定其他的分包商，或修改分包合同条款，或作为变更工程由指定分包商去完成。

(4) 对指定分包商的支付应通知承包商进行。如果承包商没有或拒绝在适当的时候支付给指定分包商应得到的款额，则业主可以直接支付给指定分包商，并从应付给承包商的款项中扣除该部分款额。

(5) 指定分包合同所用的暂定金额应包括在总承包合同的工程量清单内。承包商可以获得对分包商的监督费用（管理费和利润）。

(6) 指定分包商对承包商的责任，不能少于承包商对业主的责任。指定的分包人应向承包人承担如承包人向业主承担的同样的义务和责任，以及在凡是由此引起的或是与此相关联的一切索赔、诉讼、损害赔偿费、诉讼费、指挥费等方面保护和保障承包人。指定的分包人还应保护并保障承包人免于承担由分包人的任何疏忽造成的损失。

(7) 由于指定分包合同最终要成为分包合同的一部分，所以在颁发指定分包招标文件之前，应充分征求承包人的意见，并向所有投标者提供指定分包合同的全部详情。指定分包商在申请分包工程时，必须承认总合同条款。

指定分包是业主在工程项目承发包过程中的一种组织模式，其目的一是保证分包工作的质量（因而要指定一家更可靠的单位承担）；二是减少施工协调的困难（该工作与承包商的工作密切相关，如果独立发包，则难以协调和管理）。但是，如果指定分包商未能履行职责，不但会对承包商，也会对业主产生严重的后果，因此，业主指定分包合同应十分慎重，只有在确有必要时才可予以采用。

三、签订分包合同的主要内容

工程分包合同应包括下列主要内容：

(1) 工程范围和内容。分包合同要十分明确地划分出工程地点、名称、起止桩号、工作的详细内容、工程量清单。

(2) 工程变更。在工程变更方面有以下两点与分包人有关：

① 由业主或监理工程师提出的变更。承包人可以将下述的工程变更指令转达给分包人，这样，分包人可以根据合同条款得到相应的变更工程款。

② 由承包人提出的工程变更经监理工程师批准后下达的工程变更指令。这种情况一般对承包人是有利的，由此变更引起的额外费用应由承包人（或分包人）来承担。

(3) 支付条件。分包合同的支付条件应与总包合同基本一致。

(4) 保留金和缺陷责任期。按合同的比例每月扣除分包人已完工程部分的保留金，在其退还时由于在缺陷责任期的起止日期上承包人与分包人之间容易引起争议，应要求承包人按不同的分包情况区别对待，协商解决此问题。

(5) 拖期违约损失偿金。有些大型施工项目中合同期包含几个分包工程，各分包工程的进展又相互制约，这就要求总承包人要全面精心组织管理和合理协调各种矛盾，及时调整各工程进度，保证按计划在合同工期内完成全部工程。如若拖期，则应向业主支付合同规定的拖期违约损失偿金。另一方面，由于承包人为维护自身利益和对分包工程进度的控制，在分包合同中亦规定分包的拖期违约损失偿金的支付办法。

(6) 双方的责任、义务和权利。承包人与分包人应该是利益共享，风险同当。因此，在分包合同中承包人应将总包合同中相应的权利和义务一起转给分包人。但要注意的是，承包人并不因此而减少他在总包合同中的任何责任和义务。

(7) 其他方面。分包合同中的其他问题，诸如合同变更、终止、解除、仲裁等问题的条款，亦可以参照总包合同订立。

四、加强对工程分包的审查和管理

对大型工程项目的施工承包合同管理工作而言，出现问题较多和管理难度较大的就是分包合同。为实现五大控制目标，监理工程师必须对分包人的资格进行严格的审查，对分包工程加强管理。审查分包人是实施工程分包前必不可少的程序。在工程进展中也要加强对分包人的协调、监督和管理。

由于指定分包是由业主或监理工程师指定的，所以指定分包合同文本也由业主或监理工程师加以拟定，并负责指定分包工程的招投标事宜。在业主同承包人签订承包合同后，指定分包人亦可与承包人签订分包合同。

随着我国工程招投标机制的逐步完善，人们对工程分包管理的认识也在逐步加深，只有加强分包人资历的审批和管理，注重工程实施阶段的跟踪监督，才能保证分包商的专业力量和施工能力适应分包工程的要求，并让其充分发挥在工程建设中的有利促进作用。

第八节 工程风险与保险

一、工程风险

(一) 风险的定义

风险的概念可以从经济学、保险学、风险管理等不同角度给出不同定义，至今尚无统一的定义。其中，被普遍接受的有以下两种定义：

(1) 风险就是与出现损失有关的不确定性；

(2) 风险就是在给定情况下和特定时间内，可能发生的结果之间的差异（或实际结果与预期结果之间的差异）。

当然，也可以考虑把这两种定义结合起来。

由上述风险的定义可知，所谓风险要具备两方面条件：一是不确定性，二是产生损失后果，否则就不能称为风险。因此，肯定发生损失后果的事件不是风险，没有损失后果的不确定事件也不是风险。

(二) 与风险相关的概念

与风险相关的概念有：风险因素、风险事件、损失、损失机会。

1. 风险因素

风险因素是指能产生或增加损失概率和损失程度的条件或因素，是风险事件发生的潜在原因，是造成损失的内在或间接原因，通常，风险因素可以分为自然风险、人为风险、政治风险、经济风险和其他风险等因素。

2. 风险事件

风险事件是指造成损失的偶发事件，是造成损失的外在原因或直接原因，如失火、地震、偷盗等事件。

3. 损失

损失是指非故意的、非计划的和非预期的经济价值的减少，通常以货币单位来衡量。损失一般可分为直接损失、间接损失、隐蔽损失三种。

4. 损失机会

损失机会是指损失出现的概率。概率分为客观概率和主观概率两种。客观概率是某事件在长时期内发生的概率，主观概率是个人对某事件发生可能性的估计。

有学者形象地用“多米诺骨牌理论”来描述它们的关系，即风险因素引发风险事件，风险事件导致损失，而损失所形成的结果就是风险。

（三）风险对策

风险是客观存在的，不以人的意志为转移。风险对策也称为风险防范手段或风险管理技术。主要有风险回避、损失控制、风险自留和风险转移四种，风险转移是工程风险管理中非常重要而且广泛应用的一项对策，分为非保险转移和保险转移两种形式。

非保险转移又称为合同转移，常见的合同转移有业主将合同责任和风险转移给对方当事人（在这种情况下，被转移者多数是承包商）；承包商进行合同转让或工程分包；第三方担保。

保险转移通常直接称为保险，即通过购买保险，工程业主或承包商作为投保人将本应由自己承担的工程风险（包括第三方责任）转移给保险公司，从而使自己免受风险损失。对于投保人来说，某些风险的不确定性很大（即风险很大），但是对于保险人来说，这种风险的发生则趋近于客观概率。由于保险这种风险转移形式符合风险分担的基本原则，所以保险是迄今为止采用最普遍、也是最有效的风险管理手段之一。

二、工程保险

（一）保险的概念

保险是根据法律规定或者当事人双方约定，一方承担支付保险费的义务，换取另一方对其因意外事故或特定事件的出现所导致的损失负责经济补偿或给付的权利的法律关系，这种法律关系是保险人用投保人缴纳的保险费依法建立保险基金，在保险事故发生时，向被保险人或受益人给付约定的保险金的契约关系。

（二）保险合同

保险的契约行为表现在当事人必须承担契约义务和行使法定权利。保险以合同为实施依据，保险合同是一种书面形式合同，其单据形式可包括投保单、保险单、保险凭证、批单和暂保单。

（三）保险合同的当事人

投保人：又称要保人，是向保险人申请订立保险合同，并负有缴付保险费义务的人。

保险人：又称承保人，是经营保险业务的人，即保险公司。

被保险人：是以其财产、生命、身体、责任等作为保险标的，保险事故有可能在其财产、生命、身体和职责上发生的人，即受保险契约保障的人。

受益人：又称保险金受领人，即保险合同中约定，在保险事故发生后，享有保险赔偿与保险金请求权的人。

（四）保险条款

保险合同中的主要条款包括保险标的、保险金额、保险期限、保险费率及保险费、投保人及保险公司的责任和义务等。

（五）保险的种类

保险的种类繁多，按保险保障的标的的性质可分为财产保险、人身保险、责任保险、保证保险；按保险经营方式可分为自愿保险和强制保险；按经营责任的方式可分为原保险、再保险和共同保险。

（六）公路工程保险

不同的保险公司对保险项目的保险责任范围和规定不尽相同，在我国境内的工程如使用FIDIC 条款时，应结合国内保险公司的规定，通过合同专用条件对 FIDIC 条款进行说明和补充，或在和保险公司签订保险合同时，对保险责任范围进行修改。根据国内保险公司对工程保险的有关规定，我国目前公路工程的保险主要包括以下几种：

1. 工程一切险

工程一切险是对工程在施工和保险期间，由于自然灾害、意外事故、操作、疏忽或过失而可能造成的一切损失进行保险。其保险范围包括合同规定的永久工程、临时工程和设备以及已运至施工工地用于永久工程的材料和设备。

承保工程施工中由于下列原因造成的损失和费用，保险公司负责赔偿：

（1）风暴、山崩、冻灾、水灾、冰雹、海啸、地震等自然灾害。

（2）雷灾、火灾、爆炸。

（3）飞机坠毁、飞机部件或飞行物体坠落。

（4）盗灾。

（5）工人、技术人员缺乏经验，疏忽、过失或恶意行为。

（6）原材料缺陷或工艺不善所引起的事故。

（7）其他不可预料和突然事故。

此项保险一般由承包人以承包人与业主联合名义投保，其保险范围、投保金额、保险费率等必须与合同文件中所述的一致，保险费用全部由业主承担，承包人在每次支付后，可凭支付保险费的凭证列入结账单，经监理工程师核证后支付。工程一切险投保期限应包括开工日至本合同工程（或其单项工程）竣工颁发竣工证书为止。但以下三项应由承包人负责投保，并承担保险费用：

(1) 缺陷责任期内发生的损失和损害，但起因是在缺陷责任期开始之前；

(2) 承包人在缺陷责任期内完成的在交工证书中写明的未完成的工作、对本工程缺陷的修复或监理工程师指令的修补工作；

(3) 保修期内对因施工质量原因造成的损坏的修复工作。

工程一切险对下列各项不负赔偿责任：

(1) 被保险人及其代表的故意行为和重大过失所引起的损失、费用或责任。

(2) 战争、类似战争行为、敌对行为、武装冲突、没收、征用、罢工、暴动引起的损失、费用或责任。

(3) 核反应、辐射或放射性的污染引起的损失、费用或责任。

(4) 自然磨耗、氧化、锈蚀。

(5) 错误设计引起的损失、费用或责任。

(6) 换置、修理或矫正标的本身原材料缺陷或工艺不善所支付的费用。

(7) 非外力引起的机械或电器装置的损坏或建设用机器、设备、装置失灵。

(8) 全部停工或部分停工引起的损失、费用或责任。

(9) 各种后果损失如罚金、耽误损失、丧失合同。

(10) 文件、账簿、票据、现金、有价证券、图表资料的损失。

(11) 保单中规定应由被保险人自行负责的免赔额。

(12) 领有公共运输用执照的车辆、船舶和飞机的损失。

(13) 盘点货物当时发现的短缺。

被保险人应承担如下义务：

(1) 应采取合同的预防措施，避免投保工程工地发生意外事故，对保险公司提出的合理化建议应认真考虑，并付诸实施。

(2) 发生保单承保的损失事故后，应立即通知保险公司，并用书面形式提供详细经过。

(3) 为便于调查，在检验损失前应保护事故现场。

(4) 为防止损失扩大，应采取一切必需的措施将损失减少至最低限度。

(5) 保险内容如有变化，应及时书面通知保险公司，办理批改手续。

(6) 被保险人及其代表如故意不执行上述规定义务，保险公司将不负赔偿责任。

2. 第三方责任险

第三方责任险是对因实施本合同工程而造成的财产（除本工程外）的损失或损害，或人员（业主和承包人的雇员除外）的死亡或伤残所负责任进行的保险。施工和保险期间，因发生意外事故，造成工地或邻近地区的第三者人身伤亡、疾病或依当地法律应由被保险人负责时，以及被保险人因此而支付的诉讼费用和经保险公司事先同意支付的其他费用，都将由保险公司负赔偿责任。此项保险也可作为工程一切险的附加保险，随同工程一切险一并投保。此项保险的一切费用由业主承担，承包人在每次支付后，可凭支付保险费的凭证列入结账单，经监理工程师核证后支付。

第三方责任险不包括以下各项赔偿责任：

(1) 明细表列明的应由被保险人自行负担的免赔额。

(2) 被保险人和其他承包人在现场从事与工程有关的职工的人身伤亡和疾病。

(3) 被保险人及其他承包人或他们的职工所有的或其照管、控制的财产的损失。

(4) 领有公共交通用执照的车辆、船舶和飞机造成的事故。

(5) 被保障人根据与他人的协议、支付的赔偿或其他款项。

3. 承包人装备保险

承包人为了保障在工地的施工机械设备遭受损失时得到补偿，可投保承包人装备财产保险。承包人装备保险是承包人对其已经运到工地的施工机械设备和其他物品进行的保险。此项保险的一切费用由承包人自行承担并支付。在本合同工程的施工和缺陷修复过程中，业主对承包人财产（设备）的损失或损害不予赔偿，也不对承包人与此有关的索赔、损害、赔偿及诉讼等费用和开支承担任何责任，但《范本》规定的下列特殊情况除外。

(1) 由于本工程的征地拆迁工作引起的；

(2) 因业主在本工程范围内实施其他工程引起的；

(3) 由业主或其职工或其他承包人的雇员的行为或疏忽所造成的。

承包人装备保险对被保险的机器及其附属设备由于下列原因造成物质损失，由保险公司负责赔偿：

(1) 设计、制造或安装错误，铸造和原料缺陷。

(2) 工人、技术人员操作错误，缺乏经验、技术不善、疏忽、过失、恶意行为。

(3) 离心力引起的断裂。

(4) 电气线路和其他电气原因。

(5) 炉缺水。

(6) 物理性爆裂。

(7) 暴风雨、严寒。

(8) 其他不可预料和意外的事故。

4. 承包人雇员人身意外伤害险

承包人应在整个施工期间（包括缺陷责任期）对其为本工程工作的雇员投保人身意外伤害险，并应要求其分包人也进行此项保险。此项保险的一切费用由承包人（或分包人）自行承担，并已包括在工程量清单的单价及总价中，业主不单独支付。在本合同工程的施工和缺陷修复过程中，业主对承包人雇员的人身死亡或伤残不予赔偿，也不对承包人与此有关的索赔、损害、赔偿及诉讼等费用和开支承担任何责任，但《范本》规定的特殊情况除外（同承包人装备保险）。

必须要指出的是，尽管保险是迄今为止采用最普遍、也是最有效的风险管理手段，但其并不能防范与化解所有风险，在工程施工过程中，业主和承包商都有各自的风险。

【例 6.6】 某地区因连降暴风雨而发生严重的洪水灾害，致使一条正在施工的公路（该项工程造价需 6 000 万元）发生如下损失：

(1) 部分路基被洪水冲毁，估计损失为 500 万元。

(2) 一座临时水泥仓库的水泥被暴雨淋湿，估计损失为 30 万元。

(3) 部分临时设施被毁，其损失为 70 万元。

（4）工棚倒塌，致使现场的部分施工机械受损，其损失为 30 万元。

（5）因施工原因致使原排水系统被破坏，洪水无法正常宣泄，致使公路沿线的农田被淹，估计其损失为 100 万元。

（6）临时房屋倒塌造成承包商人员伤亡，其损失为 20 万元。

（7）工程被迫停工 15 天，停工窝工和机械闲置损失 50 万元。

问题：上述风险损失该由谁承担？若该工程办理了工程一切险和第三方责任险，其投保金额分别为 5 000 万元和 50 万元，保险费率分别为 4‰ 和 3‰，试求应交纳的保险费和当事人可获得的赔偿额。

分析：根据《范本》中合同通用条款第 20.3 款、22.1 款和 24.1 款及 40.1 款的有关规定，上述各项损失应按表 6.6 处理。即业主应承担被毁工程、水泥材料、临时设施的修复损失及停工窝工和停机损失共计 650 万元，而施工机械受损、承包商人员伤亡、农田受淹等损失 150 万元应由承包商承担。

表 6.6　实例计算表

序号	受损项目	合同依据	承担人	损失（万元）	合计（万元）
1	永久工程	20.3	业主	500	650
2	水泥材料	20.3	业主	30	
3	临时设施	20.3	业主	70	
4	停工窝工和停机损失	40.1	业主	50	
5	农田受淹损失	22.1	承包商	100	150
6	承包商人员伤亡	22.1/24.1	承包商	20	
7	施工机械受损	22.1	承包商	30	

由于办理了工程一切险，因此业主遭受的被毁工程、水泥材料、临时设施的修复损失这三部分共计 600 万元可由保险公司赔偿。由于该项工程造价需 6 000 万元，而投保金额为 5 000 万元，按保险公司规定，当保险金额低于工程完成时的总价值时，其赔偿只能按保金与总价值的比例支付，即保险公司的赔偿费为：

$$600\times 5\,000/6\,000=500 \text{ 万元}$$

业主办理保险应交纳的保险费为：

$$5\,000\times 4‰=20 \text{ 万元}$$

所以，业主所受损失的 600 万元中的 500 万元可由保险公司承担，业主用 20 万元保险费避免了 500 万元的损失。

由于办理了第三者责任保险，因此周围农田受淹损失中的 50 万元（只保了 50 万元）可由保险公司赔偿。需交纳的保险费为：

$$50\times 3‰=0.15 \text{ 万元}$$

如承包人办理了承包人装备保险和承包人雇员人身意外伤害险，则承包人施工机械受损和承包商人员伤亡这两项可按保险协议由保险公司给予相应的赔偿。

复习思考题

1. 什么叫工程合同？工程合同有何特点？

2. 订立和履行合同的基本原则是什么？

3. 工程合同有哪些类型？

4. 简述《范本》中合同文件的组成及优先次序。

5. 简述《公路工程施工监理合同范本》的主要内容。

6. 工程变更包括哪些主要内容?

7. 对设计变更如何进行分类和管理?

8. 什么叫工程延期?它包括哪些主要类型?

9. 什么叫工程延误?它包括哪些主要类型?

10. 我国《公路工程国内招标文件范本》中对工程延期的申请与审批如何规定?

11. 什么是工程索赔?索赔分为哪几类?

13. 简述工程索赔的程序。

14. 常见争端的内容有哪些?

15. 怎样处理争端?

16. 转让与分包的区别是什么?

17. 工程分包有哪两种类型?《范本》对转包和分包有何规定?

18. 工程分包合同的主要内容有哪些?

19. 什么是风险?常见的风险对策有几种?

20. 公路工程保险主要有哪几种?保险费用分别由谁承担?

第七章　监理信息管理及组织协调

学习目标

1. 熟悉监理信息管理和组织协调的概念与作用。
2. 能利用计算机完成监理信息的收集、加工整理和储存等工作。
3. 掌握管理艺术和技巧，能积极做好参建各方的组织协调工作。

第一节　施工监理的信息管理

随着我国工程建设管理体制改革的不断深化，工程管理已从过去的行政管理过渡到合同管理，实行项目法人责任制、工程招投标制、工程监理制和合同管理制已成为工程项目管理的重要措施。信息管理作为工程施工监理中五监控（质量、安全、环保、费用、进度）、两管理（合同、信息）、一协调的组成部分，已越来越受到管理者的高度重视。

信息是监理控制、管理、协调的依据，也是监理工作的结果。监理工程师运用信息管理的基本方法，明确信息流程，制定相应的信息收集制度，利用高效的手段处理信息，为监理工程师和业主的决策提供可靠的依据。

一、监理信息管理的概念

信息，作为管理科学领域的一个概念，其内涵和外延随着时代的发展和科学的进步在不断变化和发展。一般认为，信息是以数据形式表达的客观事实，是一种已被加工或处理成特定形式的数据。它能够提高人们对事物认识的深刻程度，因此，对信息接收者当前和将来的行动或决策具有明显的实用价值。监理信息，是指监理活动中产生的、反映着工程的状态和规律并直接影响和控制监理活动的信息。监理信息多以数据为载体，通常以文字、数值、图表、图像等形式表现。

信息管理是对信息进行收集、整理、处理、存储、传递与应用等一系列工作的总称，是业主、承包人和监理工程师在对工程项目实施日常管理工作中的一个重要组成部分，具有全方位、全过程的特点。监理信息管理是对监理信息的综合管理，是指对建设工程监理中的信息搜集、加工和处理，亦即通过统计分析、对比分析、趋势预测等处理过程，为监理工程师的决策提供依据，对工程的质量、安全、环境保护、费用、进度等进行控制，同时也为确定索赔内容、金额以及反索赔提供确凿的事实依据。

二、监理信息的特点

监理信息除具有信息的一般特征外，还具有其自身的特点：

1. 信息来源的广泛性

监理信息来自多个渠道，具有广泛性：

（1）来自业主单位、承建单位以及设计单位等各个参建单位。

（2）来自项目可行性研究、设计、招标、实施等各个阶段的各个单位乃至各个专业。

（3）来自质量控制、投资控制、进度控制、合同管理等各个方面。

监理信息来源的复杂性，是资料整合的难点，如果信息收集不完整、不准确、不及时，必然影响到监理工程师判断和决策的正确性和及时性。

2. 信息量大

由于工程规模大，牵涉面广、协作关系复杂，使得监理工作涉及大量的信息。监理工程师不仅要了解国家、行业、部门及地方有关的政策、法规、技术标准和规范，而且要掌握工程建设中各个方面的信息。同时在掌握计划信息的前提下，还要掌握实际进度的信息，并对他们进行对比分析，采取必要的措施。

3. 动态性强

工程建设的过程是一个动态过程，监理工程师实施控制的过程也是一个动态控制过程，因此大量的监理信息都是动态的，这就需要及时地收集和处理。

4. 范围性和层次性

业主委托的范围不同，监理信息也随之改变。监理信息不等同于工程实施的信息，有其层次性。在工程实施过程中，会产生大量信息，但并非都是监理信息，需要准确地提取那些与监理工作有关的信息并整合进入监理信息资料中，分清层次。不同的工程项目，层次和范围需要各有不同，所需的信息既有共性，也有个性。同时，不同的监理组织和监理组织的不同部门，所需的信息也不同。范围性和层次性要灵活掌握。

5. 信息的系统性

监理信息的收集、加工、传递以及反馈是一个连续的闭合环路，具有明显的系统性。监理信息是在一定的时间和空间范围内形成的，与监理活动密切相关。领悟监理信息的系统性是信息管理的关键。

三、监理信息管理的功能与作用

监理信息直接为工程质量、安全、环保、进度、合同支付五项合同目标控制服务，为监理过程决策服务，为合同索赔、工程验收和工程运行服务。

（1）信息管理是监理工作的重要内容。"五监控两管理一协调"整体概括了工程监理工作的基本工作内容。其中，"两管理"是指信息管理与合同管理，由此可见,信息管理是监理工作的一项重要内容。信息管理不仅要求对整个施工过程的资料进行记录并整理，而且还是监理人员对工程项目进行管理控制的有效手段，也是监理工作成果的最终体现。因此，做好信息管理工作对监理是非常必要的。

（2）信息管理是监理企业发展的需要。在信息社会的不断发展过程中，信息管理已成为各行各业发展的基础和重要积累。随着业务不断地扩大，信息将成为企业的重要财富，有效的信息管理不仅会促进工程顺利完成，而且也会完善和提升企业的形象，使企业进一步发展，同时较好的信息管理模式将为企业发展奠定坚实的基础。

（3）监理信息可为决策和处理纠纷提供可靠的依据。业主和监理决策的重要依据是信息。

没有可靠、全面、准确的信息为依据，要做出正确的决策是不可能的。在工程建设过程中，信息记录是编写合同索赔文件的基础资料，是处理索赔的事实依据，是听证或裁决合同纠纷的有力证据。信息记录的准确、全面、详尽和连续，将使建设过程五大目标的执行情况具有可追溯性，不但可在处理工程项目索赔中发挥至关重要的作用，而且对工程建成后的运行管理也是有帮助的。

(4) 监理信息是进行目标控制的基础。以主动控制为主、被动控制为辅，两种控制相结合的方式，是对工程建设项目实施监理的有效手段。施工过程中，监理工程师应随着工程进展，全面、及时掌握承建单位五大目标执行情况的信息，把实施情况与计划目标进行比较，找出差异，分析原因，研究对策，采取措施，对项目合同支付、施工质量、安全、环境保护和工程进度目标进行有效的控制，而信息则是监理工程师目标控制的基础，也是管理工作不断改进的基础。

(5) 监理信息是协调项目建设各方关系的媒介。工程项目建设涉及的单位较多，有业主、设计单位、施工承包商、材料及设备供应商和当地政府的有关部门等，这些单位对项目目标的实现均产生影响，协调好各方面的关系，是顺利实现目标的重要环节。而协调靠的是有关信息，离开信息，协调便无从下手。

四、监理信息管理工作的主要内容

监理信息管理工作一般包括：收集信息、加工处理信息、存储或传递信息和使用信息。公路工程监理信息管理工作的主要内容包括：

(1) 信息的采集、归类整理、加工存储和信息发布共享。

(2) 重要信息及时发布和传送给有关单位、部门领导和业主。

(3) 定期编制监理日报、周报、月报、年报，呈报业主单位和有关单位。

(4) 按需要汇编各种报告，其中包括：汇报材料、稽查报告、自查报告、工程验收报告及各种专题报告等。

(5) 监理工程项目竣工后，按照业主要求和档案管理的有关规定，应及时整理和移交监理工作档案资料。

五、监理工程师在信息管理方面的职责

监理工程师在信息管理方面的主要职责是：

(1) 应用微机对有关工程质量、安全、环保、进度、费用支付等信息进行收集、储存和处理，为实现本工程项目的监理目标提供信息服务，并定期为业主和其他有关单位提供相关监理报表，开展网络办公。

(2) 建立微机信息流程结构图，全面反映业主、监理、承包人、其他有关从业单位之间的信息关系和传递过程，采用数字化和图表化方式提供管理、交流、共享平台。

(3) 建立信息目录表，包括信息名称、来源、时间、信息提供者、接受者、接受形式、信息类型，做好信息资料的分类并建立本部门的信息体系。

(4) 建立会议制度和整理会议记录，要全面反映各种会议的名称、时间、参加者、记录人、记录签字者和发放者、保存者、保存方式等。

(5) 建立信息处理系统，使数据库和信息的收集、整理、筛选、传递、反馈、储存等管理制度和措施程序化、标准化。合理应用数理统计方法，做到信息采集和反馈及时、准确。督促设计、施工，保证材料和设备供应及时。

六、监理信息的来源和收集

信息的收集是信息管理的基础，而信息原始资料的合理性和可靠性是信息管理工作的重点，监理信息管理工作的质量，很大程度上取决于原始资料收集的及时性、全面性和可靠性。因此，建立完善的信息收集制度，做好信息源的管理是非常重要的。

1. 工程项目开工前的信息

工程项目正式开工前，监理人员需要提前进入现场了解情况，掌握初步设计文件中建设工程的目的和主要任务、工程规模、总体布局、结构形式和设计尺寸、各种建筑物的材料用量、工程主要经济指标、建设工期、总概算等；参与建设单位的招投标，收集施工合同的基本内容以及拟选定的施工单位的基本情况信息，通过招投标文件了解合同双方签署的合同协议、合同条款、投标书及附件、工程报价及附件、技术规范、业主在招标期内发出的补充通知等相关信息。

2. 工程施工阶段的信息

(1) 业主提供的信息。业主作为工程建设的组织者，在建设过程中会对各种有关进度、质量、安全、环保、投资、合同等提出自己的意见和看法，下达某些指令。对于这些信息，监理工程师应及时收集，作为提高管理水平、改进工作的依据。

(2) 施工单位的信息。施工单位在施工过程中产生大量的信息，主要有：施工组织设计、施工进度计划、质量安全控制措施、分包单位资质审查等报审资料；施工测量放线、工程材料、进场设备、分项（分部）工程报验等资料；人、机、料动态月报表、月工程计量申报表、合同项目月支付申请表等。以上信息，监理工程师必须掌握和收集，作为工程质量、安全、环保、进度、费用等控制的依据。

(3) 监理单位的信息。监理单位向施工单位发出的指示、通知及文件等信息，包括监理文件、通知、工作指令、会议纪要、施工单位报审文件的审查记录和审批意见、工程质量检验认可书、工程款支付证书等。项目监理记录，包括监理日志、现场监理人员记录、天气记录、驻地监理人员日记、监理月报、监理签署的图纸、工程质量记录和质量评定情况记录等监理人员的各种记录。工地会议信息，包括第一次工地会议、工地例会、专题工地会议等相关信息。工地会议是监理工作的一种重要方法，包含着大量的监理信息，这就要求监理工程师必须重视工地会议，并建立一套完善的会议制度，以便于会议信息的收集。

3. 工程交（竣）工验收阶段的信息

主要包括工程交工验收、缺陷责任期和工程竣工验收阶段的相关信息。如竣工资料、对工程质量的评定意见、对各参建单位的评价和对建设项目的总体评价等。

七、监理信息的加工整理和存储

在公路工程监理过程中，涉及的信息量很大，这些信息来自于方方面面，比较杂乱，为了使信息能够更好地发挥作用，需要对其进行加工整理，分类保存，使信息成为监理工作各项决策的依据。

（一）监理信息的加工整理

质量、安全、环保、进度与费用控制是公路工程监理的核心工作，因此，可将监理信息按五大目标控制分为：质量控制信息、进度控制信息、投资控制信息、合同管理信息、环境保护信息和安全生产信息。

1. 质量控制信息

它是指和工程质量控制相关的信息。如有关质量标准、质量控制流程、质量抽样检查和分析数据、施工承包商的质量自检报告和质量统计报表、监理工程师下达的质量控制指令、有关验收记录和报告等。对重要工程和隐蔽工程还应包括有关的照片、录像等。

监理工程师应当系统地将当月施工现场发现的各种问题，施工中出现的重大事故以及质量检查、检验、验收等各种质量情况的大量数据一一整理归纳，提出工程质量方面的改进措施。

2. 进度控制信息

它是指和进度控制有关的信息。如总体进度计划、单位工程进度计划、年进度计划、进度控制工作流程、施工承包商提交的月和周进度报表、监理工程师下达的进度调整指令等。

监理工程师每月要把当月整个工程的实际完成数量与合同规定的计划数量和形象进行比较和分析，并做出综合评价，以判断工期是否拖后。如拖后，找出拖后的主要原因．提出解决问题的建议。

3. 投资控制信息

它是指和工程建设费用控制相关的信息。如合同单价和总价、人工费用、材料费用、施工机械使用费用、施工承包商月进度款申请、工程变更和索赔申请等。

工程款结算一般按月进行，要对投资完成情况进行统计、分析，在统计分析的基础上，对以后的资金使用量做出预测，以便对业主在组织资金方面提出咨询意见。

4. 合同管理信息

收集合同执行情况的信息，对工程建设中业主和承包单位的各项合同条款及承诺要认真记录整理，便于工程建设中的合同管理和处理好工程变更、索赔或争议等。

5. 安全和环保信息

它是指和安全生产、环境保护有关的信息。如施工安全合同、安全生产管理制度、安全生产技术措施、安全工作指令、生态环保监控措施、文明施工等。

监理信息的加工整理，按其加工整理的深浅可分为对资料、数据进行简单整理；对信息进行分析、概括，综合能产生辅助决策的信息；通过应用数学模型统计推断产生的决策信息。在工程项目施工过程中，监理单位要建立完善的资料存储、调用、传递、管理制度，对施工详图、基本资料、各种发文、现场检验单、试验资料等进行登录、存放和管理。

（二）监理信息的储存

信息储存是将加工处理好的信息保存起来，特别是对有价值的原始资料、数据等要长期保存以备查阅，信息储存的设备主要有纸、磁盘、胶卷和计算机等。对于使用频率不高、数量大，且文字处理较复杂的监理信息，一般用纸存储，并在计算机内建立目录。对使用频率很高，变化大的信息，一般借助计算机存储，计算机存储具有存储容量大，调用方便等优点。

为了避免信息流通中的混乱、延误、中断或丢失而引起监理工作的失误，在项目监理实施细则中应明确信息流程。健全监理日志和大事记、项目进度记录、专业技术记录和现场监理记录制度，定期对监理记录进行整编，并向建设单位反馈。

八、监理信息系统的结构

从监理信息系统的组成来看，它是由计算机等硬件设备、软件、数据、规程或制度和人员组成的一个信息系统。从监理信息系统的功能角度看，监理信息系统具有数据处理功能和辅助管理功能。

1. 数据处理功能

数据处理功能可分为基本数据处理和分析数据处理。

(1) 基本数据处理。它是监理人员完成的简单的数据收集、存储和转换工作。这些工作包括原始数据收集、数据登录准备、数据输入、数据输出等。

(2) 分析数据处理。它是更为复杂的数据变换，从基本数据中提取某种意义的信息，这种功能常包括的内容有：累计、统计、分析、推测等。如将有关进度的基本数据输入计算机后，得到目前进度的信息或有关未来进度预测的信息。

2. 辅助管理功能

监理信息系统的辅助管理功能尚没有统一的模式。它受到工程项目组成、管理组织机构、管理要求等多种因素的影响。因此，监理单位或工程项目常根据各自的特点和要求来划分系统的管理子系统。但根据监理工程师对工程建设的一般监控任务，通常监理信息系统应具有进度控制、投资（费用）控制、质量控制、安全环保控制和合同管理等管理功能，并具有与之相对应的管理子系统。

(1) 进度控制子系统。其管理功能有：进度计划网络的编制和优化；实施进度和进度计划的动态比较；实际进度的统计分析和趋势预测；以不同管理平面输出各种管理图表，如各种网络图和横道图；提供各种进度数据的查询，等等。

(2) 投资（费用）控制子系统。其管理功能有：投资额的计算和调整；合同费用的跟踪；实际工程费用的统计分析和趋势预测；提供多种管理平面投资或费用分析报表和各种查询，等等。

(3) 质量控制子系统。其管理功能有：质量要求和标准的数据管理；实际质量与质量要求的比较分析；各种质量的验收记录和统计分析；提供多种管理平面的质量控制报表和查询，等等。

(4) 安全、环保控制子系统。其管理功能有：国家有关安全生产、环境保护的法律、法规、制度、办法查询；安全生产技术措施审查验证，安全生产现状分析；提供多种管理平面的安全、环保控制报表和查询，等等。

(5) 合同管理子系统。其管理功能有：合同文件的登录、修改、删除等的管理；合同文件执行情况跟踪和处理过程记录；合同文件的分类查询；提供合同执行情况的各种报表，等等。

第二节　施工监理的组织协调

组织协调又称协调管理，是指通过协商、沟通、调度，联合所有的活动及力量，使各项活动衔接有序地正常开展，以实现预定的目标。协调作为一种管理方法贯穿于整个项目和项目管理中。施工监理组织协调包括项目监理组织内部人与人、机构与机构之间的协调，项目监理组织与外部环境组织的协调，以及监理组织与政府有关部门、社会团体、科学研究单位等之间的协调。通过组织协调，从而在工程项目总目标上做到步调一致，达到运行一体化。

一、组织协调的意义

公路工程建设项目目标的实现，需要参与建设的各方责任主体同心协力地围绕项目开展工作。但由于各方主体的责、权、利不同，在项目实施过程中，不可避免地会产生大量的矛盾，化解这些矛盾就需要做大量的细致的协调工作。监理协调就是监理机构在公平、公正和诚信的前提下，在工程监理合同授权的范围内以法律、法规和合同为准绳，以合同事实为依据，对参加工程建设各方之间的关系以及工程施工过程中出现的问题和争议进行的调解，维护参建各方的利益。由于项目建设过程中参建单位较多，各参建单位之间的关系既密切又容易产生分歧，因此，在工程项目建设监理中，要保证项目的参与各方围绕项目开展工作，使项目目标顺利实现，组织协调是最为重要、最为关键的工作。

二、组织协调的作用

1. 协调可以纠偏和预控错位

在公路工程施工中，会经常出现作业行为偏离合同和规范标准的情况，如工期超前和滞后；后续工序脱节；人为因素或水文、地质突变对工期和质量带来的影响等，都会造成计划与实际脱节。监理协调就是要及时纠偏，或采取预控措施事前调整错位。

2. 协调是控制进度的关键

在公路工程施工中，有许多单位工程是由不同专业的工程组成的。这些工程通常由不同的专业施工队伍完成，这就存在着不同专业施工队伍的相互衔接与相互协调问题。需要监理工程师统一组织协调，防止某一专业施工队伍出现工期延误影响建设总工期。

3. 协调是平衡的手段

在公路工程施工中，特别是一些大中型建设项目，往往由许多施工队伍进行施工，加上设计单位、土建、安装、设备材料供应单位等，既有纵向的串接又有横向的联合，各单位有不同的作业计划、质量目标，这就存在着上述单位之间的协调问题。监理工程师应当发挥其核心作用，突出协调功能，从工程项目监管的角度出发，既要进行各子系统之间的平衡协调，又要进行队伍之间、上下之间和内外之间的协调，从而保证项目的顺利实施。

工程监理实践证明，一个工程建设项目的顺利完成，是多方配合、相互合作的共同成果。参与建设管理的有关部门，需要多方配合和合作，这就必然要求监理工程师具有较强的组织协调能力。

三、组织协调的主要内容

协调工作贯穿于工程建设项目的全过程，渗透到工程建设项目的每一个环节。工程建设的每个过程、每个环节，都存在着不同程度的矛盾和干扰，甚至会产生冲突，需要不同层次的监理人员去协调。协调的内容包罗万象，小到短时间的停工停电，大到不可抗力引起的工程变更或合同终止。归纳起来，协调的主要内容有以下几方面：

1. 项目监理机构内部人际关系的协调

项目监理机构是由人组成的工作体系，工作效率很大程度上取决于人际关系的协调程度，监理工程师应首先抓好人际关系的协调。在人员安排上要量才录用，要根据每个人的专长进行安排，做到人尽其才；在工作委任上要职责分明，对每一个岗位，都应订立明确的目标和岗位责任制，做到事事有人管，人人有专责，同时明确岗位职责；在成绩评价上要实事求是，发扬民主作风，使每个人都热爱自己的工作，并对工作充满信心和希望；在矛盾调解上要恰到好处，一旦出现矛盾就应进行调解，及时沟通，使监理人员始终处于团结、和谐、热情高涨的工作气氛之中。

2. 项目监理机构内部组织关系的协调

项目监理机构是由若干部门（驻地办和专业组）组成的工作体系。每个专业组都有自己的目标和任务。组织关系的协调可从以下几方面进行。

(1) 在职能划分的基础上设置组织机构。根据工程对象及委托监理合同所规定的工作内容，确定职能划分，并相应设置配套的组织机构。

(2) 明确规定每个部门的目标、职责和权限。最好以规章制度的形式作出明文规定。

(3) 事先约定每个部门在工作中的相互关系。在工程建设中许多工作是由多个部门共同完成的，其中有主办、牵头、协作、配合之分，事先约定，才不至于出现误事、脱节等贻误工作的现象。

(4) 建立信息沟通制度。如采用工作例会、业务碰头会、发会议纪要、信息传递卡等方式来沟通信息，这样可使局部了解全局，服从并适应全局需要。

(5) 及时消除工作中的矛盾或冲突。注意从心理、行为科学的角度激励各个成员的工作积极性；发扬民主集中制，做到奖罚分明、采用公开的信息政策等，让大家相互了解、相互尊重、团结协作，在公开、公平、和谐的气氛中工作。

3. 项目监理机构内部需求关系的协调

工程监理实施中有人员需求、试验设备需求、材料需求等，而资源是有限的，因此，内部需求平衡至关重要。需求平衡包括：对监理设备、材料的平衡和对监理人员的平衡等。

4. 与业主的协调

建设监理是受业主的委托而独立、公正进行的工程项目监理工作。监理实践证明，监理目标能否顺利实现与业主对监理工作的支持有很大的关系，这就要求监理必须做好与业主的协调工作，这也是监理工作的重点和难点，监理工程师应从以下几方面加强与业主的协调。

(1) 监理工程师首先要理解建设工程总目标、理解业主的意图。对于未能参加项目决策过程的监理工程师必须了解项目构思的基础、起因、出发点，了解决策背景，否则可能对监理目标及完成任务有不完整的理解，将给今后的监理工作造成很大的困难。

(2) 利用工作之便做好监理宣传工作。通过宣传，增进业主对监理工作的理解，特别是对建设工程管理各方职责及监理程序的理解。主动帮助业主处理建设工程中的事务性工作，以自己规范化、标准化、制度化的工作去影响和促进双方工作的协调一致。

(3) 尊重业主，为业主提供优质服务。在建设工程全过程，监理与业主要相互尊重、独立工作，为业主提供优质服务，执行业主的指令，使业主满意。对业主提出的某些不适当的要求，只要不属于原则问题，都可先执行，然后采取适当方式加以说明或解释；对于原则性问题，可采取书面报告等方式说明原委，尽量避免发生误解，以使建设工程顺利实施。

5. 与承包商的协调

监理工程师对质量、安全、环保、进度和投资的控制都是通过承包商的工作来实现的，所以做好与承包商的协调工作是监理工程师组织协调工作的重要内容。

(1) 坚持原则，实事求是，严格按规范、规程办事，讲究科学态度。监理工程师在工作中严格按照监理准则办事，应该树立为承包商提供指导、服务的观念。应尽量少对承包商行使处罚权，多强调各方面利益和项目总目标的一致性。监理工程师与承包商双方了解得越多越深刻，监理工作中的对抗和争执就越少。

(2) 协调不仅是方法、技术问题，更多的是语言艺术、感情交流和用权适度问题。

6. 与设计单位的协调

监理单位必须协调与设计单位的工作，以加快工程进度，确保质量，降低消耗。

(1) 尊重设计单位的意见。应重视设计交底，领会设计意图以及设计与施工的配合问题；在施工中若发生质量事故，应认真听取设计单位的处理意见。

(2) 及时发现并解决设计中存在的问题。对在施工中发现的设计遗漏、图纸差错等问题，应及时向设计单位提出，并将其解决在施工之前，以免造成重大的直接损失；若监理单位掌握比原设计更先进的新技术、新工艺、新材料、新结构、新设备时，可主动向设计单位推荐。

(3) 注意信息传递的及时性和程序性。监理工作联系单、工程变更单传递，要按规定的程序进行。监理单位与设计单位都是由业主委托进行工作的，都属于咨询服务的部门，监理单位主要是和设计单位做好交流工作，协调要靠业主的支持。

7. 与政府部门及其他单位的协调

一个建设工程的顺利实施还受到政府部门及其他单位的影响，如政府部门、金融组织、社会团体、新闻媒介等，它们对建设工程起着一定的控制、监督、支持、帮助作用，这些关系若协调不好，建设工程实施也可能严重受阻。

1) 与政府部门的协调

(1) 工程质量监督站是由政府授权的工程质量监督的实施机构，对委托监理的工程，质量监督站主要是从宏观上检查建设程序，核查勘察设计单位、施工单位和监理单位的资质，监督这些单位的质量行为和工程质量。监理单位在进行工程质量控制和质量问题处理时，要做好与工程质量监督站的交流和协调。

(2) 对重大质量事故，在承包商采取急救、补救措施的同时，应敦促承包商立即向政府有关部门报告情况，接受检查和处理。

(3) 建设工程合同应送公证机关公证，并报政府建设管理部门备案；征地、拆迁、移民要争取政府有关部门支持和协作；要敦促承包商在施工中注意防止环境污染，坚持做到文明施工、安全生产。

2) 与社会团体的协调

一些大、中型建设工程建成后，不仅会给业主带来效益，还会给该地区的经济发展带来好处，同时给当地人民生活带来方便，因此必然会引起社会各界关注。业主和监理单位应把握机会，争取社会各界对建设工程的关心和支持。这是一种争取良好社会环境的协调。

四、组织协调的主要方法

组织协调应该在公平和诚心的前提下，以法律、法规和合同为准绳，以合同事实为依据，维护参建各方的利益。监理工程师组织协调可采用如下方法：

1. 会议协调法

会议是监理工程师不可缺少的监理手段，是统一工作标准、统一行为和结果的必须过程。会议发言与总结是技术管理工作上防止片面、武断和工作失误的最好方法，也是集思广益、群策群力的体现方式。实践中常用的会议协调法包括第一次工地会议、工地例会、专题工地会议等。

2. 交谈协调法

在实践中，并不是所有问题都需要开会来解决，有时可采用“交谈”这一方法。交谈包括面对面的交谈和电话交谈两种形式。其作用在于以下几方面。

(1) 保持信息畅通。由于交谈本身没有合同效力，但却具有方便性和及时性，所以建设工程参与各方之间及监理机构内部都愿意采用这一方法进行。

(2) 寻求协作和帮助。在寻求别人帮助和协作时，往往要及时了解对方的反应和意见，以便采取相应的对策。另外，相对于书面寻求协作，人们更难于拒绝面对面的请求。因此，采用交谈方式请求协作和帮助比采用书面方法实现的可能性更大。

(3) 及时发布工程指令。在实践中，监理工程师一般都采用交谈方式先发布口头指令，这样，一方面可以使对方及时地执行指令，另一方面可以和对方进行交流，了解对方是否正确理解了指令。随后，再以书面形式加以确认。

3. 书面协调法

当会议或者交谈不方便或不需要时，或者需要精确地表达自己的意见时，就会用到书面协调的方法。书面协调方法的特点是具有合同效力。

4. 访问协调法

访问法有走访和邀访两种形式。走访是指监理工程师在建设工程施工前或施工过程中，对与工程施工有关的各单位和相关人员等进行访问，向他们解释工程的情况，了解他们的意见。邀访是指监理工程师邀请有关各单位（包括业主）代表到施工现场对工程进行指导性巡视，了解现场工作。

5. 情况介绍法

情况介绍法通常是与其他协调方法紧密结合在一起的，它可能是在一次会议前，或是一次交谈前，或是一次走访或邀访前向对方进行的情况介绍。形式上主要是口头的，有时也伴有书面的。

总之，组织协调是一门管理艺术和技巧，监理工程师尤其是总监理工程师需要掌握领导科学、心理学、行为科学等方面的知识和技能，如激励、交际、表扬和批评的艺术，开会的艺术，谈话的艺术，谈判的技巧，等等。只有这样，监理工程师才能有效地做好协调工作。

复习思考题

1. 什么是公路工程监理的信息管理？
2. 监理信息有何特点？
3. 简述监理信息管理的功能与作用。
4. 公路工程监理信息管理的主要内容有哪些？
5. 如何做好监理信息的收集、加工整理和储存工作？
6. 监理组织协调有何作用？
7. 简述监理组织协调的主要内容。
8. 监理组织协调常采用哪些方法？

第八章　公路工程施工安全监理

📖 学习目标

1. 了解施工安全监理的意义、原则和特点。
2. 掌握安全监理工作的要点。

第一节　概　述

我国的建设工程监理制度是从20世纪80年代中后期开始起步的。20年来，我国建设工程施工监理制度从无到有，从探索到全面实施，在保证工程质量、提高管理水平和投资效益方面发挥了重要作用。近年来，随着工程监理制度的不断完善和深入，在建设工程中实行工程安全监理的理念已日益凸现。把安全监理作为工程监理制度中一项基本任务和控制内容已成为共识。在2004年2月1日国务院颁布实施的《建设工程安全生产管理条例》中规定："工程监理单位和监理工程师应当按照法律、法规和工程建设强制性标准实施监理，并对建设工程安全生产承担监理责任。"2007年3月1日起实施的《公路水运工程安全生产监督管理办法》中规定："监理单位应当按照法律、法规和工程建设强制性标准进行监理，对工程安全生产承担监理责任。"新修订的《公路工程施工监理规范》(JTG G10—2006)中，也专门增加了安全监理的相关内容。这进一步明确了监理单位和监理工程师在安全生产中的作用和法律责任。

一、施工安全监理的意义

公路工程施工安全监理是公路工程施工监理工作的重要组成部分，是对公路工程施工过程中安全生产状况所实施的监督与管理，是工程建设领域中的重要任务和内容。施工安全监理是我国建设监理理论在实践中不断完善、提高和创新的体现和产物，是建设管理体制改革中必然实现的一种新模式、新理念。近年来，在一些建设项目中开展了施工安全监理试点，实践表明：由于对在建工程实行了安全监理，使施工过程在安全受控条件下进行，不但安全管理得到了有效控制、避免和减少了各种事故，而且使在建工程的质量、进度、投资更有保障、综合效果更加明显。安全监理已越来越受到社会各界的关注和好评。

由此可见，安全监理工作是建设工程监理的重要组成部分，是工程建设领域中的重要任务和内容。实施安全监理对促进工程施工安全管理水平的提高，控制和减少安全事故的发生，保护职工在施工中的安全和健康，保证工程质量，加快工程进度，提高投资效益等方面都有非常重要的意义。

二、安全监控的重点环节

安全生产贯穿于自开工到竣工的施工生产的全过程，因此，安全工作存在于每个分部、分项工程和每道工序中，也就是说哪里的安全防护措施不落实，哪里就有发生伤亡事故的可能。安全监理不仅要监督检查各部位安全防护措施的贯彻落实，还应该掌握工程施工中的主要安全技术和重点监控环节，只有这样，才能有效地采取措施，预防各类伤亡事故的发生，保证安全生产。安全监控的重点环节主要体现在以下三个方面。

1. 控制施工人员的不安全行为

人是施工生产中的主体，也是安全生产的关键，搞好安全生产，必须首先控制人的不安全行为。人的不安全行为分为生理上的，即身体上的缺陷使其不能适应某些生产的速度、工作条件和环境；心理上的，即受到了某些因素的刺激和影响，产生了思想和情绪上的波动，身心不支、注意力转移，发生了误操作和误判断；行为上的，即为了某种目的和动机有意采取的错误的行动。必须根据人的生理和心理的特点，合理安排和调配工作，预防不安全行为；通过培训教育，增强安全意识，做到按章操作，不伤害自己、不伤害他人，也不被他人伤害。

2. 控制“物”的不安全状态

施工人员在公路施工过程中，要使用多种工具、机械、设备、材料等，也要接触各类的设施、设备等，这些使用和接触的各类材料、工具、设施、设备等统称为“物”，这些“物”不仅要保持良好的状态和技术性能，还应该操作简便，灵敏可靠，并且具有保持操作者免受伤害的各类防护和保险装置。

3. 创造良好的作业环境

公路工程施工战线长、流动性大，许多工种常年处于露天作业、高空操作、立体交叉施工，施工环境差，施工中不安全因素较多。因此，应尽可能地给施工人员创造良好的、没有危险的施工环境和作业场所。

三、安全监控的原则

1.“安全第一、预防为主”的原则

贯彻“安全第一、预防为主”的方针，把管理工作做到事故发生之前，根除事故隐患，从而减少或消除安全事故。

2.“管生产必须管安全”的原则

安全存在于生产过程之中。生产、安全必须同步进行。在所有生产环节中，都必须贯彻“管生产必须管安全” 的原则，坚持“五同时”（即，在计划、布置、检查、总结、评比生产工作的时候，同时计划、布置、检查、总结、评比安全工作），保证生产、安全管理同步发展。

3. 以动态控制为主的原则

把安全管理的主要精力向生产动态过程转移，控制动态中的不安全因素，消除隐患，避免事故发生。安全管理的重心，应以最快的速度，完成向施工现场的转移。

4.“人机匹配”的原则

建筑生产中，人的素质与物的运动不匹配、不协调是普遍的，经常出现误操作。在按规定制定安全技术计划、安排生产、实施安全活动、总结分析安全工作时，应把人的素质与适应性放在首位，尽量创造“机宜人”的条件。

5.“四不放过”的原则

事故中有教训也有经验。发生事故后应实事求是地调查、分析，总结经验教训，采取措施补救，防止事故重复发生。要坚持“四不放过”原则，即，事故原因未查清不放过、当事人和群众没有受到教育不放过、事故责任人未受到处理不放过、没有制定切实可行的预防措施不放过。

6. 管理科学化的原则

安全管理应随生产的发展而发展。安全管理应在认识、方法、成效等方面不断提高，在扩大超前预防中求发展，逐步使安全管理科学化，实现伤亡事故的可控制性目标。国家鼓励建设工程安全生产的科技研究和先进技术的推广应用，推进建设工程安全生产的科学管理。

四、安全监控的特点

安全监控的特点是：

(1) 预防性。安全监控必须树立预防为主的思想，建立安全检查制度，以防患于未然。

(2) 长期性。安全监控是一项长期的、经常的、细致的工作，不可有一刻的思想麻痹和懈怠。

(3) 规范性。安全监控的首要条件是掌握安全生产的规律，督促施工单位遵守安全操作规程，按客观规律办事。只有不断学习有关安全生产的科学知识，才能掌握安全监控的主动权。

(4) 全员性。全体施工、监理和建设管理人员，都要树立安全责任意识，人人重视安全，只有这样，才能保证安全。

第二节　公路工程安全监理要点

一、安全监理的主要工作内容

监理单位应当按照《中华人民共和国安全生产法》、《建设工程安全生产管理条例》、《安全生产许可证条例》、《公路水运工程安全生产监督管理办法》等法律、法规和工程建设强制性标准及监理委托合同对工程项目实施安全监理，对所监理工程的施工安全生产进行监督检查，具体内容包括：

(一) 施工准备阶段

(1) 监理单位应根据《建设工程安全生产管理条例》、《公路水运工程安全生产监督管理办法》的规定，按照工程建设强制性标准和《公路工程施工监理规范》的要求，编制安全生产监理计划，明确安全监理的范围、监理内容和方法、监理工作程序和制度措施，以及人员配备计划和岗位职责等。

(2) 对中型及以上项目和下列危险性较大的分部分项工程，监理单位应当编制监理实施细则。实施细则应当明确安全监理的方法、措施和控制要点，以及对施工单位安全技术措施的检查方案。

① 不良地质条件下有潜在危险性的土方、石方开挖；

② 滑坡和高边坡处理；

③ 桩基础、挡墙基础、深水基础及围堰工程；

④ 桥梁工程中的梁、拱、柱等构件施工等；

⑤ 隧道工程中的不良地质隧道、高瓦斯隧道、水底海底隧道等；

⑥ 水上工程中的打桩船作业、施工船作业、外海孤岛作业、边通航边施工作业等；

⑦ 水下工程中的水下焊接、混凝土浇筑、爆破工程等；

⑧ 爆破工程；

⑨ 大型临时工程中的大型支架、模板、便桥的架设与拆除；桥梁、码头的加固与拆除；

⑩ 其他危险性较大的工程。

(3) 工程开工前，监理工程师应审查施工单位编制的施工组织设计中的安全技术措施或专项施工方案是否符合工程建设强制性标准要求，审查合格后方可同意工程开工。审查的主要内容应当包括：

① 安全管理和安全保证体系的组织机构，包括项目经理、专职安全管理人员、特种作业人员配备的数量及安全资格培训持证上岗情况。

② 是否制定了施工安全生产责任制度、安全管理规章制度和安全操作规程。

③ 施工单位的安全防护用具、机械设备、施工机具是否符合国家有关安全规定。

④ 是否制定了施工现场临时用电方案的安全技术措施和电气防火措施。

⑤ 施工场地的布置是否符合有关安全要求。

⑥ 生产安全事故应急救援预案的制定情况，针对重点部位和重点环节制定的工程项目危险源监控措施和应急预案。

⑦ 危险性较大的工程是否编制了专项施工方案并附安全验算结果。

⑧ 施工人员安全教育计划、安全交底安排。

⑨ 安全技术措施费用的使用计划。

(4) 监理工程师应审查分包合同中是否明确了施工单位与分包单位各自在安全生产方面的责任，以促使施工单位与分包单位各自强化质量意识、明确责任、落实安全保证体系。

(二) 施工阶段

(1) 监督施工单位按照施工组织设计中的安全技术措施和专项施工方案组织施工，及时制止违规施工作业。

(2) 定期巡视检查施工过程中的危险性较大的工程作业情况。

(3) 核查施工现场施工起重机械、整体提升脚手架、模板等自升式架设设施和安全设施的验收手续。

(4) 检查施工现场各种安全标志和安全防护措施是否符合强制性标准要求，并检查安全生产费用的使用情况。

(5) 督促施工单位进行安全自查工作，并对施工单位自查情况进行抽查，参加建设单位组织的安全生产专项检查。

(6) 监理工程师在巡视、检查、旁站过程中应监督施工单位按专项安全施工方案组织施工，若发现施工单位未按有关安全法律、法规和工程强制性标准施工，违规作业时，应予制止。对危险性较大的工程作业等要定期巡视检查，如发现安全事故隐患，应立即书面指令施工单位整改；情况严重的应签发工程暂停令，要求施工单位暂停施工，并及时报告建设单位。施工单位拒不整改或者不停止施工的，监理工程师应及时向有关主管部门报告。

(7) 建立施工安全监理台账。监理机构应建立施工安全监理台账，并由专人负责。监理人员应将每次巡视、检查、旁站过程中发现的涉及施工安全的情况、存在的问题、监理的指令及施工单位处理的措施和结果及时计入台账。总监理工程师和驻地监理工程师应定期检查施工安全监理台账记录情况。

(8) 分项、分部工程交工验收时，如安全事故的现场处理未完成，监理工程师不得签发《中间交工证书》。

二、安全监理的工作程序

(1) 监理单位按照《公路工程施工监理规范》和其他有关安全管理的要求，编制含有安全监理内容的监理规划和监理实施细则。

(2) 在施工准备阶段，监理单位审查核验施工单位提交的有关技术文件及资料，并由项目总监理工程师在有关技术文件报审表上签署意见；审查未通过的，安全技术措施及专项施工方案不得实施。

(3) 在施工阶段，监理单位应对施工现场安全生产情况进行巡视检查，对发现的各类安全事故隐患，应书面通知施工单位，并督促其立即整改；情况严重的，监理单位应及时下达工程暂停令，要求施工单位停工整改，并同时报告建设单位。安全事故隐患消除后，监理单位应检查整改结果，签署复查或复工意见。施工单位拒不整改或不停工整改的，监理单位应当及时向工程所在地建设主管部门或工程项目的行业主管部门报告，以电话形式报告的，应当有通话记录，并及时补充书面报告。检查、整改、复查、报告等情况应记载在监理日志、监理月报中。

监理单位应核查施工单位提交的施工起重机械、整体提升脚手架、模板等自升式架设设施和安全设施等验收记录，并由安全监理人员签收备案。

(4) 工程竣工后，监理单位应将有关安全生产的技术文件、验收记录、监理规划、监理实施细则、监理月报、监理会议纪要及相关书面通知等按规定立卷归档。

三、安全监理的法律责任

根据《建设工程安全生产管理条例》第五十七条规定：工程监理单位违反本条例的有关规定，有下列行为之一的，责令限期改正；逾期未改正的，责令停业整顿，并处10万元以上、30万元以下的罚款；情节严重的，降低资质等级，直至吊销资质证书；造成重大安全事故，构成犯罪的，对直接责任人，依照刑法有关规定追究刑事责任；造成损失的，依法承担赔偿责任：

(1) 未对施工组织设计中的安全技术措施或者专项施工方案进行审查的。

(2) 发现安全事故隐患未及时要求施工单位整改或者暂时停止施工的。

(3) 施工单位拒不整改或者不停止施工，未及时向有关主管部门报告的。

(4) 未依照法律、法规和工程建设强制性标准实施监理的。

四、落实安全监理责任的主要工作

1. 健全监理单位安全监理责任制

监理单位法定代表人应对本企业监理工程项目的安全监理全面负责。总监理工程师要对工程项目的安全监理负责，并根据工程项目特点，明确监理人员的安全监理职责。

2. 完善监理单位安全生产管理制度

在健全审查核验制度、检查验收制度和督促整改制度的基础上，完善工地例会制度及资料归档制度。定期召开工地例会，针对薄弱环节，提出整改意见，并督促落实；指定专人负责监理内业资料的整理、分类及立卷归档。

3. 建立监理人员安全生产教育培训制度

监理单位的总监理工程师和安全监理人员需经安全生产教育培训后方可上岗，其教育培训情况记入个人继续教育档案。

4. 加大安全生产监督管理力度

各级建设主管部门和有关主管部门应当加强建设工程安全生产管理工作的监督检查，督促监理单位落实安全生产监理责任，对监理单位实施安全监理给予支持和指导，共同督促施工单位加强安全生产管理，防止安全事故的发生。

复习思考题

1. 简述安全监控的原则。
2. 工程开工前，监理工程师应主要审查哪些安全方面的内容？
3. 简述安全监理的工作程序。
4. 简述安全监理的法律责任。

第九章　公路工程环境保护监理

学习目标

1. 了解公路环境保护的概念、主要工作内容和公路工程环保监理的意义。
2. 熟悉公路工程环保监理的依据及工作程序。
3. 掌握公路工程的临时设施、路基、路面、桥梁隧道、绿化五个方面的环保要求。

第一节　概　述

环境保护是我国一项长期的基本国策。在社会主义经济建设过程中，为了正确处理环境保护与经济发展的关系，坚持环境与经济协调发展的思想，我国制定了“经济建设、城乡建设、环境建设同步规划、同步实施、同步发展，实现经济效益、社会效益、环境效益统一”的指导方针，相继颁布了《中华人民共和国环境保护法》等各项有关环境保护方面的专门法律，发布了20多项环保法规和360多项环保标准，以指导各行各业在经济建设活动中的环境保护工作。就公路工程环保而言，我国实施的是公路建设与环境保护并举的原则，同时提出“以防为主、防治结合、综合治理”的方针，为公路工程建设过程中的环保工作指明了方向。

一、公路环境保护的概念

公路环境保护就是以公路建设项目和环境为研究对象，以生态可持续发展的观点，利用现代环境科学理论和方法以及工程科学理论和方法来调节和控制公路工程和环境这一矛盾，合理开发利用自然资源，防止对土地、森林、草原、矿产、自然遗址、自然保护区、风景名胜区等的破坏；保护生态环境，防止滥伐森林、破坏草原、破坏野生动植物的生存环境、水土流失等破坏生态环境的行为；减少和消除有害物质，防治废气、废水、废渣、粉尘、垃圾、噪声等对环境的污染，保护和改善环境质量；保护文物古迹及其他的人文景观；保护沿线居民的生活质量和身心健康。

二、公路建设项目环境保护工作的主要内容

公路建设项目建设时间长，涉及区域多，影响范围广。为了尽可能地减少项目建设给周围环境带来的影响，应加强项目建设全过程的环境保护工作。公路建设的阶段不同，环境保护也有着不同的工作内容。

(1) 项目可行性研究阶段：开展项目环境影响评价工作，提交环境影响评价报告书或报告表。

(2) 项目设计阶段：进行环境保护设计。

(3) 项目招标阶段：编写项目招标文件、工程合同及监理合同中的环境保护条款。

(4) 项目施工阶段；项目环境保护设施的施工及环境保护监理。

(5) 项目竣工及交付使用阶段：项目环保设施验收和环境后评价。

(6) 项目营运期：项目环保设施的运行和维护及环境监测。

三、公路工程环保监理的意义

自20世纪80年代起，按照国家有关环境保护的规定，在公路建设项目的可行性研究阶段执行环境影响评价制度。通过环境影响评价，对项目存在的环境影响问题进行分析、预测，并针对不利于环境的影响提出防治措施，要求项目在规划设计阶段、实施阶段和建成运营阶段严格落实执行。涉及亚洲开发银行和世界银行贷款的项目对环境保护问题尤为重视，要求在环境影响评价报告的基础上编制环境保护行动计划，以指导项目的整个实施过程。因此，在公路施工过程中实行环境保护监理，是对项目全过程环境保护管理不可缺少的重要内容，是监督、检查施工单位落实环保措施的关键环节，也完全符合国家关于环境保护必须与工程主体“同时设计、同时实施、同时交付使用”的三同时原则。

四、公路工程环保监理的依据

公路工程环境保护监理的依据如下：

(1) 项目的环境影响评价报告书；

(2) 项目的环境行动计划（贷款项目均有此文件）；

(3) 国家有关资源、环境保护的法律、法规；

(4) 行业或部门有关资源、环境保护的标准、规范、行政规章和管理办法；

(5) 地方有关环境保护管理的条例、办法、政府令等。

(6) 设计文件和审查批准的施工组织设计。

五、公路工程环保监理的工作程序

公路施工期环保监理工作实质上就是施工活动过程中的对环保的管理工作，必须与整个施工组织管理紧密结合，要以法制观念强化工程管理人员的环保意识，使环保管理工作制度化、规范化、合理化。环保监理工作主要有以下几个主要环节：

1. 审查施工单位环境保护措施

监理工程师应审查施工单位施工组织设计是否按设计文件，国家各项有关环境保护法规、政策，环境影响评价报告书或环境行动计划的有关要求制定了施工环境保护措施，审查合格后方可同意工程开工。

2. 环保措施实施情况的检查

监理工程师在巡视、旁站中，应了解工程项目所处自然环境的特点，熟悉环境敏感点以及项目施工期间的环境保护要求和措施，应随时检查施工单位制定的环境保护措施的落实情况，检查的主要内容有：

(1) 是否落实了施工环境保护责任人；

(2) 是否对施工人员进行了环保教育；

(3) 施工场地的布设是否符合相关环保要求；

(4) 职业危害的防护措施是否健全；

(5) 施工现场（含临时道路、拌和站、预制场等）和料场等是否洒水防尘；

(6) 是否按有关要求采取降噪措施；

(7) 材料堆场设置的合理性及采取措施减少运输漏洒情况；

(8) 施工废水、渣土、生活污水、垃圾的处置是否合理；

(9) 是否按照批准在拟定的取弃土场取土、弃土，取土结束后是否采取了有效的排水防护措施和植被恢复措施。

如发现施工存在违反有关环保规定、未按合同要求落实环保措施的情况，监理工程师应当书面指令施工单位整改；情况严重的应签发工程暂停令，要求施工单位暂时停工，并及时报告建设单位。

3. 其他要求

(1) 施工中发现文物时，监理工程师应要求施工单位依法保护现场，并报告有关部门和建设单位。

(2) 监理工程师应要求施工单位依法取得砍伐许可证后方可按照砍伐许可的面积、株数、树种进行砍伐，并注意保护野生动物、植物。

第二节　公路工程环境保护的监理要点

公路工程环保在不同的方面和不同的施工阶段有着不同的环保要求。下面就临时设施、路基、路面、桥梁隧道、绿化等五个方面进行叙述。

一、临时设施的环保要求

这里的临时设施主要指业主、承包商和监理工程师的临时驻地等。

（一）对水的要求

1. 生活用水

生活用水必须符合国家有关饮用水标准的要求。

2. 生活污水

对生活污水的处理要求如下：

(1) 施工现场 100 人以上的临时食堂，污水排放时要设置简易有效的隔油池，定期掏油和杂物，防止污染。

(2) 临时驻地必须建有化粪池或其他能满足使用要求的系统，并予以管理、维护直至合同终止。此化粪池或系统用于汇集与处理由临时驻地的住房、办公室及其他建筑物和流动性设施排放的污水。

(3) 污水处理系统的位置、容量与设计均应能够满足正常使用的要求。

(4) 每一处临时施工现场均应备有临时污水汇集设施；对拌和场清洗沙石料后的污水应

汇集处理回用，不得排出施工现场以外的地方。

（二）垃圾处理

临时驻地产生的一切垃圾必须每天有专人负责清理、集中并处理（可与当地有关部门联系定期运至指定的垃圾处理场），临时施工现场产生的施工垃圾必须由当日作业班组清理至集中处，以保证作业现场保持整洁卫生。垃圾管理工作应持续至工程交工验收后为止。

（三）生活设施

(1) 工地茶炉、大灶、锅炉，尽量采用消烟除尘型茶炉、锅炉和消烟节能回风灶，烟尘降至允许排放为止。

(2) 修建临时工程应尽量减少对原自然环境的损害，在竣工拆除临时工程后，应恢复原来的自然状态。

（四）危险品管理

(1) 现场存放油料时，必须对库房地面进行防渗处理，使用时要采取措施，防止油料跑、冒、滴、漏，污染水体。

(2) 化学药品、外加剂等要妥善保管，库内存放，防止污染环境。

二、路基工程的环保要求

1. 场地清理

公路用地及借土场范围以内的所有垃圾和非适用材料均应清除与移运到适宜的地方妥善处理。清除的表层腐殖熟土应集中堆放，以备工程后期用于绿化或用于弃土渣场覆土还耕。

2. 防水、排水

(1) 临时排水设施应与永久性排水设施相结合，污水不得排入农田、耕地和污染自然水源，也不得引起淤积和冲刷。

(2) 在施工过程中，不论何种原因，在没有得到有关管理部门书面同意的情况下，各类施工活动不应干扰河流、水道、现有灌渠或排水系统的自然流动。

(3) 在路基和排水工程（涵洞、倒虹吸等）施工期间，应为邻近的土地所有者提供灌溉与排水用的临时管道。

3. 路基挖方

(1) 路基挖方施工和开挖方法应采取对地下历史文物、自然保护区的保护措施，同时不得对邻近的设施及其正常使用产生破坏及干扰。

(2) 挖方施工中产生的弃方不得弃入或侵占耕地、农田灌溉渠道、河道、现有通车道路等场所，必须运至指定的弃方场。

(3) 弃土的堆放应整齐、美观、稳定，必要时坡脚应予以加固，并且使其保持排水通畅。

(4) 爆破作业应采取能保证路基与边坡稳定并尽可能减少对环境扰动的施工方法。

(5) 对产生高噪声的施工机械规定其作业时间。

4. 路基填方

(1) 在取土和运输过程中不得损坏自然环境，严禁在基本农田保护区取土。

(2) 借土结束或借土场废弃时，应对借土场地面进行修整和清理。在条件许可时最好在地表覆盖熟土还耕。

(3) 粉煤灰路堤施工中，粉煤灰的运输和堆放应呈潮湿状态，运输车辆周边应密闭，顶面应加盖，以防粉灰沿路散落飞扬而污染环境。同时，在施工路堤两侧应有良好的排水设施和防雨冲刷的措施，以防止粉煤灰遭雨水冲刷流失而污染附近水源和农田等。

(4) 施工机械噪声对附近居民的影响超过国家标准规定时，应采取降噪或调整作业时间及施工机械的措施，以保证居民能够有安静的休息环境。

三、路面工程的环保要求

1. 混合料拌和

(1) 拌和场（站）不能设置在饮用水源保护区内。

(2) 拌和场（站）应设置在敏感点下风向 300 m 以外，拌和设备应配装有集尘装置。

(3) 对可产生扬尘的细粉料拌和作业，应在其作业现场设置喷水嘴装置并洒水，以使作业产生的扬尘减至最低程度。

2. 混合料运输

对易引起扬尘的材料运输，运输车辆应备有帆布、盖套及类似的物品进行遮盖。

3. 路面摊铺

沥青路面和水泥路面摊铺施工过程中产生的剩余废弃料，不能堆放在饮用水源保护区内，必须及时收集运到废弃料场集中处理，不得随意抛弃，以减轻对空气、农田等的污染。

四、桥涵、隧道工程的环保要求

1. 桥涵工程

(1) 桥梁施工钻孔桩必须设置泥浆沉淀池，不得将钻孔泥浆直接排入河水或河道中。

(2) 桥基施工现场材料应堆放整齐有序。

(3) 施工现场应设置简易临时厕所，以防粪便侵入河体污染河水。

(4) 桥梁预制厂必须设置排水系统，防止产生的废水随意溢流；有条件者也可采取废水回收处理后循环使用。

2. 隧道工程

(1) 隧道凿岩施工必须采用湿法钻孔。通风量必须保证能够有效地通风除尘并置换新鲜空气进入作业面。

(2) 作业面应有瓦斯监测报警装置，以防止瓦斯浓度超过警戒浓度，威胁施工人员生命及造成安全生产事故。

(3) 隧道弃渣应充分予以利用。禁止在洞口随意堆放弃渣，多余的渣土应弃放在指定的弃渣场，并堆放整齐、稳固。弃渣场应修建必要的排水设施。

(4) 隧道施工废水应经过处理后再进行排放，并不得对附近居民生活用水造成污染。

五、绿化工程的环保要求

1. 一般要求

(1) 公路绿化工程应符合设计图纸和规范要求。在实施绿化工程前规定的时间内，承包商应制定出详尽的施工计划，说明栽种位置、种植范围、植物种类及养护管理措施等，并报请监理工程师批准。

(2) 在公路建设过程中，要尽量保护道路用地范围之外的现有植被不受破坏。若因修建临时工程破坏了现有植被，则必须在拆除临时工程时等量予以恢复。

(3) 在绿化工程实施全过程中，应有园林专业工程师作为技术指导或代理人，在技术上领导或指导全部绿化工程。

2. 种植与管理

(1) 植物的种植应选择当地各类植物的最佳种植季节植种。

(2) 种植用土应选用含有植物生长所需的有机物质（也可直接用原地表层熟土）的腐殖土。

(3) 苗木要选择健康无病害的适用苗木，以保证成活率达到设计要求。

(4) 种植工作结束后，应进行有效的管理，使植物保持良好的生长条件。

复习思考题

1. 什么是公路环境保护？
2. 简述公路环保监理的依据。
3. 试述公路环保监理的工作程序。
4. 路基挖方施工中应注意哪些环保要求？
5. 桥涵施工中应注意哪些环保要求？

第十章　公路机电工程监理

📖 学习目标

1. 熟悉公路机电工程施工准备阶段、试运行阶段、缺陷责任期监理的相关内容。
2. 掌握公路机电工程施工阶段监理的相关内容。

公路机电工程是高等级公路的重要组成部分，是发挥公路经济效益、保障行驶安全必不可少的配套设施，是公路现代化、智能化的重要标志之一。公路机电工程主要包括通讯、监控、收费等机电工程项目。

一、施工准备阶段监理

1. 监理工作条件准备

监理单位应按合同约定安排监理人员进场，进行驻地建设，主要包括办公、生活场所选址、设施建设、条件准备，并应按监理规范的相关规定开展监理工作。

2. 检测仪器、仪表准备

监理机构应按合同要求配备机电工程监理的常规检测仪器、仪表，并制定进场计划。

3. 监理工作准备

监理机构应组织监理人员熟悉合同文件，进行施工条件调查。熟悉合同文件是监理人员做好监理工作的基础，如发现合同文件（如设计图纸）有误或各部分文件不一致，应书面向建设单位提出，由建设单位与有关单位协调处理。监理工程师应详尽了解与机电工程相关的土建、房建等工程界面情况，如机房装修、电力条件，光、电缆线路，预埋、预留的构件，设施等是否符合机电工程施工要求，如有影响按时开工的情况，应及时向建设单位反映，尽快解决。总监理工程师应在合同规定的期限内主持编制监理计划和监理细则。

4. 监理工作

监理机构应按照监理规范中的相关要求进行施工准备阶段监理工作，主要包括：参加设计交底、审批施工组织设计、检查质保体系落实情况、审批工程划分、核算工程量清单、签发开工预付款支付证书、召开监理交底会、召开第一次工地会议。

5. 签发合同工程开工令

监理工程师应审查施工单位提交的工程开工申请单，具备开工条件时，总监理工程师应签发工程开工令，并报建设单位备案。

二、施工阶段监理

1. 检验进场设备、材料及软件

监理工程师应审查进场的设备、材料是否符合合同要求，保证进场设备、材料的质量是保证机电工程质量的首要步骤，监理程师应用专业技术方法对到场设备、材料进行检验，保证机电工程建设使用的设备、材料符合合同要求且合格。国产设备、材料应要求施工单位提供生产厂方出具的产品检验合格证、质量检验单和出厂合格证。国外进口设备应要求施工单位出具商检部门的检验证书。进场的计算机平台软件应具有软件拷贝、说明书和最终用户的授权文件。

经监理工程师检验不合格的设备、材料、软件，必须清退出场，不得在工程中使用。

2. 厂验

监理工程师认为在施工现场无法对施工单位订购的设备、材料进行检验时，可向建设单位建议进行厂验。厂验是在生产厂家的测试条件下对所供设备、材料进行检验测试。监理工程师按供货设备、材料数量15%～100%的比例抽样检测。设备、材料数量少，抽样比例大；设备、材料数量多，抽样比例小。抽样比例最低不得小于15%，当设备数量少于等于3台件时宜逐台检测。经监理工程师检验测试合格的设备、材料应批准启运。监理工程师参加测试的设备、材料的测试数据可作为工程资料的组成部分。

3. 应用软件开发监理

收费系统、监控系统在工程建设时须根据工程项目的具体要求进行应用软件开发。监理工程师主要审查施工单位提交的软件需求分析、概要设计、详细设计和软件测试大纲。安装应用开发软件前应在开发商实验室进行应用开发软件的测试。监理工程师主要进行系统功能、软件运行稳定性测试。数据准确性测试在系统测试时进行。经监理工程师测试合格后应批准现场安装；开发软件安装后按系统测试大纲进行测试。

4. 审核施工机具

监理工程师应审查施工单位进场的施工机械、器材、工具是否与投标书承诺的及进度计划所附的进场施工机械、器材、工具表一致；是否与施工质量和进度相适应。施工单位使用非合同规定的施工机具，应提出申请，解释变动原因，对拟使用的机具作出充分说明。监理工程师认为可行的应及时批准，否则应提出否决意见批复施工单位。

5. 审批分项、分部工程的开工申请

监理工程师应要求施工单位提交分项、分部工程的开工申请，其内容应包括分项、分部工程的概况，施工方案及主要工艺，质量保证、安全技术和文明施工措施，进度计划，质量控制指标，施工组织、管理人员及施工人员的配备，人员、设备、材料、施工机具等进场情况，施工条件等。

监理工程师在收到施工单位提交开工申请后应在合同规定的时间内，重点按上述要求审查分项、分部工程的开工条件，并明确批复开工申请。具备开工条件的应批准开工。

6. 巡视

监理人员应重点巡视：正在施工的分项、分部工程是否已批准开工；质量、安全、测试人员是否按规定到岗；特种作业人员是否持证到岗；现场使用的设备、材料、施工机具及采用的施工方法与工艺是否与批准的一致；质量、安全措施是否落实到位；测试仪器、仪表是否按规定进行了校准；是否按规定进行了施工自检和工序交接。

监理人员每天对每道工序的巡视应不少于1次，监理人员巡视中应同时随机抽查施工单位的自检资料。每次巡视后监理人员应将巡视的主要过程、发现的问题、处理意见和处理结果等如实记录在监理日记上。当天未及时处理的，应在处理完成之日及时补记。

7. 旁站

监理人员应对重要工程施工、隐蔽工程和完工后无法检测其质量或返工会造成较大损失的工程进行旁站，宜旁站的项目见表 10.1。如建设单位要求监理工程师增加旁站监理内容，应由建设单位与监理单位协商，须签订补充协议，另行约定。

表 10.1　机电工程监理旁站工序/部位一览表

单位工程	分部工程	分项工程	规定旁站工序
机电工程	2 监控设施	2.1 车辆检测器	首个线圈布设、控制机箱安装
		2.2 气象检测器	首个基础施工、首件设备安装
		2.3 闭路电视监视系统	首个外场立柱基础施工、首个外场设备安装、首条视频电缆布放、室内设备以中心（分中心）为单位的安装
		2.4 可变标志	可变情报板、首个可变标志基础施工，首个可变标志外场安装
		2.5 光、电缆线路	开盘测试，前 5 条光、电缆布设施工，光缆接头和前 5 个电缆接头接续施工、接续测试、中继段测试
		2.6 监控中心设备安装及软件调测	设备平面位置确定
		2.7 地图板	拼接安装、调试
		2.8 大屏幕投影系统	屏幕拼按安装、调试
		2.9 计算机监控软件与网络	
	3 通信设施	3.1 通信管道与光、电缆线路	首区段管道、首个人（手）井施工，光、电缆线路同 2.5
		3.2 光纤数字传输系统	首站设备安装
		3.3 程控数字交换系统	首站设备安装
		3.4 紧急电话系统	首对外场单机安装和控制台安装
		3.5 无线移动通信系统	基站设备安装
		3.6 通信电源	首站设备安装
	4 收费设施	4.1 入口车道设备	首站车道设备安装
		4.2 出口车道设备	首站车道设备安装
		4.3 收费站设备及软件	首站车道设备安装
		4.4 收费中心设备及软件	中心设备安装
机电工程	4 收费设施	4.5 IC 卡及发卡编码系统	首站 IC 卡 机安装
		4.6 闭路电视监视系统	首个外场立柱基础施工、首个外场设备安装、首条视频电缆布放、室内设备以中心（分中心）为单位的安装
		4.7 内部有线对讲及紧急报警系统	首站对讲机、主机、报警设备安装
		4.8 站内光、电缆线路	首站光、电缆布设
		4.9 收费系统计算机网络	首站收费计算机网络设备安装
	5 低压配电设施	5.1 中心（站）内低压配电设备	首站低压配电设备安装
		5.2 外场设备电力电缆	前 3 条电力电缆布设施工、前 3 个电力电缆接头

续表 10.1

<table>
<tr><th>单位工程</th><th>分部工程</th><th>分 项 工 程</th><th>规定旁站工序</th></tr>
<tr><td rowspan="17">机电工程</td><td>6
照明设施</td><td>照明设施</td><td>前 3 根低杆、高杆基础施工，前 3 根低、高杆安装，首站照明控制设备安装</td></tr>
<tr><td rowspan="14">7
隧道机电设施</td><td>7.1 车辆检测器</td><td>同 2.1</td></tr>
<tr><td>7.2 气象检测器</td><td>同 2.2</td></tr>
<tr><td>7.3 闭路电视监视系统</td><td>同 2.3</td></tr>
<tr><td>7.4 紧急电话系统</td><td>首对隧道单机安装</td></tr>
<tr><td>7.5 环境检测设备</td><td>首个控制箱、探头安装</td></tr>
<tr><td>7.6 报警与诱导设施</td><td>首个控制箱、诱导设施安装</td></tr>
<tr><td>7.7 可变标志</td><td>同 2.4</td></tr>
<tr><td>7.8 通风设施</td><td>前 2 对风机安装</td></tr>
<tr><td>7.9 照明设施</td><td>首个控制箱、前 20 个灯具安装</td></tr>
<tr><td>7.10 消防设施</td><td>首个隧道系统设施安装和管道试压</td></tr>
<tr><td>7.11 本地控制器</td><td>首个控制器安装</td></tr>
<tr><td>7.12 隧道监控中心计算机控制系统</td><td>中心设备安装</td></tr>
<tr><td>7.13 隧道监控中心计算机网络</td><td>中心设备安装</td></tr>
<tr><td>7.14 低压供配电</td><td>首个低压供配电柜安装，前 3 条电缆布设和电缆接头</td></tr>
<tr><td rowspan="2">其他</td><td>机电系统新设备、材料</td><td>首件新设备、新材料安装</td></tr>
<tr><td>机电工程施工新工艺</td><td>首次施工新工艺施工过程</td></tr>
</table>

注：表中分部、分项工程编号引自《公路工程质量检验评定标准——第二册·机电工程》(JTG F80/2)

旁站监理人员应重点对旁站项目的工艺过程进行监督，对发现的问题应责令施工单位立即改正；当可能危及工程质量、安全时，应予以制止并及时向总监理工程师报告。旁站监理人员应如实、准确、详细地做好旁站记录并作为原始资料保存。

旁站工序或项目施工完成后，监理工程师应对施工单位自检资料和工程实体进行检查验收。合格的，在工序交验单上签字认可，一份交施工单位，另一份监理留存；不合格的，在工序交验单上指出问题、签署意见后退回施工单位，待其改正并经自检合格后再重新提交工序交验单。未经监理认可的工序不得进行下道工序施工。

8. 质量事故处理

发生机电工程质量事故时，监理工程师应按工程质量事故处理的有关规定执行。

9. 隐蔽工程的验收

机电工程隐蔽工程主要包括：直埋光电缆、光电缆接续、外场设备基础、管道等，直埋光电缆、光电缆接续和管道工程可以按区段验收；外场设备基础可按单个独立基础按分项工程中间交工验收处理。隐蔽工程完工后，施工单位自检合格后提出申请，监理工程师应及时进行专项验收。

10. 安装验收

安装验收指机电工程的单位、分部、分项工程的设备、线缆安装质量、数量的验收。

机电工程完工后，经施工单位的质检人员自检合格，汇总各道工序的自检记录及测量数据编制安装验收报告，报监理工程师审查，自检资料不合格，监理工程师可拒绝机电工程安装验收。

监理工程师根据施工单位提交的安装验收报告涵盖的内容进行现场检查、验收。重点检查报验工程项目的设备、材料的质量、数量、安装位置、安装工艺。报验工程经监理工程师验收合格，应由总监理工程师签发安装验收合格证书；未经监理工程师进行安装验收或验收不合格的工程，不得进入调试工序。

安装验收合格的机电工程，施工单位可开始进行系统参数设置、功能调试。在此阶段监理工程师应采取旁站、巡视的方法，掌握调试工作进展情况，监督施工单位将系统调试达到合同技术规格书的全部要求，并做好调试记录。

11. 施工安全监理

监理工程师应检查施工单位供配电、高空作业等施工安全保证措施的落实情况，督促施工单位在设备安装、光电缆布设、设备基础等施工中执行安全生产要求。

12. 费用监理

监理工程师应按《公路工程施工监理规范》中的规定实施费用监理。设备、材料报验资料不完整、手续不完备、安装验收资料不齐全的工程项目，暂不予计量。

13. 进度监理

监理工程师应按《公路工程施工监理规范》中的规定实施进度监理。

14. 审批系统测试大纲

监理工程师根据合同约定的系统功能、技术指标、工程进度计划，审查施工单位编制的测试大纲的测试内容、测试方法、测试仪表、测试时间、测试人员、测试表格，以保证合同工程质量、进度的全面实现。

15. 检查测试仪器、仪表

测试仪器、仪表是度量机电工程质量的工具，监理工程师主要检查施工单位使用的测试仪器、仪表是否按批准的施工组织设计明确的型号、规格、数量提供，是否按规定进行了校准，以保证测试数据正确、有效。

16. 系统检验测试

公路机电工程系统检验测试内容：施工单位自测与监理签证测试；功能测试（包括软件测试）与技术指标测试。施工单位按照经监理工程师批准的测试大纲进行系统测试，并编制自测报告报监理工程师审查。监理工程师经审查认为施工单位的自测项目完整，各项功能、指标满足合同要求，应通知施工单位开始签证测试。公路机电工程的签证测试在施工单位技术人员的配合下，按100%的项目比例进行。测试合格的项目，监理工程师应在系统测试表格上签署检验测试结论意见；签证测试不合格的项目要求施工单位重新调试，调试合格后再进行签证测试。

监理工程师按系统测试大纲逐项逐条进行系统功能、系统技术指标的测试，并认真做好记录。机电系统可靠性、稳定性在试运行期间进行考验，由监理工程师根据巡视与试运行人员值班记录作出评估。

系统测试完成后应整理出完整的检验测试报告。受条件限制无法进行的单机测试项目，可使用厂验检测数据，监理工程师应对系统测试的各项指标是否合格作出结论。

17. 合同其他事项管理、工地会议、监理月报

监理工程师应按《公路工程施工监理规范》中的规定处理工程变更、延期、费用索赔等合同其他事项；组织召开工地会议；按时编报监理月报。

18. 审查完工申请

机电工程的完工条件是合同工程量清单规定的设备、材料全部安装到位，经调试满足合同规定的系统功能、技术指标要求，并经监理工程师检验合格，具备试运行条件。在施工单位提出完工申请后，监理工程师应及时审查施工单位的完工申请文件，作出是否可以进行完工验收的意见，具备完工条件的合同工程，应建议建设单位组织完工验收。

19. 参加完工验收

监理工程师应参加完工验收并签署意见。

三、试运行阶段监理

1. 检查遗留问题的整改

机电工程通过完工验收后通常会在验收纪要中列明存在问题和整改意见，监理工程师应检查、督促施工单位就提出的问题和整改意见进行分析并制定整改措施。监理工程师经审查认为措施得当，即可批准施工单位进行整改。监理工程师应对此项整改结果进行检验，合格的，应在整改单上签字认可；不合格的，应指令施工单位重新进行整改，直至合格。

2. 检查系统试运行情况

机电工程试运行主要考查系统设备、开发软件的运行稳定性、可靠性，在此期间监理工程师应巡视系统设备的运行情况，并做好巡视记录，重点检查试运行人员的值班记录、系统工作情况。对发现的功能、设备故障等问题应详细记录，并要求施工单位及时排除故障、调整系统参数等，保证投入试运行的系统设备正常工作、稳定运行。

3. 核查专用工具、备品、备件

机电工程投入试运行后，施工单位须提供专用工具、备品、备件，监理工程师应按照进场设备的检验方法对其进行检验，使之在数量、质量上符合合同约定。

4. 审查交工申请与合同工程质量评定

施工单位提交的交工申请报告内容完整并与现场情况相符，评估机电工程已满足《公路工程竣（交）工验收办法》所规定的交工条件，各系统设备工作正常、稳定，且试运行期满，机电工程总监办应建议建设单位组织交工验收；监理工程师依据《公路工程质量检验评定标准》（机电工程）（JTG F80/2—2004）对具备交工验收条件的及时进行合同工程的质量评定。

四、缺陷责任期的监理

1. 检查遗留问题的整改

对机电工程交工验收纪要中列明的存在问题和整改意见，监理工程师应要求施工单位就此进行分析和制定整改措施，并进行审查。监理工程师认为分析正确、整改措施恰当，即可批准施工单位进行整改。监理工程师应对此项整改结果进行检验，合格的，应在整改单上签字认可；不合格的，应指令施工单位重新进行整改，直至合格。

2. 缺陷责任期的监理

在缺陷责任期发生的设备故障、系统功能缺陷，监理工程师应指令施工单位及时排除故

障、修复缺陷，并根据合同条件协助建设单位与施工单位一起调查、分析产生工程缺陷的原因和责任。如果属施工单位的原因（设备或工程自身的原因）造成的工程缺陷，在施工单位排除故障、修复缺陷后，应重新界定相应设备的缺陷责任期；如果确属非施工单位的原因，监理工程师应对施工单位排除故障、修复缺陷的费用在与施工单位协商后予以确认，报建设单位批准、支付。

3. 竣工文件整理

监理工程师应按《公路工程施工监理规范》中的规定整理监理文件与资料，并督促施工单位编制和整理竣工资料。

复习思考题

1. 机电工程施工准备阶段的监理包括哪些内容？
2. 机电工程施工阶段的监理包括哪些内容？
3. 机电工程试运行阶段的监理包括哪些内容？

参 考 文 献

1 中华人民共和国行业标准. 公路工程施工监理规范（JTG G10—2006）. 北京：人民交通出版社，2006
2 中华人民共和国行业标准. 公路工程质量检验评定标准（JTG F80/1—2004）. 北京：人民交通出版社，2004
3 中华人民共和国行业标准. 公路路基施工技术规范（JTG F10—2006）. 北京：人民交通出版社，2006
4 中华人民共和国行业标准. 公路沥青路面施工技术规范（JTG F40—2004）. 北京：人民交通出版社，2004
5 中华人民共和国行业标准. 公路水泥混凝土路面施工技术规范（JTG F30—2003）. 北京：人民交通出版社，2003
6 中华人民共和国行业标准. 公路桥涵施工技术规范（JIJ 041—2000）. 北京：人民交通出版社，2000
7 中华人民共和国行业标准. 公路工程水泥及水泥混凝土试验规程（JTG E30—2005）. 北京：人民交通出版社，2005
8 中华人民共和国行业标准. 公路工程集料试验规程（JTG E42—2005）. 北京：人民交通出版社，2005
9 中华人民共和国交通部. 公路工程国内招标文件范本（2003 年版）. 北京：人民交通出版社，2003
10 李文不. 公路工程施工监理基础. 北京：人民交通出版社，2001
11 廖品槐，刘武. 公路工程监理. 北京：机械工业出版社，2005
12 刘三会. 公路工程监理（多学时）. 北京：机械工业出版社，2005
13 杨琦. 公路建设管理知识. 北京：人民交通出版社，2003
14 唐杰军，蒋玲. 公路施工监理. 北京：人民交通出版社，2006
15 张建仁. 工程费用监理. 北京：人民交通出版社，1999
16 邬晓光. 工程进度监理. 北京：人民交通出版社，1999
17 李宇峙，袁剑波等. FIDIC 条款与公路工程施工监理. 北京：人民交通出版社，2000
18 中国建设监理协会. 建设工程合同管理（全国监理工程师培训考试教材）. 北京：知识产权出版社，2003
19 周瑜. 施工监理基础. 北京：人民交通出版社，2005 年
20 许焕兴. 监理工程师实务手册. 北京：机械工业出版社，2005
21 浙江省交通厅工程质量监督站. 公路施工环境保护监理. 北京：人民交通出版社，2005
22 文德云. 公路施工安全技术. 北京：人民交通出版社，2003